KB217492

엑스포지멘터리

열왕기하

2 Kings

엑스포지멘터리 열왕기하

초판 1쇄 발행 2014년 7월 5일
개정판 2쇄 발행 2017년 2월 1일

지은이 송병현

펴낸곳 도서출판 이엠
등록번호 제25100-2015-000063
주소 서울시 구로구 공원로 3번지
전화 070-8832-4671
E-mail empublisher@gmail.com

내용 및 세미나 문의 스타선교회: 02-520-0877 / EMail: starofkorea@gmail.com / www.star123.kr

ISBN 979-11-86880-02-9 93230

※ 가격은 표지 뒷면에 있습니다.

「이 도서의 국립중앙도서관 출판시도서목록(CIP)은 서지정보유통지원시스템 홈페이지(http://seoji.nl.go.kr)와 국가자료공동목록시스템(http://www.nl.go.kr/kolisnet)에서 이용하실 수 있습니다. (CIP제어번호:CIP2015000753)」

엑스포지멘터리

열왕기하

2 Kings

| 송병현 지음 |

EXPOSItory comMENTARY

EM Exposi Mentary

한국 교회를 위한 하나의 희망

저의 서재에는 성경 본문 연구에 관한 많은 책이 있습니다. 그중에는 주석서들도 있고 강해서들도 있습니다. 그러나 그중에 송병현 교수가 시도한 이런 책은 없습니다. 엑스포지멘터리, 듣기만 해도 가슴이 뛰는 책입니다. 설교자와 진지한 성경 학도 모두에게 꿈의 책이 아닐 수 없습니다. 이런 책이 좀 더 일찍 나올 수 있었다면 한국 교회가 어떠했을까를 생각해 봅니다. 저는 이 책을 꼼꼼히 읽어 보면서 가슴 깊은 곳에서 큰 자긍심을 느꼈습니다.

이 책은 지금까지 복음주의 교회가 쌓아 온 모든 학문적 업적을 망라하고 있을 뿐만 아니라 한국 교회 강단이 목말라하는 모든 실용적 갈망에 해답을 던져 줍니다. 이 책에서는 실제로 활용할 수 있는 충실한 신학적 정보가 일목요연하게 제시됩니다. 그러면서도 또한 위트와 감탄을 자아내는 감동적인 적용들도 제공됩니다. 얼마나 큰 축복이며 얼마나 신나는 일이며 얼마나 큰 은총인지요. 저의 사역에 좀 더 일찍 이런 학문적 효과를 활용하지 못한 것이 아쉽기만 합니다. 진실로 한국 교회의 내일을 위해 너무나 소중한 기여라고 생각합니다.

일찍이 한국 교회 1세대를 위해 박윤선 목사님과 이상근 목사님의 기여가 컸습니다. 그러나 이제 한국 교회는 새 시대의 리더십을 열어야 하는 교차로에 서 있습니다. 저는 송병현 교수가 이런 시점을 위해 준비된 선물이라고 생각합니다. 진지한 강해 설교를 시도하고자 하는 모든 이와 진지한 성경 강의를 준비하고자 하는 모든 성경공부 지도자에게 어떤 대가를 지불하고서라도 우선 이 책을 소장하고 성경을 연구하는 책상 가까운 곳에 두라고 권면하고 싶습니다. 앞으로 계속 출판될 책들이 참으로 기다려집니다.

한국 교회는 다행스럽게 말씀과 더불어 그 기초를 놓을 수 있었습니다. 이제는 그 말씀으로 어떻게 미래의 집을 지을 것인가를 고민하고 있습니다. 이 〈엑스포지멘터리 시리즈〉는 분명한 하나의 해답, 하나의 희망입니다. 이 책과 함께 성숙의 길을 걸어갈 한국 교회의 미래가 벌써 성급하게 기다려집니다. 더 나아가 한국 교회 역사의 성과물 중의 하나인 이 책이 다른 열방에도 나누어졌으면 합니다. 이제 우리는 복음에 빚진 자로서 열방을 학문적으로도 섬겨야 하기 때문입니다. 이 책을 한국 교회에 허락하신 우리 주님께 감사와 찬양을 드립니다.

이동원 | 지구촌교회 원로목사

총체적 변화를 가져다줄 영적 선물

교회사를 돌이켜 볼 때, 교회가 위기에 처해 있었다면 결국 강단에서 하나님의 말씀이 제대로 선포되지 못한 데서 그 근본 원인을 찾을 수 있습니다. 영적 분별력이 있는 사람이라면 모두 이에 대해 동의할 것입니다. 사회가 아무리 암울할지라도 강단에서 선포되는 말씀이 살아 있는 한, 교회는 교회로서의 기능이 약화되지 않고 오히려 사회를 선도하고 국민들의 가슴에 희망을 안겨 주었습니다. 백 년 전 영적 부흥이 일어났던 한국의 초대교회가 그 좋은 예입니다. 이러한 영적 부흥은 살아 있는 하나님의 말씀이 강단에서 영적 권위를 가지고 "하나님께서 이렇게 말씀하셨다"라고 선포되었을 때 나타났던 현상입니다.

오늘날에는 날이 갈수록 강단에서 선포되는 말씀이 약화되거나 축소되고 있습니다. 이런 상황 속에서 출간되는 송병현 교수의 〈엑스포지멘터리 시리즈〉는 한국 교회와 전 세계에 흩어진 7백만 한인 디아스포라에게 주는 커다란 영적 선물이 아닐 수 없습니다. 이 시리즈는 하나님의 말씀을 쉽게 이해할 수 있도록 풀이한 것으로, 목회자와 선교사는 물론이고 평신도들의 경건생활과 사역에도 큰 도움이 될 것입니다. 무엇보다도 저는 이 시리즈가 강단에서 원 저자이신 성령님의 의도대로 하나님 나라 복음이 선포되게 하여 믿는 이들에게 총체적 변화(total transformation)를 다시 경험할 수 있는 계기를 마련해 주리라 확신합니다.

송병현 교수는 지금까지 구약학계에서 토의된 학설 중 본문을 석의하는 데 불필요한 내용들은 걸러내는 한편, 철저하게 원 저자가 전하고자 하는 메시지를 현대인들이 가장 잘 이해할 수 있도록 전하고자 부단히 애를 썼습니다. 이 시리즈를 이용하는 모든 이에게 저자의 이런 수고와 노력에 걸맞은 하나님의 축복과 기쁨과 능력이 함께하실 것을 기대하면서 이 시리즈를 적극 추천합니다.

이태웅 | GMTC 초대 원장, 글로벌리더십포커스 원장

주석과 강해의 적절한 조화를 이뤄낸 시리즈

한국 교회는 성경 전체를 속독하는 '성경통독' 운동과 매일 짧은 본문을 읽는 '말씀 묵상'(QT) 운동이 세계 어느 나라 교회보다 활성화되어 있습니다. 얼마나 감사한 일인지 모릅니다. 그러나 상대적으로 책별 성경연구는 심각하게 결핍되어 있는 것이 사실입니다. 때때로 교회 지도자들 중에도 성경해석의 기본이 제대로 갖춰져 있지 않아 성경 저자가 말하려는 의도와 상관없이 본문을 인용해서 자신이 하고 싶은 말을 하는 분들이 적지 않음을 보고 충격을 받은 일도 있습니다. 앞으로 한국 교회가 풀어야 할 과제가 '진정한 말씀의 회복'이라면 이를 위해 가장 중요한 것은 바른 말씀의 세계로 인도해 줄 좋은 주석서와 강해서를 만나는 일일 것입니다.

좋은 주석서는 지금까지 축적된 다른 성경학자들의 연구 결과가 잘 정돈되어 있을 뿐 아니라 저자의 새로운 영적·신학적 통찰이 번뜩이는 책이어야 합니다. 또한 좋은 강해서는 자기 견해를 독자들에게 강요하는(impose) 책이 아니라, 철저한 본문 석의 과정을 거친 후에 추출되는 신학적·사회과학적 연구가 배어 있는 책이어야 할 것이며, 글의 표현이 현학적이지 않은, 독자들에게 친절한 저술이어야 할 것입니다.

그러나 솔직히 말씀드리면, 저는 서점에서 한국인 저자의 주석서나 강해서를 만나면 한참을 망설이다가 내려놓게 됩니다. 또 주석서를 시리즈로 사는 것은 어리석은 행동이라는 말을 신학교 교수들에게 들은 뒤로 여간해서 시리즈로 책을 사지 않습니다. 이는 아마도 풍성한 말씀의 보고(寶庫) 가운데로 이끌어 주는 만족스러운 주석서를 아직까지 발견하지 못했기 때문일 것입니다. 그러나 제가 처음으로 시리즈로 산 한국인 저자의 책이 있는데, 바로 송병현 교수의 〈엑스포지멘터리 시리즈〉입니다.

송병현 교수의 〈엑스포지멘터리 시리즈〉야말로 제가 가졌던 좋은 주석서와 강해서에 대한 모든 염원을 실현해 내고 있습니다. 이 주석서는 분명 한국 교회 목회자들과 평신도 성경 교사들의 고민을 해결해 줄 하나님의 값진 선물입니다. 지금까지 없었던, 주석서와 강해서의 적절한 조화를 이뤄낸 신개념의 해설주석이라는 점도 매우 신선하게 다가옵니다. 또한 쉽고 친절한 글이면서도 우물 깊은 곳에서 퍼 올린 생수와 같은 깊이가 느껴집니다. 이 같은 주석 시리즈가 한국에서 나왔다는 사실에 저는 감격하지 않을 수 없습니다. 이 땅에서 말씀으로 세상에 도전하고자 하는 모든 목회자와 평신도에게 이 주석 시리즈를 적극 추천합니다.

이승장 | 예수마을교회 목사, 성서한국 공동대표

시리즈 서문

"너는 50세까지는 좋은 선생이 되려고 노력하고, 그 이후에는 좋은 저자가 되려고 노력해라." 내가 시카고 근교에 위치한 트리니티 신학교(Trinity Evangelical Divinity School) 박사과정을 시작할 즘에 지금은 고인이 되신 스승 맥코미스키(Thomas E. McComiskey)와 아처(Gleason L. Archer) 두 교수님께서 주신 조언이었다. 너무 일찍 책을 쓰면 훗날 아쉬움이 많이 남는다며 하신 말씀이었다. 박사학위를 마치고 1997년에 한국에 들어와 신대원에서 가르치기 시작하면서 나는 이 조언을 마음에 새겼다. 사실 이 조언과 상관없이 내가 당시에 당장 책을 출판한다는 일은 불가능한 일이었다. 중학교를 다니던 70년대 중반에 캐나다로 이민을 갔다가 20여 년 만에 귀국하여 우리말로 강의하는 일 자체가 당시 나에게는 매우 큰 도전이었으며, 책을 출판하는 일은 사치로 느껴졌기 때문이다.

세월이 지나 어느덧 나는 선생님들이 말씀하신 50을 눈앞에 두었다. 1997년에 귀국한 후 지난 10여 년 동안 나는 구약 전체에 대한 강의안을 만드는 일을 목표로 삼았다. 내 자신에게 동기를 부여하기 위하여 내가 몸담고 있는 신대원 학생들에게 매 학기마다 새로운 구약 강해

과목을 개설해 주었다. 감사한 것은 지혜문헌을 제외한 구약 모든 책의 본문관찰을 중심으로 한 강의안을 13년 만에 완성할 수 있었다는 점이다. 앞으로 수 년에 거쳐 이 강의안들을 대폭 수정하여 매년 2-3권씩을 책으로 출판하려 한다. 지혜문헌은 잠시 미루어두었다. 시편 1권(1-41편)에 대하여 강의안을 만든 적이 있었는데, 본문관찰과 주해는 얼마든지 할 수 있었지만, 무언가 아쉬움이 남았다. 삶의 연륜이 가미되지 않은 데서 비롯된 부족함이었다. 그래서 나는 지혜문헌에 대한 주석은 60을 바라볼 때쯤 집필하기로 작정했다. 삶을 조금 더 경험한 후로 미루어 놓은 것이다. 아마도 이 시리즈가 완성될 때쯤이면, 자연스럽게 지혜문헌에 대한 책들을 출판할 때가 되지 않을까 싶다.

이 시리즈는 설교를 하고 성경공부를 인도해야 하는 중견목회자들과 평신도 지도자들을 마음에 두고 집필한 책들이다. 나는 이 시리즈의 성향을 exposimentary("해설주석")이라고 부르고 싶다. Exposimentary라는 단어는 내가 만들어낸 용어이다. 해설/설명을 뜻하는 expository라는 단어와 주석을 뜻하는 commentary를 합성하였다. 대체적으로 expository는 본문과 별 연관성이 없는 주제와 묵상으로 치우치기 쉽고, commentary는 필요이상으로 논쟁적이고 기술적일 수 있다는 한계를 의식해서 이러한 상황을 의도적으로 피하고 가르치는 사역에 조금이나마 실용적이고 도움이 되는 교재를 만들기 위하여 만들어낸 개념이다. 나는 본문의 다양한 요소와 이슈들에 대하여 정확하게 석의하면서도 전후 문맥과 책 전체의 문형(文形; literary shape)을 최대한 고려하여 텍스트의 의미를 설명하고 우리의 삶과 연결하려고 노력했다. 또한 히브리어 사용은 최소화했다.

이 시리즈를 내 놓으면서 감사할 사람이 참 많다. 먼저, 지난 25년 동안 나의 인생의 동반자가 되어 아낌없는 후원과 격려를 해주었던 아내 임우민에게 감사한다. 아내를 생각할 때마다 참으로 현숙한 여인을(cf. 잠 31:10-31) 배필로 주신 하나님께 감사할 뿐이다. 아빠의 사역을 기도와 격려로 도와준 지혜, 은혜, 한빛에게도 고마운 마음을 표한다. 평생 기도와 후원을 아끼지 않은 친가와 처가 친척들에게도 감사하다는 말을 전하고 싶다. 항상 옆에서 돕고 격려해준 평생친구 장병환·윤인옥, 박선철·송주연 부부들에게도 고마움을 표하는 바이며, 시카고 유학시절에 큰 힘이 되어주셨던 이선구장로·최화자권사님 부부에게도 이 자리를 빌려 평생 빚진 마음을 표하고 싶다. 우리 가족이 20여 년 만에 귀국하여 정착할 수 있도록 배려를 아끼지 않으신 백석학원 설립자 장종현 목사님에게도 감사하는 바이다. 우리 부부의 영원한 담임목자이신 이동원 목사님에게도 고마움을 표하고 싶다.

2009년 겨울 방배동에서

감사의 글

스타선교회의 사역에 물심양면으로 헌신하여 오늘도 하나님의 말씀이 온 세상에 선포되는 일에 기쁜 마음으로 동참하시는 김형국, 백영걸, 정진성, 장병환, 임우민, 정채훈, 송은혜, 강숙희 이사님들께 감사의 마음을 전하고 싶습니다. 이사님들의 헌신이 있기에 세상은 조금 더 살맛 나는 곳이 되고 있습니다.

2016년 여름이 시작된 방배동에서

일러두기

엑스포지멘터리(exposimentary)는 "해설/설명"을 뜻하는 엑스포지토리(expository)라는 단어와 "주석"을 뜻하는 코멘터리(commentary)를 합성한 단어이다. 본문의 뜻과 저자의 의도와는 별 연관성이 없는 주제와 묵상으로 치우치기 쉬운 엑스포지토리(expository)의 한계와 필요이상으로 논쟁적이고 기술적일 수 있는 코멘터리(commentary)의 한계를 극복하여 목회현장에서 가르치고 선포하는 사역에 실질적으로 도움이 되도록 하는 새로운 장르이다. 본문의 다양한 요소와 이슈들에 대하여 정확하게 석의하면서도 전후 문맥과 책 전체의 문형(文形; literary shape)을 최대한 고려하여 텍스트의 의미를 설명하고 성도의 삶과 연결하려고 노력하는 설명서이다. 엑스포지멘터리는 다음과 같은 원칙을 바탕으로 인용한 정보를 표기한다.

1. 참고문헌을 모두 표기하지 않고 선별된 참고문헌으로 대신한다.
2. 출처를 표기할 때 각주(foot note) 처리는 하지 않는다.
3. 출처 표기는 괄호 안에 하되 페이지는 밝히지 않는다.
4. 여러 학자들이 동일하게 해석할 때 모든 학자들을 표기하지 않고

일부만 표기한다.

5. 한 출처를 인용하여 설명할 때, 설명이 길어지더라도 각 문장마다 출처를 표기하지 않는다.

주석은 목적과 주 대상에 따라 인용하는 정보 출처와 참고문헌 표기가 매우 탄력적으로 제시되는 장르이다. 참고문헌이 없이 출판되는 주석들도 있고, 각주가 전혀 없이 출판되는 주석들도 있다. 또한 각주와 참고문헌이 없이 출판되는 주석들도 있다. 엑스포지멘터리 시리즈는 이 같은 장르의 탄력적인 성향을 고려하여 제작된 주석이다.

선별된 약어표

개역	개역성경
개정	개역성경개정판
공동	공동번역
새번역	표준새번역 개정판
현대	현대인의 성경
아가페	아가페 쉬운성경
BHK	Biblica Hebraica Kittel
BHS	Biblica Hebraica Stuttgartensia
ESV	English Standard Version
CSB	Nashville: Broadman & Holman, Christian Standard Bible
KJV	King James Version
LXX	칠십인역(Septuaginta)
MT	마소라 사본
NAB	New American Bible
NAS	New American Standard Bible
NEB	New English Bible

NIV	New International Version
NRS	New Revised Standard Bible
TNK	Jewish Publication Society Tanakh
TNIV	Today's New International Version
AAR	American Academy of Religion
AB	Anchor Bible
ABD	The Anchor Bible Dictionary
ABRL	Anchor Bible Reference Library
ACCS	Ancient Christian Commentary on Scripture
AJSL	American Journal of Semitic Languages and Literature
ANET	J. B. Pritchard, ed., The Ancient Near Eastern Texts Relating to the Old Testament. 3rd. ed. Princeton: Princeton University Press, 1969.
ANETS	Ancient Near Eastern Texts and Studies
AOTC	Abingdon Old Testament Commentary
ASORDS	American Schools of Oriental Research Dissertation Series
BA	Biblical Archaeologist
BAR	Biblical Archaeology Review
BASOR	Bulletin of the American Schools of Oriental Research
BBR	Bulletin for Biblical Research
BCBC	Believers Church Bible Commentary
BDB	F. Brown, S. R. Driver & C. A. Briggs, A Hebrew and English Lexicon of the Old Testament. Oxford: Clarendon Press, 1907.
BETL	Bibliotheca Ephemeridum Theoloicarum Lovaniensium
BibOr	Biblia et Orientalia
BibSac	Bibliotheca Sacra

BibInt	Biblical Interpretation
BJRL	Bulletin of the John Rylands Library
BJS	Brown Judaic Studies
BLS	Bible and Literature Series
BN	Biblische Notizen
BO	Berit Olam: Studies in Hebrew Narrative & Poetry
BR	Bible Review
BRS	The Biblical Relevancy Series
BSC	Bible Student Commentary
BT	The Bible Today
BV	Biblical Viewpoint
BTCB	Brazos Theological Commentary on the Bible
BZAW	Beihefte zur Zeitschrift für die alttestamentliche
CAD	Chicago Assyrian Dictionary
CBC	Cambridge Bible Commentary
CBSC	Cambridge Bible for Schools and Colleges
CBQ	Catholic Biblical Quarterly
CBQMS	Catholic Biblical Quarterly Monograph Series
CB	Communicator's Bible
CHANE	Culture and History of the Ancient Near East
DSB	Daily Study Bible
EBC	Expositor's Bible Commentary
ECC	Eerdmans Critical Commentary
EncJud	Encyclopedia Judaica
EvJ	Evangelical Journal
EvQ	Evangelical Quarterly
ET	Expository Times

ETL	Ephemerides Theologicae Lovanienses
FOTL	Forms of Old Testament Literature
GCA	Gratz College Annual of Jewish Studies
GKC	E. Kautszch and A. E. Cowley, Gesenius' Hebrew Grammar. Second English edition. Oxford: Clarendon Press, 1910.
GTJ	Grace Theological Journal
HALOT	L. Koehler and W. Baumgartner, The Hebrew and Aramaic Lexicon of the Old Testament. Trans. by M. E. J. Richardson. Leiden: E. J. Brill, 1994–2000.
HBT	Horizon in Biblical Theology
HSM	Harvard Semitic Monographs
HOTC	Holman Old Testament Commentary
HUCA	Hebrew Union College Annual
IB	Interpreter's Bible
ICC	International Critical Commentary
IDB	Interpreter's Dictionary of the Bible
ISBE	G. W. Bromiley (ed.), The International Standard Bible Encyclopedia. 4 vols. Grand Rapids: 1979–88.
ITC	International Theological Commentary
J–M	P. Joüon–T. Muraoka, A Grammar of Biblical Hebrew. Part One: Orthography and Phonetics. Part Two: Morphology. Part Three: Syntax. Subsidia Biblica 14/I–II. Rome: Editrice Pontificio Istituto Biblico, 1991.
JAAR	Journal of the American Academy of Religion
JANES	Journal of Ancient Near Eastern Society
JNES	Journal of Near Eastern Studies

JBL	Journal of Biblical Literature
JBQ	Jewish Bible Quarterly
JJS	Journal of Jewish Studies
JSJ	Journal for the Study of Judaism
JNES	Journal of Near Eastern Studies
JSOT	Journal for the Study of the Old Testament
JSOTSup	Journal for the Study of the Old Testament Supplement Series
JPSTC	JPS Torah Commentary
LCBI	Literary Currents in Biblical Interpretation
MHUC	Monographs of the Hebrew Union College
MJT	Midwestern Journal of Theology
MOT	Mastering the Old Testament
MSG	Mercer Student Guide
NAC	New American Commentary
NCB	New Century Bible Commentary
NCBC	New Collegeville Bible Commentary
NEAEHL	E. Stern (ed.), The New Encyclopedia of Archaeological Excavations in the Holy Land. 4 vols. Jerusalem: Israel Exploration Society & Carta, 1993.
NIB	New Interpreter's Bible
NIBC	New International Biblical Commentary
NICOT	New International Commentary on the Old Testament
NIDOTTE	W. A. Van Gemeren, ed., The New International Dictionary of Old Testament Theology and Exegesis. Grand Rapids: Zondervan, 1996.
NIVAC	New International Version Application Commentary

OBC	Oxford Bible Commentary
Or	Orientalia
OTA	Old Testament Abstracts
OTE	Old Testament Essays
OTG	Old Testament Guides
OTL	Old Testament Library
OTM	Old Testament Message
OTS	Oudtestamentische Studiën
OTWAS	Ou–Testamentiese Werkgemeenskap in Suid–Afrika
PBC	People's Bible Commentary
PEQ	Palestine Exploration Quarterly
PSB	Princeton Seminary Bulletin
RevExp	Review and Expositor
RTR	Reformed Theological Review
SBJT	Southern Baptist Journal of Theology
SBLDS	Society of Biblical Literature Dissertation Series
SBLMS	Society of Biblical Literature Monograph Series
SBLSymS	Society of Biblical Literature Symposium Series
SHBC	Smyth & Helwys Bible Commentary
SJOT	Scandinavian Journal of the Old Testament
SJT	Scottish Journal of Theology
SSN	Studia Semitica Neerlandica
TBC	Torch Bible Commentary
TynBul	Tyndale Bulletin
TD	Theology Digest
TDOT	G. J. Botterweck and H. Ringgren (eds.), Theological Dictionary of the Old Testament. Vol. I–. Grand Rapids:

	Eerdmans, 1974–.
THAT	Theologisches Handwörterbuch zum Alten Testament. 2 vols. Munich: Chr. Kaiser, 1971–1976.
TJ	Trinity Journal
TOTC	Tyndale Old Testament Commentaries
TS	Theological Studies
TUGOS	Transactions of the Glasgow University Oriental Society
TWAT	Theologisches Wörterbuch zum Alten Testament. Stuttgart: W. Kohlhammer, 1970–.
TWBC	The Westminster Bible Companion
TWOT	R. L. Harris, G. L. Archer, Jr., and B. K. Waltke (eds.), Theological Wordbook of the Old Testament, 2 vols. Chicago: Moody, 1980.
TZ	Theologische Zeitschrift
UBT	Understanding Biblical Themes
VT	Vetus Testament
VTSup	Vetus Testament Supplement Series
W–O	B. K. Waltke and M. O'Connor, An Introduction to Biblical Hebrew Syntax. Winona Lake: Eisenbrauns, 1990.
WBC	Word Biblical Commentary
WBCom	Westminster Bible Companion
WCS	Welwyn Commentary Series
WEC	Wycliffe Exegetical Commentary
WTJ	The Westminster Theological Journal
ZAW	Zeitschrift für die alttestamentliche Wissenschaft

선별된 참고문헌

(Select Bibliography)

Ackerman, S. *Under Every Green Tree: Popular Religion in Sixth-Century Judah*. HSM. Atlanta: Scholars Press, 1992.

______. "The Queen Mother and the Cult in Ancient Israel." JBL 112 (1993): 385–401.

Ackroyd, P. R. "An Interpretation of the Babylonian Exile: A Study of II Kings 20 and Isaiah 38–39." SJT 27 (1974): 329–52.

Adam, K. P. "Warfare and Treaty Formulas in the Background of Kings." Pp. 35–68 in *Soundings in Kings: Perspectives and Methods in Contemporary Scholarship*. Ed. by M. Leuchter, and K. P. Adam. Minneapolis: Fortress, 2010.

Ahlström, G. W. *Royal Administration and National Religion in Ancient Palestine*. Leiden: Brill, 1982.

Albertz, R. *A History of Israelite Religion in the Old Testament Period: Volume I: From the Beginning to the End of the Monarchy*. Trans. by J. Bowden. Louisville: John–Knox Press, 1994.

______. *Israel in Exile: The History and Literature of the Sixth Century B.C.E.*

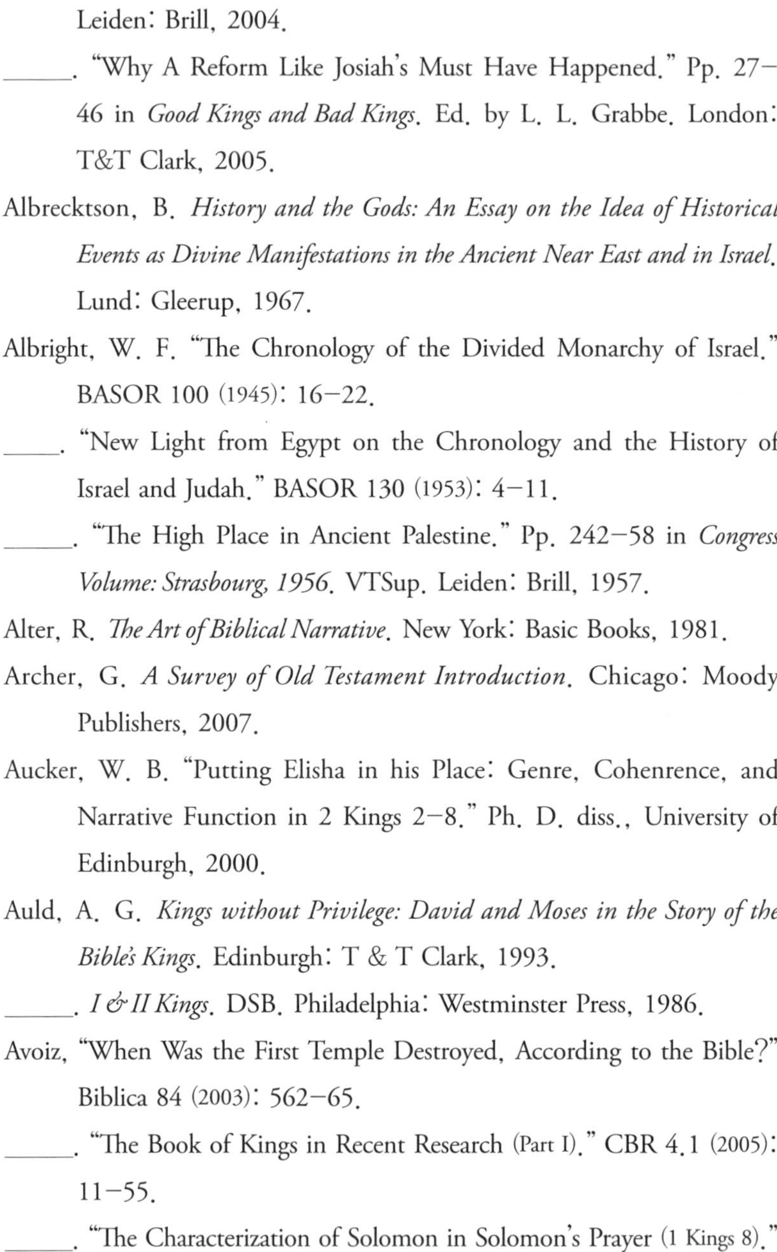

Leiden: Brill, 2004.

______. "Why A Reform Like Josiah's Must Have Happened." Pp. 27–46 in *Good Kings and Bad Kings*. Ed. by L. L. Grabbe. London: T&T Clark, 2005.

Albrecktson, B. *History and the Gods: An Essay on the Idea of Historical Events as Divine Manifestations in the Ancient Near East and in Israel*. Lund: Gleerup, 1967.

Albright, W. F. "The Chronology of the Divided Monarchy of Israel." BASOR 100 (1945): 16–22.

______. "New Light from Egypt on the Chronology and the History of Israel and Judah." BASOR 130 (1953): 4–11.

______. "The High Place in Ancient Palestine." Pp. 242–58 in *Congress Volume: Strasbourg, 1956*. VTSup. Leiden: Brill, 1957.

Alter, R. *The Art of Biblical Narrative*. New York: Basic Books, 1981.

Archer, G. *A Survey of Old Testament Introduction*. Chicago: Moody Publishers, 2007.

Aucker, W. B. "Putting Elisha in his Place: Genre, Cohenrence, and Narrative Function in 2 Kings 2–8." Ph. D. diss., University of Edinburgh, 2000.

Auld, A. G. *Kings without Privilege: David and Moses in the Story of the Bible's Kings*. Edinburgh: T & T Clark, 1993.

______. *I & II Kings*. DSB. Philadelphia: Westminster Press, 1986.

Avoiz, "When Was the First Temple Destroyed, According to the Bible?" Biblica 84 (2003): 562–65.

______. "The Book of Kings in Recent Research (Part I)." CBR 4.1 (2005): 11–55.

______. "The Characterization of Solomon in Solomon's Prayer (1 Kings 8)."

BN 126 (2005): 18–28.

Barker, M. "Hezekiah's Boil." JSOT 26 (2001): 31–42.

Barrick, W. B. *The Kings and the Cemeteries: Toward a New Understanding of Josiah's Reform*. VTSup. Leiden: Brill, 2002.

______. "On the Removal of the High Places in 1–2 Kings." Biblica 55 (1974): 257–59.

______. "Another Shaking of Jehoshaphat's Family Tree: Jehoram and Ahaziah Once Again." VT 51 (2001): 9–25.

Begg, C. T. "The Significance of Jehoiachin's Release: A New Proposal." JSOT 36 (1986): 59–66.

______. "Jotham and Amon: Two Minor Kings of Judah According to Josephus." BBR 6 (1996): 1–13.

Bergen, W. J. *Elisha and the End of Prophetism*. JSOTSS. Sheffield: Sheffield Academic Press, 1999.

BinNun, S. "Formulas from Royal Records of Israel and of Judah." VT 18 (1968): 414–32.

Blenkinsopp, Joseph. *The Pentateuch*. Anchor Bible Reference Library. New York: Doubleday, 1992.

Brenner, A., ed. *A Feminist Companion to Samuel and Kings*. The Feminist Companion to the Bible. Sheffield: Sheffield Academic Press, 1994.

Brettler, M. Z. "The Structure of 1 Kings 1–11." JSOT 49 (1991): 87–97.

Bright, J. *A History of Israel*. 3rd ed. Philadelphia: Westminster Press, 1981.

Brindle, W. A. "The Causes of the Division of Israel's Kingdom." BibSac 141 (1984): 223–33.

Bronner, L. *The Stories of Elijah and Elisha: As Polemics against Baal Worship*. POS. Leiden: E. J. Brill, 1968.

Brueggemann, W. *1 & 2 Kings*. SHBC. Macon, GA: Smyth & Helwys, 2000.

______. "The Kerygma of the Deuteronomist Historian." Interpretation 22 (1968): 387–402.

______. *Solomon: Israel's Iconic Icon of Human Achievement*. University of South Carolina Press, 2005.

Burney, Ch. F. *Notes on the Hebrew Text of the Books of Kings*. Oxford: Oxford University Press, 1903.

Byl, J. "On the Capacity of Solomon's Molten Sea." VT 48 (1998): 309–14.

Campbell, A. F.; M. A. O'Brien. *Unfolding the Deuteronomistic History: Origins, Upgrades, Present Text*. Minneapolis: Fortress, 2000.

Carr, D. M. *From D to Q: A Study of Early Jewish Interpretations of Solomon's Dream at Gibeon*. SBLMS. Atlanta: Scholars Press, 1991.

Carroll, R. P. "The Elijah–Elisha Sagas: Some Remarks on Prophetic Succession in Ancient Israel." VT 19 (1969): 400–415.

Casson, L. *Sea and Seamanship in the Ancient World*. Princeton: Princeton University Press, 1971.

Childs, B. S. *Introduction to the Old Testament as Scripture*. Philadelphia: Fortress, 1979.

______. "On Reading the Elijah Narrative." Interpretation 34 (1980): 128–37.

Cogan, M. *I Kings*. AB. New York: Doubleday, 2001.

______. *Imperialism and Religion: Assyria, Judah, and Israel in the Eight and Seventh Centuries B.C.* SBLMS. Missoula: Scholars Press, 1974.

Cogan, M.; H. Tadmor. *II Kings*. AB. New York: Doubleday, 1988.

Cohn, R. L. *2 Kings*. BO. Collegeville, MN: Liturgical Press, 2000.

______. "Convention and Creativity in the Book of Kings: the Case of the Dying Monarch." CBQ 47 (1985): 603–16.

______. "The Literary Logic of 1 Kings 17–19." JBL 101 (1982): 333–50.

Conroy, C. *1-2 Sauel; 1-2 Kings*. OTM. Michael Glazier, 1983.

Cook, A. "Fiction and History in Samuel and Kings." JSOT 36 (1986): 27–48.

Crockett, W. D. *A Harmony of Samuel, Kings, and Chronicles*. Grand Rapids: Baker Book House, 2003.

Cross, F. M. *Canaanite Myth and Hebrew Epic*. Cambridge, Mass.: Harvard University Press, 1973.

Culley, R. C. *Studies in the Structure of Hebrew Narrative*. Minneapolis: Fortress, 1976.

Cundall, A. C. "Sacral Kingship—The Old Testament Background." VE 6 (1969): 31–41.

Dalley, S. "Recent Evidence from Assyrian Sources for Judean History from Uzziah to Manasseh." JSOT 28 (2004): 387–401.

Davies, J. A. "Discerning Between Good and Evil? Solomon As a New Adam in 1 Kings." WTJ 73 (2011): 39–57.

De Vries, S. J. *I Kings*. WBC. Waco, Tex.: Word, 1985.

Delamarter, S. "The Death of Josiah in Scripture and Tradition: Wrestling With the Problem of Evil?" VT 54 (2004): 29–60.

Donner, H. "The Separate States of Israel and Judah." *Israelite and Judean History*. Ed. by J. Hayes and J. Miller. OTL. Philadelphia: Westminster, 1977.

Ellul, J. *The Politics of God and the Politics of Man*. Grand Rapids: Eerdmans, 1972.

Emerton, J. A. "The House of Baal in 1 Kings XVI 32." VT 47 (1997): 293–300.

______. "The High Places of the Gates in 2 Kings XXIII 8." VT 44 (1994): 455–67.

Eynikel, E. *The Reform of King Josiah and the Composition of the Deuteronomistic History*. OTS. Leiden: E. J. Brill, 1996.

Feldman, L. H. "Josephus' Portrait of Arsa." BBR 4 (1994): 41–60.

Fensham, F. C. "A Few Observation on the Polarization between Yahweh and Baal in 1 Kings 17–19." ZAW 92 (1980): 227–36.

Fewell, D. "Sennacherib's Defeat: Words at War in 2 Kings 18:13–19:37." JSOT 34 (1986): 79–90.

Fohrer, G. *Introduction to the Old Testament*. London: Clarendon, 1970.

Fox, N. S. *In the Service of the King: Officialdom in Ancient Israel and Judah*. MHUC. Cincinnati: Hebrew Union College Press, 2000.

Fretheim, T. E. *Deuteronomic History*. Nashville: Abingdon Press, 1983.

______. *First and Second Kings*. WBCom. Louisville: John–Knox Press, 1999.

Frisch, A. "The Exodus Motif in 1 Kings 1–14." JSOT 87 (2000): 3–21.

______. "Structure and Its Significance: The Narrative of Solomon's Reign [1 Kings 1–12:24]." JSOT 51 (1991): 3–14.

Fritz, V. *1 & 2 Kings*. CC. Trans. by Anselm Hagedorn. Minneapolis: Fortress, 2003.

Galil, G. *The Chronology of the Kings of Israel and Judah*. Leiden: E. J. Brill, 1996.

______. "The Message of the Book of Kings in Relation to Deuteronomy and Jeremiah." BibSac 158 (2001): 406–14.

Gallagher, W. R. *Sennacherib's Campaign to Judah*. Studies in the History & Culture of the Ancient Near East. Leiden: Brill, 1999.

Gane, R. "The Role of Assyria in the Ancient Near East During the Reign of Manasseh." AUSS 35 (1997): 21–32.

Gerbrandt, G. E. *Kingship according to the Deuternomistic History*. SBLDS. Atlanta: Scholars Press, 1986.

Goldberg, J. "Two Assyrian Campaigns against Hezekiah and Later Eighth Century Biblical Chronology." Biblica 80 (1999): 360–90.

Gooding, D. W. "Jeroboam's Rise to Power." JBL 91 (1972): 529–33.

Gottwald, N. K. *All the Kingdoms of the Earth: Israelite Prophecy and International Relations in the Ancient Near East*. New York: Harper & Row, 1964.

Goulder, M. "Behold My Servant Jehoiachin." VT 52 (2002): 175–90.

Gray, J. *I & II Kings: A Commentary*. OTL. 2nd ed. Philadelphia: Westminster, 1970.

Green, A. R. W. "The Fate of Jehoiakim." AUSS 20 (1982): 103–09.

Gross, W. "Lying Prophet and Disobedient Man of G–d in 1 Kings 13: Role Analysis as an Instrument of Theological Interpretation of an Old Testament Narrative Text." Semeia 15 (1979): 97–135.

Hallo, W. W. "From Qarqar to Carchemish." BA 23 (1960): 34–61.

Hallo, W. W.; W. K. Simpson. *The Ancient Near East*. New York: Harcourt Brace Jovanovich, 1971.

Halpern. "Why Manasseh is Blamed for the Babylonian Exile: the Evolution of a Biblical Tradition." VT 48 (1998): 473–514.

Handy, L. K., ed. *The Age of Solomon: Scholarship at the Turn of the Millenium*. Studies in the History & Culture of the Ancient Near

East. Leiden: Brill, 1997.

Haran, M. "The Empire of Jeroboam ben Joash." VT 19 (1967): 267–324.

______. "The Books of the Chronicles 'of the Kings of Judah' and 'of the Kings of Israel': What Sort of Books Were They?" VT 49 (1999): 156–64.

Hasel, M. G. "The Destruction of Trees in the Moabite Campaign of 2 Kings 3:4–27: a Study in the Laws of Warfare." AUSS 40 (2002): 197–206.

Hayes, J. H.; J. K. Huan. "The Final Years of Samaria (730–720BC)." Bib 72 (1991): 153–81.

Hays, J. D. "Has the Narrator Come to Praise Solomon or to Bury Him? Narrative Subtlety in 1 Kings 1–11." JSOT 28 (2003): 149–74.

Hobbs, T. R. *2 Kings*. WBC. Waco, Tex.: Word, 1985.

Hollenback, G. M. "The Dimensions and Capacity of the 'Molten Sea' in 1 Kgs 7,23–26." Biblica 81 (2000): 391–92.

Honeycutt, R. "1–2 Kings." *The Broadman Bible Commentary*, vol. 3. Ed. by C. J. Allen. Nashville: Broadman, 1970.

Horn, S. H. "Did Sennacherib Campaign Once or Twice Against Hezekiah?" AUSS 4 (1966): 1–20.

Howard, D. M. *An Introduction to the Old Testament Historical Books*. Chicago: Chicago: Moody Press, Press, 1993.

House, P. R. *1, 2 Kings*. NAC. Nashville: Broadman & Holman, 1995.

Hubbard, R. L. *First and Second Kings*. Expositor's Bible Commentary. Chicago: Moody, 1991.

Hurowitz, V. *I Have Built You an Exalted House*. JSOTSS. Sheffield:

Sheffield Academic Press, 1992.

______. "Another Fiscal Practice in the Ancient Near East: 2 Kings 12:5–17 and a Letter to Esarhaddon (LAS 277)." JNES 45 (1986): 289–94.

Ishida, T., ed. *Studies in the Period of David and Solomon: And Other Essays*. Winona Lake: Eisenbrauns, 1982.

Japhet, S. *I & II Chronicles*. OTL. Louisville: Westminster/John Knox, 1993.

Jones, G. H. *1 and 2 Kings*. NCBC. 2 vols. Grand Rapids: Eerdmans, 1984.

Kaiser, O. *Introduction to the Old Testament*. Oxford: Oxford University Press, 1975.

________. *Isaiah 1-12*. OTL. 2d ed. Trans. by R. A. Wilson. Philadelphia: Westminster, 1981.

Kalimi, I.; J. D. Purvis. "King Jehoiachin and the Vessels of the Lord's House in Biblical Literature." CBQ 56 (1994): 449–457.

Keil, C. F. *Biblical Commentary on the Old Testament: The Books of the Kings*. Grand Rapids: Eerdmans, 1954.

Kenik, H. A. *Design for Kingship*. SBLDS. Atlanta: Scholars Press, 1983.

Keulen, P. S. F. *Manasseh through the Eyes of the Deuteronomists*. OTS. Leiden: E. J. Brill, 1996.

Keys, G. "The So–Called Succession Narrative: a Reappraisal of Rost's Approach to Theme in 2 Samuel 9–20 and 1 Kings 1–2." IBS 10 (1988): 140–55.

Kitchen, K. A. *On the Reliability of the Old Testament*. Grand Rapids: Eerdmans, 2003.

______. "I and II Kings." TSF Bulletin 41 (1965): 10–22.

______. "Where Did Solomon's Wealth Go?" BAR 15 (1989): 30.

Klein, R. W. "Jeroboam's Rise to Power." JBL 89 (1970): 217–18.

Knoppers, G. N. "Prayer and Propaganda: Solomon's Dedication of the Temple and the Deuteronomistic Program." CBQ 57 (1995): 229–54.

______. *The Reign of Jeroboam, the Fall of Israel, and the Reign of Josiah.* Vol. 2 of *Two Nations Under God: The Deuteronomistic History of Solomon and the Dual Monarchies.* HSM. Atlanta: Scholars Press, 1994.

______. "'There Was None Like Him': Incomparability in the Books of Kings." CBQ 54 (1992): 411–31.

______. "Prayer and Propaganda: Solomon's Dedication of the Temple and the Deuteronomist's Program." CBQ 57 (1995): 229–54.

Koch, K. *The Prophets, vol. 1: The Assyrian Period.* Minneapolis: Fortress, 1982.

Konkel, A. H. *1 and 2 Kings.* NIVAC. Grand Rapids: Zondervan, 2006.

Lasine, S. "Jehoram and the Cannibal Mothers (2 Kings 6:24–33): Solomon's Judgment in an Inverted World." JSOT 50 (1991): 27–53.

Leithart, P. J. "Counterfeit Davids: Davidic Restoration and the Architecture of 1–2 Kings." TynBul 56 (2005): 19–34.

Lemke, W. E. "The Way of Obedience: 1 Kings 13 and the Structure of the Deuteronomistic History." Pp. 301–26 in *Magnalia Dei: The Mighty Act of God.* Ed. by F. M. Cross et al. Garden City: Doubleday, 1976.

Levenson, J. D. "Who Inserted the Book of the Torah?" HTR 68 (1975): 203–33.

Levinson, B. M. "The Reconceptualization of Kingship in Deuteronomy and the Deuteronomistic History's Transformation of Torah." VT 51 (2001): 511–34.

Lindblom, J. *Prophecy in Ancient Israel*. Philadelphia: Fortress, 1965.

Lohfink, N. "The Cult Reform of Josiah of Judah: 2 Kings 22–23 as a Source for the History of Israelite Religion." Pp. 459–75 in *Ancient Israelite Religion*. Ed. by P. D. Miller et al. Minneapolis: Fortress, 1987.

Long, B. O. *1 Kings, with an Introduction to Historical Literature*. FOTL. Grand Rapids: Eerdmans, 1984.

_____. *2 Kings*. FOTL. Grand Rapids: Eerdmans, 1991.

Longman, T.; R. B. Dillard. *An Introduction to the Old Testament*. 2nd ed. Grand Rapids: Zondervan, 2006.

Lovell, N. "The Shape of Hope in the Book of Kings: The Resolution of Davidic Blessing and Mosaic Curse." JESOT 3 (2014): 3–27.

Lowery, R. H. *The Reforming Kings*. JSOTSS. Sheffield: Sheffield Academic Press, 1991.

Luckenbill, D. D. *Ancient Records of Assyria and Babylon*. 2 vols. Chicago: University of Chicago Press, 1926–27.

Malamat, A. "Aspects of the Foreign Policies of David and Solomon." JNES 22 (1963): 1–22.

_____. "Organs of Statecraft in the Israelite Monarchy." BA 28 (1965): 34–65.

Matheney, M. P. "I Kings." *Broadman Bible Commentary*, vol. 3. Ed. by C. J. Allen. Nashville: Broadman, 1970.

Mathews, V. H.; D. C. Benjamin. *Old Testament Parallels*. New York: Paulist, 1991.

McCarter, K. *2 Samuel*. AB. New York: Doubleday, 1984.

McConville, J. G. "Narrative and Meaning in the Books of Kings." Biblica 70 (1989): 31–49.

McFall, L. "A Translation Guide to the Chronological Data in Kings and Chronicles." BibSac 148 (1991): 3–45.

McKay, J. W. *Religion in Judah under the Assyrians, 732-609 B.C.* London: SCM Press, 1973.

McKenzie, S. L. *The Trouble with Kings: The Composition of the Books of Kings in the Deuteronomistic History.* VTSup. Leiden: E. J. Brill, 1991.

Mead, J. K. "Kings and Prophets, Donkeys and Lions: Dramatic Shape and Deuteronomistic Rhetoric in 1Kings XIII." VT 49 (1999): 191–205.

Mendenhall, G. "The Monarchy." Interpretation 29 (1975): 155–70.

Milgrom, J. *Leviticus*, 3 vols. AB. New Heavens, Conn.: Yale University Press, 1998–2001.

Millard, A. "Solomon in All His Glory." VE 12 (1981): 5–18.

_____. "Sennacherib's Attack on Hezekiah." TynBul 36 (1985): 61–77.

_____. "Does the bible Exaggerate King Solomon's Golden Wealth?" BAR 15 (1989): 20–34.

Montgomery, J. A.; H. S. Gehman. *The Books of Kings.* ICC. Edinburgh: T & T Clark, 1951.

Moore, M. S. "Big Dreams and Broken Promises: Solomon's Treaty with Hiram in Its International Context." BBR 14 (2004): 205–21.

Morgenstern, J. "A Chapter in the History of the High-Priesthood." AJSL 55 (2952): 1–24, 183–98, 360–77.

Motyer, J. A. *The Prophecy of Isaiah: An Introduction and Commentary.* Downers Grove, IL: InterVarsity, 1994

Mulder, M. J. *1 Kings 1-11*. Trans. by J. Vriend. HCOT. Leuven: Peeters, 1998.

Na'aman, N. "Death Formulae and the Burial Place of the Kings of the House of David." Biblica 85 (2004): 245–54.

______. "New Light on Hezekiah's Second Prophetic Story (2 Kgs 19,9b–35)." Biblica 81 (2000): 393–402.

Nakanose, S. *Josiah's Passover: Sociology & the Liberating Bible*. Maryknoll: Orbis Books, 1993.

Nelson, R. D. *First and Second Kings*. John Louisville: John Knox Press, 1987.

______. "The Anatomy of the Book of Kings." JSOT 40 (1988): 39–48.

Nicholson, E. W. *God and His People: Covenant and Theology in the Old Testament*. Oxford: Clarendon Press, 1986.

______. Deuteronomy and Tradition. Oxford: Clarendon Press, 1967.

Noth, M. *The Deuteronomistic History*. Trans. by D. J. A. Clines. JSOTSS. Sheffield: JSOT Press, 1981.

Obed, B. "The Historical Backgroud of the Syro–Ephraimite War Reconsidered." CBQ 34 (1972): 153–65.

O'Brien, M. "The Portrayal of Prophets in 2 Kings 2." ABR 46 (1998): 1–16.

Ollenburger, B. C. *Zion, the City of the Great King: A Theological Symbol of Jerusalem Cult*. JSOTSS. Sheffield: Sheffield Academic Press, 1987.

Olley, J. W. "Pharaoh's Daughter, Solomon's Palace, and the Temple: Another Look at the Structure of 1 Kings 1–11." JSOT 27 (2003): 355–69.

______. "'Trust in the Lord': Hehekiah, Kings and Isaiah." TynBul 50

(1999): 59–77.

Olmstead, A. T. *History of Assyria*. London: Scriber's Sons, 1923.

Olyan, S. "H[a]salom: Some Literary Considerations of 2 Kings 9." CBQ 46 (1984): 652–68.

Oswalt, J. N. "The Golden Calves and the Egyptian Concept of Deity." EQ 45 (1973): 13–20.

______. *The Book of Isaiah: Chapters 1-39*. NICOT. Grand Rapids: Eerdmans, 1986.

Otto, S. "The Composition of the Elijah–Elisha Stories and the Deuteronomistic History." JSOT 27 (2003): 487–508.

Parker, K. I. "Repetition in 1 Kings 1–11." JSOT 42 (1988): 19–27.

Parker, S. B. "Did the Authors of the Books of Kings Make Use of Royal Inscriptions?" VT 50 (2000): 357–78.

Patterson, R. D.; H. J. Austel. "1, 2 Kings." Pp. 615–954 in *The Expositor's Bible Commentary*. Rev. ed. Grand Rapids: Zondervan, 2009.

Payne, D. F. *Kingdoms of the Lord. A History of the Hebrew Kingdoms*. Exeter: The Paternoster Press, 1981.

______. "The Elijah Cycle and Its Place in Kings." IBS 8 (1986): 109–14.

Payne, J. B. "The Relationship of the Reign of Ahaz to the Accession of Hezekiah." BibSac 126 (1967): 93–128.

Porten, B. "The Structure and Theme of the Solomon Narrative (1 Kings 3–11)." HUCA 38 (1967): 93–128.

Pritchard, J. B., ed. *Ancient Near Eastern Texts Relating to the Old Testament*. 3rd ed. Princeton: Princeton University Press, 1969.

Provan, I. W. *1 and 2 Kings*. NIBC. Peabody, Mass.: Hendrickson, 1995.

______. *Hezekiah and the Books of Kings*. BZAW. Berlin: Walter de Gruyter, 1988.

______. "Why Barzillai of Gilead (1 Kings 2.7)? Narrative Art and the Hermeneutics of Suspicion in 1 Kings 1–2." TynBul 46 (1995): 103–16.

Rad, G. von. "The Deuteronomic Theology of History in I and II Kings." Pp. 205–21 in *The Problem of the Hexateuch and Other Essays*. London: SCM, 1966.

Rainey, A. "Compulsory Labor Gangs in Ancient Israel." Israel Exploration Journal 20 (1970): 191–202.

Rendsburg, G. "The Mock of Baal in 1 Kings 18:27." CBQ 50 (1988): 414–17.

______. "The Guilty Party in 1 Kings iii 16–28." VT 48 (1998): 534–41.

Rice, G. *I Kings: Nations Under God*. ITC. Grand Rapids: Eerdmans, 1990.

Robinson, D. W. B. *Josiah's Reform and the Book of the Law*. London: The Tyndale Press, 1951.

Robinson, J. *The First Book of Kings*. CBC. Cambridge: Cambridge University Press, 1972.

______. *The Second Book of Kings*. CBC. Cambridge: Cambridge University Press, 1977.

Ruthven, J. "A Note on Elijah's Fire from Yahweh." JETS 12 (1969): 111–15.

Satterthwaite, E. "The Elisha Narratives and the Coherence of 2 Kings 2–8." TynBul 49 (1998): 1–28.

Seow, C–L. "The First and Second Books of Kings." Pp. 1–295 in The

New Interpreter's Bible. Vol. 3. Nashville: Abingdon Press, 1999.

Skinner, J. *Kings*. Edinburgh: T & T Clark, n. d.

Slotki, I. W. *Kings*. The Soncino Books of the Bible. London: Soncino, 1990.

Smelik, K. A. D. "Distortion of Old Testament Prophecy: The Purpose of Isaiah xxxvi and xxxvii." Pp. 70–93 in *Crises and Perspectives: Studies in Ancient Near Eastern Polytheism, Biblical Theology, Palestinian Archaeology and Intertestamental Literature. Papers Read at the Joint British-Dutch Old Testament Conference, held at Cambridge, U. K., 1985*. Ed. by A. S. van der Woode. Leiden: Brill, 1986.

Smit, E. J. "Death—And Burial Formulas in Kings and Chronicles Relating to the Kings of Judah." Neotestamentica (1966): 173–78.

Snaith, N. H. "Kings." Interpreter's Bible, vol. 3. Nashville: Abingdon Press, 1954.

Soggin, A. *Introduction to the Old Testament*. 3rd. ed. OTL. Louisville: John–Knox Press, 1989.

Spoelstra, J. "Queens, Widows, and Mesdames: The Role of Women in the Elijah–Elisha Narrative." JESOT 3 (2014): 171–84.

Sprinkle, J. M. "2 Kings 3: History or Historical Fiction?" BBR 9 (1999): 247–70.

Stade, B.; F. Schwally. *The Book of Kings*. Leipzig, 1904.

Stavrakopoulou, F. *King Manasseh and Child Sacrifice*. BZAW. Berlin: Walter de Gruyter, 2004.

Steck, O. *Überlieferung und Zeitgeschichte in den Elisa-Erzäahlungen*. NeukirchenVlyun: Neukirchener, 1968.

Steinmann, A. E. "The Chronology of 2 Kings 15–18." JETS 30 (1987): 391–97.

Sweeney, M. A. *King Josiah of Judah: The Lost Messiah of Israel*. Oxford: Oxford University Press, 2001.

______. *I & II Kings: A Commentary*. OTL. Louisville: John–Knox Press, 2007.

Talshir, Z. "The Reign of Solomon in the Making: Pseudo–Connections Between 3 Kingdoms and Chronicles." VT 50 (2000): 233–49.

Thiele, E. R. *The Mysterious Numbers of the Hebrew Kings*. Grand Rapids: Kregel, 1983.

Thompson, J. A. *The Book of Jeremiah*. NICOT. Grand Rapids: Eerdmans, 1980.

Thompson, M. W. *Situation and Theology: Old Testament Interpretations of the Syro-Ephraimite War*. Sheffield: Almond Press, 1982.

Todd, E. W. "The Reforms of Hezekiah and Josiah." SJT 9 (1956): 288–93.

Van Seters, J. *In Search of History*. New Haven, Conn.: Yale University Press, 1983.

______. "Solomon's Temple: Fact and Ideology in Biblical and Near Eastern Historiography." CBQ 59 (1997): 45–57.

Van Winkle, D. W. "1 Kings xiii: True and False Prophecy." VT 39 (1989): 31–43.

______. "1 Kings XII 25–XIII 34: Jeroboam's Cultic Innovations and the Man of God from Judah." VT 46 (1996): 101–14.

Von Rad, G. "The Deuteronomist Theology of History in I and II Kings." *The Problem of Hexateuch and Other Essays*. London: Oliver & Boyd, 1966.

Vos, H. F. "The Glories of the Reign of Solomon." BibSac 110 (1953): 321–32.

Walsh, J. T. *1 Kings*. BO. Collegeville, MN: Liturgical Press, 1996.

_____. "The Characterization of Solomon in First Kings 1–5." CBQ 57 (1995): 471–93.

Washburn, D. L. "Perspective and Purpose: Understanding the Josiah Story." TJ 12 (1991): 59–78.

White, M. C. *The Elijah Legends and Jehu's Coup*. BJS. Atlanta: Scholars Press, 1997.

Whitley, C. F. "The Deuteronomic Presentation of the House of Omri." VT 2 (1952): 137–52.

Whybray, R. N. *The Succession Narrative: A Study of II Sam. 9-20 and I Kings 1 and 2*. London: SCM Press, 1968.

Williams, D. S. "Once Again: The Structure of the Narrative of Solomon's Reign." JSOT 86 (1999): 49–66.

Williamson, H. G. M. *1 and 2 Chronicles*. NCB. Grand Rapids: Eerdmans, 1982.

Wilson, R. R. *Prophecy and Society in Ancient Israel*. Philadelphia: Fortress, 1980.

Wiseman, D. J. *1 and 2 Kings*. TOTC. Leicester: InterVarsity, 1993.

Wolff, H. W. "The Kerygma of the Deuteronomistic Historical Work. ZAW 73 (1961): 171–86.

Wood, L. J. *Israel's United Monarchy*. Grand Rapids: Baker Books, 1979.

Würthwein, E. *Die Bücher der Könige: 1 Könige 1-16*. Göttingen: Vandenhoeck & Ruprecht, 1977.

_____. *Die Bücher der Könige: 1 Könige 17-25*. Göttingen: Vandenhoeck & Ruprecht, 1984.

Young, E. J. *The Book of Isaiah*. 3 vols. NICOT. Grand Rapids: Eerdmans, 1965–72.

Young, R. C. "When Did Solomon Die?" JETS 46 (2003): 589–603.

Zevit, Z. "Deuteronomistic Historiography in 1 Kings 12–2 Kings 17 and the Reinvestiture of the Israelite Cult." JSOT 32 (1985): 57–73.

Zimmerli, W. *I Am Yahweh*. Atlanta: John Knox Press, 1982.

Ziolkowski, E. J. "The Bad Boys of Bethel: Origin and Development of A Sacrilegious Type." HR 30(1991): 331–58.

차례

열왕기하

IV. 엘리야의 사역(왕상 17:1–왕하 1:18)
D. 엘리야의 마지막 날들(22:41–왕하 1:18)

3. 엘리야와 아하시야(1:1–18)

[1] 아합이 죽은 후에 모압이 이스라엘을 배반하였더라 [2] 아하시야가 사마리아
에 있는 그의 다락 난간에서 떨어져 병들매 사자를 보내며 그들에게 이르되
가서 에그론의 신 바알세붑에게 이 병이 낫겠나 물어 보라 하니라 [3] 여호와
의 사자가 디셉 사람 엘리야에게 이르되 너는 일어나 올라가서 사마리아 왕
의 사자를 만나 그에게 이르기를 이스라엘에 하나님이 없어서 너희가 에그
론의 신 바알세붑에게 물으러 가느냐 [4] 그러므로 여호와의 말씀이 네가 올
라간 침상에서 내려오지 못할지라 네가 반드시 죽으리라 하셨다 하라 엘리
야가 이에 가니라 [5] 사자들이 왕에게 돌아오니 왕이 그들에게 이르되 너희는
어찌하여 돌아왔느냐 하니 [6] 그들이 말하되 한 사람이 올라와서 우리를 만나
이르되 너희는 너희를 보낸 왕에게로 돌아가서 그에게 고하기를 여호와의
말씀이 이스라엘에 하나님이 없어서 네가 에그론의 신 바알세붑에게 물으려
고 보내느냐 그러므로 네가 올라간 침상에서 내려오지 못할지라 네가 반드
시 죽으리라 하셨다 하라 하더이다 [7] 왕이 그들에게 이르되 올라와서 너희를
만나 이 말을 너희에게 한 그 사람은 어떤 사람이더냐 [8] 그들이 그에게 대답
하되 그는 털이 많은 사람인데 허리에 가죽 띠를 띠었더이다 하니 왕이 이
르되 그는 디셉 사람 엘리야로다 [9] 이에 오십부장과 그의 군사 오십 명을 엘
리야에게로 보내매 그가 엘리야에게로 올라가 본즉 산 꼭대기에 앉아 있는
지라 그가 엘리야에게 이르되 하나님의 사람이여 왕의 말씀이 내려오라 하
셨나이다 [10] 엘리야가 오십부장에게 대답하여 이르되 내가 만일 하나님의 사
람이면 불이 하늘에서 내려와 너와 너의 오십 명을 사를지로다 하매 불이
곧 하늘에서 내려와 그와 그의 군사 오십 명을 살랐더라 [11] 왕이 다시 다른
오십부장과 그의 군사 오십 명을 엘리야에게로 보내니 그가 엘리야에게 말
하여 이르되 하나님의 사람이여 왕의 말씀이 속히 내려오라 하셨나이다 하

니 12 엘리야가 그들에게 대답하여 이르되 내가 만일 하나님의 사람이면 불이 하늘에서 내려와 너와 너의 오십 명을 사를지로다 하매 하나님의 불이 곧 하늘에서 내려와 그와 그의 군사 오십 명을 살랐더라 13 왕이 세 번째 오십부장과 그의 군사 오십 명을 보낸지라 셋째 오십부장이 올라가서 엘리야 앞에 이르러 그의 무릎을 꿇어 엎드려 간구하여 이르되 하나님의 사람이여 원하건대 나의 생명과 당신의 종인 이 오십 명의 생명을 당신은 귀히 보소서 14 불이 하늘에서 내려와 전번의 오십부장 둘과 그의 군사 오십 명을 살랐거니와 나의 생명을 당신은 귀히 보소서 하매 15 여호와의 사자가 엘리야에게 이르되 너는 그를 두려워하지 말고 함께 내려가라 하신지라 엘리야가 곧 일어나 그와 함께 내려와 왕에게 이르러 16 말하되 여호와의 말씀이 네가 사자를 보내 에그론의 신 바알세붑에게 물으려 하니 이스라엘에 그의 말을 물을 만한 하나님이 안 계심이냐 그러므로 네가 그 올라간 침상에서 내려오지 못할지라 네가 반드시 죽으리라 하셨다 하니라 17 왕이 엘리야가 전한 여호와의 말씀대로 죽고 그가 아들이 없으므로 여호람이 그를 대신하여 왕이 되니 유다 왕 여호사밧의 아들 여호람의 둘째 해였더라 18 아하시야가 행한 그 남은 사적은 모두 이스라엘 왕 역대지략에 기록되지 아니하였느냐

열왕기상 22:51에서 시작된 아하시야 왕의 이야기가 계속되고 있다.[1] 저자는 이미 열왕기상 22:53에서 아하시야가 하나님의 진노를 샀

---

1 비록 본문이 열왕기하를 시작하고 있기 때문에 열왕기상 22:51–53에서 분리되어 따로 취급되고 있지만, 열왕기상 22:51–열왕기하 1:18은 아합의 대를 이어 왕이 된 아하시야의 이야기를 하고 있으며, 다음과 같은 구조적 통일성을 지닌다(Patterson & Austel).

A. 이야기 시작(왕상 22:51–53)
  B. 아하시야가 난간에서 떨어짐(왕하 1:1–2)
    C. 천사가 엘리야에게 왕의 사신들을 만나라고 명함(왕하 1:3–4)
      D. 사신들이 왕에게 보고함(왕하 1:5–8)
      D'. 왕이 엘리야에게 군대를 보냄(왕하 1:9–14)
    C'. 천사가 엘리야에게 오십부장과 가라고 명함(왕하 1:15–16)
  B'. 아하시야가 난간에서 떨어진 결과로 죽음(왕하 1:17)
A'. 이야기 마무리(왕하 1:18)

다는 사실을 가르쳐주었다. 더 나아가 아하시야가 고작 2년 동안 통치했다는 정보를 제공함으로 그가 노년에 자연사로 죽은 것이 아님을 암시했다. 이제 본 텍스트에서 그가 왜 겨우 2년 동안 이스라엘을 다스리고 죽었는지에 대하여 그 신학적인 이유를 밝힌다. 온 백성들 앞에서 신앙적 모범이 되어야 할 왕이 십계명 중 첫 번째 계명을 어겨 여호와를 찾지 않고 우상을 찾다가 여호와의 심판을 받아 죽은 것이다. 이스라엘은 여호와의 백성이고 인간 왕들은 하나님의 권위로 주님의 백성을 통치한다는 것을 감안하면, 아하시야가 여호와께 등을 돌리고 우상을 숭배하면서 하나님의 백성을 통치하는 것이 얼마나 심각한 범죄인지 생각할 수 있다.

여호와께서 오래전 시내 산에서 이스라엘의 왕으로 취임하시고 그들을 자기 백성으로 삼으셨다. 이때 이후로 이스라엘은 하나님의 직접적인 통치를 받는 백성이 된다. 사무엘 선지자 시대 이후로 등장한 인간 왕들은 이스라엘을 다스리시는 하나님의 통치권을 위임받아 주의 백성을 다스리는 역할을 했다. 그래서 왕들이 진정한 왕이신 하나님의 뜻과 계획에 따라 그의 백성 이스라엘을 다스리는 것은 필수적이다.

그렇다면 인간 왕들은 어떻게 이스라엘의 참 왕이신 하나님의 뜻과 계획을 분별하여 주님의 백성을 통치할 수 있는가? 이스라엘의 왕권에 관한 유일한 율법이라 할 수 있는 신명기 17:14–20이 그 방법을 제시한다. 이 말씀은 먼저 왕이 추구하면 안 될 세 가지를 지적한다(신 17:16–17). (1) 많은 병마(viz., 군사력), (2) 많은 아내(viz., 사치, 이방인을 맞이할 경우 우상도 포함), (3) 많은 은금(viz., 부). 이런 것들에 마음을 주면 하나님의 음성을 제대로 들을 수 없기 때문이다.

하나님은 율법을 통해 왕에게 이처럼 속된 것들 대신 딱 한 가지 신성한 것을 요구하셨다. 평생 율법을 묵상하고 배우며, 율법에 온전히 순종하는 삶을 사는 것이다(신 17:18–19). 왕권에 관한 율법은 이스라엘 왕에게 어떠한 행정 능력이나 경영 능력을 요구하지 않는다. 이스라엘을 어떻게 통치하고 운영해 나가는 것은 왕이 선지자들을 통해 참 왕이신 하나님께 자문을 구하면 여호와께서 말씀해 주실 것이기 때문이다. 그러므로 왕에게 경영 능력이나 행정 능력을 요구하지 않는 것은 곧 하나님과 왕은 하나님의 말씀인 율법과 대변인인 선지자들을 통해 끊임없이 교통하는 것을 전제한다.

대신 하나님이 이스라엘 왕에게 요구하시는 것은 믿음이다. 하나님은 모세를 통해 왕에 대하여 이같이 말씀하셨다. "그가 왕위에 오르거든 이 율법서의 등사본을 레위 사람 제사장 앞에서 책에 기록하여 평생에 자기 옆에 두고 읽어 그의 하나님 여호와 경외하기를 배우며 이 율법의 모든 말과 이 규례를 지켜 행할 것이라"(신 17:18-19). 하나님이 왕에게 바라는 딱 한 가지는 평생 열심히 율법을 배우고 실천함으로 모든 백성에게 신앙적인 모범이 되는 것이다. 이것이야말로 진정한 성경적 리더의 모습이다. 성경이 지향하는 리더십이란 리더가 솔선수범하는 것을 보고 사람들이 따라 하도록 하는 롤모델링(role modeling)을 바탕으로 한다.

왕에게 필요한 정치적 수완이나 행정능력은 하나님이 필요에 따라 내려주시는 은사라 할 수 있지만, 믿음과 순종은 왕을 포함한 모든 주의 백성이 평생 추구해야 할 영성이기 때문이다. 이처럼 이스라엘의 왕은 항상 주님 앞에 서 있어야 하며 하나님 말씀에 따라 주의 백성을 통치해야 한다. 그런데 아하시야가 의도적으로 하나님을 거부하고 우상을 숭배하였으니, 하나님의 심판을 받아 통치 기간이 짧아지고 죽음을 면치 못한 것은 당연한 일이다. 그래서 열왕기 저자는 그가 하나님을 섬기지 않고 우상을 따랐기 때문에 장기간이 될 수 있었던 통치 기간이 일찍 마무리된 것으로 묘사한다. 아하시야는 이스라엘의 왕이신 하나님을 거부함으로 자기 스스로 오랫동안 이스라엘의 왕노릇하기를 거부한 것이다.

아하시야는 두 가지 현실적인 문제에 처해있다. 첫째는 이스라엘의 속국으로 있었던 모압의 반역이다(1절; cf. ANET 320-321, Konkel). 일부 학자들은 모압이 반역을 했다는 사실이 본문에 묘사된 아하시야가 당한 사고와 이렇다 할 연관성이 없는 정보로 간주한다. 그래서 성경을 필사한 사람들의 실수로 모압 반역에 대한 정보를 제공하고 있는 1절이 이 사건에 대해서 자세하게 언급하고 있는 열왕기하 3장에서 이곳으로 옮겨진 것이라고 한다(Seow). 그러나 그렇게 볼 필요는 없다. 저자는 아하시야의 불신을 회고하면서, 그의 불신이 초래한 결과를 크게 두 가지로 묘사하고자 하는데, 모압의 반역이 바로 첫 번째 결과로 제시되고 있다. 모압이 반역한 것은 곧 아하시야가 하나님을 섬기지 않았기 때문에 빚어진 결과라는 것이다.

열왕기하 3:4-5에 의하면 이때 모압의 왕은 메사였고, 양치는 사람이었다. 그는 이스라엘 왕에게 매년 많은 양의 양털을 조공으로 바쳐오다가 아합이 죽은 틈을 타서 반역하고 더 이상 조공을 바치지 않았다. 안타깝게도 이스라엘은 반역한 모압에 제재를 가할 힘이 없어 반역을 지켜볼 뿐이다. 그러므로 모압의 반역은 아하시야 왕 시대에 접어들면서 가나안 지역에서 이스라엘의 영향력이 급속하게 줄고 있음을 시사한다(Sweeney). 여로보암 2세의 시대에 이르러서는 왕의 불신으로 이스라엘은 거의 모든 국제적인 입지를 잃는다(cf. 왕하 3:4-27). 한때 다윗과 솔로몬이 이스라엘의 왕으로서 온 가나안 지역을 평정하여 위세 당당하게 군림했지만, 이제는 옛이야기에 불과하다. 열왕기 저자는 이 모든 일이 왕들의 불신으로 빚어진 일이라고 한다. 그러므로 이스라엘의 몰락은 영적 타락에서 시작되었으며, 시간이 지날수록 악화되어간다.

반면에 아하시야가 이스라엘을 통치하는 동안 남 왕국을 다스렸던 여호사밧은 에돔에 대한 지배권을 더 강화했다(왕상 22:47). 열왕기 저자는 하나님을 경외하지 않은 아하시야가 북 왕국 이스라엘을 다스리는 동안 이스라엘은 모압에 대한 영향력을 잃었지만, 하나님을 경외한 왕 여호사밧이 남 왕국 유다를 다스리는 동안 유다는 에돔에 행사하는 영향력을 강화했음을 대조한다. 이 자매 나라들의 국제적 위상이 나라를 다스리는 왕들의 영성과 비례했음을 암시한다(cf. Seow).

아하시야가 당면한 두 번째 문제는 그의 집에서 일어난 사고였다. 그가 다락방 난간에서 떨어져 크게 다친 일이었다(2절). 이 이야기가 전체적으로 여호와의 능력을 매우 강조하는 것으로 보아 아하시야가 난간에서 떨어진 일은 시리아의 군인이 별생각 없이 쏜 화살이 아합을 죽인 것(cf. 왕상 22:34)처럼 '우연히 된 일'은 아닌 듯하다(Sweeney). 하나님이 사고를 가장하여 그를 치신 것이다. 하나님은 악인을 직접 치시기도 하지만, 때로는 이처럼 우연 혹은 도저히 가늠할 수 없는 정황을 통해 치기도 하신다. 아하시야가 메신저들(מַלְאָכִים)을 보내 자신이 회복할 수 있을지, 아니면 죽게 될지에 관해 신탁(神託)을 구하는 것을 보면 그가 이 사고에서 얻은 상처가 심각한 것을 쉽게 짐작할 수 있다.

문제는 그가 누구의 신탁을 구하는가에 있다. 이스라엘의 하나님 여호와를 무시하고 에그론의 신 바알세붑의 신탁을 구했다! 에그론은 블레셋에 속한 도시였으며 예루살렘에서 서쪽으로 35킬로미터 떨어진 곳에 있었다(ABD). 바알세붑(בַּעַל זְבוּב)이라는 이름의 문자적인 의미는 "파리들의 주"(lord of the flies) / "파리 바알"(Baal the Fly)이다(cf. LXX, HALOT). 이 신에 대한 고고학적인 자료는 아직까지 발굴된 적이 없다. 반면에 우가릿 문헌들은 바알을 흔히 바알세불(בַּעַל זְבוּל)이라 부른다. 이 호칭의 문자적인 의미는 "바알 왕자"(Baal the Prince)이다(Fretheim, cf. 마 10:25; 12:24). 그래서 대부분 학자들은 이 이름이 아하시야가 찾은 이방 신의 진짜 이름이 아니라, 저자가 아하시야가 찾은 신(神)을 조롱하기 위해서 진짜 이름 대신 이 호칭을 쓴 것으로 이해한다(Roberts, Provan, House, Sweeney, Fretheim). 그러므로 바알세붑이 어느 신을 가리키는지 정확히 알 수 없지만(또한 밝혀낸다 해도 별로 중요하지 않음), 한 가지 확실한 것은 아하시야는 본문의 바알세붑이라고 부르는 이 우상을 치유의 신으로 믿고 있다는 사실이다(Cogan & Tadmor, Konkel). 여호와의 권세를 위임받아 주의 백성을 다스리는 아하시야에게 치료하시는 하나님 "여호와 라파"는 안중에도 없다. 이러니 그가 벌을 받아 일찍 왕의 자리에서 내려와 죽는 것은 당연한 일이 아니겠는가?

아하시야가 바알세붑에게 "메신저들"(מַלְאָכִים)을 보내자 하나님도 "메신저"(מַלְאַךְ)를 엘리야에게 보내어 그가 아하시야의 메신저들을 만나서 선포할 예언을 주셨다(3절). 인간 왕은 우상들의 뜻을 파악하기 위해서 여러 메신저들을 보내지만, 참 왕이신 하나님은 먼저 한 메신저를 보내 자기 뜻을 밝히시는 분이시다. 본문에서 하나님이 보내신 메신저는 천사를 뜻하는 호칭이다.

엘리야가 왕의 메신저들을 만나 아하시야에게 전할 메시지는 여호와를 찾지 않은 것에 대한 책망과, 그 대가로 왕이 죽게 될 것 등 두 가지였다(3–4절). 엘리야가 제시하는 수사학적인 질문[2] "이스라엘에 하나님이 없어서 에그론까지 가느냐?"가 이 이야기의 핵심 이슈이다. 이스라엘에는 세상의 그 어느 신보다도 위대하신 하나님이 계신다. 온 세상이 다 아는 사실이다. 다만 주의 백성의 지도자라고 자칭하는 아하시야만 모른다(인정하지 않는다). 그래서 그는 에그론에 있는 우상에게 사신을 보냈다. 참으로 슬픈 일이다.

바알세붑을 찾아가는 길에 선지자의 말을 들은 왕의 메신저들은 그가 명령한 대로 발길을 돌려 아하시야에게 가서 그대로 전했다. 왕의 명령을 받고 바알세붑을 찾아 나선 신하들의 믿음이 왕의 믿음보다 조금은 더 나은 것 같다. 이스라엘의 신 여호와께서 말씀하셨으니 블레셋 사람들의 신 바알세붑의 소견은 별 의미가 없음을 확신하고 발길을 돌렸기 때문이다. 또한 그들은 엘리야가 어떤 선지자라는 것을 잘 알

2 수사학적인 질문은 답이 뻔하거나 이미 정해진 질문을 뜻한다. 선지자들은 질문이 전제하는 진리를 강조하기 위하여 이 유형의 질문을 매우 자주 사용하는 "수사학적 질문의 달인"들이다. 엘리야는 이 수사학적인 질문을 통하여 이스라엘에 참 하나님이 계시는데 왜 무능한 이방 신을 찾느냐며 아하시야 왕을 책망하고 있다.

고 있다. 그러므로 참 신이신 여호와께서 가장 자주, 확실하게 사용하시는 자기 선지자를 통해 말씀하셨으니 무엇이 더 필요하겠는가! 게다가 만일 엘리야 같은 참 선지자의 말씀을 듣지 않으면 죽을 수 있다는 두려움 또한 엄습했을 것이다.

그러나 아하시야의 신앙은 신하들보다도 못하다. 그는 메신저들을 통해 받은 신탁의 내용을 무시해 버린다. 그는 "정령 죽으리라"는 여호와의 신탁 앞에서 무릎 꿇고 회개하며 살려달라고 기도하지 않는다. 대신 그는 이 신탁을 자신에게 준 사람이 누구인가에 모든 관심을 쏟고 있다. 참으로 안타까운 일이다. 아하시야는 무엇이 먼저이고, 무엇이 중요한 것인지를 모르는 사람이다. 하나님의 말씀이 누구를 통해서 온 것인가를 규명하는 것도 필요하겠지만, 더 중요하고 다급한 일은 받은 말씀에 따라 회개하고 순종하는 일이다. 하나님은 이런 회개와 순종을 유도하기 위해 그에게 신탁을 주신 것인데, 아하시야는 하나님의 메신저에만 관심이 있지 그 메신저를 보내신 주님의 메시지에는 관심이 없다. 그는 참으로 하나님의 심판을 받아 죽을만하다.

왕은 신하들이 설명하는 선지자의 생김새와 옷차림을 듣고 그가 엘리야라는 것을 쉽게 인식했다(8절; cf. 왕상 19:19; 왕하 2:8, 13-15). 아하시야가 한 번도 엘리야를 직접 본 적이 없었음이 거의 확실하다. 그럼에도 불구하고 자기 신하들에게 여호와의 말씀을 준 자가 엘리야라는 것을 쉽게 알아차릴 수 있었던 것은 아마도 그의 부모들(아합과 이세벨)과 이 선지자의 악연 때문이었으며(cf. Seow), 또한 엘리야의 독특한 옷차림 때문이었을 것이다. 왕의 신하들은 그를 "털이 많은 사람"(בַּעַל שֵׂעָר)(lit., "털을 지닌 자", 8절)이라고 하는데, 이 같은 설명이 그의 몸에 털이 많이 났다는 것을 뜻하는지(KJV, NAS, NRS, TNK), 아니면 그가 털옷을 입고 있다는 뜻인지(NIV, RSV, ESV) 정확하지 않다. 그가 털이 많다는 설명 바로 다음에 "허리띠" 이야기가 나오고(8절), 선지자들이 털옷을 자신의 신분을 알리는 용도로 입고 다니는 모습이 성경 다른 곳에서 포착되는 것으로 보아(cf. 슥 13:4; 마 3:4), 엘리야가 몸에 털이 많은 사람이 아니라 털옷을 입고 있다는 것으로 해석하는 것이 바람직하다.

아하시야는 한 번에 50명의 군사를 보내 엘리야를 잡으려고 했다(9절). 그는 여호와 앞에 회개해야만 살 수 있다는 것을 깨닫지 못하고 이 '재수 없는 말'을 그에게 전해 준 엘리야를 제거하면 문제가 해결될 것으로 생각한다. 엘리야가 그의 손에 잡힐 리가 없지만, 우리는 설령 선지자가 아하시야의 손에 죽는다 해도 왕은 죽음을 면할 수 없다는 것을 잘 안다. 선포된 말씀의 위력은 그 말씀을 전한 메신저가 아니라 그 메신저를 보내신 하나님께로부터 비롯된다는 것을 알기 때문이다. 반면에 아하시야는 엘리야가 이 말을 만들어냈기 때문에(viz., 저주를 선포했기 때문에) 그만 제거하면 모든 문제가 해결될 것으로 생각한다. 신앙적인 관점에서 볼 때 참으로 어리석은 왕이다. 여호와에 대한 무식함이 그를 이렇게 만들었다.

옛적 그의 아버지 아합 시대에 갈멜 산에서 바알 선지자 450명과 대결해서 승리했던 엘리야가 이세벨의 협박을 듣고 광야로 도망한 일이 있었다(cf. 왕상 18-19장). 아하시야가 그의 어머니 이세벨이 얻었던 효과를 노리고 이렇게 하는 것일까? 정확하게 알 수는 없지만, 엘리야를 잡아서 처형하지 못하더라도 그가 겁을 먹고 이스라엘 영토에서 떠나기만 해도 좋은 일이라고 생각했을 것이다. 참으로 안타까운 일은 아하시야가 그의 부모 아합과 이세벨처럼 엘리야를 원수로 생각하고 있다는 사실이다. 엘리야는 죽게 된 그에게 생명을 선사할 수도 있는데 말이다.

정반대로 아하시야는 스스로 죽음의 길을 택하고 있다! 그가 살 수 있는 유일한 길, 또한 아합과 이세벨이 하나님께 나아갈 수 있었던 유일한 길이 엘리야였다. 즉, 아합 집안 사람들의 가장 큰 문제는 하나님이 엘리야를 그들에게 축복의 통로로 주셨는데, 그들은 하나님의 선지자를 재수 없는 말만 지껄이는 재수 없는 사람으로 여긴 것이다. 현실에 대한 올바른 이해가 없는 곳에서 이런 일이 일어나는 것이 당연한지도 모르겠다.

당시 엘리야가 어디에 머물고 있었는지에 대해서 저자는 이렇다 할 지명을 제시하지 않는다(cf. 9절). 주석가들은 갈멜 산을 지목하지만, 확실하지 않다(Patterson & Austel, Fretheim). 다만 높은 산/언덕에 머물고 있었던 것은 확실하다. 선지자가 머물고 있는 곳에 도착한 아하시야 군사들은 당당하게 엘리야에게 엄포를 놓는다. "어명이오(הַמֶּלֶךְ דִּבֵּר). 하나님의 사람(אִישׁ הָאֱלֹהִים)께서는 내려오시오!"(새번역; 공동). 우리는 이 말에 아하시야의 신학이 곁들어져 있음을 알 수 있다. 그는 지금 자신의 권위가 하나님(אֱלֹהִים)의 권위보다 더 크다고 생각한다. 그러므로 그는 "하나님의 사람"에게 하나님의 말씀이 아니라 자신의 명령을 따를 것을 요구한다. 자기 몸 하나 제대로 가누지 못해 다락방에서 떨어져 치명적인 상처를 입은 사람이 온 우주의 창조주이신 여호와를 무시한다는 것이 얼마나 어리석은 일인가! 그가 곧 죽을 것이라는 여호와의 신탁을 받고도 왜 그 신탁을 전적으로 무시하는지 조금 이해가 가는 대목이다. 그는 자신의 능력으로 여호와를 지배할 수 있다고 생각하는 어리석은 인간이다. 고대 근동 왕들은 자신을 신에 비교하는 것을 즐겼고, 더 나아가 일부 왕들은 신으로 숭배되었다. 이러한 맥락에서 아하시야가 마치 자신이 여호와보다 더 유능한 신처럼 날뛰는 것을 이해하면 좋을 듯하다.

이 상황에서 엘리야는 순순히 따라갈 수 없다. 만일 엘리야가 그렇게 한다면, 그는 본의 아니게 아하시야의 권위가 그에게 말씀하신 여호와의 권위보다 더 높다는 것을 스스로 인정하게 되기 때문이다. 그러므로 엘리야는 왕의 명령을 따르는 대신 하나님이 어떤 분이신가를 보여주어야 한다. 그래서 그는 "내가 만일 하나님의 사람이면 불이 하늘에서 내려와 너와 너의 오십 명을 사를지로다"라고 대답한다(10절). 엘리야의 대답은 하나의 언어유희를 형성하고 있다. "내가 하나님의 사람(אִישׁ, '이쉬'[ish]라고 소리 남)이면, 불(אֵשׁ, '에쉬'[esh]라고 소리 남)이 하늘에서…"(내가 하나님의 '이쉬'라면, 너희에게 하늘의 '에쉬'를 내리리라!). 엘리야가 전에는 하늘에서 불을 내려 제물을 태웠는데, 이번에는 아하시야의 부하들을 태우고 있다.

아니나 다를까, 선지자의 말이 떨어지기가 무섭게 하늘에서 불이 내려와 오십부장을 포함한 51명의 군사를 태워버렸다. 아하시야는 사람들을 보내 엘리야에게 "내려오라"고 명령했지만, 정작 "내려온 것"은 그의 부하들을 태우는 하늘의 불이었다. 여호와의 선지자의 말씀에 따라 순식간에 하늘에서 불이 내려와 장정 51명을 태워 버린 사건은 아하시야를 향한 강력한 경고이자, 하나님이 그에게 회개할 기회를 허락하신 마지막 은혜였다.

이 같은 사실을 전혀 깨닫지 못한 왕은 다른 오십부장과 50명의 군사를 보내 엘리야를 잡으려 했고 엘리야는 그들도 하늘의 불로 모두 태워 버렸다(11–12절). 한순간에 100여 명의 사람이 죽어나간 끔찍한 사건이었지만, 엘리야는 이스라엘 왕과 백성들에게 여호와가 어떤 분이신가를 보여주어야 했다. 여호와는 이스라엘의 왕이 명령해서 자기 마음대로 부릴 수 있는 신이 아니다. 하늘에서 내리는 불이 순식간에 100여 명의 생명을 앗아가는 이적을 베푸실 수 있는 무시무시한 능력을 소유한 분이시다. 그러므로 아하시야가 빨리 주님 앞에 무릎을 꿇는 것만이 살길이다.

이쯤 되면 아하시야는 동일한 일을 반복해서는 절대 엘리야를 데려올 수 없다는 사실을 깨달아야 한다. 하나님의 사람 엘리야의 마음에 변화가 없으면 왕이 보내는 모든 사람이 계속 죽게 될 것이 뻔하다. 아하시야의 부하들은 왕이 명령하면 가지 않을 수는 없지만, 그들의 길이 죽음의 길이라는 것을 알고 있다. 다행히 아하시야의 모든 부하들이 그들의 왕처럼 어리석거나 무모하지는 않았다.

왕이 세 번째로 보낸 오십부장은 엘리야에게 명령하기는커녕 오히려 살려달라고 애원했다. 비록 그가 여호와를 섬기는 자는 아니었지만, 여호와가 얼마나 위대한 신인가를 알고 있다. 그러므로 이 오십부장은 하나님의 사람 엘리야에게 왕의 권력으로 명령하는 것이 아니라 애원하여 설득하고 있다. 아하시야보다 그의 말단 부하인 오십부장의 사리판단이 더 지혜롭다.

하나님이 이 오십부장의 겸손을 보시고 그를 측은히 여겨 천사를 엘리야에게 보내 그와 함께 가라고 명령하셨다(15절). 하나님은 결코 사람의 명령에 따라 움직이는 분이 아니다. 그분은 자신이 가고 싶을 때 가시고, 오고 싶을 때 오시는 분이다. 자비를 베풀고 싶은 자에게 자비를 베풀고, 심판을 내리고 싶은 자에게 심판을 내리시는 분이다. 결국 150여 명 중 하나님 앞에 겸손했던 오십부장과 그의 부하들만 살게 되었다. 이 오십부장은 하나님 앞에 겸손함으로 자기 생명을 보존했을 뿐만 아니라 부하 50명의 생명도 건질 수 있었다. 겸손은 이처럼 사람의 생명을 구할 수 있다. 겸손하여 자기의 위치를 아는 사람을 지도자로 두는 것은 참으로 복된 일이며 자기를 살리는 일이다. 누군가의 말이 생각난다. "킹콩은 기어오르다가 죽었다!"

엘리야는 당당하게 아하시야를 찾아가 이미 그에게 선포된 예언을 다시 확인해 주었다. "네가 반드시 죽으리라!"(16절) 아하시야는 엘리야를 제거하지 못했을 뿐만 아니라 병상에서 같은 내용의 신탁을 선지자의 입술을 통해 다시 들어야 했다. 아하시야가 엘리야의 메시지를 듣고 회개했다는 기록은 성경 그 어디에도 없다. 만일 왕이 회개하고 용서를 빌려 했다면 무엇 때문에 100여 명의 부하들을 희생시키면서까지 엘리야를 직접 데려오라고 한 것일까? 그는 자신에 대해 '재수 없는 말'을 한 엘리야를 죽이려 했다. 그러나 하나님은 엘리야의 죽음을 허락하지 않았다. 오히려 왕의 부하들이 100명이나 죽게 된다. 또한 엘리야가 당당하게 아하시야에게 "당신은 죽는다"는 말을 하고 궁을 떠나는 것을 보면, 특별한 하나님의 개입이 아하시야가 엘리야를 죽이지 못하고 내보내도록 한 것으로 생각된다. 하나님을 두려워하지 않는 권력자들은 참으로 어리석고 소비적인 일들을 많이 한다.

아하시야가 죽게 된 이유는 그가 여호와를 무시했기 때문이다. 이스라엘의 하나님은 결코 그 누구에게도 무시될 수 없는 분임을 드러내는 사건이다. 결국 아하시야는 선지자의 말대로 왕위에 즉위한 지 2년이 되던 해에 죽었다(17절). 저자는 이 왕의 업적에 대한 자세한 내용은 "이스라엘 왕 역대지략"(סֵפֶר דִּבְרֵי הַיָּמִים לְמַלְכֵי יִשְׂרָאֵל)에 기록되어 있다는 말을 덧붙인다(18절). 아하시야에 대한 나머지 일에 관심이 있으면 이 책을 읽어보라는 뜻이다. 그런데 누가 이 악하고 어리석은 왕에게 관심을 갖겠는가?

한 가지 잘 이해가 되지 않는 것이 있다. 이세벨이 나봇을 죽이고 포도원을 빼앗아 남편 아합에게 선사한 사건(cf. 왕상 21장)으로 하나님은 아합 집안을 멸하시겠다고 선언하셨다. 그러다가 아합이 근신하는 모습을 보고 재앙을 그의 대가 아니라, 아들 대에 내리겠다고 하셨다(왕상 21:29). 그런데 그의 아들인 아하시야 시대에 피 흘림이 없지 않는가? 예언이 잘못되었단 말인가? 아니다. 아하시야의 대를 이은 자는 여호람/요람이었는데 그는 아하시야의 아들이 아니었다. 저자는 그가 죽을 때에 그에게 아들이 없었다고 한다(17절). 그렇다면 그의 대를 이은 여호람은 누군가? 저자는 열왕기하 3:1에 가서 그가 아합의 다른 아들이라 밝힌다. 즉, 아하시야와 여호람은 형제였던 것이다. 그러므로 나봇의 포도원 때문에 주어졌던 예언은 아직도 성취를 기다리고 있다.

이 사건을 통해 저자는 자신의 관심사가 유다와 이스라엘 왕들의 신앙에 제한되어 있음을 확실하게 보여준다. 그들이 정치적으로, 경제적으로 어떤 업적을 남겼는가는 중요하지 않다. 하나님이 그들에게 요구하시는 유일한 것은 말씀에 대한 순종과 믿음의 삶이다. 우리에게도 같은 것을 요구하신다. 아하시야는 여호와 앞에 그 어떤 신도 두지 말라고 말씀하신 십계명 중 제1계명을 어김으로 스스로 몰락했다.

V. 엘리사의 사역
(2:1-13:25)

열왕기상 17장에서 혜성같이 등장해서 당당하게 아합에게 기근이 올 것을 선언하고, 18장에 이르러서는 바알의 아지트였던 갈멜 산 위에서 오직 여호와만이 참 하나님이신 것을 온 천하에 드러냈던 선지자 엘리야의 시대가 저물고 있다. 엘리야는 이미 그의 후계자가 되어 이스라엘에게 하나님의 뜻을 전달할 사람도 물색해 놓은 상태다. 이제 두 사람의 이·취임식만 남았다.

이러한 상황에서 엘리야는 그가 이스라엘 역사의 무대에 등장할 때만큼이나 파격적으로 무대를 떠난다. 그리고 이제 후계자, 엘리사의 시대가 열린다. 엘리사와 엘리야는 서로 독자적인 사역을 하기 때문에 각자 독특한 면모도 있지만, 동시에 비슷한 점도 많이 있다. 엘리야 이야기와 엘리사 이야기에서 다음과 같은 공통점을 발견한다(Cohn).

엘리야 사이클—열왕기상	엘리사 사이클—열왕기하
17:2-7 엘리야가 계곡에서 물을 마심	3:9-20 이스라엘이 계곡에서 물을 마심
17:8-16 엘리야가 기름과 곡물의 양을 늘림	4:1-7 엘리사가 과부를 위해 기름의 양을 늘림
17:17-24 엘리야가 아이를 살림	4:8-37 엘리사가 아이를 살림

18:20-39 기근과 참 신	5:1-27 문둥병과 참 신
19:1-3 엘리야 추적, 추적하는 자가 맹세함	6:8-14, 31-32 엘리사 추적, 추적하는 자가 맹세함
21:1-29 거짓 증언이 한 사람으로부터 땅을 빼앗음	8:1-6 진실된 증언이 한 여인에게 땅을 되찾게 해줌
왕하 1:1-18 엘리야가 병든 왕에게 신탁을 보냄	8:7-15 엘리사가 병든 왕에게 신탁을 보냄

엘리사 역시 스승 엘리야처럼 파격적인 이적들을 행한다. 하나님은 이 두 선지자의 사역과 이적을 통해 자신의 건재함을 이스라엘 백성에게 과시하신다. 이스라엘이 바알을 좇는 것이 결코 여호와가 무능해져서 빚어진 일이 아니라, 의도적인 불손과 불순종으로 가득한 이스라엘 사람이 스스로 선택한 일임을 명확하게 알려 준다.

일부 학자들은 이 섹션의 다양한 편집자들과 여러 편집 시기에 대해 논한다(cf. Satterthwaite). 이 섹션은 오랜 세월을 지나면서 여러 사람에 의해 꾸준히 새로운 이야기가 첨부되고, 여러 번 수정된 이야기들로 구성되어 있다는 것이다. 그러나 그렇게 보기에는 섹션 전체의 맥을 잇는 공통점이 너무나도 많다(cf. Patterson & Austel).

그동안 열왕기 안에서 전개되어온 테마들이 이 섹션에서도 계속 발전하고 있다. 첫째, 하나님은 자신의 종인 선지자를 통해서 계속 사역하신다. 엘리사는 엘리야의 대를 이어 여러 가지 이적을 행하고(2:13-25; 4:1-6:23), 이스라엘을 보호하며(6:24-7:20), 이스라엘과 시리아의 왕들을 세운다(8:1-9:13). 모두 하나님이 선지자를 통해서 하시는 일이다. 책이 시작하면서 하나님이 나단을 통해 사역하셨던 것처럼 이 순간에도 엘리사 선지자를 통해서 일하고 계신다.

둘째, 선지자들은 이스라엘의 잘못된 왕들을 책망하고 하나님의 뜻을 알리는 일을 계속한다. 엘리사는 백성이 왕을 대하는 자세로 여호람을 대하지 않는다. 엘리사는 여호람이 왕의 자질을 갖추지 못한 사람이라고 생각하기 때문이다. 엘리사가 여호람을 만나준 이유는 딱 한 가지, 그나마 경건한 왕인 유다의 여호사밧이 그와 함께 있다는 것 때문이었다(3:14). 선지자 엘리사는 시리아의 하사엘을 보고 앞으로 그가 이스라엘에게 행할 만행을 생각하며 울기도 한다(8:7-15).

셋째, 이스라엘과 유다의 종교적 실패가 계속된다. 그들은 하나님이 선지자를 통해서 행하신 많은 이적들을 보고도 죄에서 돌이켜 하나님과의 언약을 이행하기를 거부한다(cf. 3:15-27; 6:24-7:20). 이것이 이적의 한계이다. 이적은 사람들에게 순간적인 감동을 주어 그들의 관심을 끌 수 있지만, 지속적인 믿음을 생산하지 못한다. 오직 여호와의 말씀만이 사람을 변화시킬 수 있으며 건강한 믿음을 생산할 수 있다.

이 섹션에서 가장 확실하게 드러나는 테마는 하나님이 세상을 통치하신다는 사실이다. 여호와께서 에돔의 광야에서 이스라엘과 유다 군대를 구하실 뿐 아니라(3:8ff), 시리아의 군대 장관 나아만을 치유하시고 그의 입술을 통해 "이제야 나는 온 세계에서 이스라엘 밖에는 하나님이 계시지 않다는 것을 알게 되었습니다"라는 찬양을 받으신다(5:15, 새번역). 심지어는 누가 시리아의 왕이 될 것인가도 여호와께서 결정하시는 일이다(8:7-15). 우리는 열왕기의 시작과 평행을 이루는 솔로몬 시대 때부터 여호와의 사역이 온 세상에 조금씩 확장되어가는 것을 보았다. 이제 하나님의 열방 통치가 저자의 주요한 관심과 강조점으로 부각된다.

열왕기 저자가 이처럼 온 세상을 통치하시는 여호와의 모습을 부각하는 데는 몇 가지 목적이 있다. 첫째, 이스라엘이 거부하는 하나님은 온 세상을 창조하시고 통치하시는 분임을 강조함으로써 그들이 하나님을 거부하는 일이 얼마나 어리석은 짓인가를 암시하고자 한다. 이스라엘은 세상에서 가장 능력 있는 신께 등을 돌리고 자기 몸 하나 추스르지 못하는 우상을 좇고 있다. 이스라엘의 결정은 절대 합리적이지 않다.

둘째, 이스라엘은 여호와를 마치 자신의 수호신 정도로 생각하지만, 하나님은 온 세상을 다스리는 분이시다. 이스라엘은 분명 하나님의 가장 중요한 관심사이지만, 이스라엘 외에도 하나님의 관심사는 많이 있다. 즉, 이스라엘은 하나님 없이 존재할 수 없지만, 하나님은 주의 백성 없이도 얼마든지 존재하시는 분이다. 그러므로 주의 백성이 하나님을 독점하려는 생각은 빨리 버려야 한다.

셋째, 여호와의 구원 사역이 점차적으로 확대되어 세상의 모든 백성을 포함하게 될 것을 암시한다. 나아만 사건은 이방인도 여호와에 대한 확고한 믿음을 가지고 신앙생활할 수 있다는 사실을 강조할 뿐만 아니라, 여호와의 구원이 하나님의 때가 되면 이방인들까지도 포용하게 될 것임을 전제하고 있다. 열왕기 안에서 이스라엘 왕들과 백성들에 대한 부정적인 묘사에 비해, 이방인들에 대한 대체로 긍정적인 평가 역시 여호와의 이러한 계획을 배경으로 하고 있는 듯하다. 물론 열방이라고 무조건 좋은 것은 아니다. 이미 보았듯이 이집트를 비롯한 열방은 솔로몬에게 매우 부정적인 영향을 미쳤고, 시돈 또한 아합에게 치명적인 신학적 오류를 범하게 했다. 즉, 열방은 대체로 주의 백성을 미워하고 핍박하는 역할을 하지만, 그들 중에도 분명히 여호와의 구원의 대상이 될 자들이 속해 있는 것이다. 이미 언급한 것처럼 일부 학자들은 엘리야를 이방인으로 보기도 한다.

열방에 대한 여호와의 영향력은 그들의 정치 무대에도 직접 개입하시는 것에서 역력히 드러난다. 이스라엘을 괴롭히는 시리아의 왕도 여호와가 세우시며(8:7–15), 이스라엘(17:1–23, 특히 20절)과 유다(25:1–30)가 아시리아와 바빌론에 끌려가는 일도 여호와 하나님이 주관하시고 계획하신 일이다. 이처럼 열방은 여호와의 구원의 대상이 되기도 하지만, 하나님이 이스라엘을 징계하시는 데 사용하는 '진노의 막대'가 되기도 한다.

본 텍스트는 엘리사와 연관된 이야기들로 구성되어 있다는 통일성을 지닌다. 그러나 섹션에 기록된 이야기들이 언급하고 있는 주제들과 사건들은 매우 다양하다. 그러므로 짜임새 있는 구조를 파악하는 것은 거의 불가능해 보인다. 본 텍스트는 주제에 따라 다음과 같이 구분할 수 있다.

A. 엘리사가 엘리야를 승계함(2:1–3:27)
B. 엘리사의 기적(4:1–6:23)
C. 엘리사와 포위된 사마리아(6:24–7:20)
D. 엘리사의 정치적 영향(8:1–29)
E. 예후의 이스라엘 정화(9:1–10:36)
F. 아달랴와 여호야다(11:1–21)
G. 요아스의 개혁(12:1–21)
H. 여호아하스와 요아스(13:1–13)
I. 엘리사의 마지막 날들(13:14–21)
J. 엘리사의 마지막 예언이 성취됨(13:22–25)

V. 엘리사의 사역(2:1–13:25)

A. 엘리사가 엘리야를 승계함(2:1–3:27)

이스라엘에 영적 부패를 포함한 많은 문제가 산재해 있다는 것은, 선지자들의 사역이 더욱더 절실하다는 것을 의미하기도 했다. 선지자들만이 여호와의 음성을 듣고 순종하려는 분별된 소수의 소망이었기 때문이다. 그러므로 하나님이 이스라엘에 남겨 두신 '바알에게 무릎 꿇지 않은 칠천 명'을 격려하기 위해서라도, 선지자는 오직 여호와만 두려워하며 세상의 사악한 권세에게 당당하게 대항해야 한다. 심지어 대항하다가 생명을 잃을지라도 말이다.

엘리야의 경우 문제가 생긴다. 갈멜 산에서 바알과 그의 선지자들을 상대로 큰 승리를 얻었음에도 이세벨의 공갈에 휘둘려 두려워서 피신한 적이 있다(cf. 왕상 19:1–3). 엘리야가 어떤 이유에서 피신을 했던 간에, 이 소식은 그를 롤모델(role model)로 바라보고 있었던 하나님의 남은 자들에게 적잖은 충격과 실망을 안겨 주었을 것이다. 그러므로 이 일 이후로 엘리야는 선지자로서 더 이상 효과적인 사역을 하기가 어렵게 되었다는 느낌을 준다. 주님의 남은 자들 사이에 그의 신뢰성이 이슈가 되었을 것이기 때문이다.

이러한 정황에서 엘리야가 이 땅을 떠날 때가 되었다. 다행히 엘리야는 떠나기 전 자신의 대를 이어 오므리 왕조를 대항할 후계자를 세웠다. 선지자로서 수명이 다한 듯 생각되는 엘리야가 그나마 엘리사에게 모든 것을 이임하고 떠나는 것은, 그 당시 오직 주님만 바라보며 살던 소수의 이스라엘 사람들에게는 아직도 하나님이 그들과 함께하신다는 증거로 여겨졌을 것이다. 이 섹션은 다음과 같이 두 파트로 나눈다.

A. 엘리야에서 엘리사로(2:1-25)
B. 이스라엘과 모압 전쟁(3:1-27)

V. 엘리사의 사역(2:1-13:25)
A. 엘리사가 엘리야를 승계함(2:1-3:27)

1. 엘리야에서 엘리사로(2:1-25)

엘리사가 엘리야를 계승하는 이 이야기는 내용적인 면에서 구약 내러티브 중 다른 곳에서는 접할 수 없는 매우 독특한 성향을 지니고 있다. 더 나아가 열왕기 저자도 이 이야기를 자신이 보편적으로 사용하는 저술 기법에서 예외적으로 취급한다. 열왕기에는 여러 이야기가 나오는데 저자는 이 이야기들을 왕들의 즉위에 대한 언급과 그 왕들의 죽음에 대한 언급 사이에 삽입하고 있다. 그들이 한 일을 업적으로 기록하기 위해서이다.

단, 엘리사의 사역 시작 이야기와 죽음 이야기(13:14-21)만은 예외이다. 이 이야기가 시작되기 전에 북 왕국의 아하시야가 죽었다(1:17-18). 아하시야의 뒤를 이은 여호람/요람의 이야기는 열왕기하 3:1에 가서야 재개된다. 그 사이에 이 이야기가 끼어있다. 한 왕의 죽음과 다음 왕의 즉위 사이에 엘리사 선지자의 사역이 시작된 이야기를 삽입한 것이다.

엘리사의 죽음에 대한 이야기도 마찬가지다. 이스라엘의 요아스가 죽었다는 언급이 먼저 열왕기하 13:10-13에 기록되어 있다. 바로 그 다음에 엘리사의 죽음 이야기가 나오고(13:14-21), 그리고 난 다음에 다음 왕의 왕위 승계 이야기가 나온다(14:1). 왜 열왕기 저자는 엘리사의 사역을 이처럼 예외로 취급하는 것일까? 저자는 이 같은 기법을 사용해서 엘리사의 사역의 시작과 끝을 왕들의 통치 기간 밖에 두고자 한다.

저자는 이러한 기법을 통해 엘리사 이야기를 다른 이야기들과 차별화시키고 있다. 무엇 때문일까? 첫째, 저자는 왕들의 권위와 선지자들의 권위를 대조하고자 한 것이다(Cohn). 선지자들도 분명 이스라엘 백성이지만, 그들은 왕들의 권한 밖에 있다는 점을 강조하고자 한다. 그러므로 저자는 왕들의 통치 이야기를 끝맺고, 그들의 죽음까지 언급한 다음에 선지자의 사역 시작과 죽음을 기록한다. 둘째, 왕권은 유전적으로 다음 사람에게 전수되는 것에 반해, 선지자직(職)은 하나님의 직접적인 개입에 의해 맥을 이어감을 강조한다. 저자는 이스라엘의 왕들이 자신들은 하나님으로부터 위임받은 권한으로 통치한다고 주장하지만, 선지자들의 권한은 왕들의 권한을 초월하며, 왕들도 이들의 권위에 복종해야 함을 부각한다. 선지자는 왕에게 하나님의 말씀을 전달해주는 대리인이기 때문이다.

아울러 선지자직이 어떻게 계승되는가에 대한 성경적인 예로 이 이야기가 유일하다. 이러한 차원에서도 이 이야기는 그 자체 내에 여러 가지 신비롭고 관념적인 요소를 포함하고 있어 따로 취급하는 것이 당연하다. 이 섹션은 다음과 같이 매우 짜임새 있는 구조를 지닌다(Cohn). 이야기를 시작할 때 엘리야와 엘리사가 함께 있지만, 중심부의 엘리야의 승천(9–12a절)을 지나면서 엘리사만 홀로 남는다(cf. Patterson & Austel).

A. 엘리야와 엘리사가 길갈을 떠남(2:1–2)
  B. 엘리야와 엘리사가 벧엘에 머묾(2:3–4)
    C. 엘리야와 엘리사가 여리고에 머묾(2:5–6)
      D. 엘리야와 엘리사가 선지자들을 떠나 요단 강을 건넘 (2:7–8)
        X. 엘리야의 승천(2:9–12a)
      D′. 엘리사가 홀로 요단 강을 건너 선지자들을 만남 (2:12b–18)
    C′. 엘리사가 홀로 여리고에 머묾(2:19–22)
  B′. 엘리사가 홀로 벧엘에 머묾(2:23–24)
A′. 엘리사가 홀로 사마리아로 돌아옴(2:25)

본 주석에서는 텍스트를 다음과 같이 세 파트로 구분해서 주해해 나가고자 한다.

A. 길갈에서 요단 강까지(2:1–6)
B. 엘리야의 권능이 엘리사에게 계승됨(2:7–18)
C. 엘리사의 기적들(2:19–25)

V. 엘리사의 사역(2:1–13:25)
  A. 엘리사가 엘리야를 승계함(2:1–3:27)
    1. 엘리야에서 엘리사로(2:1–25)

(1) 길갈에서 요단 강까지(2:1–6)

1 **여호와께서 회오리 바람으로 엘리야를 하늘로 올리고자 하실 때에 엘리야**

가 엘리사와 더불어 길갈에서 나가더니 [2] 엘리야가 엘리사에게 이르되 청하건대 너는 여기 머물라 여호와께서 나를 벧엘로 보내시느니라 하니 엘리사가 이르되 여호와께서 살아 계심과 당신의 영혼이 살아 있음을 두고 맹세하노니 내가 당신을 떠나지 아니하겠나이다 하는지라 이에 두 사람이 벧엘로 내려가니 [3] 벧엘에 있는 선지자의 제자들이 엘리사에게로 나아와 그에게 이르되 여호와께서 오늘 당신의 선생을 당신의 머리 위로 데려가실 줄을 아시나이까 하니 이르되 나도 또한 아노니 너희는 잠잠하라 하니라 [4] 엘리야가 그에게 이르되 엘리사야 청하건대 너는 여기 머물라 여호와께서 나를 여리고로 보내시느니라 엘리사가 이르되 여호와께서 살아 계심과 당신의 영혼이 살아 있음을 두고 맹세하노니 내가 당신을 떠나지 아니하겠나이다 하니라 그들이 여리고에 이르매 [5] 여리고에 있는 선지자의 제자들이 엘리사에게 나아와 이르되 여호와께서 오늘 당신의 선생을 당신의 머리 위로 데려가실 줄을 아시나이까 하니 엘리사가 이르되 나도 아노니 너희는 잠잠하라 [6] 엘리야가 또 엘리사에게 이르되 청하건대 너는 여기 머물라 여호와께서 나를 요단으로 보내시느니라 하니 그가 이르되 여호와께서 살아 계심과 당신의 영혼이 살아 있음을 두고 맹세하노니 내가 당신을 떠나지 아니하겠나이다 하는지라 이에 두 사람이 가니라

엘리사가 어떻게 엘리야의 대를 잇게 되는가에 대한 이야기의 시작을 장식하고 있는 이 섹션을 읽다 보면 이해가 잘 가지 않는 점이 두 가지가 있다. 첫째, 왜 엘리야가 엘리사를 세 차례나 떼어 놓으려고 했냐는 것이다. 엘리사는 이미 엘리야의 후계자로 내정된 바 있다(왕상 19:15-18). 아울러 엘리야는 엘리사가 자기의 능력을 계승 받으려면 자신이 승천하는 곳에 함께 있어야 한다는 것도 잘 알고 있다(10절). 그럼에도 불구하고 엘리야는 왜 엘리사를 길갈, 벧엘, 그리고 여리고에 두고 가려 했을까? 영어나 우리말 번역본은 분명 엘리야가 엘리사를 떼어 놓으려는 강력한 의지를 표현한 것으로 보지만, 사실은 그렇지 않다. 히브리어 텍스트에서 엘리야가 엘리사에게 세 번이나 반복하는 명령 “이곳에 있으라”는 따라오는 것을 금하는 강력한 표현이 아니라, 엘리사에게 ‘지금이라도 다시 생각할 수 있는 기회’를 허락하는 권면으로 생각할 수 있다(Patterson & Austel). 엘리사가 선지자 소명에 대해 생각해보게 하는 조치인 것이다. 엘리야가 엘리사를 떼어 놓고 싶어서가 아니라, 엘리사가 험난한 선지자의 길을 들어서기 전에 마지막으로 한 번 더 생각할 기회를 주기 위해서이다.

둘째, 엘리야가 곧 승천하리라는 것은 예언자의 아들들(בְּנֵי־הַנְּבִיאִים; viz., 선지자 수련생들)도 모두 알고 있다. 그들은 구체적으로 “오늘”(הַיּוֹם) 엘리야가 엘리사의 곁을 떠날 것이라고 하는데(3, 5절), “오늘”이 지속적으로 강조되는 것은 엘리야에서 엘리사로 이어지는 선지자의 계승이 매우 임박했음을 뜻한다(DeVries, Konkel). 선지자 수련생들이 엘리사에게 이 사실을 확인할 때마다 엘리사는 그들에게 모르는 척해 줄 것을 요구한다. 엘리사는 엘리야가 승천할 것이라는 사실을 스승이 모르기를 원했던 것일까? 어떤 이유에서 쉬쉬하는 것일까?

저자는 이 질문들에 대해서 정확한 설명을 귀띔해주지 않는다. 일부 학자들은 엘리야의 행동을 그가 이스라엘에 대한 하나님의 계획(viz., 엘리사를 선지자로 세워 왕을 견제하는 일)을 수용하는 것을 거부하는 의미로 해석하지만, 별로 설득력 없는 해석으로 생각된다. 이야기의 흐름을 잘 살펴보면 저자는 엘리사가 엘리야의 리더십이나 행동에 의해서 엘리사가 선지자직을 계승 받게 된 것이 아니라, 엘리사 자신의 소명에 대한 확신과 엘리야에 대한 사랑과 충성에 의해서 스승을 승계했다는 점을 강조한다. 즉, 하나님이 엘리야의 세 차례 반복되는 권유를 통해 엘리사에게 선지자 길을 접고 다른 길을 갈 수 있는 기회를 주시지만, 엘리사가 끝까지 이 길을 가겠다고 나선 것이다. 비록 하나님이 이미 엘리사를 후계자로 지명하셨지만, 결국에는 엘리사의 의지가 그를 엘리야의 후계자가 되게 한 것이다(cf. Seow). 하나님은 엘리사에게 선지자의 삶을 강요하지 않고 스스로 결정하길 원했기 때문에 엘리야를 통해 세 차례나 권면하게 하신 것이다.

그러므로 저자는 본인이 원하지 않아도 아버지로부터 계승 받을 수 있는 왕권과는 달리, 선지자직은 미온적인 자세로 대할 바가 아니며 소명 받은 자들의 강력한 결단이 요구됨을 강조한다. 선지자의 삶은 일반인과는 다른 차원의 구분됨과 그에 따른 많은 고난이 동반되기 때문이다. 엘리야 역시 개인적인 차원에서 선지자의 길이 너무 어렵고 고단하고 외로운 길이기에 제자의 의지를 다시 한 번 확인해보고 싶었을 것이다. 그래서 엘리야는 오래전에 엘리사를 후계자로 지목했지만, 이 순간 마지막으로 엘리사에게 선지자의 길 가는 것을 거부할 수 있는 기회를 주고 있다. 엘리사가 선지자들에게 쉬쉬하라고 하는 것은 스승을 잃게 된 슬픔을 감추기 위해서라는 해석도 있다(House).

길갈(1절)은 여호수아가 가나안 정복을 위해 이스라엘을 이끌고 요단 강을 건넌 직후 남자들에게 할례를 행한 곳으로 유명하다(수 5:2-9). 그러나 성경에 의하면 꼭 이곳뿐만 아니라 다른 곳도 길갈로 불리는 성읍들이 있었다(cf. ABD). 본문이 언급하는 길갈의 위치에 대해 학자들은 두 가지 가능성을 제시한다. 첫째는 여리고와 요단 강 사이의 도시로, 요단 강에서 7킬로미터 서쪽, 여리고에서 2킬로미터 동쪽에 위치한 곳이며 오늘날의 히르바트 알 마프쟈르(Khirbet al-Mafjar)로 알려져 있다(cf. ABD). 그러나 이곳이 본문의 길갈일 가능성은 희박하다. 이유는 이들이 길갈을 떠나 벧엘로 갔다고 기록하고 있는데, 벧엘은 예루살렘에서 북쪽으로 약 20킬로미터 떨어져 있는 곳이다. 그러므로 방향이 맞지 않는다. 게다가 이곳은 여리고에서 요단으로 가려면 거치는 곳이기에 이곳에서 벧엘로 갔다가 다시 내려올 리는 없다. 둘째는 길갈은 벧엘에서 약 11킬로미터 북쪽에 위치한 곳이며 오늘날 일률리에(Jiljulieh)로 알려진 곳이다(Sweeney, Seow). 이곳의 경우 이들의 여행 순서가 잘 맞아 떨어지기 때문에 학자들은 이곳을 길갈로 선호한다

(Wiseman, House). 이 해석이 더 많은 설득력을 지닌다.

엘리야와 엘리사가 길갈→벧엘→여리고→(여호수아서의 길갈)→요단강 경로를 밟아가는 것이 특별한 상징성을 지니고 있는 듯하다. 이곳들은 옛적에 여호수아가 군대를 이끌고 가나안을 정복할 때 순서적으로 지나간 곳들이다(cf. 수 1-8장). 또한 요단 강물이 갈라지는 것은 마치 옛적에 모세가 홍해를 가르던 사건과 여호수아가 홍수로 범람하는 요단강을 갈랐던 일을 연상시킨다(Auld, cf. 8절). 저자는 엘리야-엘리사 승계를 모세-여호수아 계승와 유사한 일로 묘사하고자 하는 것이다(Hobbs).

하나님의 메신저와 메시지는 모세 시대에나 엘리야 시대에나 지속적으로 세워지고 선포되고 있으며, 엘리야는 모세만큼이나 위대한 선지자라는 것이 저자의 관점이다(House). 이스라엘이 범죄해서 여호와를 등지고 바알을 좇는 것이 결코 하나님이나 그의 종들인 선지자들이 변질되어서가 아니다. 하나님은 옛적 모세 시대에나 이 순간에나 변함이 없으신 분이다. 또한 이 선지자들이 밟은 모든 땅이 여호와의 소유에 속한 것이므로 그 땅에 사는 사람들은 모두 땅의 주인이신 하나님의 말씀에 복종해야 한다. 주의 백성이 여호와의 땅에서 살게 된 가장 중요한 조건이 바로 말씀에 대한 순종이다. 안타깝게도 엘리야-엘리사 시대를 살았던 주의 백성은 이 사실을 깨닫지 못했다. 그래서 조건을 충족시키지 못한 이스라엘은 머지않아 하나님의 땅에서 내쫓기게 되는 초유의 사태를 맞이하게 될 것이다.

V. 엘리사의 사역(2:1-13:25)
A. 엘리사가 엘리야를 승계함(2:1-3:27)
1. 엘리야에서 엘리사로(2:1-25)

(2) 엘리야의 권능이 엘리사에게 계승됨(2:7-18)

7 선지자의 제자 오십 명이 가서 멀리 서서 바라보매 그 두 사람이 요단 가

에 서 있더니 8 엘리야가 겉옷을 가지고 말아 물을 치매 물이 이리 저리 갈
라지고 두 사람이 마른 땅 위로 건너더라 9 건너매 엘리야가 엘리사에게 이
르되 나를 네게서 데려감을 당하기 전에 내가 네게 어떻게 할지를 구하라
엘리사가 이르되 당신의 성령이 하시는 역사가 갑절이나 내게 있게 하소서
하는지라 10 이르되 네가 어려운 일을 구하는도다 그러나 나를 네게서 데려
가시는 것을 네가 보면 그 일이 네게 이루어지려니와 그렇지 아니하면 이루
어지지 아니하리라 하고 11 두 사람이 길을 가며 말하더니 불수레와 불말들
이 두 사람을 갈라놓고 엘리야가 회오리 바람으로 하늘로 올라가더라 12 엘
리사가 보고 소리 지르되 내 아버지여 내 아버지여 이스라엘의 병거와 그
마병이여 하더니 다시 보이지 아니하는지라 이에 엘리사가 자기의 옷을 잡
아 둘로 찢고 13 엘리야의 몸에서 떨어진 겉옷을 주워 가지고 돌아와 요단 언
덕에 서서 14 엘리야의 몸에서 떨어진 그의 겉옷을 가지고 물을 치며 이르되
엘리야의 하나님 여호와는 어디 계시니이까 하고 그도 물을 치매 물이 이
리 저리 갈라지고 엘리사가 건너니라 15 맞은편 여리고에 있는 선지자의 제
자들이 그를 보며 말하기를 엘리야의 성령이 하시는 역사가 엘리사 위에 머
물렀다 하고 가서 그에게로 나아가 땅에 엎드려 그에게 경배하고 16 그에게
이르되 당신의 종들에게 용감한 사람 오십 명이 있으니 청하건대 그들이 가
서 당신의 주인을 찾게 하소서 염려하건대 여호와의 성령이 그를 들고 가다
가 어느 산에나 어느 골짜기에 던지셨을까 하나이다 하니라 엘리사가 이르
되 보내지 말라 하나 17 무리가 그로 부끄러워하도록 강청하매 보내라 한지
라 그들이 오십 명을 보냈더니 사흘 동안을 찾되 발견하지 못하고 18 엘리사
가 여리고에 머무는 중에 무리가 그에게 돌아오니 엘리사가 그들에게 이르
되 내가 가지 말라고 너희에게 이르지 아니하였느냐 하였더라

엘리사가 결코 포기하지 않을 것임을 확인한 엘리야는 더 이상 말리려 하지 않았다. 세 번을 말렸는데도 계속 따라오는 것은 엘리사의 의지에 변함이 없다는 것을 의미하기 때문이었다. 그래서 엘리야는 엘리

사와 함께 요단 강가로 갔다. 앞으로 어떤 일이 벌어질 것인가 미리 예측하고 있는 예언자 수련생들 50명도 함께 그들의 뒤를 따랐다. 한 학자는 이 사실을 바탕으로 당시 '선지자 학교'의 규모가 50명이었다고 하지만(Meyer), 본문에서는 단순히 엘리야와 엘리사를 따라온 선지자들의 숫자를 말할 뿐 학교의 규모와는 별개 문제이다.

저자가 50명의 선지자 생도들과 엘리야와 엘리사가 요단 강에 도착하기 전 세 도시를 지나왔다고 언급하는 것이 앞 이야기와 평행과 대조를 이루는 듯하다. 바로 앞 이야기에서 아하시야가 엘리야를 잡으려고 보낸 군대의 규모도 50명씩이었다. 또한 이 여정에서 엘리야와 엘리사가 요단 강에 이르기 전에 길갈-벧엘-여리고 등 세 도시를 거쳐 온 것 역시 아하시야가 50명의 군대를 세 차례 보낸 것과 평행을 이룬다(Sweeney). 저자는 같은 숫자를 사용해서 영적으로 깨어있는 선지자 수련생들과 영적으로 무뎌져 있는 이스라엘 지도자들을 대조하고 있다(Patterson & Austel).

그런데 이 선지자들은 어떻게 엘리야가 이날 들림을 받을 것이라는 사실을 알고 있었을까? 계시를 받은 것일까? 저자가 알려 주지 않으니 정확하게 알 수 없다. 다만 엘리야가 엘리사에게 자리를 계승하는 일이 온 선지자 공동체에 지대한 영향을 미칠 일이기에 하나님이 예언자들에게 미리 귀띔해주신 것은 확실하다. 우리는 이러한 사실을 엘리사가 엘리야의 대를 이어 이스라엘 선지자들 중 최고 지도자의 위치를 별다른 문제없이 유지해나가는 것에서 알 수 있다. 또한 이 수련생들이 같은 예언을 공유함으로써 하나님이 엘리사를 특별히 사용하실 것이지만, 그 외에도 하나님의 계시를 받는 선지자들이 이스라엘에 여럿 있음을 암시한다. 이스라엘이 이때라도 하나님을 찾고자 한다면 선지자들을 통해 하나님을 찾는 길이 열려있다는 것이다. 또한 오바댜라는 정치인이 이세벨의 눈을 피해 숨겨두고 후원하는 여호와의 선지자들도 100명에 달했다. 이스라엘은 마음만 먹으면 주변에 있는 수많은 선지자들을 통해 얼마든지 하나님의 말씀을 들을 수 있었다.

요단 강가에 도착하자 엘리야는 자신의 겉옷을 벗어 말아서 강물을 쳤다. 이에 강물이 갈라졌고 그들은 마른 땅을 건너서 요단 강 동편으로 갈 수 있었다. 이미 언급한 것처럼 출애굽 때 모세가 홍해를 가르던 일, 그리고 그 후 가나안 입성 때 여호수아가 요단 강물을 가르던 일을 연상시키는 사건이다. 열왕기 저자는 엘리야를 제2의 모세로 묘사하고자 한다(Carroll). 하나님은 예나 지금이나 자신의 종들을 통해서 기적을 행하시는 분이다.

강을 건넌 후 엘리야는 엘리사에게 소원을 말하라 했고, 엘리사는 주저하지 않고 "스승님이 가지고 계신 능력을 제가 갑절로 받기를 바랍니다"라고 대답했다(9절, 새번역). 새번역이 "능력"이라고(cf. 공동; 아가페; 현대인) 번역하고 있는 히브리어 단어(רוּחַ)를 개역개정은 "성령"으로 번역해서 다소 혼란을 야기하는데, 본문에서는 단순히 엘리야가 지니고 있는 영적 은사를 의미하지 내재하는 성령과는 상관없는 말이다. 그러므로 "능력"이란 말이 더 적절한 번역이다(cf. Seow, Sweeney, Konkel, Patterson & Austel). 옛적에 모세도 자기가 가지고 있던 은사를 70명의 장로와 나눈 적이 있다(cf. 민 11:16-17, 24-26).

예전의 해석가들은 엘리사가 '갑절'을 원하는 것이 훗날 그가 엘리야보다 배로 많은 기적을 행할 수 있도록 해달라는 것으로 해석했지만(Luther, Free), 오늘날 거의 모든 학자들은 이 표현을 상속권과 연결해서 해석하지, 문자적으로 엘리야보다 '배로 많은 기적을 행하도록 해달라'는 것으로 해석하지 않는다. 엘리사는 지금 엘리야의 후계자/수재자 자리를 상속하고자 한다. 율법에 의하면 '갑절'(שְׁנַיִם)은 자식들이 아버지의 유산을 상속받을 때 장자가 받는 몫이다(신 21:17). 엘리사는 엘리야로부터 '장자권'을 물려받기를 원하는 것이다(Konkel). 이러한 맥락에서 엘리야가 승천할 때 엘리사는 병거를 타고 떠난 스승을 두고 "내 아버지여! 내 아버지여!"라고 부른다(12절; cf. TDOT). 물론 엘리야는 어떠한 재산도 소유하고 있지 않기에 이 요청이 물질(재산)을 두고 하는 말은 아니다. 엘리사가 원하는 것은 엘리야가 이스라엘의 선지자들 중에 누렸던 독특한 위치와 그의 특별한 능력이다(Jones, Provan, House). 엘리사는 스승 엘리야처럼 이스라엘의 모든 선지자들을 대표하는 우두머리가 되기 원한다(Sweeney).

엘리야는 엘리사가 많은 것을 요구한다고 대답했다. 엘리사가 엘리야로부터 계승 받고자 하는 능력은 엘리야가 마음대로 넘겨줄 수 있는 것이 아니라, 하나님이 그렇게 해 주셔야 가능하다는 뜻이다(Seow, cf. 막 10:38). 그러고는 만일 엘리사가 스승이 승천하는 것을 지켜보면 원하는 대로 되겠지만, 지켜보지 못하면 엘리사의 요구가 허락되지 않을 것이라는 말을 더했다(10절). 엘리야는 이 같은 지시를 통해 그의 제자 엘리사가 환상을 보는 선지자(a visionary prophet)가 되기를 원한다. 그렇게 하기 위해서는 자기가 승천할 때 잠시 비추어질 하나님의 영광에 대한 비전을 엘리사가 직접 보아야 한다는 것을 강조한다(Sweeney).

이윽고 그들 사이를 순식간에 갈라놓는 일이 생겼다. 갑자기 불병거와 불말이 나타나더니 엘리야만 싣고 하늘로 올라간 것이다! 전혀 손을 써보지 못한 채, 작별 인사도 제대로 못하고 스승을 떠나 보낸 엘리사는 슬퍼서 옷을 찢고 괴로워하며 "내 아버지여! 내 아버지여! 이스라엘의 병거와 그 마병이여!"하고 외쳤다. 엘리사가 엘리야를 "아버지"(אָב)와 "이스라엘의 병거"(רֶכֶב), "마병"(פָּרָשׁ)으로 부르는 것은 이 당시 엘리야의 선지자적 능력과 영적 깊이가 이스라엘의 진정한 능력이었음을 고백하는 것이다(Beek, Lundblom). 이스라엘이 주변 국가의 온갖 음모와 침략을 견디고 이때까지 나라로 존재할 수 있었던 것은 군사력과 외교력 때문이 아니라, 엘리야 선지자를 통해 드러난 하나님의 능력 때문이었다는 것이다. 엘리사가 죽을 때, 이스라엘의 왕 요아스도 똑같은 표현으로 선지자의 죽음을 애도한다(13:14).

순식간에 불병거를 타고 하늘로 올라간 엘리야가 제자 엘리사에게 선물로 남기고 간 유일한 물건은 그의 낡은 겉옷이었다(12절). 슬픔에 잠긴 엘리사는 그 옷을 집어 들고 요단 강으로 가서 강물을 내리치며 "엘리야의 하나님 여호와는 어디 계시니이까?"하며 탄식하듯 울부짖었다(14절). 바로 그 순간 놀라운 일이 벌어졌다! 엘리야가 강물을 내리칠 때처럼 이번에도 요단 강물이 둘로 갈라졌다! 엘리야와 함께했던 하나님의 능력이 엘리사와 함께한 것이다! 비록 엘리야 선지자는 떠났지만, 하나님의 능력은 엘리사를 통해 계속 이스라엘에 남아 백성들을 보호할 것이다. 하나님은 자신에게 "어디 계시니이까?"하고 부르짖는 엘리사와 함께 계셨다. 하나님이 도구로 사용하시는 사람은 바뀌도 하나님의 사역은 계속된다. 그러므로 우리가 아니면 안 된다는 착각은 버려야 한다. 하나님이 우리를 사용하실 때 감사히 쓰임 받고, 다음 사람을 쓰시고자 하면 미련 없이 그 사실을 받아들여야 한다.

엘리사가 강물을 가르고 다시 마른 땅을 밟으며 요단 강을 건너게 되었다. 이 일로 엘리사는 그의 스승 엘리야와 함께하셨던 하나님이 자신과도 함께하신다는 것을 깨닫게 되었고, 이 광경을 지켜보던 선지자 생도들은 엘리사가 엘리야의 대를 이어 이스라엘의 최고 선지자가 된 사실을 인정하게 되었다(15절). 엘리야와 엘리사는 서로 남남이라는 사실을 감안하면 자식에게 왕위를 넘겨주는 왕권 제도와는 판이하게 다른 모습이다.

엘리사가 강을 건너서 다시 여리고 성 쪽으로 오자 예언자 수련생 50명이 엘리야의 시체를 찾도록 허락해 달라고 했다. 엘리사는 스승이 이미 들림을 받았고 이 땅에 없다는 것을 잘 알고 있었지만, 하도 간곡하게 부탁을 하기에 찾아보라고 했다. 그들은 3일 동안 찾아보았지만, 엘리사가 예측한 대로 찾지 못했다. 엘리야는 죽지 않고 승천한 점에서 모든 선지자의 아버지라고 불리는 모세보다 더 위대한 면모를 지닌다(Cogan & Tadmor). 영생하게 된 엘리야는 복음서(마 3:1-12; 요 1:19-23)와 계시록에 등장한다(계 11:1-14).

엘리야가 회오리바람에 실려 죽지 않고 하늘로 간 것은 상징적인 메시지를 담고 있다. 욥은 그를 위로하기 위해 오신 하나님을 회오리바람에서 만난 적이 있다(욥 38:1). 그러나 욥의 경우를 제외하면 성경에서 하나님이 바람 속에 임하시는 것은 심판을 뜻한다(렘 23:19; 슥 9:14; 시 83:15). 광풍이 멈춘 시내 산에서 하나님이 엘리야에게 말씀하신 적이 있다(왕상 19:11-13). 이러한 정황에서 회오리바람을 통해 엘리야를 하늘로 데려가신 것은 두 가지 의미를 지닌다. 첫째, 광풍이나 광풍을 동반하는 비를 주장하시는 분은 하나님이지 바알이 아니라는 것이다. 둘째, 여호와께서 엘리야에게 죽음을 맛보지 않게 하신 것은 하나님의 능력이 바알보다 월등하다는 것을 다시 한 번 입증하는 것이다(House). 하나님이 엘리야를 하늘로 데려간 사건은 온갖 능력으로 충만한 여호와와 아무런 능력이 없는 바알을 대조함에 목적이 있다.

V. 엘리사의 사역(2:1-13:25)
A. 엘리사가 엘리야를 승계함(2:1-3:27)
1. 엘리야에서 엘리사로(2:1-25)

(3) 엘리사의 기적들(2:19-25)

**[19] 그 성읍 사람들이 엘리사에게 말하되 우리 주인께서 보시는 바와 같이 이
성읍의 위치는 좋으나 물이 나쁘므로 토산이 익지 못하고 떨어지나이다 [20]
엘리사가 이르되 새 그릇에 소금을 담아 내게로 가져오라 하매 곧 가져온지
라 [21] 엘리사가 물 근원으로 나아가서 소금을 그 가운데에 던지며 이르되 여
호와의 말씀이 내가 이 물을 고쳤으니 이로부터 다시는 죽음이나 열매 맺지
못함이 없을지니라 하셨느니라 하니 [22] 그 물이 엘리사가 한 말과 같이 고쳐
져서 오늘에 이르렀더라 [23] 엘리사가 거기서 벧엘로 올라가더니 그가 길에서
올라갈 때에 작은 아이들이 성읍에서 나와 그를 조롱하여 이르되 대머리여
올라가라 대머리여 올라가라 하는지라 [24] 엘리사가 뒤로 돌이켜 그들을 보고**

여호와의 이름으로 저주하매 곧 수풀에서 암콤 둘이 나와서 아이들 중의 사십이 명을 찢었더라 [25] 엘리사가 거기서부터 갈멜산으로 가고 거기서 사마리아로 돌아왔더라

엘리사는 분명 엘리야의 능력을 계승 받았다. 선지자 훈련생들이 모두 이 사실을 인정했다. 그래서 그들은 엘리사 앞에 엎드려 절하며 그를 새로운 대부(大父)로 환영했다(15절). 그러나 엘리사는 이스라엘 백성이 지켜보는 곳에서 자신이 엘리야의 대를 이은 선지자임을 입증할 필요가 있다. 실제로 열왕기를 읽고 있는 독자들도 엘리사가 정말 엘리야를 대신할 수 있을까 하는 궁금증을 가지게 된다. 이러한 정황에서 이 섹션에서 펼쳐지는 이적들은 독자들의 모든 의구심을 한순간에 씻어내리기에 충분하다.

히브리어 내러티브를 살펴보면 누군가가 새롭게 등장하거나 중요한 임무를 맡게 되면, 그 사람에 대한 객관적인 평가를 내릴 수 있는 사건이 바로 다음에 등장한다. 특히 사무엘-열왕기에는 이러한 현상이 만연하다. 예를 들면 사울이 이스라엘 백성 앞에서 왕으로 추대된 다음, 제일 먼저 하는 일이 군대를 일으켜 암몬의 나하스 왕을 물리치고 야베스 사람들을 구하는 일이었다(삼상 10:17-11:11). 사무엘서 저자는 이 사건을 통해서 사울이 이스라엘의 왕이 될만한 능력을 지니고 있었음을 입증한다. 또, 다윗이 통일왕국의 왕이 된 후 제일 먼저 이룬 업적이 바로 400년 동안 이스라엘의 숙원 사업이었던 예루살렘 정복이라는 것(삼하 5:1-12) 역시 한 예가 될 수 있다. 여호수아가 예루살렘을 베냐민 지파와 유다 지파에게 주었지만, 이방인인 여부스 족이 다윗 시대에도 이 성에서 살고 있었다. 그러므로 통일왕국의 왕이 된 후 다윗의 예루살렘 정복은 이스라엘의 왕이 될만한 자격을 갖춘 사람임을 보여준다. 솔로몬이 왕이 되자마자 두 여인의 '아이 소유권 소송'(왕상 3장)에서 지혜로운 판결을 내린 일은 그가 주의 백성을 지혜롭게 다스릴

만한 능력을 지녔고, 더 나아가 성전을 건축할만한 지혜와 능력을 가지고 있음을 입증한다. 엘리야의 예고 없는 등장과 3년 반 동안의 잠적 생활 동안 일어난 갖가지 이적 역시 엘리야가 어떤 사람인가를 암시해 주는 대목이다(왕상 17장).

이러한 맥락에서 엘리사는 엘리야의 승계자가 되자마자 두 가지 기적을 행한다. 하나는 생명을 주는 일이며, 다른 하나는 생명을 앗아가는 이적이다. 첫 번째 사건은 매우 소망적인 일이다. 이야기의 흐름을 보면 엘리사가 여리고 성에 머물고 있을 때 일이었다. 여리고 성은 아합 왕 시대 때 벧엘 사람 히엘이 여호수아의 저주대로 두 아들을 잃어가며 재건한 성이다(수 6:26; 왕상 16:34). 이 성에 수질이 좋지 않은 우물이 있었다. 유일한 우물이다 보니 성에 사는 사람들은 이 우물물을 마실 수밖에 없는데, 이 물을 마시고 심지어는 유산까지 하게 되는 등 사람들이 물로 인해 온갖 고통을 당했다. 학자들은 이러한 현상을 물을 오염시킨 방사능, 병균을 옮기는 달팽이 등과 연관시킨다(cf. Seow, Sweeney). 정확하게 무엇이 문제였는지 알 수는 없으며, 이야기를 해석하는데 별 영향은 미치지 않는다. 사람들은 선지자에게 이 사실을 알리고 도와주기를 간청했고, 선지자는 소금을 구해 오라고 해서 그 소금을 물의 근원에 뿌려 좋은 물로 바꾸어 놓았다(19-22절).

이 예식에서 사용한 소금(מֶלַח)은 특별한 것이 아니고 보통 요리할 때 사용하는 바로 그 소금이다. 성경에 의하면 소금은 종종 제물과 함께 사용한다(레 2:13; 민 18:19; 겔 43:24). 제물에 소금을 사용하는 것은 과거와 단절이라는 상징적인 의미를 지니고 있다(Gray). 엘리사가 우물에 소금을 뿌리는 것은 이 우물이 과거에 쓴 물을 생산한 일을 멈추고 생수를 내놓게 될 것을 예고하는 것이다. 엘리사가 우물을 회복시키는 것은 옛적에 모세가 마라의 쓴 물을 달게 한 일을 연상케 한다(출 15:23-25). 저자는 엘리사의 스승 엘리야를 모세에 비교했는데, 이번에는 제자 엘리사를 모세에 비교하고 있다.

이 사건을 해석하면서 한 가지 마음에 둘 것은 이 일은 결코 어떠한 마술이 아니라는 점이다. 엘리사는 요술쟁이가 아니라 선지자다. 그리고 본인도 이 일은 하나님이 자신을 통해서 하시는 일이라는 것을 분명히 해두고 있다. "여호와의 말씀이 내가 이 물을 고쳤으니 이로부터 다시는 죽음이나 열매 맺지 못함이 없을지니라 하셨느니라"(21절). 엘리사의 이러한 발언은 두 가지 의미를 지니고 있다. 첫째, 소금 자체에 어떤 신비한 능력이 있는 것이 아니다. 엘리사가 우물에 무엇을 던지든 간에 물은 맑게 되었을 것이다. 하나님의 능력이 이루신 일이지, 사용한 물질에 신비력이 있어서가 아니기 때문이다. 둘째, 엘리사의 스승 엘리야가 예고 없이 열왕기에 등장했을 때, 그가 하나님의 사람이라는 것을 입증해준 것은 하나님의 말씀이 그에게 있었다는 사실이었다(왕상 17장). 엘리사는 이번 기적을 통해 하나님의 말씀이 엘리야와 함께 있었던 것처럼 자신과 함께 있다는 것을 선언한다. 하나님이 사용하시는 종은 바뀌도, 하나님의 말씀은 선지자를 통해 아직도 당신의 백성과 함께 있는 것이다.

다른 사람이 아닌 엘리사가 여리고 성의 물을 치료하는 것은 큰 상징성을 지닌다. 옛적에 여호수아가 요단 강물을 둘로 가르고 마른 땅을 밟으며 건넌 것처럼, 엘리사도 요단 강을 가르고 건너왔다. 엘리사는 새 여호수아로서 여리고 성에 입성한 것이다. 그러므로 옛 여호수아가 여리고 성에 선포한 저주인 죽음(물이 건강하지 못한 우물이 상징)을 새 여호수아인 엘리사가 거두고 대신 생명(건강한 물로 변한 우물이 상징)으로 축복해주고 있다(Provan, Cohn).

두 번째 기적은 죽음을 초래했다. 엘리사가 여리고를 떠나 벧엘로 갔을 때 일이다. 벧엘의 아이들이 몰려나와 엘리사를 놀렸다. "대머리야, 꺼져라. 대머리야, 꺼져라"(23절, 새번역). 화가 난 엘리사는 그들에게 여호와의 이름으로 저주를 퍼부었고, 숲에서 곰 두 마리가 나와 42명의 아이들을 찢어 죽였다. 정확히 무슨 일이 벌어지고 있으며, 무엇을 뜻하는가? 일부 학자들이 주장하는 것처럼 이 이야기는 아이들로 하여금 어른들을 존경하라는 가르침을 주기 위해서 만들어진 것일까?(Montgomery & Gehman) 전통적으로 이 사건은 해석하기 가장 어려운 성경 대목 중의 하나로 여겨져 왔다(cf. Archer). 그러나 문맥과 본문의 내용을 잘 관찰하면 그렇게 어려운 텍스트는 아니다.

열왕기 저자와 선지자들에게 벧엘은 이스라엘 배교(背敎)의 중심지였다(cf. 왕상 12:25-13:34; 호 10:1-8; 암 3:14; 4:4; 5:5). 그러므로 벧엘의 아이들이 선지자를 환영하기는커녕 오히려 빈정대는 것은 놀랄만한 일이 아니다. 벧엘에 있는 신전은 지역 경제에 상당한 기여를 했기 때문에 주민들은 경제적인 이유에서라도 여호와의 선지자가 이곳에 오는 것을 꺼려했을 것이다. 신전이 잘못되면 지역 경제에 엄청난 손해를 끼칠 수 있기 때문이다. 그러므로 이들은 전혀 모르는 여행객을 놀린 것이 아니라, 엘리사라는 여호와의 선지자가 벧엘로 오고 있다는 소식을 듣고 나와 자신들의 마을로 들어오지 말라고 막고 있는 것이다. 이러한 정황에서 "꺼져라"라는 그들의 외침은 "엘리야처럼 사라져라"라는 의미를 지닌다(Kaiser, House).

이 이야기에서 사용되는 "아이들"(נְעָרִים קְטַנִּים)이라는 개념은 12세에서 30세에 이르는 매우 광범위한 연령층을 뜻한다(Ziolkowski, Kaiser, cf. 삼상 16:11-12; 삼하 14:21; 18:5). 이 "아이들"은 옳고 그름을 분별하지 못하는 어린애들이 아니라, 어른, 특히 선지자에게 충분히 경외를 표현할 수 있는 나이에 속한 자들이다(Patterson & Austel). 그러므로 이들의 행동은 의도성을 지니고 있을 가능성이 매우 짙다. 하나님의 벌을 받아 죽을만한 선택을 한 성인들이 이 중에 있는 것이다. 하나님의 대언자인 선지자는 사람을 살리는 능력도, 죽이는 능력도 지녔다.

아이들은 엘리사를 "대머리"(קֵרֵחַ)라고 놀렸다. 그런데 이 단어의 의미에 대해서 학자들 사이에 논란이 많다. 이 단어가 대부분 사람의 머리에 털이 없는 상태를 뜻하지만(Wiseman, Cogan & Tadmor), 이 이야기에서는 선지자들이 자신의 신분을 암시하기 위해서 특별히 취하는 모습(viz., 장식, 치장)이라는 해석도 만만치 않다(Gray, House). 즉, 학자들 사이의 이슈는 이 아이들이 엘리사의 정체를 모른 채 단순히 대머리인 사람을 놀리느냐, 아니면 그가 선지자인 것을 알면서도 놀리느냐이다. 만일 모르고 놀렸다면 엘리사의 행동은 매우 잔인하게 보인다. 반면에 그가 선지자라는 것을 알아보고도 놀린 것이라면 그들은 선지자가 대변하고 있는 여호와를 놀리는 죄를 범한 것이 된다. 아무래도 이야기의 모든 정황을 감안할 때 후자가 더 설득력 있는 해석으로 여겨진다. 엘리사가 대머리였고, 유난히 털이 많았던 그의 스승 엘리야와 대조되는 것에 상당한 콤플렉스를 느꼈던 엘리사가 아이들의 빈정댐을 "당신의 스승은 털이라도 많았는데, 털도 없는 자가 여기는 왜 와?"라는 의미로 받아들여 노하게 되었다는 해석도 가능하다(cf. Cohn).

화가 난 엘리사가 여호와의 이름으로 그들을 저주하였다(24절; cf. 레 26:21-22). 이 아이들은 상징적으로 여호와를 조롱하는 이스라엘이기도 하다(House, cf. 대하 36:16). 사람들이 죽은 것은 마음 아픈 일이지만, 저자는 이 사건을 통해 엘리사가 여호와의 이름을 매우 효율적으로 사용하게 되었고 진정으로 엘리야의 대를 이어 선지자들의 "아비"가 되었다는 것을 강조하고자 한다(Cogan & Tadmor). 또한 이 이야기는 엘리사를 통해 능력을 드러내신 하나님은 살리기도 하시고 죽이기도 하시는 분으로, 이스라엘에게 복을 내리실 수도 있고 화를 내리실 수도 있는 분이심을 경고하고자 한다. 그분을 함부로 대하지 말라는 것이다. 생명과 죽음은 오늘날도 우리 앞에 놓여있는 선택이다.

이 일이 있은 후 엘리사는 벧엘을 떠나 갈멜 산으로 갔다(25a절). 잘 알다시피 갈멜은 그의 스승 엘리야가 바알 선지자 450명을 상대로 승리하고 그들을 죽인 곳이다. 엘리야가 사역 중 가장 큰 승리를 거둔 곳이다. 이 순례를 통해 엘리사는 스승 엘리야의 발자취를 따라가 본다. 그러므로 엘리사의 선지자직 계승 이야기가 이 장소에서 마치는 것은 매우 적절하다(Provan). 엘리사는 갈멜을 떠나 사마리아로 갔다(25b절). 선임자 엘리야가 바알 종교와 싸우던 곳을 돌아본 엘리사가 선임자가 멈추었던 곳을 떠나 새로운 전투지인 사마리아를 향하고 있음을 의미한다. 사마리아는 바알과 아세라 종교를 온 이스라엘에 보급하고 국교화시키고자 노력했던 아합의 아내 이세벨이 아직도 살아있는 곳이다.

V. 엘리사의 사역(2:1-13:25)
A. 엘리사가 엘리야를 승계함(2:1-3:27)

2. 이스라엘과 모압 전쟁(3:1-27)

엘리사는 이미 많은 선지자들과 사람들 앞에서 그와 함께하는 하나님의 능력을 확실하게 보여주었지만, 엘리야처럼 이스라엘의 왕에게도 자신의 능력을 보여줄 필요가 있다. 엘리사는 이 이야기를 통해 목표를 달성한다. 엘리사는 바로 앞 장(章)에서 여리고 성 사람들에게 물을 통해 생명을 선사했다. 이 이야기에서 그는 물을 사용해서 여호사밧과 여호람의 군대에게 생명을 준다. 나중에 시리아 장군 나아만의 이야기에서도 그는 물을 통해 생명을 선사한다. 엘리사는 참으로 물을 잘 사용해 기적을 행하는 사람(miracle worker)이었다.

이 이야기에서 여호사밧이 이스라엘 왕과 함께 출전하여 이방을 친 것과 선지자를 통해 하나님의 말씀을 구하는 것이 여러 면에서 아합의 죽음을 불러왔던 열왕기상 22장 사건을 연상케 한다. 일부 주석가들은 두 본문의 연관성을 원래 선지자들의 이야기를 모아놓았던 전승을 양쪽에서 인용하면서 나타난 것으로 추정한다(Konkel). 저자가 두 이야기를 동일한 출처를 인용해 재구성한 것이라는 뜻이다.

이 두 이야기 사이에 큰 차이도 있다. 앞 이야기인, 아합과 여호사밧 이야기는 죽음과 패배로 얼룩지지만, 이번 이야기는 생명과 승리로 장식된다. 하나님이 이스라엘에게 생명과 승리를 베푸심으로 자신이 아직도 건재함을 엘리사 선지자의 사역을 통해서 자기 백성에게 알리고자 하신다. 이스라엘이 회개하고 돌아오면 언제든 하나님은 언제든지 그들을 다시 사랑하고 보살펴주실 의향이 있으심을 암시한다. 이 이야기는 다음과 같이 구분할 수 있다.

A. 여호람의 통치 소개(3:1-3)
B. 여호람과 여호사밧의 출정(3:4-8)
C. 여호람과 여호사밧이 엘리사를 찾음(3:9-12)
D. 엘리사를 통한 하나님의 말씀(3:13-19)
E. 예언대로 이스라엘이 승리함(3:20-27)

V. 엘리사의 사역(2:1-13:25)
A. 엘리사가 엘리야를 승계함(2:1-3:27)
2. 이스라엘과 모압 전쟁(3:1-27)

(1) 여호람의 통치 소개(3:1-3)

[1] 유다의 여호사밧 왕 열여덟째 해에 아합의 아들 여호람이 사마리아에서 이스라엘을 열두 해 동안 다스리니라 [2] 그가 여호와 보시기에 악을 행하였으나 그의 부모와 같이 하지는 아니하였으니 이는 그가 그의 아버지가 만든 바알의 주상을 없이하였음이라 [3] 그러나 그가 느밧의 아들 여로보암이 이스라엘에게 범하게 한 그 죄를 따라 행하고 떠나지 아니하였더라

아하시야의 죽음(1:18)에 대한 언급으로 잠시 멈추었던 왕들의 이야기가 다시 시작되고 있다. 아하시야에게는 아들이 없었으므로 그의 동생 여호람/요람(יְהוֹרָם, lit., 여호와는 존귀하시다)이 뒤를 이어 왕이 되었다(cf. 1:17; 3:1). 그는 아버지 아합이 수도로 세운 사마리아에서 12년 동안 이스라엘을 다스렸다(1절). 이때가 주전 852-841년이다(Thiele).

우리는 그의 머리 위에 엘리야가 아합에게 선포한 저주의 구름이 머물고 있음을 알고 있다(cf. 왕상 21:27-29). 그런데 우리를 놀라게 하는 것은 비록 그가 악하기는 하지만, 부모 아합과 이세벨만큼 악하지는 않다는 사실이다. 그는 아버지가 세운 바알 우상들을 철거했다(2절; cf. 왕상 16:32-33). 일부 주석가들은 본문이 분명히 여호람이 우상을 제거했다고 하는데도 훗날 예후가 제거할 우상이 남아있다는 것은(cf. 10:26-27), 열왕기를 편집하면서 편집자가 본문에서 실수를 했기 때문이라고 한다(Sweeney). 그러나 이때 여호람이 바알 우상들을 모두 철거한 것은 아니고 부분적으로 철거했거나(Cogan & Tadmor), 이때 철거했지만 훗날 마음이 바뀌어 다시 세웠을 가능성을 배제할 필요는 없다. 혹은 여호람이 이 우상들을 제거했지만, 파괴하지 않고 보관해 두었던 것을 훗날 예후가 파괴했다는 해석도 가능하다(Konkel). 그러므로 오므리 왕조에 대한 하나님의 진노를 되돌리거나 아합의 아들 대에 선포된 저주를 무마시키기에는 역부족이었다. 그러나 일단 그가 아합보다는 나아서, 하나님은 2년을 통치하고 죽은 그의 형 아하시야보다 훨씬 더 오랜 기간인 12년을 통치하도록 허락하셨다.

V. 엘리사의 사역(2:1-13:25)
A. 엘리사가 엘리야를 승계함(2:1-3:27)
2. 이스라엘과 모압 전쟁(3:1-27)

(2) 여호람과 여호사밧의 출정(3:4-8)

4 모압 왕 메사는 양을 치는 자라 새끼 양 십만 마리의 털과 숫양 십만 마
리의 털을 이스라엘 왕에게 바치더니 5 아합이 죽은 후에 모압 왕이 이스라
엘 왕을 배반한지라 6 그 때에 여호람 왕이 사마리아에서 나가 온 이스라엘
을 둘러보고 7 또 가서 유다의 왕 여호사밧에게 사신을 보내 이르되 모압 왕
이 나를 배반하였으니 당신은 나와 함께 가서 모압을 치시겠느냐 하니 그가

이르되 내가 올라가리이다 나는 당신과 같고 내 백성은 당신의 백성과 같고 내 말들도 당신의 말들과 같으니이다 하는지라 [8] 여호람이 이르되 우리가 어느 길로 올라가리이까 하니 그가 대답하되 에돔 광야 길로니이다 하니라

사건의 발단은 오랫동안 이스라엘의 속국이 되어 조공을 바치던 모압 왕 메사가 아합이 죽은 틈을 타서 반역하고 더 이상 조공을 바치지 않은 일이다. 모압은 다윗(cf. 삼하 8:2)과 솔로몬(왕상 11:7) 시대 이후 이때까지 이스라엘을 섬겨왔다(Konkel). 아합이 죽은 후에야 메사가 반기를 들었다는 것은 비록 아합이 종교적으로 못된 왕이었지만, 오랜 기간을 안정적으로 통치했고, 대외적으로 상당한 세력을 과시한 자였다는 것을 의미한다.[3]

아합이 죽고 아하시야가 대를 이어 통치하다가 고작 2년 만에 죽었다. 그의 뒤를 이어 동생인 여호람이 왕이 되었다. 모압이 아하시야 시대 때, 혹은 여호람 시대 때 반역한 것인가는 확실하지 않다. 본문이 아합이 죽은 뒤라고 하는 것으로 보아 아하시야 시대 때 있었던 일이 거의 확실하다. 아하시야는 자신의 병 때문에 손을 쓰지 못하다가 죽었던 것으로 생각된다. 이스라엘의 속국으로 있던 모압에게는 종주국의 불안한 정세가 반기를 들기에 절호의 기회로 여겨지는 것은 당연한 일이었을 것이다.

이스라엘은 모압의 반역을 지켜만 볼 수는 없었다. 매년 암양 십만 마리의 털과 숫양 십만 마리의 털을 조공으로 받아 왔으니 모압이 바치던 조공이 멈추면 경제적인 손실이 이만 저만이 아니었기 때문이다. 많은 숫자의 짐승들이 연루된 것으로 보아, 모압은 이때 이스라엘의 절대적인 지배 아래 있었던 것이 확실하다(Cohn). 또한 주변국들에게 이스라엘이 약화되고 있다는 인상을 심어주는 것은 어떻게 해서든 막

---

3 모압 왕 메사와 이스라엘의 관계에 대하여는 상당히 자세한 기록이 고고학적인 자료로 남아있다. ANET 320–21을 참조하라.

아야 한다. 손 한번 써보지 않고 모압의 반역을 받아들인다면 내부적으로 백성들의 불평과 불만을 해소하기가 쉽지는 않았을 것이다. 그래서 여호람 왕은 "온 이스라엘"(כָּל־יִשְׂרָאֵל)(6절)에서 군대를 일으켰다. 평소에 자기가 거느리던 정예부대와 이 일을 위해 전국에서 징집한 남자들로 구성된 군대를 뜻한다(Hobbs).

여호람이 군대를 일으켜 모압을 향해 진군했다. 가는 길에 유다의 여호사밧 왕에게 함께 싸우러 가자고 했고, 여호사밧은 기꺼이 군대를 일으켜 여호람과 연합군을 형성해서 진군했다. 여호사밧은 이때 오므리 왕조와 매우 좋은 관계를 유지하고 있었고, 이미 우리가 보았듯이 아합과 함께 시리아를 대적해서 싸우러 전쟁에 나간 적도 있다(왕상 22장). 여호사밧처럼 믿음이 좋은 왕이 왜 아합, 이제는 여호람 같은 사람과 함께 행동하는지 잘 이해가 되지 않지만, 이게 정치가 아니겠는가! 또한 이때까지 유다는 에돔의 조공을 받고 있었다(cf. 왕상 22:47; 왕하 8:20). 그러므로 여호사밧은 에돔에게 반역은 꼭 응징을 받을 것이라고 경고하기 위해서라도 기꺼이 요람이 모압을 토벌하는 전쟁에 참여했을 것이다. 여호사밧은 자기가 에돔의 왕으로 세워놓은 꼭두각시 왕도 이 전쟁에 참여시켰다.

그런데 여호사밧이 전쟁에 참여한 이야기에 한 가지 불안한 요소가 있다. 전에 그가 아합과 함께 시리아를 상대로 전쟁하러 나갈 때는 먼저 여호와의 선지자를 찾아 하나님의 뜻을 구했다(왕상 22:5). 이번에는 그런 절차 없이 곧장 모압 광야로 진군한다. 주변에 선지자도 없다. 이 여호사밧이 아합과 함께 나갔던 그 여호사밧이라는 점이 잘 납득이 가지 않는다(Provan). 그러므로 머지않아 큰 위기가 발생할 것이라는 불안감이 텍스트에 배어있다.

V. 엘리사의 사역(2:1–13:25)
A. 엘리사가 엘리야를 승계함(2:1–3:27)
2. 이스라엘과 모압 전쟁(3:1–27)

(3) 여호람과 여호사밧이 엘리사를 찾음(3:9–12)

**9 이스라엘 왕과 유다 왕과 에돔 왕이 가더니 길을 둘러 간 지 칠 일에 군사
와 따라가는 가축을 먹일 물이 없는지라 10 이스라엘 왕이 이르되 슬프다 여
호와께서 이 세 왕을 불러 모아 모압의 손에 넘기려 하시는도다 하니 11 여호
사밧이 이르되 우리가 여호와께 물을 만한 여호와의 선지자가 여기 없느냐
하는지라 이스라엘 왕의 신하들 중의 한 사람이 대답하여 이르되 전에 엘리
야의 손에 물을 붓던 사밧의 아들 엘리사가 여기 있나이다 하니 12 여호사밧
이 이르되 여호와의 말씀이 그에게 있도다 하는지라 이에 이스라엘 왕과 여
호사밧과 에돔 왕이 그에게로 내려가니라**

두 왕은 가는 길에 에돔에 들러 에돔 왕을 전쟁으로 끌어들였다(9절). 세 국가의 막강한 군대가 연합군을 형성하게 된 것이다. 그러나 하나님의 뜻을 구하지 않고 전쟁으로 떠난 왕들은 출정한 지 7일 만에 커다란 위기를 맞았다. 모압 광야에 도착했을 즈음에 물이 바닥난 것이다! 이러한 상황에서 모압 왕 토벌은 둘째치고 당장 군대와 짐승들의 생명이 위협을 받게 되었다. 예전에 아합은 온 땅에 임한 혹독한 기근 때문에 엘리야를 찾았다. 이제 그의 아들 여호람이 물 부족 때문에 엘리야의 제자 엘리사를 찾게 되었다. 한 세대가 지났지만 이스라엘은 아직도 갈증을 해소하지 못하고 있는 것이다. 물론 그들은 영적인 갈증을 먼저 해결해야 하는데, 주의 백성은 영적인 갈증을 해소하는 일에 도무지 관심이 없다.

다급해진 나머지 다신주의자였던 여호람은 "여호와께서 이 세 왕을 불러 모아 모압의 손에 넘기려 하시는도다!"하고 탄식했다(10절). 그러

나 신앙인이었던 여호사밧은 옛적 기억을 더듬었다. 오래전에 아합과 전쟁에 나가기 전에 예언자를 통해 하나님의 뜻을 구한 일을 떠올렸다. 그러고는 그때와 같은 내용의 질문을 던졌다. "우리가 여호와께 물을 만한 여호와의 선지자가 여기 없느냐?"(11절; cf. 왕상 22:7). 어느 한 신하가 엘리야의 시종 엘리사를 소개했다. 그는 엘리사를 "엘리야의 손에 물을 붓던 자"(11절)라고 한다. 이러한 표현은 두 가지 의미를 지닌다. (1) 엘리사는 엘리야의 조수였다, (2) 엘리사는 여호람과 여호사밧이 당면한 물 문제를 해결할 수 있다(Seow).

더 나아가 여호사밧은 엘리사를 통해 하나님의 말씀을 들을 수 있을 것이라고 생각하고 그를 찾았다(12절). 엘리사가 엘리야와 연관되어 소개되는 것으로 보아 여호사밧과 여호람은 아직 엘리사에 대해서 모르고 있는 것이 확실하다. 여호사밧에게 엘리사에 대해서 확신을 준 것은 엘리야의 명성이었기 때문이다.

V. 엘리사의 사역(2:1–13:25)
A. 엘리사가 엘리야를 승계함(2:1–3:27)
2. 이스라엘과 모압 전쟁(3:1–27)

(4) 엘리사를 통한 하나님의 말씀(3:13–19)

13 엘리사가 이스라엘 왕에게 이르되 내가 당신과 무슨 상관이 있나이까 당신의 부친의 선지자들과 당신의 모친의 선지자들에게로 가소서 하니 이스라엘 왕이 그에게 이르되 그렇지 아니하니이다 여호와께서 이 세 왕을 불러 모아 모압의 손에 넘기려 하시나이다 하니라 14 엘리사가 이르되 내가 섬기는 만군의 여호와께서 살아 계심을 두고 맹세하노니 내가 만일 유다의 왕 여호사밧의 얼굴을 봄이 아니면 그 앞에서 당신을 향하지도 아니하고 보지도 아니하였으리이다 15 이제 내게로 거문고 탈 자를 불러오소서 하니라 거문고 타는 자가 거문고를 탈 때에 여호와의 손이 엘리사 위에 있더니 16 그가

이르되 여호와의 말씀이 이 골짜기에 개천을 많이 파라 하셨나이다 [17] 여호
와께서 이르시기를 너희가 바람도 보지 못하고 비도 보지 못하되 이 골짜기
에 물이 가득하여 너희와 너희 가축과 짐승이 마시리라 하셨나이다 [18] 이것
은 여호와께서 보시기에 작은 일이라 여호와께서 모압 사람도 당신의 손에
넘기시리니 [19] 당신들이 모든 견고한 성읍과 모든 아름다운 성읍을 치고 모든
좋은 나무를 베고 모든 샘을 메우고 돌로 모든 좋은 밭을 헐리이다 하더니

세 왕이 엘리사를 찾았을 때, 엘리사는 여호람에게 빈정대는 투로 말하였다. “내가 당신과 무슨 상관이 있나이까? 당신의 부친의 선지자들과 당신의 모친의 선지자들에게로 가소서”(13절). 비록 여호람이 바알 우상들을 제거하였다고는 하지만 엘리사는 그를 진정한 신앙인으로 인정하지 않는다. 여호람은 다신주의자에 불과했기 때문이다. 선지자는 자신이 이 왕들을 만나주는 유일한 이유는 신실한 여호사밧을 생각해서라는 말을 덧붙였다(14절). 구약에서 하나님이 때로는 신실한 사람 때문에 신실하지 않은 자들에게도 은혜를 베푸신 것처럼 우리도 예수님의 의와 신실하심 때문에 하나님의 은혜를 경험하게 되었다. 그러므로 우리는 “예수 공로 의지하여” 하나님의 은혜의 수혜자들이 된 사실을 항상 마음에 새겨야 하겠다.

엘리사는 거문고 타는 사람을 불러달라고 했고, 거문고 소리가 울리는 동안 하나님의 말씀을 받았다. 선지자가 수많은 군인들의 생명을 위협하는 혼란스러운 상황을 평안과 안정으로 다스리기 위해서 평안한 음악을 요구한 것은 당연한 일이다(Patterson & Austel). 선지자들은 여러 가지 방식을 통해서 하나님의 말씀을 받았다. 때로는 환상을 통해서(겔 37:40-48), 음악을 들으면서(삼상 10:5), 묵상을 통해서(렘 11:18-23) 말씀을 받았다. 악기가 연주되는 상황에서 예언자들이 예언을 받는 행위는 고대 근동에 널리 퍼져있었던 풍습으로 알려졌다(Lindblom, Wilson).

엘리사는 여호람 앞에서 자신이 이해하고 익숙한 방법으로 하나님의 말씀을 받았다. 그러나 내용은 전혀 달랐다. 다른 가나안 종교 선지자들은 거짓 신들로부터 거짓 메시지를 받았지만, 엘리사는 이방 종교 선지자들이 사용하는 방법을 통해서도 참 하나님의 참 메시지를 받았다. 메시지의 진의는 방법과 상관없음을 보여준다. 메시지의 진의는 누가 말씀하시느냐가 정한다. 하나님이 말씀하셨으니 진리일 수밖에 없다.

엘리사가 받은 하나님의 말씀의 요지는 크게 두 가지였다. 첫째, 하나님이 물을 주실 테니 그 물을 담을 수 있도록 계곡에 도랑을 많이 파라는 것이었다(17절). 바람이 없고, 비도 내리지 않겠지만, 이 도랑들이 물로 찰 것이다. 바람과 비는 천둥의 신으로 알려진 바알을 연상케 하는 것들이다. 바알 신화는 그가 땅에 비를 내릴 때 바람과 천둥을 통해서 준다고 한다. 엘리사는 여호와 하나님은 이런 것들을 동원하지 않고도 언제든지 물을 주실 수 있다는 사실을 강조한다. 둘째, 모압을 연합군의 손에 넘겨 주셔서 요새화된 모든 성읍과 모든 아름다운 성읍을 차지할 수 있도록 하실 것이라는 약속이었다(19절). 여호람의 "여호와께서 우리를 모압 왕에게 넘겨 주시려고 불러내셨다"(10절)라는 주장이 잘못되었다는 것이 드러나는 순간이다. 물론 세 왕은 이번 승리는 하나님이 여호사밧 때문에 주시는 것이라는 점을 기억해야 한다. 여호사밧은 그와 함께한 왕과 군사들에게 하나님의 축복의 통로가 되고 있다.

V. 엘리사의 사역(2:1-13:25) A. 엘리사가 엘리야를 승계함(2:1-3:27) 2. 이스라엘과 모압 전쟁(3:1-27)

(5) 예언대로 이스라엘이 승리함(3:20-27)

**20 아침이 되어 소제 드릴 때에 물이 에돔 쪽에서부터 흘러와 그 땅에 가득
하였더라 21 모압의 모든 사람은 왕들이 올라와서 자기를 치려 한다 함을 듣
고 갑옷 입을 만한 자로부터 그 이상이 다 모여 그 경계에 서 있더라 22 아침**

에 모압 사람이 일찍이 일어나서 해가 물에 비치므로 맞은편 물이 붉어 피
와 같음을 보고 [23] 이르되 이는 피라 틀림없이 저 왕들이 싸워 서로 죽인 것
이로다 모압 사람들아 이제 노략하러 가자 하고 [24] 이스라엘 진에 이르니 이
스라엘 사람이 일어나 모압 사람을 쳐서 그들 앞에서 도망하게 하고 그 지
경에 들어가며 모압 사람을 치고 [25] 그 성읍들을 쳐서 헐고 각기 돌을 던져
모든 좋은 밭에 가득하게 하고 모든 샘을 메우고 모든 좋은 나무를 베고 길
하레셋의 돌들은 남기고 물매꾼이 두루 다니며 치니라 [26] 모압 왕이 전세가
극렬하여 당하기 어려움을 보고 칼찬 군사 칠백 명을 거느리고 돌파하여 지
나서 에돔 왕에게로 가고자 하되 가지 못하고 [27] 이에 자기 왕위를 이어 왕
이 될 맏아들을 데려와 성 위에서 번제를 드린지라 이스라엘에게 크게 격노
함이 임하매 그들이 떠나 각기 고국으로 돌아갔더라

선지자를 통해 하나님의 명령과 약속을 받은 왕들이 돌아가서 밤새 많은 도랑을 팠다. 다음날 아침에 에돔 쪽에서 물이 흘러내려 땅을 가득 채웠다(20절). 하나님이 말씀하신 대로 된 것이다. 에돔(אֱדוֹם)쪽에서 흘러내린 물이 땅을 가득 채운 것이 잠시 후 모압 사람에게는 핏빛(אָדֹם)으로 보인다(22절). 두 단어의 소리가 거의 비슷하여 일종의 언어유희가 형성되고 있다. 연합군과 그들의 짐승들은 이 물을 실컷 마실 수 있었다. 그러나 물은 단순히 이 군대의 갈증을 해소해 주었을 뿐만 아니라 승리의 계기를 만들어 주었다. 하나님이 목마른 군인과 짐승에게 생명을 선물하시더니 승리까지 덤으로 주신 것이다. 이러한 은혜를 경험하고도 여호람이 하나님께 돌아오지 않는 것은 그가 참으로 영적인 분별력이 없는 사람이라는 것을 입증하는 것이다. 모압 사람은 밤에 바람이 불거나 비가 오지 않았던 것을 잘 알고 있다. 그런데 아침에 일어나보니 적군이 머물고 있던 땅이 흥건히 젖어있지 않은가! 게다가 땅을 적시고 있던 액체는 해에 비쳐 마치 피처럼 붉게 보였다(כַּדָּם אֲדֻמִּים)(22절). 적군은 지난 밤에 연합군의 진영에 반란이 일어 서로 싸운 것으로 결론을 내렸다. 하나님이 착각하도록 하신 것이다. 생각해보면 하나님이 물을 주셔서 연합군을 구원하신 것은 부수적인 일이다. 하나님이 물을 주신 주된 목적은 모압 사람이 연합군에게 패하게 하기 위해서이다(Fretheim). 모압 사람은 다른 생각하지 않고 오직 연합군 진영을 약탈할 생각으로 전속력으로 달려왔다(23절). 그러나 와 보니 상황은 전혀 달랐다. 그들이 생각했던 내란은 없었고, 오히려 준비된 군대가 그들을 맞이했다(24절). 결국 모압은 하나님이 약속하신 대로 연합군의 손에 완전히 패했다. 연합군에게 생명을 선사했던 물이, 모압에게는 죽음을 안겨준 것이다. 하나님이 물로 두 가지 역사를 이루신 것이다. 하나님이 하시는 일은 어떤 이에게는 생명과 지혜이지만, 어떤 이에게는 죽음과 어리석음이다. 스승이 하늘로 올라간 뒤 요단 강물을 가르고, 여리고 성의 물을 고쳤던 엘리사가 이번에도 물을 통해 이스라엘에게 승리를 선사한다. 그는 진정한 의미에서 “물을 다스리는 사람”이다.

전쟁에 진 모압 왕 메사는 궁지에 몰리게 되었고 최후 수단으로 자신의 대를 이어 왕이 될 아들을 자신의 신에게 인간 번제로 바쳤다(27절). 궁지에 몰리니 인간 번제를 즐기는 몰렉(그모스)을 숭배한 그는 이런 짓을 한 것이다. 본문의 내용을 이해하는 일에서 여기까지는 별 문제가 없다. 그 다음에 일어난 일이 매우 혼란스럽다. “큰 진노가 이스라엘에게 임했으며”(וַיְהִי קֶצֶף־גָּדוֹל עַל־יִשְׂרָאֵל). 이 일로 이스라엘은 다 이겨 놓은 전쟁을 포기하고 본국으로 돌아가야만 했다. 정확히 무슨 일이 벌어진 것인가? 여러 가지 다양한 해석이 있는데, 이슈는 이스라엘에게 임한 큰 진노(קֶצֶף־גָּדוֹל)의 정체가 무엇이냐는 것이다(cf. Fretheim). 한 주석가는 이 진노가 여호와로부터 왔으며, 이스라엘이 전쟁 중 땅의 모든 나무를 베어내고 우물을 메우는 등 지나친 잔인성을 발휘했기 때문이라고 한다(Seow, cf. 25절) 그러나 이 진노는 여호와께로부터 온 것이 아니다. 문맥을 고려할 때 이 진노는 모압 사람이 저지른 일과 관계가 있지, 이스라엘이 취한 행동과는 관계가 없기 때문이다. 학자들의 다양한 해석을 생각해보자.

첫째, 이 진노는 모압의 신 그모스에게서 비롯된 것이다(Gray, Jones). 이 해석에 의하면 본문이 이교(異教)의 다신주의적인 사상을 전혀 걸러내지 않고 그대로 반영하고 있다는 것이다. 공동 번역도 이 문구를 "무서운 신의 진노"로 번역해서 이러한 뉘앙스를 반영하고 있다. 그러나 성경이 그 어디에서도 다신주의를 인정하는 경우는 없다. 성경에 의하면 이러한 일(누구에게 축복이나 재앙을 내리는 일)은 오직 여호와만이 하실 수 있는 일이다. 우상은 인간이 조각한 돌과 나무 조각에 불과하기에 어떠한 능력도 없다. 그러므로 이 제안은 수용할 수 없다.

둘째, 모압 왕 메사가 친아들마저 주저하지 않고 번제로 바치는 것을 보고 후퇴하던 모압 군이 죽기를 각오하고 반격해 온 것을 뜻한다(Honeycutt, cf. Josephus). 개역 성경의 "크게 격노함"(27절)이란 번역은 이러한 해석을 따르는 듯하다. 그러나 이미 계곡에서부터 풍비박산이 나 쫓기던 모압 군에게 한 왕자의 죽음이 이러한 변화를 가져올 수 있었을까 하는 의문이 생긴다. 쥐가 막다른 골목으로 몰리면 쫓던 고양이를 물기도 하지만, 공격하는 연합군과 쫓기는 모압 군의 상황이 이러한 반격을 가능케 했을까 하는 의문이 드는 것이다.

셋째, 엘리사가 결과가 이렇게 될 줄 알면서 거짓말할 것 같지는 않으므로, 하나님이 엘리사에게 다 알려주지 않으신 부분이 있어서 이러한 일이 생겼다고 해석하는 사람도 있다(Provan). 이 해석에 의하면 선지자도 자신의 예언에 대해 그 어떠한 통제도 할 수 없다는 것을 보여주는 사건이다. 그러나 문제는 이 섹션의 가장 중요한 이슈는 선지자의 아버지로 새로이 취임한 엘리사의 권위와 신빙성이다. 그러므로 하나님이 왕들 앞에서 엘리사에게 주신 말씀이 부분적인 진실에 불과했다면, 엘리사의 권위가 그만큼 손상될 수밖에 없다. 그러므로 별로 설득력 없는 해석이다.

넷째, 모압 왕이 아들을 번제로 바치는 모습을 보고 이스라엘 군대가 토할 것 같은 불쾌감을 느끼고 더 이상 전쟁을 할 수 없어서 돌아갔다는 의미이다(Wiseman, Keil, Martin, Patterson & Austel, Sweeney). 새번역도 이렇게 이해하고 있다. "이스라엘 사람들은 크게 당황하여 그곳을 버리고 고국으로 돌아갔다." 엘리사가 이미 절대적인 승리를 약속한 상태에서 이 일이 벌어진 것으로 보아 이 세 번째 해석이 제일 설득력이 있어 보인다. 하나님은 연합군에게 모압 사람을 완전히 넘겨 주셨지만, 이스라엘 사람이 어떤 이유에서든 간에 스스로 포기하고 본국으로 돌아간 것이다.

아마도 평상시에 이스라엘 사람은 모압 사람이 인간 번제를 자기 신에게 바친다는 말은 들은 적이 있지만, 실제로 이 상황을 목격하고 엄청난 충격을 받았을 것이다. 또한 모압 왕이 코너에 몰리자 항복하기가 싫어서 자기 친자식을 우상에게 바치는 것을 보고는 모압 사람을 '인간 이하'로 생각해 더 이상 그들을 싸울 상대로 생각하지 않았다. 자식을 제물로 바칠 정도로 야만적인 자들과 싸워봤자 별 의미가 없다고 생각한 것이다. 그래서 더 이상 모압을 뒤쫓지 않고 자기 나라로 돌아간 것이다.

V. 엘리사의 사역(2:1–13:25)

B. 엘리사의 기적(4:1–6:23)

엘리사는 선지자의 대부(大父)로서 자신을 많은 사람들에게 알렸다. 선지자 훈련생들이 그를 인정했고, 여리고 사람들이 그를 통해서 생수를 얻었다. 벧엘의 불손한 사람들과 이스라엘, 유다, 에돔의 왕들마저도 이제는 엘리사를 선지자 세계의 '새로운 강자'로 알게 되었다. 이스라엘 지도층에게 자신의 위치를 확고히 알린 엘리사는 이적을 행해서 하나님께 등을 돌린 언약 백성들을 주께 돌이키려 한다. 이 이적들은 하나님이 엘리야와 함께하셨던 것처럼 엘리사와도 함께하심을 입증한다. 즉, 엘리야–엘리사 대를 이어가며 백성들을 위해서 기적을 베푸시는 하나님의 은혜를 부각시키고 있다.

엘리사가 행한 온갖 기적에 대한 회고로 구성되어 있는 본 텍스트는 다음과 같이 구분하고 있다. 이 사건들은 시대적인 순서에 따라 정리된 것은 아니라는 것이 대부분 학자들의 견해이다(Konkel, Sweeney, Selman, Archer). 이 사건들은 하나님이 엘리야를 통해 어떤 기적을 베푸셨는가를 회고한다. 기적의 종류도 다양하고 은혜도 풍부하다. 엘리사의 기적은 죽음이 만연해있는 세상에 생명을 선물로 주시는 하나님의 은혜를 강조한다(cf. Fretheim).

A. 마르지 않는 기름병(4:1–7)
B. 불임한 여인의 아이(4:8–17)
C. 죽은 아이를 살림(4:18–37)
D. 엘리사가 선지자 생도들을 구함(4:38–41)
E. 빵 스무 개(4:42–44)
F. 나아만의 문둥병(5:1–27)
G. 물에 떠오른 도끼(6:1–7)
H. 시리아 군을 물리침(6:8–23)

V. 엘리사의 사역(2:1–13:25)
B. 엘리사의 기적(4:1–6:23)

1. 마르지 않는 기름병(4:1–7)

[1] 선지자의 제자들의 아내 중의 한 여인이 엘리사에게 부르짖어 이르되 당신의 종 나의 남편이 이미 죽었는데 당신의 종이 여호와를 경외한 줄은 당신이 아시는 바니이다 이제 빚 준 사람이 와서 나의 두 아이를 데려가 그의 종

을 삼고자 하나이다 하니 2 엘리사가 그에게 이르되 내가 너를 위하여 어떻
게 하랴 네 집에 무엇이 있는지 내게 말하라 그가 이르되 계집종의 집에 기
름 한 그릇 외에는 아무것도 없나이다 하니 3 이르되 너는 밖에 나가서 모든
이웃에게 그릇을 빌리라 빈 그릇을 빌리되 조금 빌리지 말고 4 너는 네 두
아들과 함께 들어가서 문을 닫고 그 모든 그릇에 기름을 부어서 차는 대로
옮겨 놓으라 하니라 5 여인이 물러가서 그의 두 아들과 함께 문을 닫은 후에
그들은 그릇을 그에게로 가져오고 그는 부었더니 6 그릇에 다 찬지라 여인이
아들에게 이르되 또 그릇을 내게로 가져오라 하니 아들이 이르되 다른 그릇
이 없나이다 하니 기름이 곧 그쳤더라 7 그 여인이 하나님의 사람에게 나아
가서 말하니 그가 이르되 너는 가서 기름을 팔아 빚을 갚고 남은 것으로 너
와 네 두 아들이 생활하라 하였더라

한 "예언자 수련생"(בְּנֵי־הַנְּבִיאִים)의 아내가 예언자들의 대부인 엘리사를 찾아와 호소했다. 그녀의 남편은 선지자 수련을 하다가 죽었고, 그 집에 돈을 빌려 주었던 빚쟁이가 돈을 못 받게 되자 두 아들을 노예로 삼으려고 데려가려 한다는 것이다. 오래전에 요세푸스(Josephus)는 이 여인이 엘리야 시대 때 여호와의 선지자 100명을 두 굴에 숨겨두고 보호했던 오바댜라는 사람의 아내라고 주장했다(Ant. 9.47). 그가 선지자들을 후원하다가 집안 형편이 이렇게 기울었다는 것이다. 그러나 본문에는 이러한 해석을 뒷받침할만한 어떠한 증거도 없다. 게다가 오바댜는 정치인이었지, 선지자가 아니었다. 율법에 의하면 사람이 빚을 남기고 죽으면, 빚쟁이들이 죽은 사람의 재산과 자녀들을 압류할 수 있었다(출 21:2-4; 레 25:39; 느 5:5; cf. 사 50:1; 암 2:6; 8:6). 그렇다면 엘리사가 여인을 도울 수 있는 길은 어떤 법적인 절차가 아니라, 실제로 죽은 선지자가 남기고 간 빚을 갚아주는 것 밖에는 없다.

엘리사는 여인에게 집에 무엇이 있는가를 물었고, 여인은 고작해야 기름 한 병 밖에는 없다고 했다(2절). 엘리사는 여인에게 이웃들로부터

가능한 많은 빈 그릇들을 빌려오라고 했다. 그러고는 문을 잠그고 아이들과 함께 병에서 흘러나오는 기름으로 이 그릇들을 채우라고 지시했다. 여인은 엘리사가 하라는 대로 했고, 정말 말한 대로 기적이 일어나 한 병밖에 되지 않던 기름으로 빌려온 모든 그릇들을 채울 수 있었다.

드디어 빌려온 모든 그릇에 기름이 가득 차니 기적이 또 한 번 일어났다. 병에서 더 이상 기름이 나오지 않게 된 것이다. 여인은 엘리사를 찾아 상황을 설명했고, 선지자는 여인에게 그 기름을 내다 팔아 빚을 갚고 나머지는 두 아들과 살아가는데 필요한 생활비로 쓰라고 지시했다. 이 이야기는 죽음으로 가득한 한 집안의 이야기로 시작되었다. 이야기가 마무리될 때에 엘리사는 죽음으로 가득한 선지자의 집을 생명의 기운으로 가득 채운다. 죽음이 생명으로 변화하는 이야기이며(Seow), 절망이 소망으로 변화하는 이야기이다. 한 가지 중요한 것은 이야기가 끝날 무렵 엘리사는 옛적에 엘리야가 그랬듯이 "하나님의 사람"(אִישׁ הָאֱלֹהִים)으로 불린다는 사실이다(7절). 그러므로 이 이야기는 엘리사가 하나님의 사람이라는 것을 입증하는데 그 목적이 있다.

이 사건은 엘리야가 사르밧 성 과부를 도왔던 이야기를 연상케 한다(왕상 17:7-24). 엘리야가 사르밧 성 과부를 도왔던 이야기에서도 넘치도록 흐르는 기름은 매우 중요한 요소로 등장해서 그 과부로 하여금 경제적 위기를 모면하게 했다. 이러한 이유에서 일부 학자들은 같은 이야기가 엘리야 전승과 엘리사 전승에 두 번 사용되는 것이라고 주장하기도 한다. 그러나 이야기의 초점은 옛적에 엘리야를 통해 역사하신 하나님이 변함없이 엘리사를 통해서도 역사하신다는 사실을 부각시키는 데 있다(cf. House, Cohn). 하나님이 엘리야를 통해서 가난한 자들을 돌보셨던 것처럼, 이번에는 그의 제자 엘리사를 통해 가난한 자를 도우시겠다는 하나님의 의지가 확실하다는 것을 보여주는 일인 것이다. 그러므로 이 두 이야기는 비슷할 수밖에 없다. 이러한 현상을 '모형 장면'(type-scene)이라고 한다. 저자가 엘리사를 제2의 엘리야로 묘사하고

자 하기 때문에 이 두 이야기의 비슷한 점들을 최대한으로 부각시키고 있는 것으로 간주하는 것이 바람직한 해석이다.

하나님이 때로는 무(無)에서 유(有)를 창조하시는 기적을 베푸신다. 그러나 이 두 선지자의 이야기에서는 이미 존재하는 것의 양을 늘리는 기적을 베푸셨다. 또한 이 기적들이 일어나기 위해서는 참여자들의 믿음이 필요했다. 본문의 여인도 사람들 보기에는 좀 우스운 혹은 안타까운 행동을 해야 했다. 이웃들로부터 빈 그릇을 빌릴 수 있는 데까지 빌려다 놓고 문을 걸어 잠그고 은밀한 곳에서 기름을 따르라는 지시를 받았다. 사람들은 여인이 실성한 것으로 생각했을 수도 있다. '오죽이나 생활이 어려우면 저렇게 되었을까?' 그래서 안타까운 마음에서 그녀에게 그릇을 빌려주었을 수도 있다. 그러나 그녀는 미쳐서가 아니라 믿음으로 순종한 것이다. 만일 이 여인이 미쳤다면 하나님과 그의 말씀에 순종하는 것에 미쳤을 뿐이다. 간혹 믿음은 이처럼 상식을 초월하는 순종을 요구한다. 그리고 순종하면 생명을 얻는다.

V. 엘리사의 사역(2:1–13:25)
B. 엘리사의 기적(4:1–6:23)

2. 불임한 여인의 아이(4:8–17)

**[8] 하루는 엘리사가 수넴에 이르렀더니 거기에 한 귀한 여인이 그를 간권하여
음식을 먹게 하였으므로 엘리사가 그 곳을 지날 때마다 음식을 먹으러 그리
로 들어갔더라 [9] 여인이 그의 남편에게 이르되 항상 우리를 지나가는 이 사
람은 하나님의 거룩한 사람인 줄을 내가 아노니 [10] 청하건대 우리가 그를 위
하여 작은 방을 담 위에 만들고 침상과 책상과 의자와 촛대를 두사이다 그
가 우리에게 이르면 거기에 머물리이다 하였더라 [11] 하루는 엘리사가 거기에
이르러 그 방에 들어가 누웠더니 [12] 자기 사환 게하시에게 이르되 이 수넴 여
인을 불러오라 하니 곧 여인을 부르매 여인이 그 앞에 선지라 [13] 엘리사가 자**

기 사환에게 이르되 너는 그에게 이르라 네가 이같이 우리를 위하여 세심한
배려를 하는도다 내가 너를 위하여 무엇을 하랴 왕에게나 사령관에게 무슨
구할 것이 있느냐 하니 여인이 이르되 나는 내 백성 중에 거주하나이다 하
니라 14 엘리사가 이르되 그러면 그를 위하여 무엇을 하여야 할까 하니 게하
시가 대답하되 참으로 이 여인은 아들이 없고 그 남편은 늙었나이다 하니 15
이르되 다시 부르라 하여 부르매 여인이 문에 서니라 16 엘리사가 이르되 한
해가 지나 이 때쯤에 네가 아들을 안으리라 하니 여인이 이르되 아니로소이
다 내 주 하나님의 사람이여 당신의 계집종을 속이지 마옵소서 하니라 17 여
인이 과연 잉태하여 한 해가 지나 이 때쯤에 엘리사가 여인에게 말한 대로
아들을 낳았더라

앞 이야기처럼 이 이야기 역시 엘리야와 사르밧 성 과부의 이야기(왕상 17:8–24)와 비슷한 점들을 지니고 있다.[4] 물론 앞 이야기에서처럼 차이도 무시할 수 없다. 저자는 이 이야기를 통해 다시 한 번 엘리사를 엘리야에 버금가는 선지자로 묘사한다. 엘리야에게서 대를 이어받은 엘리사는 이미 많은 기적을 베풀었다. 그러나 한 분야에서는 아직 엘리야와 같은 수준으로 여겨질 수 없다. 바로 죽은 사람을 살리는 일에서이다. 엘리야는 사르밧 여인의 아들을 살린 적이 있다. 엘리사가 제2의 엘리야가 되려면 이 과정도 지나가야 하는 것이다.

이야기의 내용은 이렇다. 수넴(שׁוּנֵם)에 사는 한 부유한 여인이 엘리사를 잘 섬겨주었다. 수넴은 잇사갈 지파의 영토에 속한 곳으로(수

---

4 엘리사가 불임한 여인에게 아이를 준 일을 회고하고 있는 이 이야기와 엘리사가 죽은 아이를 살린 이야기는 흐름에 있어서 다음과 같은 평행구조를 지니고 있다(Patterson & Austel).

A. 엘리사를 맞이할 준비(8–10절)
  B. 엘리사와 여인(11–17절)
    C. 아이의 죽음(18–20절)
A'. 엘리사를 찾아갈 준비(21–26절)
  B'. 여인과 엘리사(27–30절)
    C'. 아이가 살아남(31–37절)

19:18), 블레셋 군이 사울과 길보아에서 전쟁하기 전에 주둔하던 곳이기도 하다(삼상 28:4). 다볼(Tabor) 산에서 남쪽으로 8킬로미터 떨어진 곳이며 이스르엘에서 북쪽으로 5킬로미터, 길보아에서 8킬로미터 떨어져 있었다. 수넴은 곡식 재배로 유명했던 곳이며 갈멜 산을 한눈에 바라볼 수 있는 곳이다.

엘리사는 수넴 여인의 친절함에 대한 답례로 무언가를 해주고 싶어서 여인을 불렀지만, "나는 내 백성 중에 거주하나이다"(13절)라는 말로 답례하며 아무것도 부탁하지 않았다(13절). "나는 내 백성 중에 거주하나이다"는 아무것도 필요 없다며 엘리야의 제안을 공손하게 거절하는 표현이다(Sweeney). 그녀는 남부러울 것 없이 잘 살고 있었음을 암시한다. 그래도 고마운 마음을 표현하기 위해서 엘리사는 그녀를 위해서 무언가 해주고 싶었다. 엘리사는 사환 게하시에게 여인의 형편을 살피도록 했다. 게하시(גֵּיחֲזִי)는 "환상의 골짜기"(valley of vision)라는 의미로 풀이되기도 하지만(Gray, Jones, BDB), "휘둥그래한 눈"(goggle-eyed)(HALOT)이 더 정확한 듯하며, 본명이라기보다 이 사환의 생김새에 따라 붙여진 별명일 수 있다. 독특한 눈/시력이 강조되는 이 사환은 훗날 나아만 이야기에서 '보지 못하여' 문둥병을 얻게 된다.

사환 게하시를 통해 여인의 남편이 너무 늙어서 아이가 없다는 사실을 알게 된 엘리사는 여인이 아들을 낳기를 하나님께 기도드렸다. 성경에 노인이 되도록 아이를 갖지 못하는 사람들의 고충과 수치에 대한 이야기는 흔히 등장하는 장르이다. 구약에는 아브라함과 사라, 엘가나와 한나, 마노아와 그의 아내, 신약에는 스가랴와 엘리사벳 등의 이야기가 있다.

엘리사는 여인을 불러 그녀가 이듬해에 아들을 낳을 것이라고 예언했다. 하나님이 엘리사의 기도를 들어주신 것이다. 그동안 아이가 없었기에 여인은 믿기지 않았겠지만, 선지자가 예언한 것처럼 수넴 여인은 이듬해에 아들을 얻었다. 하나님이 선지자를 통해 다시 한 번 생명을 선사하신 것이다. 이 이야기는 여러 면에서 옛적 아브라함과 사라의 이야기를 연상케 한다. 아브라함과 사라는 늙도록 아이가 없었다(cf. 창 12장). 오랜 기다림 끝에 하나님이 그들에게 '내년 이맘때'에 아들을 낳을 것이라고 했을 때 사라는 믿지 못하고 웃었다(cf. 창 18장). 그러나 정작 하나님이 말씀하신 대로 이듬해에 이삭이 태어난다. 이삭은 훗날 생명을 위협받는 위기를 맞이한다(cf. 창 22장). 이 여인의 아이도 잠시 후 생명을 위협받는 것, 두 이야기 모두 하나님이 개입하셔서 아이들을 살려 주신다는 것이 비슷하다. 이러한 정황을 고려할 때 '모형 장면'(type-scene)을 의식하지 못하는 사람은 이 이야기가 아브라함 이야기를 재활용해 구성되었다고 한다. 학자들 사이에도 이처럼 소모적인 논쟁들이 참 많다.

V. 엘리사의 사역(2:1-13:25)
B. 엘리사의 기적(4:1-6:23)

3. 죽은 아이를 살림(4:18-37)

[18] 그 아이가 자라매 하루는 추수꾼들에게 나가서 그의 아버지에게 이르렀더
니 [19] 그의 아버지에게 이르되 내 머리야 내 머리야 하는지라 그의 아버지가
사환에게 말하여 그의 어머니에게로 데려가라 하매 [20] 곧 어머니에게로 데려
갔더니 낮까지 어머니의 무릎에 앉아 있다가 죽은지라 [21] 그의 어머니가 올
라가서 아들을 하나님의 사람의 침상 위에 두고 문을 닫고 나와 [22] 그 남편
을 불러 이르되 청하건대 사환 한 명과 나귀 한 마리를 내게로 보내소서 내
가 하나님의 사람에게 달려갔다가 돌아오리이다 하니 [23] 그 남편이 이르되
초하루도 아니요 안식일도 아니거늘 그대가 오늘 어찌하여 그에게 나아가고
자 하느냐 하는지라 여인이 이르되 평안을 비나이다 하니라 [24] 이에 나귀에
안장을 지우고 자기 사환에게 이르되 몰고 가라 내가 말하지 아니하거든 나
를 위하여 달려가기를 멈추지 말라 하고 [25] 드디어 갈멜산으로 가서 하나님

의 사람에게로 나아가니라 하나님의 사람이 멀리서 그를 보고 자기 사환 게
하시에게 이르되 저기 수넴 여인이 있도다 26 너는 달려가서 그를 맞아 이르
기를 너는 평안하냐 네 남편이 평안하냐 아이가 평안하냐 하라 하였더니 여
인이 대답하되 평안하다 하고 27 산에 이르러 하나님의 사람에게 나아가서
그 발을 안은지라 게하시가 가까이 와서 그를 물리치고자 하매 하나님의 사
람이 이르되 가만 두라 그의 영혼이 괴로워하지마는 여호와께서 내게 숨기
시고 이르지 아니하셨도다 하니라 28 여인이 이르되 내가 내 주께 아들을 구
하더이까 나를 속이지 말라고 내가 말하지 아니하더이까 하니 29 엘리사가
게하시에게 이르되 네 허리를 묶고 내 지팡이를 손에 들고 가라 사람을 만
나거든 인사하지 말며 사람이 네게 인사할지라도 대답하지 말고 내 지팡이
를 그 아이 얼굴에 놓으라 하는지라 30 아이의 어머니가 이르되 여호와께서
살아 계심과 당신의 영혼이 살아 계심을 두고 맹세하노니 내가 당신을 떠나
지 아니하리이다 엘리사가 이에 일어나 여인을 따라가니라 31 게하시가 그
들보다 앞서 가서 지팡이를 그 아이의 얼굴에 놓았으나 소리도 없고 듣지도
아니하는지라 돌아와서 엘리사를 맞아 그에게 말하여 아이가 깨지 아니하였
나이다 하니라 32 엘리사가 집에 들어가 보니 아이가 죽었는데 자기의 침상
에 눕혔는지라 33 들어가서는 문을 닫으니 두 사람 뿐이라 엘리사가 여호와
께 기도하고 34 아이 위에 올라 엎드려 자기 입을 그의 입에, 자기 눈을 그의
눈에, 자기 손을 그의 손에 대고 그의 몸에 엎드리니 아이의 살이 차차 따뜻
하더라 35 엘리사가 내려서 집 안에서 한 번 이리 저리 다니고 다시 아이 위
에 올라 엎드리니 아이가 일곱 번 재채기 하고 눈을 뜨는지라 36 엘리사가
게하시를 불러 저 수넴 여인을 불러오라 하니 곧 부르매 여인이 들어가니
엘리사가 이르되 네 아들을 데리고 가라 하니라 37 여인이 들어가서 엘리사
의 발 앞에서 땅에 엎드려 절하고 아들을 안고 나가니라

엘리사의 중보로 태어난 수넴 여인의 아들이 몇 년 후에 두통을 호소하더니 순식간에 엄마 품에서 죽었다. 황당한 일을 당한 여인은 아이

의 죽음을 남편에게도 알리지 않고 그 아이를 다시 살릴 길을 침착하게 생각하고 진행했다. 먼저 그녀는 죽은 아이를 엘리사의 방에 눕혔다. 그 다음 곧장 갈멜 산에 거하던 엘리사를 찾아갔다. 수넴에서 갈멜 산까지는 24킬로미터 정도를 가야 한다(Seow). 여인은 엘리사의 집 근처에 도착했을 때 만난 게하시에게 자신의 형편을 말하기를 거부하고 엘리사를 직접 대면해서 이야기했다. 그녀는 아이를 살릴 수 있는 유일한 소망은 하나님의 사람 엘리사 밖에 없다고 확신한 것이다. 아이가 없던 그녀에게 아들이 태어날 것이라고 선언한 사람도 엘리사였고, 그녀는 아이의 생사는 온전히 여호와와 그의 종 엘리사에게 달려 있는 것으로 생각했다.

엘리사를 만나자 그녀는 엘리사의 다리를 붙잡고 호소했다. 고대 사회에서 그녀의 행동은 예의범절에 어긋나는 행동이다. 그러나 그녀는 절박해서 체면이나 예의가 중요하지 않다. 오직 아들을 살려야 한다는 생각밖에는 다른 생각을 할 수 없다. 상황을 파악한 엘리사도 매우 당황할 수밖에 없었다. 하나님이 아이에 대해서는 그 어떠한 말씀도 해주시지 않은 상황에서 이런 일을 당했으니 당연히 당황할 수밖에 없었을 것이다. 우리 주변에 하루 24시간 하나님께로부터 직통 계시를 받는다고 주장하는 사람은 엘리사보다 더 뛰어난 예언자이든지 거짓이든지 둘 중 하나이다.

엘리사는 게하시에게 자신의 지팡이를 보내서 아이를 살려보려고 했다(지팡이의 위력에 대해서는 출 14:15 이하, 27:8 이하 등에 언급되어 있는 모세의 지팡이 이야기를 참조하라). 선지자는 사환에게 아이에게 가는 길에 아무와도 말하지 말라고 했다(29절). 지체하지 말고 최대한 신속하게 아이에게 가라는 뜻이다(Patterson & Austel). 그러나 여인은 엘리사가 직접 갈 것을 요구했다. "여호와께서 살아 계심과 당신의 영혼이 살아 계심을 두고 맹세하노니 내가 당신을 떠나지 아니하리이다"(30절). 이 말은 엘리야가 승천하던 날, 엘리야가 거듭 엘리사를 떼어놓으려고 할 때 엘리사가 엘리야에게 한 말이다. 여인의 의지가 엘리야를 대하던 자신의 의지와 다를 바 없다는 것을 깨달은 엘리사는 자리를 박차고 일어났다. 결과적으로 볼 때 엘리사가 직접 가는 것이 아이를 살리는데 결정적인 요인으로 작용했다. 게하시가 앞서 가서 엘리사의 지팡이를 아이 위에 올려놓았지만 아이는 죽음에서 깨어나지 않았기 때문이다. 게하시는 엘리사의 지팡이를 사용해서 아이를 살리려 하지만, 고대 근동에서는 죽은 사람 위에 지팡이를 올려놓는 것이 매장을 보류하는 행위였다고 한다(Bronner). 엘리사는 자신의 방에 누워 있는 아이를 기도로 살려냈다(33절).

엘리야가 사르밧 성 과부의 아이를 살린 것처럼 엘리사도 수넴 여인의 아이를 살려냈다. 저자는 이 이야기를 통해 하나님이 엘리야를 통해 죽음의 권세를 꺾으셨던 것처럼, 엘리사를 통해서도 죽음을 꺾으셨다는 것을 증거하고자 한다. 하나님이 선지자를 통해 죽음의 권세를 꺾으신 일이 이번이 두 번째이다. 구약에서 둘은 확신의 숫자라는 것을 감안할 때, 앞으로 하나님이 인류가 가장 두려워하는 죽음의 권세를 분명히 꺾으실 날이 올 것을 암시한다. 바로 십자가에서 이 일이 성취되었다. 또한 하나님은 엘리야를 통해 인간의 필요를 채우시고 아픔을 치유하신 것처럼 엘리사를 통해서도 사람들을 위로하고 회복시키시는 것을 강조하고 있다.

엘리야는 사르밧 성에 가서 이방 여인 집에 머물다가 그녀의 아들을 살려주었다. 엘리사는 이스라엘 여인의 아들을 살리고 있다. 하나님은 이방인과 이스라엘 사람을 차별하지 않고 동일한 사랑으로 대하신다. 또한 선지자는 단순히 하나님의 말씀을 선포만 하는 자들이 아니라, 아픔이 있는 곳에 하나님의 치유가 임하게 하는 중계인들이었다. 하나님의 선지자들이 있는 한 우리는 하나님의 치료와 위로를 끊임없이 기대할 수 있다. 하나님은 백성의 고통에 귀를 기울이고 계시기 때문이다.

V. 엘리사의 사역(2:1-13:25)
B. 엘리사의 기적(4:1-6:23)

4. 엘리사가 선지자 생도들을 구함(4:38-41)

**38 엘리사가 다시 길갈에 이르니 그 땅에 흉년이 들었는데 선지자의 제자들
이 엘리사의 앞에 앉은지라 엘리사가 자기 사환에게 이르되 큰 솥을 걸고
선지자의 제자들을 위하여 국을 끓이라 하매 39 한 사람이 채소를 캐러 들에
나가 들포도덩굴을 만나 그것에서 들호박을 따서 옷자락에 채워가지고 돌
아와 썰어 국 끓이는 솥에 넣되 그들은 무엇인지 알지 못한지라 40 이에 퍼
다가 무리에게 주어 먹게 하였더니 무리가 국을 먹다가 그들이 외쳐 이르되
하나님의 사람이여 솥에 죽음의 독이 있나이다 하고 능히 먹지 못하는지라
41 엘리사가 이르되 그러면 가루를 가져오라 하여 솥에 던지고 이르되 퍼다
가 무리에게 주어 먹게 하라 하매 이에 솥 가운데 독이 없어지니라**

이 장(章)에 기록된 세 번째 기적은 엘리사가 선지자 생도들이 먹은 죽에서 독기를 제거한 일이다. 땅에 흉년이 들자 궁핍한 선지자들의 삶이 더욱더 궁해졌다. 아마도 이 흉년은 잠시 후 수넴 여인으로 하여금 고향을 떠나게 한 7년 동안의 혹독한 가뭄이었을 것이다(cf. 8:1-6). 혹독한 기근이 7년 동안이나 이스라엘을 강타하니 모든 사람이 신음하게 되고, 하나님이 먹이고 입히신다는 선지자들도 예외는 아니었다. 비록 하나님이 먹이고 입히시지만, 그들도 백성의 고통에 동참해야 한다. 그래야 성직자인 그들이 일반인의 아픔을 알게 되고, 그래야만 사람의 애환과 고통을 제대로 이해해 균형을 잃지 않은 사역을 할 수 있게 된다. 당시 선지자는 주로 주의 백성이 봉헌한 양식으로 생계를 유지했다(cf. 4:42-44). 문제는 백성도 먹을 것이 없으니, 선지자에게 드릴 식량이 없다. 굶주린 한 선지자 생도가 들에 나가 채소인 줄 알고 채취해다 국을 끓인 것이 독초로 드러났다. 많은 주석가들이 본문이 언급하고

있는 식물을 "소돔의 사과"(Apple of Sodom)로 추정한다(Sweeney, Konkel). 이 식물은 박넝쿨같이 생긴 줄기에 노랗고 작은 멜론 같은 열매를 맺는다. 사람이 이것을 섭취할 경우 설사를 하며 죽을 수도 있다(Konkel).

국을 먹은 생도들이 엘리사에게 도움을 청했고 엘리사는 국에 밀가루를 뿌려 독을 제거했다. 여리고 성에서 소금을 사용해서 물에서 독을 제거한 일이 있는(2:19-22) 엘리사가 이 사건에서는 밀가루를 사용해서 독을 제거했다. 엘리사가 이런 일을 할 수 있었던 것은 그가 사용했던 물질의 기능이나 성분 때문에 가능했던 것이 아니라, 그가 하나님의 사람이었기 때문에 가능했다는 점을 잊지 말아야 한다. 즉, 이 상황에서 엘리사가 밀가루를 사용하든 흙을 사용하든, 무엇을 사용하든 간에 결과가 같았을 것이다.

이 이야기 역시 엘리야 내러티브 중 3년 동안 지속된 기근에 대해 회고하고 있는 열왕기상 17:1-24, 특히 18:1-15과 평행을 이루고 있다고 생각된다. 저자는 이 이야기를 통해 이스라엘에 만연해 있는 독(기근과 죽음)을 제거할 수 있는 유일하신 분은 하나님이심을 드러내고자 한다. 바알이 그들에게 생명을 주는 것이 아니라 여호와께서 주시며, 백성들 삶의 궁핍함과 고통을 헤아리고 제거하실 수 있는 분도 하나님밖에 없다. 어이없게도 이스라엘은 이런 여호와께 등을 돌리고 아무 능력이 없는 바알과 아세라를 숭배하고 있다.

V. 엘리사의 사역(2:1-13:25)
B. 엘리사의 기적(4:1-6:23)

5. 빵 스무 개(4:42-44)

[42] 한 사람이 바알 살리사에서부터 와서 처음 만든 떡 곧 보리떡 이십 개와 또 자루에 담은 채소를 하나님의 사람에게 드린지라 그가 이르되 무리에게 주어 먹게 하라 [43] 그 사환이 이르되 내가 어찌 이것을 백 명에게 주겠나이

까 하나 엘리사는 또 이르되 무리에게 주어 먹게 하라 여호와의 말씀이 그 들이 먹고 남으리라 하셨느니라 [44] 그가 그들 앞에 주었더니 여호와께서 말씀하신 대로 먹고 남았더라

이번 기적은 예수님의 오병이어의 기적을 생각나게 한다. 에브라임 지파의 땅에 속하였고 길갈 근처에 있던 바알 살리사(בַּעַל שָׁלִשָׁה)라는 마을에서 사는 사람이 보리 빵과 곡물을 선지자들에게 선물로 가져왔다. 저자는 이 헌물이 그 해의 첫 열매(בִּכּוּרִים)였다고 한다(42절). 율법에 의하면 첫 열매는 하나님께 드려야 하며(레 23:20) 제사장들의 몫이다(민 18:13; 신 18:4-5). 그런데 이 사람은 엘리사에게 가져온 것이다. 백성을 하나님께 인도하기는커녕 벧엘에 거하면서 오히려 우상숭배에 앞장서 있는 북 왕국의 제사장들을 무시하고, 진정한 하나님의 사람에게 이 귀한 제물을 가져왔다. 그러므로 이 사람의 행동은 종교적인 지도자들에게 불만을 가진 일종의 시위로 해석될 수 있다(Hubbard). 교회가 해야 할 일을 하지 않으면서도 성도에게 헌금은 꼭 그 교회에 내라고 하는 지도자들에게 경종을 울리는 사건이다. 교회는 성도의 헌금에 대해 선교회 등을 상대로 선의의 경쟁을 해야 한다. 성도는 출석하는 교회가 이 땅에 존재하는 사명을 잘 감당하고 있으면 당연히 헌금을 교회에 드려야 한다. 그러나 만일 교회가 제 기능을 하지 않거나 헌금을 올바로 사용하지 않는다면, 하나님 나라의 확장을 위해 제 역할을 하는 선교 단체 등에게 헌금하는 것이 바람직하다. 건강한 선의의 경쟁은 항상 필요하다. 그래야 교회가 본분을 다할 수 있을 것이다.

그런데 성도가 엘리사에게 가져온 예물에 문제가 하나 있었다. 오랜 기근이 이스라엘을 강타한 때라서 그런지 가져온 곡물에 비해 먹을 사람의 수가 너무 많았다. 본문은 이때 엘리사와 함께 살던 사람들이 백 명에 달했다고 한다. 오늘날로 말하자면 '신학교'인 셈인데, 그 당시 모든 정황을 생각해보면 상당한 규모의 신학교이다. 선지자 생도들은 지금 집단 생활을 하고 있다. 엘리사가 이 빵으로 생도들을 먹이라고 하니 사환(게하시?)이 '간에 기별도 안 가는 양'이라고 했다. 그러자 엘리사는 "여호와께서 말씀하시기를 먹고도 남을 것이라고 하셨다"고 말하며 순종을 요구했다. 사환이 엘리사가 명령한 대로 행하자 놀랍게도 그 작은 양의 빵은 100명이 모두 배불리 먹고도 남았다(44절). 마치 오병이어의 기적이 있은 후 음식이 남은 것처럼 말이다.

지금까지의 기적들은 부족한 부분과 필요를 채우는 것들이었다. 이 기적의 특별함은 부족함과 필요만을 채우는 것이 아니라 남는 것에 있다. 하나님은 이스라엘의 필요만을 채우시는 분이 아니라, 그들의 미래를 위해 풍요로움을 예비하실 수 있는 분이다. 그러므로 이스라엘이 바알을 버리고 주님께 돌아오면 그들이 당면하고 있는 모든 문제가 해결될 뿐만 아니라, 하나님이 예비하신 풍요로움이 삶을 윤택하게 만들 것이다. 저자는 첫 열매를 들고 선지자들을 찾아온 성도를 통해, 온 나라가 바알에 미친 듯한 상황에서도 여호와를 사랑하고 섬기던 신실한 자, 즉 '바알에 무릎 꿇지 않은 칠천 명'이 그 시대에도 있었다는 사실을 증언한다. 그리고 이들은 주의 종들을 보호하고 먹이는데 큰 기여를 했다(cf. 왕상 18:1-15). 이 사건은 엘리야와 함께하셨던 하나님이 엘리사와도 함께하신다는 사실의 마지막 증거이기도 하다(Provan).

V. 엘리사의 사역(2:1-13:25)
B. 엘리사의 기적(4:1-6:23)

6. 나아만의 문둥병(5:1-27)

엘리사가 지금까지 행한 이적들은 여호와께서 자기 백성 이스라엘을 얼마나 사랑하고 그들의 필요를 채우기를 원하시는가를 보여주었다. 이 과정에서 선지자는 하나님이 생명뿐만 아니라 죽음까지 주관하고 다스리시는 분이라는 사실을 온 천하에 드러냈다. 여호와께서 이스라엘에게 이처럼 각별한 사랑과 은혜를 내려주시지만 주님은 이스라엘의 하나님이실 뿐만 아니라 온 세상의 창조주이시고 통치자이시다. 우주의 창조주이자 통치자로서 이스라엘뿐만 아니라 온 인류를 사랑하신다. 하나님을 알든 모르든 상관없이 모든 사람은 하나님의 모양과 형상에 따라 창조되었기 때문이다(창 1:26-28). 이것이 열왕기에 전개되는 주요 테마들 중 하나이다(cf. 왕상 17:17-24). 그래서 열왕기에는 믿음이 좋은 이방인의 이야기가 구약의 어느 책보다도 자주 등장한다. 저자가 이방인을 매우 긍정적으로 묘사하는 것은 이방인의 경건과 신실함을 강조할 뿐만 아니라, 하나님 백성이라고 자부하는 이스라엘에 대조하기 위한 목적이다. 하나님 백성이면서도 하나님을 사랑하지 않고 우상을 숭배하는 이스라엘과는 달리 이 신실한 이방인은 기회만 주어지면 여호와를 믿고 신뢰한다. 언젠가는 복음이 이방인에게도 선포될 것을 암시한다(cf. Fretheim).

나아만 사건은 이 테마를 새로운 차원으로 끌어올린다. 하나님이 아직까지 엘리야와 엘리사를 통해 어느 특정한 사람의 질병을 낫게 하신 적이 없다. 이 이방인 장군이 처음이다. 그만큼 나아만의 이야기는 하나님의 열방에 대한 마음을 엿보는 데 중요한 단서가 될 수 있다. 뿐만 아니라 우리는 나아만을 통해서 이스라엘이 하나님에 대한 신앙을 독점하다시피 한 당시에도 이방인이 진정한 믿음, 곧 하나님이 인정하시는 믿음을 소유할 수 있다는 사실을 목격하고 있다. 사실 구약을 살펴보면 나아만 외에도 욥, 룻, 라합, 기브온 사람들 등 모범적인 신앙을 지닌 수많은 이방인들이 있다. 이스라엘 사람이 이러한 사실에 눈을 감아버린 것 뿐이다.

문둥병을 앓던 시리아의 장군 나아만이 엘리사의 도움을 받아 완치된 이야기는 다음과 같은 구조를 지니고 있다. 흐름을 보면 시리아 장군 나아만의 문둥병으로 시작한 이야기가 게하시에게 그 문둥병이 옮겨간 것으로 끝이 난다. 이스라엘 공동체에게 '외부인'(outsider)인 나아만은 치료를 받고 '내부인'(insider)이자 엘리사의 사환이었던 게하시는 오히려 병을 얻는 이야기이다(Seow). 이 이야기는 이방인에게 참으로 관대할 뿐만 아니라, 믿음 공동체에 속했다고 자만하는 사람들에게 경고하는 이야기이다.

A. 나아만의 문둥병(5:1–5a)
B. 나아만이 엘리사를 찾음(5:5b–9)
C. 엘리사의 처방과 나아만의 완쾌(5:10–14)
B′. 나아만이 엘리사를 다시 찾음(5:15–19a)
A′. 나아만의 문둥병이 게하시에게 옮겨감(5:19b–27)

V. 엘리사의 사역(2:1–13:25)
B. 엘리사의 기적(4:1–6:23)
6. 나아만의 문둥병(5:1–27)

(1) 나아만의 문둥병(5:1–5a)

1 아람 왕의 군대 장관 나아만은 그의 주인 앞에서 크고 존귀한 자니 이는 여호와께서 전에 그에게 아람을 구원하게 하셨음이라 그는 큰 용사이나 나병환자더라 2 전에 아람 사람이 떼를 지어 나가서 이스라엘 땅에서 어린 소녀 하나를 사로잡으매 그가 나아만의 아내에게 수종들더니 3 그의 여주인에게 이르되 우리 주인이 사마리아에 계신 선지자 앞에 계셨으면 좋겠나이다 그가 그 나병을 고치리이다 하는지라 4 나아만이 들어가서 그의 주인께 아뢰어 이르되 이스라엘 땅에서 온 소녀의 말이 이러이러하더이다 하니 5a 아람 왕이 이르되 갈지어다 이제 내가 이스라엘 왕에게 글을 보내리라 하더라

이 시절 이스라엘은 북쪽 국경 너머의 시리아와 계속 불편한 관계에 있었다. 아합 시대 때에도 이미 두 나라 사이에 전쟁이 있었고(왕상 20장), 아합은 시리아와 전쟁을 하다가 목숨을 잃었다(왕상 22장). 그러므로 아합의 아들이 이스라엘을 통치하는 한 이 두 나라는 결코 사이가 좋아질 수 없는 상황이다. 이야기의 흐름을 감안할 때, 이때 시리아는 군사적으로 이스라엘보다 한 수 위였으므로, 이스라엘은 시리아에 의해서 좌지우지되는 상황이다. 즉, 전쟁과 외교의 주도권은 시리아가 갖고 있는 것이다.

시리아가 이렇게 막강해진 것에는 나아만이란 장군이 중요한 기여를 했다. 저자는 여호와께서 이 나아만 장군을 통해서 시리아에게 구원(תְּשׁוּעָה)을 베푸셨다고 기록한다(1절). 물론 나아만이 이때 여호와를 알리 없었다. 그러나 여호와는 그를 알고 계셨고, 그를 축복하셨다. 이미 수차례 언급한 것처럼, 열왕기 저자는 여호와가 이스라엘의 하나님이실 뿐만 아니라 온 세상의 통치자라는 점을 중요한 테마로 부각시키고 있다. 하나님은 나아만이 엘리사를 통해 주님을 찾기 전부터 이미 그의 삶에 개입하셔서 여러 가지 정황을 주관하셨던 것이다. 훗날 하나님은 페르시아 왕 고레스를 자기 종으로 삼아, 바빌론으로 끌려갔던 주의 백성이 예루살렘으로 돌아오는 계기를 만드는 도구로 사용하셨다(사 44:28; 45:1; cf. 대하 36:22-23).

나아만은 매우 유능한 장군이었기에 시리아 왕의 총애를 한몸에 받고 있었으며, 많은 사람이 그를 존경했다(1절). 그런데 한 가지 문제가 있다. 그는 '문둥병'(מְצֹרָע)을 앓고 있다(1절). 이 히브리어 단어는 여러 가지 피부병들을 칭하는 말이다. 오늘날 우리가 문둥병으로 알고 있는 나병(Hansen's disease)도 여기에 포함되는 것으로 보는 사람들이 있는가 하면, 나병은 주후 1세기까지 가나안 지역에 퍼지지 않았다고 주장하는 사람도 있다. 그러나 지금까지 발굴된 고대 이집트의 미이라들 중 일부에서 문둥병이 발견되는 점을 감안하면, 가나안 지역에도 오래전부터 나병이 돌았을 것으로 추정된다.

가나안과 이집트 지역은 물이 귀하고, 먼지와 바람이 많은 곳이어서 각종 피부병이 성행했다. 나아만이 나병을 앓았는지, 아니면 다른 피부병을 앓았는지는 알 수 없다. 그러나 그가 정상적으로 업무를 수행하는 것으로 보아 비록 그 당시 의학으로는 고칠 수 없는 불치병을 앓고 있기는 하지만, 이때까지 일상생활을 못할 정도로 심각한 상태로 발전된 상황은 아니었던 것이 확실하다(Auld).

나아만의 집에는 이전에 군대를 일으켜 이스라엘에 원정을 갔을 때 노예로 잡아온 어린 소녀가 있었다(2절). 소녀는 나아만의 집안일을 하면서 당연히 바깥주인의 옷을 빨게 되었고, 피와 살이 묻어 나오는 빨래를 보며 나아만이 문둥병을 앓고 있다는 사실을 알게 되었다. 그녀는 안주인인 나아만의 아내를 찾아가 사마리아에 나아만의 병을 고칠 수 있는 선지자가 있다고 말했다. 이 이름 모를 소녀의 믿음이 참으로 대단하다. 소녀는 엘리사에 대해서 익히 알고 있었으며, 이 하나님의 사람을 생각하고 자기 주인에게 이런 말을 했다. 어떻게 생각하면 이 소녀는 자기가 섬기던 여호와 하나님이 자신을 보호해주지 않으셨기 때문에 이곳까지 잡혀왔다고 하나님을 원망하거나 신앙을 버릴 수도 있다. 그런 그녀가 타국인 시리아에서까지 여호와와 그의 종의 능력을 찬양하는 것을 보면 참으로 좋은 믿음을 소유했다고 할 수 있다.

저자는 나아만과 이 소녀를 극적으로 대조하고 있다(Long). 나아만은 시리아 사람이었고, 소녀는 잡혀온 이스라엘 사람이었다. 나아만은 위대한 용사(גִּבּוֹר חָיִל)였고, 그녀는 어린 소녀(נַעֲרָה קְטַנָּה)였다. 소녀는 포로로 잡혀온 종이었고, 나아만은 그녀를 잡아온 사람이었다. 나아만은 왕이 아끼는 유명한 사람이었고, 그녀는 나아만의 아내의 시중을 드는 이름도 알려지지 않은 보잘것없는 종이었다. 그러나 소녀는 나아만을 치유할 수 있는 지식을 가지고 있다. 성경에는 히브리 노예/포로들이 이방의 유력한 자들에게 도움을 주는 일들이 몇 가지 기록되어 있다. 요셉이 바로를, 다니엘이 느부갓네살과 벨사살을 겸손케 한 일들이 대표적인 예이다.

병이 계속 악화되어가는 것에 대한 극도의 불안감에서인지, 아니면 물에 빠진 사람이 지푸라기라도 잡고 싶어하는 심정에서인지, 나아만은 곧장 시리아의 왕에게 보고하고는 이스라엘 방문을 허락받았다(5절). 소녀의 믿음도 대단하지만, 적국(敵國)까지 가서라도 자기 병을 고쳐보겠다는 나아만의 용기와 결단도 경이롭다. 시리아의 왕이 나아만에게 편지를 써주며 이스라엘 왕에게 보내는 것과 이스라엘 왕의 반응으로 보아, 이스라엘은 이때 시리아의 속국 아니면 외교적으로 상당히 억눌려 있었던 것이 확실하다.

V. 엘리사의 사역(2:1-13:25)
B. 엘리사의 기적(4:1-6:23)
6. 나아만의 문둥병(5:1-27)

(2) 나아만이 엘리사를 찾음(5:5b-9)

5b 나아만이 곧 떠날새 은 십 달란트와 금 육천 개와 의복 열 벌을 가지고 가
서 6 이스라엘 왕에게 그 글을 전하니 일렀으되 내가 내 신하 나아만을 당신
에게 보내오니 이 글이 당신에게 이르거든 당신은 그의 나병을 고쳐 주소서
하였더라 7 이스라엘 왕이 그 글을 읽고 자기 옷을 찢으며 이르되 내가 사람
을 죽이고 살리는 하나님이냐 그가 어찌하여 사람을 내게로 보내 그의 나병
을 고치라 하느냐 너희는 깊이 생각하고 저 왕이 틈을 타서 나와 더불어 시
비하려 함인줄 알라 하니라 8 하나님의 사람 엘리사가 이스라엘 왕이 자기의
옷을 찢었다 함을 듣고 왕에게 보내 이르되 왕이 어찌하여 옷을 찢었나이까
그 사람을 내게로 오게 하소서 그가 이스라엘 중에 선지자가 있는 줄을 알
리이다 하니라 9 나아만이 이에 말들과 병거들을 거느리고 이르러 엘리사의
집 문에 서니

나아만은 시리아 왕의 소개 편지와 많은 선물을 가지고 이스라엘 왕을 찾았다. 은 10달란트와 금 6천 개면 상상을 초월하는 금액이다. 은

10달란트면 최소 300킬로그램, 최대 600킬로그램에 달한다(Sweeney). 금 한 개가 한 세겔(11.5g)이었으니 6천 개는 6천 세겔, 69킬로그램 정도 된다(Sweeney, cf. NIV, TNK, NAS, NRS). 오늘날도 그렇지만 당시에는 상상할 수 없을 정도로 거액의 금과 은이다. 나아만은 이같이 엄청난 값을 치러서라도 완치되고 싶었고, 그를 아끼는 시리아 왕 역시 이 같은 거액을 지불해서라도 자기 장군을 살리고 싶었다. 이렇게 나아만의 치유는 그를 치유할 수 있는 선지자에 대한 여자아이의 정보, 치유를 간절히 열망하는 나아만, 부하를 위해서 아낌없이 투자하는 시리아 왕의 삼중주가 여호와 라파를 감동시킨 결과이다.

그러나 나아만이 가지고 온 시리아 왕의 편지를 읽고 난 이스라엘 왕은 옷을 찢으며 당혹해 했다. 시리아 왕이 이스라엘을 침략할 빌미를 찾기 위해서 트집을 잡고 있다고 생각했기 때문이다(7절). 이때 이스라엘의 왕이 여호람(요람)이었는데(3:1) 그는 아버지 아합 같지는 않았지만, 그래도 온전한 믿음을 가진 사람은 아니었다. 그러니 그가 시리아 왕의 편지를 받아 들고 "내가 사람을 죽이고 살리는 하나님이냐 그가 어찌하여 사람을 내게로 보내 그의 나병을 고치라 하느냐"라고 분노하는 것은 당연한 일이다. 그는 자기가 다스리는 이스라엘에 거하시는 여호와 하나님과 하나님의 사람 엘리사를 의식할만한 믿음이 없는 사람이다. 그러므로 여호와와 엘리사를 배제하고 시리아 왕의 편지를 읽으면, 이 편지는 분명 외교적 꼬투리를 잡기 위한 수단에 불과하다. 여호람은 자신이 하는 말의 의미를 곱씹어볼 필요가 있다. 그는 분명 "하나님은 나아만의 병을 고칠 수 있다"라고 선언하고 있다. 그런데 왜 자기는 이런 하나님을 믿기를 거부하고 있을까? 안타까운 일이다.

이 이야기에서 우리는 그 당시 각 종교의 선지자들과 왕들이 밀접한 관계를 유지하고 있었다는 사실을 감지할 수 있다. 시리아의 왕이 선지자에 대한 특별한 설명 없이 이스라엘 왕에게 나아만을 보내어 그를 고쳐달라고 하는 것은, 예언자들이 왕들의 녹을 먹고 그들의 통제 아래에 있었던 것을 전제한다. 시리아 왕은 자신이 거느리고 있는 선지자들과 달리 이스라엘의 참 선지자들은 돈을 위해서 일하지 않으며, 왕이 주는 사례비로 생활하지 않고, 심지어는 왕이 그들을 통제할 수 없다는 것을 모르고 있다(cf. House).

여호람 왕은 예전에 여호사밧과 함께 모압을 치러 갔을 때 엘리사의 능력을 직접 목격한 적이 있다. 그러나 그는 벌써 엘리사를 잊었거나, 아직도 그를 무시하고 있는 듯하다. 시리아로 잡혀간 소녀는 선지자의 능력을 보았는데, 정작 여호와의 권위를 위임 받아 이스라엘을 다스리는 왕은 하나님의 능력을 보지 못하거나 무시한다(Seow). 그래서 왕은 이 문제를 해결하는 방안으로 엘리사를 떠올리지 못한다.

왕이 옷을 찢으며 난감해하고 있다는 소식을 들은 엘리사는 왕에게 사람을 보내 나아만을 자기에게 보내라고 한다. 이때 엘리사는 선지자 생도들과 함께 길갈에 머물고 있었던 것으로 생각된다(Hobbs, Konkel, cf. 4:38). 이스라엘에 그를 치료할 수 있는 여호와의 선지자가 있음을 보여주겠다는 것이다(8절). 또한 이미 하나님의 축복을 경험한 나아만(1절)이 주님을 찾아왔는데 하나님이 빈손으로 돌려보내실 리 없다. 이윽고 나아만이 군사들과 함께 선물을 가지고 엘리사의 집을 찾았다. 그는 지금 자신의 위상을 과시하려는 듯 화려한 차림으로 많은 부하들을 거느리고 선지자를 찾고 있다. 나아만은 엘리사가 나와서 양탄자라도 깔고 성대하게 맞이해 줄 것을 기대하고 있다.

V. 엘리사의 사역(2:1-13:25)
B. 엘리사의 기적(4:1-6:23)
6. 나아만의 문둥병(5:1-27)

(3) 엘리사의 처방과 나아만의 완쾌(5:10-14)

10 엘리사가 사자를 그에게 보내 이르되 너는 가서 요단강에 몸을 일곱 번

씻으라 네 살이 회복되어 깨끗하리라 하는지라 11 나아만이 노하여 물러가며
이르되 내 생각에는 그가 내게로 나와 서서 그의 하나님 여호와의 이름을
부르고 그의 손을 그 부위 위에 흔들어 나병을 고칠까 하였도다 12 다메섹 강
아마나와 바르발은 이스라엘 모든 강물보다 낫지 아니하냐 내가 거기서 몸
을 씻으면 깨끗하게 되지 아니하랴 하고 몸을 돌려 분노하여 떠나니 13 그의
종들이 나아와서 말하여 이르되 내 아버지여 선지자가 당신에게 큰 일을 행
하라 말하였더면 행하지 아니하였으리이까 하물며 당신에게 이르기를 씻어
깨끗하게 하라 함이리이까 하니 14 나아만이 이에 내려가서 하나님의 사람의
말대로 요단강에 일곱 번 몸을 잠그니 그의 살이 어린 아이의 살 같이 회복
되어 깨끗하게 되었더라

나아만의 기대와는 달리 엘리사는 그를 만나주지도 않고, 요단 강에 가서 일곱 번 씻으면 나을 것이라고 했다. 엘리사의 처방은 문둥병자를 정결하게 하는 율법과 비슷하다(Patterson & Austel, cf. 레 14:7-9). 제사장이 문둥병자에게 일곱 번 물을 뿌리듯 엘리사는 나아만에게 일곱 번 요단 강물에 몸을 담그라고 한다. 여러 가지 부정을 정결하게 하는 절차를 정의하고 있는 레위기 13-14장에는 숫자 '7'을 중심으로 한 예식으로 가득하다.

나아만은 대(大)시리아의 군대 장관인 자신를 엘리사가 특별하게 맞이하고 대해 주기를 바랐다. 그러나 엘리사는 그를 특별하게 대접하기를 거부한다. 나아만이나 다른 사람이나 하나님 보시기에 별반 다르지 않으며 하나님의 도움이 필요하기는 마찬가지이기 때문이다. 하나님 앞에서는 신분의 귀천에 상관없이 모두 주님의 은총이 필요한 연약한 자들이다. 또한 엘리사가 그를 아예 만나지도 않으며 하나님의 처방만을 알려 준 것은 나아만의 화려한 등장과 기대를 생각할 때, 겸손과 믿음을 요구하는 적절한 처방이었다(Gray). 하나님은 나아만을 치료하시기 전에 그에게 마지막으로 겸손의 시험을 치르게 하신 것이다. 더 나

아가 엘리사가 나아만을 만나지 않고 처방만 내린 것은 하나님의 치유 능력이 무한함을 전제한다(cf. Sweeney). 하나님은 상처를 보시지도 않고 치료하시는 분인 것이다.

이 같은 사실을 깨닫지 못한 나아만은 자존심이 상했다(Jones). 강물이라면 그가 사는 다마스쿠스에도 요단 강보다 훨씬 크고 좋은 아마나 강, 바르발 강물이 있지 않은가!(12절) 그래서 나아만은 화를 내며 본국으로 되돌아가려 했다. 하나님이 그에게 내리신 마지막 겸손 시험에서 낙제하게 될 위기를 맞게 된 것이다. 만일 그가 본국으로 돌아가면, 여종이 무사할 리 없다. 더 나아가 분명 큰 군대를 데리고 다시 이스라엘을 칠 것이다. 여호람 왕과 엘리사 선지자가 그를 농락했다는 것이 전쟁의 명분이 될 것이다. 나아만 사건이 단순히 개인 문제가 아니라 국제적인 문제로 비화될 조짐을 보이고 있다. 이스라엘은 다시 큰 위기를 맞이할 상황에 처해 있는 것이다. 그때 하나님은 나아만 장군의 부하들을 통해 그에게 지혜와 사리판단력을 일깨워 주셨다. 그들이 화가 난 나아만을 달래고 나선 것이다. "더한 일을 하라고 하였다면, 하지 않았겠습니까? 한번 해보십시오. 손해 볼 것 없지 않습니까?"(13절) 엘리사가 자기를 무시했다는 이유 하나만으로 분개한 나아만이 이성을 되찾고 생각해보니 부하들의 판단이 현명했다. 나아만은 이스라엘에서 잡혀온 어린 여종의 말을 듣고 이곳까지 왔다. 이번에는 그의 종들이 그를 구했다. 중요한 것은 나아만은 하찮은 부하들의 말도 귀담아 들을 정도로 상식적이고 이성적인 사람이었다는 사실이다(cf. Long). 하나님의 구원이 때로는 들을 귀가 있는 자에게 임한다.

나아만의 부하들 말이 전적으로 옳다. 만일 엘리사가 나아만에게 만약 "당신의 병은 심각하니 심각한 처방이 필요합니다. 먼저 20일 동안 먹지도 말고 마시지도 말고 주야로 뛰어서 시내 산으로 가십시오. 정상에 오르면 거기서 동쪽을 향해서 50시간 동안 물구나무서기를 하십시오. 그리고 나서 곧장 홍해 바다로 가서 1시간 동안 잠수하십시오.

잠깐이라도 물 위로 올라오면 안됩니다!"라고 말했다면, 엄두가 나지 않더라도 나아만은 해보려고 했을 것이다. 왜냐하면 그가 생각하기에도 자신이 앓고 있는 병이 매우 심각하기 때문에 그 병을 고치는 것도 그만큼 어려울 것이라고 생각하기 때문이다.

자신의 병이 이처럼 매우 심각하기 때문에 매우 특별한 처방이 있어야 한다고 생각하는 나아만은 엘리사가 제시하는 해결책(요단 강에 가서 일곱 번 씻으라)은 너무 간단해서 믿기지가 않을 뿐만 아니라, 해결책이 될 수 없다고 단정지었다. 이처럼 나아만이 자기 성질에 못 이겨 이성을 잃고 있을 때, 그의 부하들이 지혜로운 통찰력으로 그를 진정시키고 다시 합리적으로 생각할 수 있게 해주었다. 나아만은 그들의 말이 옳다고 생각해서 그대로 했다. 그랬더니 정말 선지자가 말한 대로 피부가 완전히 나았다! 나아만이 자기 주변에 이처럼 지혜로 그를 깨우쳐줄 부하들을 둔 것도 하나님의 축복이며, 나아만이 그들의 말을 듣고 화를 멈추고 치료를 받겠다고 결단한 것도 하나님의 축복이다. 이 날의 일은 모두 하나님이 하신 일이며 하나님의 구원이 이방인에게 임하는 역사적인 순간이기도 하다.

V. 엘리사의 사역(2:1-13:25)
B. 엘리사의 기적(4:1-6:23)
6. 나아만의 문둥병(5:1-27)

(4) 나아만이 엘리사를 다시 찾음(5:15-19a)

[15] 나아만이 모든 군대와 함께 하나님의 사람에게로 도로 와서 그의 앞에 서
서 이르되 내가 이제 이스라엘 외에는 온 천하에 신이 없는 줄을 아나이다
청하건대 당신의 종에게서 예물을 받으소서 하니 [16] 이르되 내가 섬기는 여
호와께서 살아 계심을 두고 맹세하노니 내가 그 앞에서 받지 아니하리라 하
였더라 나아만이 받으라고 강권하되 그가 거절하니라 [17] 나아만이 이르되 그

러면 청하건대 노새 두 마리에 실을 흙을 당신의 종에게 주소서 이제부터는 종이 번제물과 다른 희생제사를 여호와 외 다른 신에게는 드리지 아니하고 다만 여호와께 드리겠나이다 [18] 오직 한 가지 일이 있사오니 여호와께서 당신의 종을 용서하시기를 원하나이다 곧 내 주인께서 림몬의 신당에 들어가 거기서 경배하며 그가 내 손을 의지하시매 내가 림몬의 신당에서 몸을 굽히오니 내가 림몬의 신당에서 몸을 굽힐 때에 여호와께서 이 일에 대하여 당신의 종을 용서하시기를 원하나이다 하니 [19a] 엘리사가 이르되 너는 평안히 가라 하니라

요단 강에서 병이 완치된 나아만은 부하들을 이끌고 다시 엘리사에게 돌아와서 하나님의 선지자 앞에 섰다(עמד)(15절). 전에는 선지자가 자기 앞에 서 있기를(עמד) 기대했는데(11절), 엘리사는 종을 통해서 처방을 내릴 뿐 직접 나타나지 않았다. 나아만이 치유를 받고 돌아와서는 오히려 선지자 앞에 서 있다. 이번에는 엘리사가 요단 강에서 돌아온 그를 직접 만나준다. 그가 하나님이 주신 마지막 순종 시험에 합격했기 때문이다.

나아만은 마음 깊은 곳에서부터 우러나는 신앙의 고백을 했다. "내가 이제 이스라엘 외에는 온 천하에 신이 없는 줄을 아나이다"(15절). 나아만은 여호와를 "엘리사의 하나님"(11절)이라고 불렀는데, 이번에는 자기 스스로가 하나님의 위대하심을 직접 찬양한다. 어느덧 여호와는 더 이상 엘리사의 하나님이 아니라, 나아만의 하나님이 되신 것이다. 나아만의 고백은 이 이야기의 가장 중요한 테마이며, 이미 엘리사가 8절에서 했던 말과 맥을 같이한다(Hobbs). 또한 이 말은 여호와의 활동 범위가 이스라엘로 제한되어 있는 것이 아니며, 이스라엘의 하나님 여호와만이 참 신이시고 자기 나라 시리아를 포함한 나머지 나라들의 신들은 모두 거짓이라는 단호한 선언이기도 하다.

이스라엘 사람들은 여호와께 등을 돌리고 있는 상황에서 나아만은 진정한 성도의 고백을 하고 있다. 나아만이 대표하고 있는 열방은 이스라엘의 하나님이 얼마나 위대하고 능력이 있는 분인가를 안다. 불행하게도 여호와의 선민이라고 자칭하는 이스라엘은 하나님을 모른다. 나아만의 믿음이 이스라엘의 불신과 대조되며 빛나는 순간이다. 이런 차원에서 나아만의 고백은 본의 아니게 하나님께 등을 돌린 이스라엘을 책망하고 있다(House).

나아만은 엘리사에게 답례로 선물(בְּרָכָה)을 주고 싶어했다. 본문에서 "선물"로 번역된 히브리어 단어(בְּרָכָה)는 원래 "축복"을 뜻한다. 하나님의 치료를 "축복"으로 받은 그는 자기가 가진 모든 것을 하나님의 사람에게 "축복"으로 주고 싶은 것이다. 나아만은 집을 떠날 때 은 십 달란트와 금 육천 개, 옷 열 벌을 챙겨왔다(5절). 만일 엘리사가 원했다면 이 모든 것을 기꺼이 주었을 것이다. 그러나 엘리사는 하나님의 이름으로 맹세하면서 선물 받기를 거부했다. 참 선지자는 대가를 바라고 남을 치유하지 않는다. 선지자는 하나님의 살아계심과 위대하심을 증거하기 위해 사역한다. 엘리사는 이미 나아만의 입술을 통해 하나님의 위대하심에 대한 고백을 받아냈다(15절). 목적이 달성된 것이다. 그러므로 엘리사는 더 이상 아무것도 필요하지 않았다. 만일 엘리사에게 필요한 것이 있다면 그의 하나님 여호와께서 채워주실 것이다.

엘리사가 결코 뜻을 굽히지 않을 것을 깨달은 나아만이 엘리사에게 부탁한다. 나귀 두 마리에 실어갈 흙을 달라는 것이다. 이유인즉, 참 하나님을 알게 된 나아만은 본국에 돌아가도 오직 여호와만을 섬길 것이기 때문이다. 그렇다면 여호와를 섬기는 것과 흙은 무슨 상관이 있는가? 나아만이 번제와 희생제를 언급하고 있는 것으로 보아 엘리사가 주는 흙을 시리아로 가져가 여호와께 제단을 쌓겠다는 뜻이다(17절).

학자들에 의하면 거룩한 곳으로 여겨지는 지역의 흙을 다른 지역으로 옮겨가는 것은 고대 근동에서 흔히 찾아볼 수 있는 종교적 풍습이었다고 한다(Montgomery & Gehman). 당시 사람들은 신들이 각자 다스리는 나라/땅이 있는데, 만일 한 나라의 신이 자기가 사는 지역에도 임하기를 원하면, 그 땅의 흙을 옮겨다가 제단을 쌓으면 그 나라의 신이 다른 나라라 할지라도 이 흙으로 세운 제단에 임한다고 생각했다(Sweeney). 나아만은 자기가 익숙한 풍습에 따라 평생 여호와를 섬기겠다는 각오를 이런 방식으로 표현하고 있다.

앞으로 여호와만 섬기겠다고 굳게 각오한 나아만은 엘리사에게 한 가지 양해를 구했다. 자신이 시리아 왕의 부하로 있는 한, 경우에 따라서는 늙은 왕을 부축해서 왕이 섬기는 림몬의 신전에 가서 예배도 드려야 하는 경우가 생길 텐데, 그때 본의 아니게 우상에게 절을 하게 되면 여호와께서 이 일을 문제 삼지 않았으면 좋겠다는 것이었다(18절). 상관을 섬기고 있다 보니 가지 않아도 될 자리를 가야 하고, 그러다 보면 본인의 뜻과 전혀 상관없이 우상에게 절하게 될 수 있다는 것이다. 그러나 이럴 때라도 그의 마음은 변함없이 오직 여호와만 바라볼 것이니 하나님이 진노하지 않으셨으면 한다는 바람이다. 정말 대단한 각오를 한 의지의 이방인 성도다. 엘리사는 그에게 "평안히 가라"(לֵךְ לְשָׁלוֹם)는 말로 답례했다(19절). 일부 주석가는 엘리사의 이러한 표현이 나아만의 부탁에 "예스"나 "노"를 하지 않고 애매하게 이야기를 끝내는 것이라고 하지만(Seow), 정황과 '평안'이라는 단어를 고려할 때, 그가 바라는 대로 하나님이 그런 일은 문제 삼지 않으실 것이라는 축복의 말이다(Konkel).

엘리사가 나아만이 구한 양해를 수용한 것은 종교적 다원주의를 지향하는 사회에서 살아가고 있는 오늘날의 크리스천들에게도 매우 중요한 의미를 지니고 있다. 때로는 직장일 때문에, 때로는 지위 때문에, 성도들은 자신들이 원하지 않는 곳에서 오해를 받을 수 있는 행동을 할 수도 있다. 이럴 때 우리는 손가락질하며 비난할 것이 아니라, 나아만의 이야기를 생각하며 좀더 관대하게 서로를 바라보았으면 좋겠다. 겉으로 드러난 것과 진심은 전혀 다를 수 있기 때문이다. 하나님은 마음의 중심을 보시는 분임을 우리는 기억해야 한다.

나아만 이야기는 구약에 간간히 등장하는 이방인들이 하나님의 구원의 날개 아래로 들어오는 테마의 맥을 잇고 있다. 라합(수 2:9-13), 기브온 사람들(수 9장), 룻(룻 1:16-18), 요나서의 사공들과 니느웨 사람들(욘 1:16; 3:6-10) 등이 이 테마의 주요 구성원들이다. 하나님은 이미 창세기 12:1-3을 통해 아브라함에게 이런 날이 임할 것을 선언하셨다. 이 예언이 예수 그리스도의 사역을 통해서 완벽하게 성취된다.

V. 엘리사의 사역(2:1-13:25)
B. 엘리사의 기적(4:1-6:23)
6. 나아만의 문둥병(5:1-27)

(5) 나아만의 문둥병이 게하시에게 옮겨감(5:19b-27)

19b 그가 엘리사를 떠나 조금 가니라 20 하나님의 사람 엘리사의 사환 게하시가 스스로 이르되 내 주인이 이 아람 사람 나아만에게 면하여 주고 그가 가지고 온 것을 그의 손에서 받지 아니하였도다 여호와께서 살아 계심을 두고 맹세하노니 내가 그를 쫓아가서 무엇이든지 그에게서 받으리라 하고 21 나아만의 뒤를 쫓아가니 나아만이 자기 뒤에 달려옴을 보고 수레에서 내려 맞이하여 이르되 평안이냐 하니 22 그가 이르되 평안하나이다 우리 주인께서 나를 보내시며 말씀하시기를 지금 선지자의 제자 중에 두 청년이 에브라임 산지에서부터 내게로 왔으니 청하건대 당신은 그들에게 은 한 달란트와 옷 두 벌을 주라 하시더이다 23 나아만이 이르되 바라건대 두 달란트를 받으라 하고 그를 강권하여 은 두 달란트를 두 전대에 넣어 매고 옷 두 벌을 아울러 두 사환에게 지우매 그들이 게하시 앞에서 지고 가니라 24 언덕에 이르러서는 게하시가 그 물건을 두 사환의 손에서 받아 집에 감추고 그들을 보내 가게 한 후 25 들어가 그의 주인 앞에 서니 엘리사가 이르되 게하시야 네가 어디서 오느냐 하니 대답하되 당신의 종이 아무데도 가지 아니하였나이다 하

니라 [26] 엘리사가 이르되 한 사람이 수레에서 내려 너를 맞이할 때에 내 마음이 함께 가지 아니하였느냐 지금이 어찌 은을 받으며 옷을 받으며 감람원이나 포도원이나 양이나 소나 남종이나 여종을 받을 때이냐 [27] 그러므로 나아만의 나병이 네게 들어 네 자손에게 미쳐 영원토록 이르리라 하니 게하시가 그 앞에서 물러나오매 나병이 발하여 눈같이 되었더라

문둥병에서 완치된 나아만은 엘리사에게 아무런 선물도 남기지 못하고 자기 집이 있는 시리아를 향해 떠났다. 엘리사의 사환 게하시는 엘리사가 나아만에게서 그 어떠한 선물도 받지 않은 것이 너무나도 안타까웠다. 엘리사는 처음부터 나아만을 하나님을 찾는 '내부인'(insider)으로 간주했다. 그러므로 선물을 받지 않았다. 반면에 게하시는 나아만이 하나님의 백성이 된 다음에도 '외부인'(outsider)으로 생각한다. 게하시가 나아만에 대해서 아직도 이런 생각을 가지고 있다는 것이 그가 나아만을 "아람 사람"(20절)이라고 부르는 데서 역력하게 드러난다(Seow). 그러므로 나아만을 외부인으로 취급하고 있는 게하시는 그가 떠나기 전에 한몫 챙겨야 한다고 생각한다. 혹시 게하시는 엘리사가 나아만의 선물을 받아 좋은 일에 써야 했다는 생각에 사로잡혀 있었을까? 그러나 나아만에게 얻은 물건을 숨기는 것을 보면 단순히 개인적인 욕심에서 비롯된 안타까운 일이었음을 알 수 있다.

게하시는 곧바로 나아만의 뒤를 쫓았다. 나아만이 길을 가다가 하나님의 사람 엘리사의 사환이 자기를 향해 급히 오는 모습을 보고 먼저 수레에서 내려 그를 맞이했다(21절). 예전 같으면 절대 수레에서 내리지 않았을 것이다. 이 순간 이스라엘을 처음 찾았을 때 교만했던(9-12절) 나아만의 모습은 온데간데없다. 그는 어느덧 감사하는 사람(15절), 하나님을 경외하는 사람(17절), 겸손한 사람(18절)이 되어 있다(Patterson & Austel). 게하시는 나아만에게 엘리사가 예언자 생도들을 위해서 은 한 달란트와 옷 두 벌을 얻어오라 했다고 거짓말을 했다. 엘리사가 선물 받기를 너무 단호하게 거절한 것에 대해서 못내 아쉬워하던 나아만은 너무 기뻐서 은을 한 달란트가 아닌 두 달란트를 주었다. 게하시의 거짓이 나아만의 자애로움과 강력한 대조를 이루고 있다(Seow).

게하시가 재물을 숨기고 집에 들어서자 엘리사가 기다리고 있었다. 엘리사는 "게하시야, 어디를 갔다 오는 길이냐?"라고 물었다. 내용을 보면 몰라서 묻는 것이 아니다. 죄를 짓고 돌아온 게하시에게 스스로 회개할 수 있는 기회를 주고 있는 것이다. 옛적에 범죄한 아담(창 3장)과 가인(창 4장)에게 하나님이 회개의 기회를 주기 위해서 질문하신 것처럼 말이다. 그러나 게하시는 아무 데도 가지 않았다고 거짓말했다. 게하시는 스스로 회개의 기회를 거부한 것이다. 옛적 아담과 가인이 그랬던 것처럼 말이다. 엘리사는 회개하지 않는 게하시에게 그와 후손들이 자손 대대로 나아만의 문둥병을 대신 앓게 될 것을 선언했다. 게하시가 한 거짓말이 또 다른 거짓말을 낳았고, 결국 거짓말한 죄가 이 같은 고통이 되어 그를 찾아왔다. 또한 원래 나아만이 엘리사에게 선물/축복(בְּרָכָה)으로(15절) 주려고 했던 것이 선지자의 축복/선물을 탐낸 게하시에게는 저주가 되었다(Seow). 남의 것을 탐한 죗값이다.

이야기가 끝이 나면서 한 사람은 순종을 통해 문둥병에서 나음을 얻어 집으로 돌아가고, 한 사람은 하나님을 두려워하지 않다가 문둥병을 얻는다. 이 이야기는 또한 하나님의 심판을 받게 된 한 이스라엘 사람과 여호와만이 참 하나님이라는 것을 깨닫게 된 한 이방인의 이야기이다. 게하시는 하나님에 대해서 나아만보다 훨씬 더 많은 것을 알고 있었다. 그러나 그의 경우 '신앙의 연륜'은 아무런 의미가 없었다. 지속된 궁핍함이 그를 이렇게 만든 것일까? 두 사람의 이야기는 "처음 된 자가 나중 되고, 나중 된 자가 처음 된다"는 예수님의 가르침을 생각나게 한다.

한 가지 이해가 가지 않는 것은 게하시의 행동이다. 그가 지금까지 엘리사 옆에서 엘리사의 사역과 능력에 대해 보고 들은 바가 많았을 것이다. 그래서 그는 엘리사가 어떤 능력을 가지고 있는지 잘 알았을 것이다. 그런데 그런 그가 엘리사를 속이려 든다. 게하시의 행동을 어떻게 이해해야 할까? 게하시는 물질에 눈이 멀어 영적인 것들을 포기한 사람이다. 그에게 하나님에 대한 통념/신조(belief)는 있었지만(20절), 믿음(faith)은 없었던 것이다(Provan). 게하시가 당시 이스라엘의 영적 상태를 상징하고 있는 것은 아닐까? 이스라엘은 하나님에 대한 지식은 어느 정도 지녔지만, 믿음은 전혀 없었다.

V. 엘리사의 사역(2:1-13:25)
B. 엘리사의 기적(4:1-6:23)

7. 물에 떠오른 도끼(6:1-7)

1 선지자의 제자들이 엘리사에게 이르되 보소서 우리가 당신과 함께 거주하는 이 곳이 우리에게는 좁으니 2 우리가 요단으로 가서 거기서 각각 한 재목을 가져다가 그 곳에 우리가 거주할 처소를 세우사이다 하니 엘리사가 이르되 가라 하는지라 3 그 하나가 이르되 청하건대 당신도 종들과 함께 하소서 하니 엘리사가 이르되 내가 가리라 하고 4 드디어 그들과 함께 가니라 무리가 요단에 이르러 나무를 베더니 5 한 사람이 나무를 벨 때에 쇠도끼가 물에 떨어진지라 이에 외쳐 이르되 아아, 내 주여 이는 빌려온 것이니이다 하니 6 하나님의 사람이 이르되 어디 빠졌느냐 하매 그 곳을 보이는지라 엘리사가 나뭇가지를 베어 물에 던져 쇠도끼를 떠오르게 하고 7 이르되 너는 그것을 집으라 하니 그 사람이 손을 내밀어 그것을 집으니라

이 이야기는 바로 앞에 기록된 나아만의 이야기와 한 가지 연관성을 지닌다. 두 이야기에서 요단 강이 중요한 역할을 하고 있다. 엘리사는 시리아 장군 나아만을 요단 강물로 치유하더니, 이번에는 그 요단 강물에 가라앉은 도끼를 건져낸다. 아마도 이러한 연관성 때문에 이 이야기가 나아만 이야기 바로 다음에 등장하는 듯하다(Seow). 이러한 연관성을 강조하기 위해 저자는 ו-연계형인 "그리고 그들이 말했다"(וַיֹּאמְרוּ)(1절)로 이 이야기를 시작한다(Sweeney). 하나님은 선지자를 통해 생명이 있는 사람(나아만)도, 생명이 없는 물건(쇠도끼)도 주관하시는 분이다.

엘리사가 길갈에서 선지자 수련생들과 함께 살고 있을 때 있었던 일이다(4:38-41). 엘리사를 스승으로 모시고 훈련하는 선지자 공동체가 날이 갈수록 커짐에 따라 더 넓은 터전이 필요했다. 엘리사 같은 참 선지자가 신학교를 연다면 사역을 꿈꾸는 사람이라면 누가 가지 않겠는가! 저자가 지금까지 선지자 수련생들에 대해서 제시한 정보들을 종합해보면 수련생들은 함께 먹고, 일하는 공동체를 형성하면서 동시에 각기 가족들과 함께 살았다(Wilson). 이들은 일종의 선지자 마을을 형성하면서 살았고, 어느덧 살 공간이 부족할 정도로 큰 공동체가 된 것이다.

더 넓은 생활 공간이 필요하다고 느낀 생도들이 요단 강 근처에서 나무를 베어다가 건물을 짓기로 했다. 그들이 목적지에 도착해서 나무를 자르다가 도끼를 요단 강물에 빠뜨렸다. 이 시대에는 철(鐵)이 많이 생산되지 않았기 때문에 도끼는 매우 비쌌으며 귀중품이었다(Hubbard). 당시 철이 상대적으로 귀하다 보니 주로 전쟁 무기를 생산하는 데만 사용되었다(Seow). 문제를 더 복잡하게 만든 것은 이 도끼가 빌려온 것이었다는 점이다. 그러므로 만일 이 도끼를 다시 찾지 못하면 가난한 생도들 중 누군가가 큰 빚을 질 수밖에 없는 상황이다. 오늘날의 신학생들처럼 옛적에 선지자 견습생들도 가난했다. 절박해진 생도들이 엘리사에게 도와달라고 소리쳤고, 엘리사는 그 도끼를 물에 뜨게 했다. 바로 앞 이야기에서 엘리사는 대단한 인물이라 할 수 있는 시리아 장군을 위해서 기적을 베푼다. 여기서는 가난한 선지자 견습생을 위해 기적을 베푼다. 하나님의 구원의 범위는 남녀노소, 신분과 빈부에 상관없이 모든 사람을 포용한다.

참으로 기이한 기적이다. 선지자가 기도했다고 해서 물에 가라앉은

쇳덩어리(도끼 대가리)가 떠오르다니! 한 주석가는 본문이 회고하고 있는 쇠도끼 기적은 아무런 의미가 없고 이런 어이없는 이야기가 성경에 있는 것이 오늘날 크리스천들을 창피하게 만든다고 한다(Nelson). 그러나 이미 언급한 것처럼 이 이야기는 하나님의 주권에 관한 이야기이다. 하나님은 살아있는 생명체(나아만)에서 생명이 없는 것(도끼)까지 지배하시는 분이라는 것이 이야기의 핵심 메시지이다. 세상의 모든 것이 주님의 주권 아래 있다는 것이다. 하나님이 또한 이 동화 같은 기적을 베푸시면서까지 바알과 아세라에게 마음을 주고 있는 이스라엘을 돌이키시려고 무던히도 애쓰고 계심을 증언한다. 그러므로 이 이야기는 우리가 창피를 느껴야 할 이야기도, 의미 없는 기적도 아니다. 안타깝게도 이스라엘은 이러한 하나님의 은혜와 그들에 대한 사랑을 깨달을 만한 믿음이 없었다. 엘리사의 이적 행진은 이렇게 이어진다.

V. 엘리사의 사역(2:1–13:25)
B. 엘리사의 기적(4:1–6:23)

8. 시리아군을 물리침(6:8–23)

**8 그 때에 아람 왕이 이스라엘과 더불어 싸우며 그의 신복들과 의논하여 이
르기를 우리가 아무데 아무데 진을 치리라 하였더니 9 하나님의 사람이 이스
라엘 왕에게 보내 이르되 왕은 삼가 아무 곳으로 지나가지 마소서 아람 사
람이 그 곳으로 나오나이다 하는지라 10 이스라엘 왕이 하나님의 사람이 자
기에게 말하여 경계한 곳으로 사람을 보내 방비하기가 한두 번이 아닌지라
11 이러므로 아람 왕의 마음이 불안하여 그 신복들을 불러 이르되 우리 중에
누가 이스라엘 왕과 내통하는 것을 내게 말하지 아니하느냐 하니 12 그 신복
중의 한 사람이 이르되 우리 주 왕이여 아니로소이다 오직 이스라엘 선지자
엘리사가 왕이 침실에서 하신 말씀을 이스라엘의 왕에게 고하나이다 하는
지라 13 왕이 이르되 너희는 가서 엘리사가 어디 있나 보라 내가 사람을 보**

내어 그를 잡으리라 왕에게 아뢰기를 이르되 보라 그가 도단에 있도다 하나
이다 [14] 왕이 이에 말과 병거와 많은 군사를 보내매 그들이 밤에 가서 그 성
읍을 에워쌌더라 [15] 하나님의 사람의 사환이 일찍이 일어나서 나가보니 군사
와 말과 병거가 성읍을 에워쌌는지라 그의 사환이 엘리사에게 말하되 아아,
내 주여 우리가 어찌하리이까 하니 [16] 대답하되 두려워하지 말라 우리와 함
께 한 자가 그들과 함께 한 자보다 많으니라 하고 [17] 기도하여 이르되 여호
와여 원하건대 그의 눈을 열어서 보게 하옵소서 하니 여호와께서 그 청년의
눈을 여시매 그가 보니 불말과 불병거가 산에 가득하여 엘리사를 둘렀더라
[18] 아람 사람이 엘리사에게 내려오매 엘리사가 여호와께 기도하여 이르되 원
하건대 저 무리의 눈을 어둡게 하옵소서 하매 엘리사의 말대로 그들의 눈을
어둡게 하신지라 [19] 엘리사가 그들에게 이르되 이는 그 길이 아니요 이는 그
성읍도 아니니 나를 따라 오라 내가 너희를 인도하여 너희가 찾는 사람에게
로 나아가리라 하고 그들을 인도하여 사마리아에 이르니라 [20] 사마리아에 들
어갈 때에 엘리사가 이르되 여호와여 이 무리의 눈을 열어서 보게 하옵소서
하니 여호와께서 그들의 눈을 여시매 그들이 보니 자기들이 사마리아 가운
데에 있더라 [21] 이스라엘 왕이 그들을 보고 엘리사에게 이르되 내 아버지여
내가 치리이까 내가 치리이까 하니 [22] 대답하되 치지 마소서 칼과 활로 사로
잡은 자인들 어찌 치리이까 떡과 물을 그들 앞에 두어 먹고 마시게 하고 그
들의 주인에게로 돌려보내소서 하는지라 [23] 왕이 위하여 음식을 많이 베풀고
그들이 먹고 마시매 놓아보내니 그들이 그들의 주인에게로 돌아가니라 이로
부터 아람 군사의 부대가 다시는 이스라엘 땅에 들어오지 못하니라

지금까지 소개된 엘리사의 기적들은 대체로 개인적/사적인 면모를 띠었다. 물론 세 왕을 도와준 이야기는 예외라 할 수 있다. 반면에 이 이야기는 엘리사를 국제 정치 무대에 올려놓는다. 이야기의 배경은 아합 시대 때부터 문제가 되어오고 있는 이스라엘과 시리아 사이의 갈등이다. 이 이야기는 또한 나아만 이야기와 연관성이 있기 때문에 나아

만 이야기를 이어 이곳에 등장하는 것으로 생각된다(Seow). 본문이 묘사하고 있는 전쟁에서 이스라엘이 싸우고 있는 나라가 시리아이며, 나아만은 시리아의 장군이었다. 이야기(8-23절)는 다음과 같은 구조를 지닌다(cf. Patterson & Austel).

A. 시리아 왕의 이스라엘 공격이 번번이 실패함(8-10절)
  B. 시리아 왕이 엘리사를 잡으려고 군대를 보냄(11-14절)
    C. 보지 못하는 엘리사의 사환이 하나님의 군대를 봄(15-17절)
    C′. 보지 못하는 시리아 군인들이 포위하고 있는 이스라엘 군대를 봄(19-20절)
  B′. 이스라엘 왕이 엘리사의 지시에 따라 시리아군을 환대함(21-22절)
A′. 시리아 왕이 다시는 이스라엘을 공격하지 않음(23절)

엘리사가 이스라엘 왕에게 사람을 보내 시리아 왕이 이스라엘과 전쟁을 하기 위해 장교들과 은밀히 세운 작전 계획을 낱낱이 알려 주었다. 하나님이 이같이 선지자를 통해 이스라엘에게 중요한 군사적 정보를 제공해 주시는 것은 아직도 여호와가 이스라엘의 왕이시며, 만일 이스라엘이 오직 주님만 바라본다면, 그 어떠한 나라도 이스라엘의 상대가 될 수 없음을 암시한다. 하나님이 적을 이기는 데 필요한 결정적인 정보를 선지자를 통해 이스라엘에게 알려 주실 것이기 때문이다. 이스라엘은 하나님만 바라보면 된다. 안타깝게도 이스라엘은 이러한 은혜를 경험하고도 이 사실을 깨닫지 못한다.

엘리사는 자신에게 그 자리에 없으면서도 마치 있는 것처럼 모든 것을 아는 능력이 있음을 이미 시사했던 적이 있다(5:26). 번번히 비밀이 새나가자 시리아 왕은 진상 조사에 나섰고 엘리사라는 이스라엘 선지자의 소행이라는 것을 알게 되었다(12절). 그래서 군사를 지휘해서 엘리사가 있다는 도단으로 가서 그를 잡아들이기로 결정했다. 시리아 왕은 엘리사 한 사람을 잡기 위해서 큰 규모의 무장한 군대를 보냈다(14절). 그는 엘리사가 선지자에 불과하지만 그에게는 큰 군대에 비교할만한 능력이 있음을 은연 중에 인정하는 듯하다. 도단(דֹּתָן)은 세겜 근처에 있는 곳으로 요셉이 이곳에서 형들에 의해 노예로 팔리기도 했다.

시리아 왕은 어리석다. 만일 엘리사가 그들이 가장 은밀한 곳에서 진행하는 작전 회의도 모두 엿듣고 있다면, 그를 잡으려는 이 계획을 선지자가 모를 리 없지 않은가! 그러므로 엘리사는 이미 그를 맞이할 계획을 세워 놓았을 것이다. 이 사실을 시리아 왕만 모르는 듯하다. 왕들은 결코 선지자들을 무력으로 침묵하게 할 수는 없다(House). 하나님이 허락하지 않으실 것이기 때문이다.

시리아 왕과 군사들은 밤새 도단 성을 포위했다. 아침에 엘리사의 시종(게하시?)이 밖에 나가보니 강한 군대가 말과 병거로 성읍을 포위하고 있었다. 깜짝 놀란 시종은 곧장 엘리사에게 이 사실을 보고했지만 엘리사는 전혀 흔들림 없이 전형적인 구원의 메시지로 그를 맞이했다. "두려워 말라"(אַל־תִּירָא)(16절).

엘리사는 그 이유로 쳐들어온 시리아군보다 그들을 보호하는 군대의 수가 더 많다는 점을 들었다. 물론 사환은 이해할 수 없는 말이다. 이윽고 엘리사가 하나님께 기도하자 사환은 그동안 볼 수 없었던 것을 보게 되었는데 수많은 불말과 불수레가 엘리사를 에워싸고 있는 광경이다. 불말과 불수레는 엘리야를 죽지 않고 하늘로 올라갈 때 나타났었다. 이제 이것들이 엘리사를 죽음에서 보호하고 있다.

사환의 눈을 뜨게 해서 볼 수 있게 해달라고 기도한 엘리사가 이번에는 시리아군들이 보지 못하게 해달라고 기도했다(18절). 하나님이 시리아군들의 눈을 멀게 하시자, 엘리사가 그들을 목적지로 데려다 준다며 도단에서 북쪽으로 약 20킬로미터 떨어진 사마리아 성 한가운데로 인도했다(ABD). 본문이 언급하고 있는 시리아군의 "눈멂"(blindness)은 실제로 눈이 보지 못하게 된 것이 아니라, 갈팡질팡하며 어찌할 바를 모르는 정신적인 혼돈으로 해석하는 것이 바람직하다(Keil, Hobbs, Patterson & Austel). 시리아 군인들이 정신을 차렸을 때는 이스라엘군이 그들을 완전히 포위하고 있는 상태였다. 그것도 적의 수도인 사마리아 성 한 가운데서 말이다. 이윽고 시리아 군인들이 눈이 뜨였고 자신들이 어떤 위기에 처해있는지 깨닫게 되었다.

엘리사는 이들을 단칼에 베어 버리겠다고 하는 이스라엘의 왕(여호람)에게 오히려 잔치를 베풀어 적군들을 극진히 대접해서 돌려보내라고 했다. 오래전에 아합이 시리아 왕 벤하닷을 살려주어 선지자의 규탄을 받은 적이 있었다(왕상 20:23-43). 이스라엘 왕들은 어느 때 원수에게 은혜를 베풀어야 하고, 어느 때 원수를 처형해야 하는가를 구분 못하는 사람들이다. 아무튼 엘리사의 지시에서 원수에게 복수하지 말고 오히려 사랑하라는 예수님의 가르침이 생각난다.

자신들은 죽은 목숨이라고 생각했던 시리아군은 돌아갔고 다시는 이스라엘 땅을 침략하지 않게 되었다(23절). 물론 영구적인 것이 아닌 몇 년 동안의 휴전을 뜻한다(24절). 원수를 사랑하라는 가르침이 효력을 발휘한 것이다. 저자는 또한 이 사건을 통해 여호와 하나님은 이스라엘 백성들의 필요를 채우실 뿐만 아니라 적군의 손에서 주의 백성을 보호하는 방패가 되시기도 한다는 점을 강조한다.

V. 엘리사의 사역(2:1-13:25)

C. 엘리사와 포위된 사마리아(6:24-7:20)

이 섹션은 엘리사 사이클의 이야기들 중 가장 자세하게 묘사된 사건이다. 본문에 기록한 사건은 지금까지 언급된 이스라엘-시리아 전쟁 이야기들과 맥을 같이한다. 반면에 다른 전쟁 이야기들에서와는 달리 엘리사는 본 내러티브에서 이렇다 할 기적을 행하지 않는다. 저자는 이 사건을 통해 하나님이 엘리사를 통해 어떻게 이스라엘을 일상생활에서뿐만 아니라 전쟁에서도 보호하셨는가를 드러내고자 한다. 이 이야기는 다음과 같은 구조를 지니고 있다.

A. 포위된 사마리아(6:24–33)
  B. 엘리사의 예언(7:1–2)
A'. 포위가 풀린 사마리아(7:3–11)
  B'. 엘리사의 예언 성취(7:12–20)

V. 엘리사의 사역(2:1–13:25)
  C. 엘리사와 포위된 사마리아(6:24–7:20)

1. 포위된 사마리아(6:24–33)

24 이 후에 아람 왕 벤하닷이 그의 온 군대를 모아 올라와서 사마리아를 에
워싸니 25 아람 사람이 사마리아를 에워싸므로 성중이 크게 주려서 나귀 머
리 하나에 은 팔십 세겔이요 비둘기 똥 사분의 일 갑에 은 다섯 세겔이라 하
니 26 이스라엘 왕이 성 위로 지나갈 때에 한 여인이 외쳐 이르되 나의 주 왕
이여 도우소서 27 왕이 이르되 여호와께서 너를 돕지 아니하시면 내가 무엇
으로 너를 도우랴 타작 마당으로 말미암아 하겠느냐 포도주 틀로 말미암아
하겠느냐 하니라 28 또 이르되 무슨 일이냐 하니 여인이 대답하되 이 여인이
내게 이르기를 네 아들을 내놓아라 우리가 오늘 먹고 내일은 내 아들을 먹자
하매 29 우리가 드디어 내 아들을 삶아 먹었더니 이튿날에 내가 그 여인에게
이르되 네 아들을 내놓아라 우리가 먹으리라 하나 그가 그의 아들을 숨겼나
이다 하는지라 30 왕이 그 여인의 말을 듣고 자기 옷을 찢으니라 그가 성 위
로 지나갈 때에 백성이 본즉 그의 속살에 굵은 베를 입었더라 31 왕이 이르되
사밧의 아들 엘리사의 머리가 오늘 그 몸에 붙어 있으면 하나님이 내게 벌 위

에 벌을 내리실지로다 하니라 32 그 때에 엘리사가 그의 집에 앉아 있고 장로
들이 그와 함께 앉아 있는데 왕이 자기 처소에서 사람을 보냈더니 그 사자
가 이르기 전에 엘리사가 장로들에게 이르되 너희는 이 살인한 자의 아들이
내 머리를 베려고 사람을 보내는 것을 보느냐 너희는 보다가 사자가 오거든
문을 닫고 문 안에 들이지 말라 그의 주인의 발소리가 그의 뒤에서 나지 아
니하느냐 하고 33 무리와 말을 할 때에 그 사자가 그에게 이르니라 왕이 이
르되 이 재앙이 여호와께로부터 나왔으니 어찌 더 여호와를 기다리리요

엘리사가 여호람에게 지시해서 시리아군을 위해 잔치를 베풀고 극진히 대접해서 돌려보낸 덕에 한동안은 이스라엘과 시리아 사이에 평화가 유지되었다(23절). 그러나 그것도 잠시, 시리아의 벤하닷(בֶּן־הֲדַד)이 다시 대군을 이끌고 이스라엘을 침략했다. 시리아 왕들 중 여러 명이 벤하닷이란 이름으로 등장하는 것으로 보아 이 이름은 매우 흔한 이름인 것으로 생각된다. 그러나 하사엘이란 자가 이 왕을 죽이고 자신의 이름으로 즉위하는 것으로 보아 왕호(throne name)는 아니었던 것이 확실하다(8:7-15). '하닷'은 시리아의 국가 신으로서 '태양'을 뜻했다. 그러므로 '벤하닷'은 '태양신의 아들[추종자]'이라는 뜻이다.

시리아의 이번 침략은 전의 것들과 성향이 달랐다. 전에는 이스라엘 영토에서 자신들이 원하는 성읍들과 지역들을 약탈했는데(6:8-10), 이번에는 다른 곳은 손을 대지 않고 오직 사마리아만 포위했다(Gray). 사마리아의 포위가 얼마나 효율적이었는지, 여호람은 전혀 대항하지 못하고 새장에 갇힌 새처럼 무력한 나날을 보낼 뿐이었다. 성안에 있는 사람들의 고충도 이루 말할 수 없는 수위에 도달했다. 사마리아 성안에 음식이 얼마나 귀했는지 갇혀 있는 사람들은 평소에는 거들떠보지도 않았던 나귀 머리 하나에 은 80세겔을 지불했고, "합분태"(דִּבְיוֹנִים, 개역) 4분의 1갑에 은 5세겔을 지불해야 했다. 유태인들의 전승에 따르면 한 갑(קַב)은 2리터 정도라고 한다(HALOT). 그러므로 4분의 1갑은 500

밀리리터(ml) 정도 되는 양이다(cf. Sweeney).

그런데 개역 성경의 합분태가 무엇인가? 이 단어는 여간한 국어 사전에는 나오지 않는다. '합분'(鴿糞)은 '비둘기 똥'을 일컫는 한자어다. 여기에 '태'(太)를 더해서 '비둘기 똥으로 만든 콩', '비둘기 똥만한 크기의 콩', 혹은 '비둘기 똥같이 생긴 콩'이라는 애매모호한 상상을 초래했다(cf. Sweeney, HALOT). 사마리아 성에 갇힌 사람들이 비둘기 똥을 먹었을까? 매우 어려운 상황에 처한 사람들이 자신이 눈 대변을 먹고 소변을 마시는 예가 있기는 하다(18:27). 그리고 잠시 후에 소개될 이야기에 의하면 자식까지 잡아먹을 수도 있다(cf. 신 28:56-57; 겔 5:10; 애 2:20; 4:10). 그러므로 굳이 비둘기의 똥이라고 마다하지 않았을 것이다. 그러나 아직까지 밝혀진 고대 근동의 기록들을 보면 어떠한 정황에서도 사람이 비둘기 똥을 먹었다는 언급은 없다. 특히 비둘기 똥이 본문이 말하는 것처럼 비싼 가격에 팔리는 것을 설명하기는 쉽지 않다. 그래서 일부 최근 번역본들은 이 단어를 콩(seed pods, NIV)으로 번역한다(cf. Konkel). 합분태를 '비둘기 똥처럼 생긴 콩'으로 이해하는 것이 바람직하다. 사마리아 성안에 있는 식량이 동이나 콩 2분의 1리터가 은 5세겔에 팔리고 있다.

이스라엘 왕 여호람이 새장에 갇힌 새처럼 답답한 심정으로 포위된 성벽 위를 걷고 있을 때, 한 여인이 그에게 상소했다. 왕은 그 여인에게 어떠한 도움도 줄 수 없다고 먼저 선언한 후 그녀의 상소를 들었다(27절). 이야기를 들어보니 먹을 것이 없어서 다른 한 여인과 약속하기를 이 여인의 아이를 먼저 잡아먹고, 그 다음 함께 공모한 여인의 아이를 잡아먹기로 했다는 것이다. 그런데 이 여인의 아이를 잡아먹고 나서 다른 여인의 아이를 잡아먹을 때가 되었는데 그 여인이 아이 내놓기를 거부한다는 것이었다. 그러니 왕이 이 두 여인의 일을 중재해 달라는 상소였다! 여인의 상소는 그 당시 포위된 사마리아 성안에 얼마나 혹독한 굶주림이 만연했는지를 상상케 한다. 사마리아 주민들을 침략자들로부터 지켜주지 못했던 여호람이 이번에도 이 여인에게 어떠한 도움도 주지 못한다. 그러나 여호와께서 이 여인뿐만 아니라 온 사마리아에 도움을 주실 수 있는 분이다. 여호람이 하나님을 찾는 신앙을 가지고 있었다면 백성들이 이런 고생을 하지 않아도 되는데 말이다. 지도자가 잘못하면 그를 따르는 모든 사람이 고생한다.

비록 여인의 상소에 어떠한 도움을 줄 수 없지만 자신이 통치하는 영토에서 도저히 믿기지 않는 일이 일어나고 있음을 의식한 여호람이 옷을 찢으며 맹세한다. "엘리사가 오늘 죽지 않는다면, 하나님이 나에게 벌 위에 벌을 내리기를 원하노라!"(31절). 비록 그가 옛적에 아버지 아합이 여호와 앞에 근신하는 마음에서 베옷을 입은 것처럼(cf. 왕상 21:27) 평상시에 겉옷 속에 베옷을 입고 다녔지만(30절), 여인의 이야기가 그로 하여금 아버지의 겸손을 제쳐놓고 어머니 이세벨의 피에 굶주린 잔인성을 취하게 했다(Provan). 그런데 여호람이 왜 이 모든 재앙에 대해 엘리사를 탓하는 것일까? 전에 시리아군이 엘리사를 체포하려고 출동한 것처럼 이번에도 엘리사를 잡으려고 사마리아를 포위했기 때문일까?(cf. House). 그는 엘리사가 사마리아의 운명을 좌우하는 능력을 가지고 있는데도 아무런 힘을 쓰지 않는다고 믿고 있기 때문일까?(cf. Provan). 아니면 단순히 그의 아버지 아합이 엘리야를 제거하면 모든 문제가 해결된다고 믿은 것처럼 자신도 엘리사를 제거하면 이 모든 문제가 해결될 것이라고 생각하는 것일까? 어떠한 이유에서든 그는 엘리사에게 모든 책임을 전가하고 있다. 더 나아가 그는 여호와를 원망한다(33절). 이미 언급한 것처럼 여호람은 다신주의자이며(3:13), 그런 그가 하나님을 원망하는 것이 다소 이상하게 느껴진다. 자신의 잘못은 전혀 인정하지 않고 오직 남들만 원망하는 이 왕은 지도자로서 참으로 무책임한 사람이다.

여호람은 엘리사에게 저격수를 보냈다(32절). 자신도 저격수의 뒤를 따랐다. 그러나 엘리사는 이미 자신의 목을 노리는 전령과 그 뒤를 이어 여호람이 오고 있는 것을 알고는 그와 함께 있는 장로들/원로들(הַזְּקֵנִים)에게 문을 열어주지 말라고 했다. 이들은 사마리아 성의 유지들이었다(cf. 겔 20:1). 그렇다면 사마리아의 유지들이 왜 엘리사와 함께 있는가? 이들은 여호람 왕의 통치를 반대하는 자들이라고 해석하는 경우가 있고(Gray), 이들은 정치적인 입장과 상관없이 그냥 선지자를 존경하고 좋아해서 함께 있었다는 해석도 있다(Hobbs).

왕이 엘리사를 보고 "이 재앙이 여호와께로부터 나왔으니 어찌 더 여호와를 기다리리요"라고 소리친다(33절). 여기서 우리는 왜 여호람이 엘리사를 죽이려 했는가에 대한 실마리를 찾을 수 있다. 그는 여인의 상소를 통해 사마리아에 처한 모든 재앙이 여호와께로부터 왔다는 결론에 도달했다. 그러므로 그동안에는 여호와의 도움을 기다리며 베옷을 입고 근신했지만 더 이상은 그럴 필요가 없다고 생각했다. 아무리 기다려도 여호와는 그에게 도움을 주지 않으실 것이기 때문이다. 여호람은 여호와께서 자신을 죽이려고 이 재앙을 내리신 것이라고 확신하고 있다. 그러므로 이제는 더 이상 여호와를 기다리지 않을 것이며, 여호와의 선지자들도 모두 처형하겠다는 것이다. 엘리사가 그 목록의 우선순위에 올라있다. 그는 여호와 선지자들의 대부(大父)가 아닌가!

우리는 여호람의 믿음이 얼마나 형식적이고 좋은 것만을 바라는 엉터리인가를 보고 있다. 그가 여호와 앞에 근신하는 척하는 것은 하나님께 무언가를 얻어내기 위함이지 주님과의 관계를 회복하려는 영적 노력에 근거한 것이 아니다. 그래서 아무래도 안될 것 같으니까 아예 하나님과 담을 쌓으려고 한다. 또한 그의 '신학' 역시 큰 문제를 안고 있다. 만일 여호와께서 이 재앙을 자신들에게 내린 것이 확실하다면, 더욱더 그분 앞에 근신하며 매달려야 하건만 여호람은 오히려 더 멀리 가고 있다. 이게 이 어리석은 왕의 한계다.

V. 엘리사의 사역(2:1–13:25)
C. 엘리사와 포위된 사마리아(6:24–7:20)

2. 엘리사의 예언(7:1–2)

1 엘리사가 이르되 여호와의 말씀을 들을지어다 여호와께서 이르시되 내일
이맘때에 사마리아 성문에서 고운 밀가루 한 스아를 한 세겔로 매매하고 보
리 두 스아를 한 세겔로 매매하리라 하셨느니라 2 그 때에 왕이 그의 손에
의지하는 자 곧 한 장관이 하나님의 사람에게 대답하여 이르되 여호와께서
하늘에 창을 내신들 어찌 이런 일이 있으리요 하더라 엘리사가 이르되 네가
네 눈으로 보리라 그러나 그것을 먹지는 못하리라 하니라

여호람의 어리석은 말을 듣고 있던 엘리사가 왕에게 말했다. "내일 이맘때면 식량 문제가 완전히 해결될 것입니다"(1절). 여호람이 그동안 베옷을 입고 근신해 온 점을 감안할 때, 하나님이 좀더 일찍 해결책을 제시해 주시지 왜 지금까지 기다리신 것일까? 아마도 이 은혜는 여호람의 엉터리 믿음과 전혀 상관없이 하나님의 일방적인 은총으로 주어지는 것임을 강조하기 위해서일 것이다. 여호람은 하나님께 무엇을 얻어내기 위해 신앙생활을 하는 척했던 것이지, 결코 하나님과 관계에 관심이 있거나 진정한 믿음을 갖기 위해 그런 행동을 취한 것은 아니었다. 하나님은 결코 거짓 경건에 농락당하실 분이 아니다.

엘리사의 예언에 "못 믿겠다"라고 반론하는 사람이 있었다. 여호람을 따라온 부하 장관이었다. 그의 직위(שָׁלִישׁ)을 보면 마치 나아만이 시리아 왕이 가장 아끼는 장군이었던 것처럼, 이 사람도 여호람 왕에게 가장 귀한 고위 장관이었다(Hobbs). 지금 사마리아가 처해있는 정황을 고려할 때, 엘리사의 말은 도저히 실현성이 없다는 것이다. 그래서 그는 "여호와께서 하늘에 창을 내신들 어찌 이런 일이 있으리요?"라고 말한다(2절). 원래 '하늘의 창'이 열린다는 것은 비가 내린다는 의미인데, 이 이야기에서는 비가 이슈가 아니다(Sweeney). 하나님이 하늘 창고에 쌓여있는 음식을 내려주신다 해도 선지자가 예언하는 일은 일어나지 않을 것이라는 뜻이다. 지금 엘리사의 능력을 못 믿는 것이 아니라 하나님의 능력을 빈정대고 있다. 물론 바알같이 엉터리 신에게 평생을 바친 자의 입장에서 당연한 결론이다. 바알은 한 번도 이런 기적을 베푼 적이 없으며, 그의 편견으로는 여호와도 바알과 별로 다를 바가 없는 또 하나의 신이니 이런 말을 하는 것이다. 참으로 어이 없는 것은 이 사람은 왜 이처럼 무능한 바알을 이때까지 숭배해 왔을까? 무능한 신에게서 무엇을 얻고자 해서? 영적인 세계는 절대 논리와 이성만으로는 설명할 수 없는 부분이 있다.

이 군대 장관이 익숙해져 있는 무능한 바알과는 달리 이스라엘의 하나님은 어떤 분이신가? 여호와는 이집트에 열 재앙을 내려 이집트의 모든 신들의 항복을 받아내신 분이며, 먹을 것도 마실 것도 없는 광야에서 자기 백성 이스라엘을 40년 동안이나 먹이시고 입히신 분이다. 이런 능력의 하나님을 비방했으니 여호람 왕의 부하는 지금 긁어 부스럼을 만들고 있다. 그것도 자신이 감당할 수 없는 큰 부스럼을 만들었다.

괜히 여호람을 따라와 말 한마디 잘못했다가 목숨을 잃게 되었다. 엘리사가 그에게 죽음을 선포했기 때문이다. "네가 네 눈으로 보리라 그러나 그것을 먹지는 못하리라." 왕과 선지자의 대화에 참견했다가 이런 변을 당하게 됐다. 자신이 말해야 할 때과 침묵해야 할 때를 구분하는 것도 삶의 지혜이다. 아쉬운 것은 만일 이 장군이 지금이라도 하나님께 고개를 숙였다면 그의 형벌이 감소될 수 있었을 텐데 끝까지 곧은 목을 유지하다가 죽음을 맞이한다.

여호람이 여인의 상소를 듣고 좌절하고, 그의 부하가 현실을 보고 엘리사의 예언을 빈정댄 것은 그들의 눈이 어디를 보고 있는가 하는 문제이다. 이 두 사람은 한결같이 암울한 현실에서 눈을 떼지 못했다.

그들은 눈에 보이는 것이 현실의 실체이고 모든 것이라고 생각했다. 바알 숭배자들에게는 당연한 일이다. 바알은 한 번도 이적을 통해 그들의 삶에 개입한 적이 없기 때문이다. 그는 신이 아니라 인간이 만들어낸 관념에 불과하다. 선지자들이 말하는 것처럼 우상이 인간을 타락하게 하는 것이 아니라, 타락한 인간이 우상을 만들어낸다. 그러므로 장식용에 불과한 바알에 익숙해져 있는 자들이 여호와의 능력에 대해서 알 리 만무하다. 만일 그들이 바알을 버리고 여호와를 믿었다면, 현실에서 눈을 들어 여호와를 바라보았다면 이런 일은 없었을 것이다. 하나님의 보좌에 눈을 맞추는 자가 복 있는 사람이다.

V. 엘리사의 사역(2:1–13:25)
C. 엘리사와 포위된 사마리아(6:24–7:20)

3. 포위가 풀린 사마리아(7:3–11)

3 성문 어귀에 나병환자 네 사람이 있더니 그 친구에게 서로 말하되 우리가
어찌하여 여기 앉아서 죽기를 기다리랴 4 만일 우리가 성읍으로 가자고 말
한다면 성읍에는 굶주림이 있으니 우리가 거기서 죽을 것이요 만일 우리가
여기서 머무르면 역시 우리가 죽을 것이라 그런즉 우리가 가서 아람 군대에
게 항복하자 그들이 우리를 살려 두면 살 것이요 우리를 죽이면 죽을 것이
라 하고 5 아람 진으로 가려 하여 해 질 무렵에 일어나 아람 진영 끝에 이르
러서 본즉 그 곳에 한 사람도 없으니 6 이는 주께서 아람 군대로 병거 소리
와 말소리와 큰 군대의 소리를 듣게 하셨으므로 아람 사람이 서로 말하기를
이스라엘 왕이 우리를 치려 하여 헷 사람의 왕들과 애굽 왕들에게 값을 주
고 그들을 우리에게 오게 하였다 하고 7 해질 무렵에 일어나서 도망하되 그
장막과 말과 나귀를 버리고 진영을 그대로 두고 목숨을 위하여 도망하였음
이라 8 그 나병환자들이 진영 끝에 이르자 한 장막에 들어가서 먹고 마시고
거기서 은과 금과 의복을 가지고 가서 감추고 다시 와서 다른 장막에 들어

가 거기서도 가지고 가서 감추니라 [9] 나병환자들이 그 친구에게 서로 말하되 우리가 이렇게 해서는 아니되겠도다 오늘은 아름다운 소식이 있는 날이거늘 우리가 침묵하고 있도다 만일 밝은 아침까지 기다리면 벌이 우리에게 미칠 지니 이제 떠나 왕궁에 가서 알리자 하고 [10] 가서 성읍 문지기를 불러 그들에게 말하여 이르되 우리가 아람 진에 이르러서 보니 거기에 한 사람도 없고 사람의 소리도 없고 오직 말과 나귀만 매여 있고 장막들이 그대로 있더이다 하는지라 [11] 그가 문지기들을 부르매 그들이 왕궁에 있는 자에게 말하니

엘리사는 여호람과 그의 신하에게 다음날 엄청난 일이 일어나 식량 문제가 완전히 해결될 것을 선언했다. 이 예언이 과연 어떻게 현실화될까? 여호와의 구원은 전혀 예상하지 못한 방법으로 왔다. 하나님이 시리아군들에게 큰 군대의 진군 소리를 듣게 하신 것이다!(6절) 물론 사마리아에 갇혀있는 이스라엘 사람들의 귀에는 들리지 않았다. 시리아 사람들은 이스라엘이 이집트를 포함한 주변 민족들에게 요청한 용병들이 도착하는 소리인 줄 알고 기겁하며 도주했다. 얼마나 마음이 급했는지 모든 것을 놓아두고 몸만 빠져나갔다(7절). 음향 효과의 달인이신 하나님이 아마 무시무시한 군대의 진군 소리를 듣게 하신 것 같다. 시리아군이 남겨둔 모든 양식과 물건들은 전혀 싸워보지도 못한 이스라엘의 노획물이 된다.

이러한 사실을 사마리아에 알린 자들은 사회에서 버림받은 문둥병 환자들이었다(3절; 문둥병에 대해서는 5:1이후에 기록된 게하시 이야기를 참조하라). 하나님이 전혀 예상치 못한 방법으로 시리아 군대를 쫓으신 것처럼, 전혀 예상치 못한 방법으로 해방의 좋은 소식을 사마리아 사람들에게 알리셨다(Seow). 사마리아 성 입성이 허락되지 않아 성문 밖에서 기거하던 문둥병자들을 통해서 시리아군이 도망간 소식을 알리신 것이다(cf. 레 13:11, 46; 민 12:14-16).

귀족들을 포함한 사마리아의 모든 백성이 굶주리고 있으니 구걸해서

먹고 살던 이들에게는 더욱더 먹을 것이 있을 리가 없다. 그들은 최후의 결단을 내렸다. 시리아군 진영으로 가보자는 것이다. 만일 죽게 되더라도 굶어 죽으나 시리아 군인들에게 맞아 죽으나 죽기는 마찬가지며, 혹시라도 그들이 살려주고 먹을 것을 주면 지금보다는 훨씬 더 나은 일이라는 생각에서다(3-4절). 더 이상 잃을 것이 없는 사람들의 결단이었다. 아이러니한 것은 시리아의 문둥병자 나아만은 이스라엘을 상대로 많은 승리를 거두었는데, 이 문둥병자들은 이스라엘이 시리아 진영을 약탈하는 계기를 마련해주고 있다.

사생결단을 내린 문둥병자들은 사마리아를 떠나 시리아군 진영으로 갔다. 문둥병자들은 원래 성 밖의 성문 어귀에서 살며 구걸을 하는 것이 일반화되었기에 성을 떠나는 것은 전혀 어려운 일이 아니었다(cf. 레 13:46). 그런데 어찌된 일인지 시리아 군대의 막사들이 텅텅 비어 있고 한 사람도 없었다! 그들은 여호와께서 큰 군대의 소리로 시리아 군대를 쫓아내신 것을 모르고 있었다. 시리아 군인들은 이스라엘 왕이 헷 족속과 이집트의 지원을 받아 대군을 이끌고 전쟁터에 도착한 것으로 생각했다(6절). 시리아 군인들은 얼마나 두려웠던지 도망가는 데 도움을 줄 수 있는 말과 나귀도 버리고, 진영을 그대로 두고 몸만 빠져나갔다(7절). 문둥병자들이 시리아 진을 찾아간 때가 황혼 무렵이고(5절), 시리아 사람들이 허둥지둥 진을 버리고 도망치기 시작한 것이 황혼녘이라는 점을 감안해서(7절) 이 네 명의 문둥병자들이 시리아 군인들에게는 거대한 군대로 보였던 것으로 해석하는 주석가도 있다(Provan). 재미있는 해석이지만, 큰 설득력이 있어 보이지는 않는다. 이 일은 하나님이 기적을 베푸신 것이다.

문둥병자들은 처음에는 의심을 가지고 조심스레 살펴보았지만, 그 어디에도 시리아군이 없다는 것을 알고 여기저기 들어가 약탈하고 먹고 마시기 시작했다(8절). 문둥병자들이 실컷 먹고 마시는 것은 여인들이 먹을 것이 없어서 아이를 먹었던 사건(6:24-33)과 명백한 대조를 이룬다(Long). 한참 먹고 마시고 은과 금과 의복을 감추고 나니 양심의 음성이 들렸다. 이 좋은 일을 자신들만 누린다면 이 일을 행하신 하나님의 저주가 내릴 것이라는 생각이 들었다(9절). 그래서 그들은 사마리아 성으로 돌아와 성 문지기들에게 이 소식을 전했다(10-11절). 지혜로운 결정이다. 여호와께서 온 사마리아 사람들을 살리기 위해서 이런 기적을 행하셨는데, 그들만 먹고 즐기면 하나님의 심판을 피할 수 없는 것은 당연한 일이다. 기쁨과 즐거움, 특히 하나님께로부터 비롯된 축복을 함께 나누어야 한다.

사마리아 성 사람들은 구원의 소식을 그들이 무시하고 천대한 소외된 자들에게 듣고 있다! 하나님은 이처럼 세상의 어리석음과 연약함을 들어 세상의 지혜와 강함을 겸손케 하시는 분이다. 그 누가 사마리아를 구원하는 복음이 문둥병 환자들을 통해 온 성에 선포될 것을 상상이나 했을까! 훗날 하나님은 예수님의 복음이 가장 가난하고 소외된 자들에게 먼저 선포되도록 하셨다. 하나님은 이처럼 연약한 자들도 돌보시고 사용하시는 분이다. 그러므로 하나님의 일을 하고자 하는 우리에게 가장 중요한 것은 우리가 하나님의 손에 사로잡혀 사용되느냐이지, 우리에게 하나님의 일을 할 능력이 있는가가 아니다. 하나님은 능력(ability)을 지닌 종보다 준비된(available) 종을 원하신다.

V. 엘리사의 사역(2:1-13:25)
C. 엘리사와 포위된 사마리아(6:24-7:20)

4. 엘리사의 예언 성취(7:12-20)

12 왕이 밤에 일어나 그의 신복들에게 이르되 아람 사람이 우리에게 행한 것을 내가 너희에게 알게 하노니 그들이 우리가 주린 것을 알고 있으므로 그 진영을 떠나서 들에 매복하고 스스로 이르기를 그들이 성읍에서 나오거든 우리가 사로잡고 성읍에 들어가겠다 한 것이니라 하니 13 그의 신하 중 한 사

**람이 대답하여 이르되 청하건대 아직 성중에 남아 있는 말 다섯 마리를 취
하고 사람을 보내 정탐하게 하소서 그들이 성중에 남아 있는 이스라엘 온
무리 곧 멸망한 이스라엘 온 무리와 같으니이다 하고 14 그들이 병거 둘과 그
말들을 취한지라 왕이 아람 군대 뒤로 보내며 가서 정탐하라 하였더니 15 그
들이 그들의 뒤를 따라 요단에 이른즉 아람 사람이 급히 도망하느라고 버린
의복과 병기가 길에 가득하였더라 사자가 돌아와서 왕에게 알리니 16 백성들
이 나가서 아람 사람의 진영을 노략한지라 이에 고운 밀가루 한 스아에 한
세겔이 되고 보리 두 스아가 한 세겔이 되니 여호와의 말씀과 같이 되었고 17
왕이 그의 손에 의지하였던 그의 장관을 세워 성문을 지키게 하였더니 백성
이 성문에서 그를 밟으매 하나님의 사람의 말대로 죽었으니 곧 왕이 내려왔
을 때에 그가 말한 대로라 18 하나님의 사람이 왕에게 말한 바와 같으니 이
르기를 내일 이맘 때에 사마리아 성문에서 보리 두 스아를 한 세겔로 매매
하고 고운 밀가루 한 스아를 한 세겔로 매매하리라 한즉 19 그 때에 이 장관
이 하나님의 사람에게 대답하여 이르되 여호와께서 하늘에 창을 내신들 어
찌 이 일이 있으랴 하매 대답하기를 네가 네 눈으로 보리라 그러나 그것을
먹지는 못하리라 하였더니 20 그의 장관에게 그대로 이루어졌으니 곧 백성이
성문에서 그를 밟으매 죽었더라**

문둥병 환자들의 보고를 들은 성문 문지기들은 기뻐 소리치며 왕에게 이 사실을 보고했다(11절). 그러나 왕은 신중이라는 명분 아래 쉽게 움직이려 하지 않았다. 분명히 시리아 사람들의 계략이라는 것이다(12절). 여호람이 옛적에 여호수아가 아이 성을 공략하면서 사용했던 전술을 기억했던 것일까?(Wiseman, cf. 수 8:3–28) 너무 똑똑해도 이렇다! 복음이 선포되면 순수하게 받는 것이 아니라 의심만 한다! 게다가 전날 엘리사가 이렇게 될 것이라고 분명히 예언하지 않았는가? 이 왕에게 믿음이란 찾아볼 수가 없다. 그는 철저하게 하나님과 선지자를 불신하는 사람이다.

보다 못한 신하가 문둥병 환자들과 같은 논리를 펼쳤다. 이래 죽으나 저래 죽으나 마찬가지니 성안에 남아 있는 말 다섯 필에 사람을 실어 보내 정탐이나 해보자는 것이다(13절). 나아만이 요단 강에 가서 일곱 번 씻으면 나을 것이라는 엘리사의 말을 믿지 못해서 화를 내며 시리아로 돌아가려 했을 때 그의 부하들이 지혜롭게 조언한 것처럼, 여호람도 지혜로운 부하의 조언으로 하나님의 은혜를 경험하게 되었다. 왕이 부하의 제안에 설득되어 정탐꾼을 보낸 것이다. 정탐꾼들이 요단 강까지 시리아군의 퇴진 경로를 밟아보았더니 작전상 막사를 비운 것이 아니라, 무언가에 쫓기며 강을 건넌 것이 확실히 드러났다(15절). 도망가면서도 얼마나 마음이 급했는지 무기도 버리고 군복마저도 벗어 버리고 도망갔다.

정탐꾼들이 돌아와 이 사실을 전하니 한순간에 사마리아 성문이 열리고 백성들이 시리아 진영을 향해 달리기 시작했다. 물론 약탈하기 위해서다(16절). 약탈한 곡물이 얼마나 많았는지 전날 엘리사가 말한 것처럼 고운 밀가루 한 스아를 한 세겔에, 보리 두 스아를 한 세겔에 거래할 수 있게 되었다(16절). 하나님의 사람의 예언이 성취되는 순간이다.

그런데 예언의 성취는 여기서 끝나지 않았다. 어제 엘리사에게 못 믿겠다고 말했던 신하도 예언대로 사람들에게 밟혀 죽었다. 그가 원래는 있어야 할 자리가 아니었는데 여호람이 각별히 신임하던 그를 성문 관리로 임명해서 성문 주변에서 빚어지는 혼란을 막도록 한 것이 화근이 되었다(17절). 이렇게 해서 엘리사의 두 가지 예언이 모두 하루만에 성취되었다. 비록 여호와의 구원이 온 백성에게 임했지만, 믿지 못했던 자는 그 구원을 누려보지도 못하고 목숨을 잃었다. 여호와를 비방하거나 하나님의 능력을 의심하는 자는 이러한 종말을 맞게 된다. 그러나 믿는 자는 복이 있다.

V. 엘리사의 사역(2:1–13:25)

D. 엘리사의 정치적 영향(8:1–29)

엘리사가 이스라엘의 왕이자 아합의 아들인 여호람을 계속 돕는 것을 보면서 우리는 엘리야의 오므리 왕조 패망에 관한 예언이 언제나 성취될까 하는 궁금증을 품어왔다. 드디어 선지자가 아합에게 선포했던 그 종말이 급속도로 다가오기 시작한다. 또한 엘리야–엘리사 사이클도 막을 내리려는 준비를 서서히 하는 중이다. 엘리사도 더 이상 지난 날처럼 활동적이지 못하다. 그렇다고 해서 엘리사의 영향력이 약화된 것은 아니다. 그는 왕을 포함한 이스라엘 사람들에게 전설적인 존재로 여겨지며, 아직도 누가 이스라엘, 시리아의 왕이 될 것인가에 대해서 직접적으로 관여한다. 본 텍스트는 다음과 같은 구조를 지닌다.

A. 엘리사의 사역에 대한 추억(8:1–6)
A′. 엘리사와 시리아의 하사엘(8:7–15)
　B. 유다 왕 여호람(8:16–24)
　B′. 유다 왕 아하시야(8:25–29)

V. 엘리사의 사역(2:1–13:25)
　D. 엘리사의 정치적 영향(8:1–29)

1. 엘리사의 사역에 대한 추억(8:1–6)

[1] 엘리사가 이전에 아들을 다시 살려 준 여인에게 이르되 너는 일어나서 네 가족과 함께 거주할 만한 곳으로 가서 거주하라 여호와께서 기근을 부르셨으니 그대로 이 땅에 칠 년 동안 임하리라 하니 [2] 여인이 일어나서 하나님의 사람의 말대로 행하여 그의 가족과 함께 가서 블레셋 사람들의 땅에 칠 년

**을 우거하다가 [3] 칠 년이 다하매 여인이 블레셋 사람들의 땅에서 돌아와 자
기 집과 전토를 위하여 호소하려 하여 왕에게 나아갔더라 [4] 그 때에 왕이 하
나님의 사람의 사환 게하시와 서로 말하며 이르되 너는 엘리사가 행한 모든
큰 일을 내게 설명하라 하니 [5] 게하시가 곧 엘리사가 죽은 자를 다시 살린
일을 왕에게 이야기할 때에 그 다시 살린 아이의 어머니가 자기 집과 전토
를 위하여 왕에게 호소하는지라 게하시가 이르되 내 주 왕이여 이는 그 여
인이요 저는 그의 아들이니 곧 엘리사가 다시 살린 자니이다 하니라 [6] 왕이
그 여인에게 물으매 여인이 설명한지라 왕이 그를 위하여 한 관리를 임명하
여 이르되 이 여인에게 속한 모든 것과 이 땅에서 떠날 때부터 이제까지 그
의 밭의 소출을 다 돌려 주라 하였더라**

엘리사가 죽은 아들을 살려주었던 수넴 여인에 대한 이야기이다(4:8-37). 엘리사는 여인에게 이 땅에 7년 동안 기근이 있을 것이니, 피할 만한 곳으로 가 있다가 다시 돌아오라고 했다. 태풍의 신 바알을 숭배했던 아합과 그의 아들 여호람이 이스라엘을 통치하던 때에 7년의 기근이 왔다는 것은 이 왕조에 대한 하나님의 심판이며, 잠시 후에 여호람을 죽일 쿠데타를 정당화하는 역할을 한다(Sweeney). 또한 엘리사가 기근을 경고하는 것은 옛적에 스승 엘리야가 기근을 경고한 일과 평행을 이룬다. 하나님의 역사가 두 선지자의 사역을 통해 계속되고 있음을 보여준다.

여인은 선지자의 말대로 7년 동안 블레셋 땅에 가서 살았다. 가나안 지역의 남서쪽인 블레셋은 기근의 영향을 받지 않는 것으로 보아, 이 기근은 지극히 제한된 범위에서 가나안 지역의 일부를 강타한 것으로 생각된다. 이 기근은 여호와 하나님이 이스라엘에게 회개하고 돌아오라는 경고성을 지닌 재앙이었다. 이스라엘을 강타한 기근이 끝나자 여인은 7년 만에 다시 고향으로 돌아왔다. 그녀는 먼저 자신의 집과 밭을 돌려달라고 호소하려고 왕을 찾았다.

일부 주석가들은 다른 사람이나 왕이 그녀의 재산을 강제로 갈취했던 것으로 해석한다(Provan). 그러나 그 당시 관례에 의하면 방치된 땅과 집 등은 법적인 주인이 나타나서 소유권을 찾아갈 때까지 왕/정부가 관리했다(cf. 출 21:2; 23:10ff.; 신 15:1ff.)(Jones). 그러므로 여인은 7년 동안 방치된 집과 땅을 찾기 위해서 왕을 찾은 것이다. 여인이 소유권만 입증하면 모든 것을 돌려받을 수 있다.

관례에 의하면 그녀의 남편이 왕을 찾는 것이 정상인데, 여인이 직접 찾는 것으로 보아 지난 7년의 타국 생활 동안 남편이 죽은 듯하다(Gray, Seow). 이런 경우 과부가 남편의 땅을 되찾는 것은 상당히 복잡한 문제가 될 수 있으며 결국에는 왕과 법정의 선처에 기대할 수밖에 없다(Auld). 그녀의 형편이 마치 나오미와 룻의 처지와 같은 느낌을 준다(cf. 룻 1장).

모든 것이 여인에게 불리하게 작용할 수 있는 상황에서 하나님의 예비하심이 그녀를 돕는다. 그녀가 왕을 찾아간 바로 그 순간, 하필이면 왕과 엘리사의 시종 게하시가 선지자의 지난 업적, 그것도 바로 이 여인의 아들을 살려준 이야기를 하고 있지 않은가! 게하시가 밖에서 활동을 하는 것으로 보아 이 일은 나아만 사건(5장) 이전에 있었던 일이 여기에 기록된 것이든지, 아니면 게하시의 문둥병이 나아만의 경우처럼 사회 활동을 못하게 할 정도로 심한 것이 아니었음을 암시한다. 엘리사가 구체적으로 나아만의 병이 게하시에게로 옮겨갈 것으로 선언했던 점으로 보아 후자로 해석하는 것이 적절하다. 나아만이 문둥병을 앓으면서도 자신의 일상을 꾸려나갈 수 있었던 것처럼 게하시도 문둥병을 앓으면서 직업에 종사할 수 있었던 것이다(5:27).

왕에게 엘리사가 아이를 살린 기적을 이야기해주고 있던 게하시는 갑자기 나타난 여인을 보고 바로 이 여인이 그 아이의 어머니라고 말했다(5절). 가뜩이나 엘리사가 행한 기적에 대해서 감동을 받고 있던 왕이 사실을 확인하고는 그녀에게 모든 재산을 돌려줄 뿐만 아니라,

그녀가 떠난 이후 지금까지 그녀의 밭에서 난 소출도 모두 계산해서 돌려주라고 명했다(6절). 불안한 마음으로 왕 앞에 섰던 여인은 하나님의 은혜에 감격과 감동을 할 수밖에 없었을 것이다.

여인의 일을 해결하기 위해서 엘리사가 직접 왕에게 나선 것이 아니다. 단지 그의 명성이 해낸 일이다. 오래전에 엘리사가 여인에게 "내가 혹시 당신을 위해 왕이나 군사령관에게 아뢰어줄 일이 있소?" 하고 물었을 때, 여인은 "저는 이렇게 한 겨레 가운데 어울려 만족스럽게 살고 있습니다"(4:13, 공동)라고 대답하면서 아무런 부탁을 하지 않은 적이 있었다. 이 일을 통해 엘리사는 자신의 명성만으로 여인이 다시 '겨레 가운데 어울려 만족스럽게 살 수 있도록' 해주었다.

이 이야기는 엘리사가 얼마나 대단한 명성을 지닌 선지자였는가를 잘 보여준다. 그는 자신의 명성을 통해 왕을 감동시켜 여인의 형편을 헤아리도록 했다. 저자는 이 사건을 통해 하나님이 어떻게 연약한 자를 돌보시는가를 잘 보여준다. 뿐만 아니라 심은 대로 거둔다고, 여인이 하나님의 사람을 잘 대접하고 섬겼기에 이런 축복을 받지 않았겠는가! 하나님은 그의 선지자들을 돌보는 사람들을 돌보신다(Provan, cf. 마 10:40-42).

V. 엘리사의 사역(2:1-13:25)
D. 엘리사의 정치적 영향(8:1-29)

2. 엘리사와 시리아의 하사엘(8:7-15)

7 엘리사가 다메섹에 갔을 때에 아람 왕 벤하닷이 병들었더니 왕에게 들리기를 이르되 하나님의 사람이 여기 이르렀나이다 하니 8 왕이 하사엘에게 이르되 너는 손에 예물을 가지고 가서 하나님의 사람을 맞이하고 내가 이 병에서 살아나겠는지 그를 통하여 여호와께 물으라 9 하사엘이 그를 맞이하러 갈새 다메섹의 모든 좋은 물품으로 예물을 삼아 가지고 낙타 사십 마리에 싣

고 나아가서 그의 앞에 서서 이르되 당신의 아들 아람 왕 벤하닷이 나를 당
신에게 보내 이르되 나의 이 병이 낫겠나이까 하더이다 하니 10 엘리사가 이
르되 너는 가서 그에게 말하기를 왕이 반드시 나으리라 하라 그러나 여호와
께서 그가 반드시 죽으리라고 내게 알게 하셨느니라 하고 11 하나님의 사람
이 그가 부끄러워하기까지 그의 얼굴을 쏘아보다가 우니 12 하사엘이 이르되
내 주여 어찌하여 우시나이까 하는지라 대답하되 네가 이스라엘 자손에게
행할 모든 악을 내가 앎이라 네가 그들의 성에 불을 지르며 장정을 칼로 죽
이며 어린 아이를 메치며 아이 밴 부녀를 가르리라 하니 13 하사엘이 이르되
당신의 개 같은 종이 무엇이기에 이런 큰일을 행하오리이까 하더라 엘리사
가 대답하되 여호와께서 네가 아람 왕이 될 것을 내게 알게 하셨느니라 하
더라 14 그가 엘리사를 떠나가서 그의 주인에게 나아가니 왕이 그에게 묻되
엘리사가 네게 무슨 말을 하더냐 하니 대답하되 그가 내게 이르기를 왕이
반드시 살아나시리이다 하더이다 하더라 15 그 이튿날에 하사엘이 이불을 물
에 적시어 왕의 얼굴에 덮으매 왕이 죽은지라 그가 대신하여 왕이 되니라

엘리사가 시리아의 수도 다마스쿠스를 방문했을 때 일이다(7절). 그 당시 시리아의 왕이었던 벤하닷이 병들어 누워있었다. 이 벤하닷은 고대 근동 자료를 통해 벤하닷 2세(Ben-Hadad II)로 알려져 있으며 주전 860-842년에 시리아를 통치했다(Patterson & Austel, cf. Thiele). 벤하닷은 하나님의 사람이 자기 도시를 찾았다는 말을 듣고 부하를 보내 자신이 정녕 회복될 것인지를 물었다. 전에는 시리아 왕이 엘리사를 잡으려고 큰 군대를 보내더니(6:8-14), 이번에는 그를 자기의 도성으로 환영하고 있다. 본 텍스트는 다음과 같은 구조를 지니고 있다(Patterson & Austel).

A. 벤하닷이 하사엘을 엘리사에게 보냄(7-8절)

  B. 엘리사가 하사엘에게 왕과 그에 대해서 예언함(9-13절)

A′. 하사엘이 벤하닷에게 돌아와 예언을 성취함(14-15절)

왕의 명령에 따라 엘리사를 찾아간 사람이 하사엘이라는 장군이었다. 그는 다마스쿠스에서 선별한 갖가지 예물들을 낙타 40마리에 싣고 엘리사를 찾았다. 정말 대단한 양의 선물이다! 전에 나아만 장군이 많은 선물을 가지고 엘리사를 찾은 일을 연상케 한다. 벤하닷은 하사엘을 보내 엘리사를 극진히 대접하면서, 엘리사에게 자신을 '당신의 아들'이라고 하며 겸손한 자세를 취한다(9절).

전에 이스라엘의 왕 아하시야가 낙상하여 심한 상처를 입었을 때, 그가 블레셋 사람들의 신 바알세붑을 찾은 적이 있다(1:2). 반면에 이 이방인 왕은 자신의 질병에 대해서 여호와의 선지자를 찾고 있다. 하나의 아이러니가 형성되고 있으며, 저자는 이 사건을 통해 이방인에 대한 긍정적인 입장을 다시 한 번 표현하고 있다. 이방인도 기회만 주어지면 하나님을 믿거나, 믿지 않더라도 최소한 그의 능력을 인정하고 경외하게 된다는 것이다. 반면에 이스라엘은 다른 신들을 찾을지언정 여호와께는 등을 돌리고 있다. 참으로 안타까운 일이다.

엘리사가 시리아의 왕 벤하닷의 선물을 받았을까? 나아만의 사례를 보아 선지자는 시리아 왕이 보낸 선물을 받지 않았을 것이다. 여호와의 선지자들은 결코 어떠한 대가를 바라고 하나님의 말씀을 중계해주는 사람들이 아니라는 것을 우리는 잘 알고 있다. 오직 하나님이 그들을 먹이시기 때문에 선지자들은 성도들이 자원해서 주는 선물은 기쁘게 받지만, 어떤 일을 하고 대가를 요구하지는 않는다.

하사엘을 통해 왕의 질문을 받은 엘리사는 애매모호한 말을 했다:. "그가 나을 것이다. 그러나 그는 반드시 죽을 것이다"(10절). 마소라 사본의 표현이 혼란스럽다. 기록된 것(Kethiv)은 "그는 살지 못한다. 그는 반드시 죽을 것이다"로 되어 있지만, "그는 살 것이다. 그러나 반드시 죽을 것이다"라고 읽으라고(Qere) 하기 때문이다. 거의 모든 번역본들이 "읽기 버전"(Qere)를 선호한다(TNK; NIV; NRS; NAS; ESV). 잠시 후에 펼쳐지는 일을 살펴보면 선지자의 말이 무슨 뜻인지 명백히 드러난다.

벤하닷은 분명히 질병에서 회복될 수 있지만, 그가 완쾌되기 전에 혹은 후에라도 다른 사람이 그를 죽일 것이라는 뜻이다.

벤하닷에 대해서 신탁을 선언하던 엘리사가 물끄러미 하사엘을 쳐다보다가 울음을 터뜨렸다(11절). 앞으로 하사엘이 얼마나 잔혹하게 이스라엘을 칠 것인가를 알게 된 것이다. 그리고 엘리사는 여호와께서 하사엘이 시리아의 왕이 될 것이라고 말씀하셨다는 말을 덧붙였다(12-13절). 하사엘의 마음 속에 왕권에 대한 욕망을 심은 것이다.

선지자의 말씀에 충격을 받고 할 말을 잃은 하사엘은 엘리사를 떠나 벤하닷에게 돌아오는 길에 많은 생각을 했을 것이다. 그는 선지자로부터 어떤 신탁을 받았냐고 묻는 왕에게 "나을 것이라고 했습니다"라고만 대답했다(14절). 집에 돌아가서 밤새 내내 깊은 생각에 잠겼다가 아침에 집을 나서면서 결단을 내렸다. 그러고는 그날로 벤하닷을 살해하고 시리아의 왕이 되었다(15절). 저자는 하사엘이 어떻게 벤하닷을 죽이고 정권을 장악하게 되었는가에 대해서 언급하지 않는다. 관심사 밖의 일이기 때문이다. 다만 우리는 그가 엘리사가 예언대로 쿠데타에 성공한 것만을 알뿐이다(cf. 왕상 19:15).

일부 주석가들은 하사엘이 왕을 죽일 생각이 없었는데 엘리사가 그 빌미를 제공했다고 한다(Seow, Sweeney). 그러나 하사엘이 여호와의 말씀을 믿고 곧 행동으로 움직인 것 역시 평범하지는 않다. 만일 엘리사가 하사엘에게 왕이 될 것이라는 말을 하지 않았더라면 어떻게 되었을까? 세상을 다스리시는 하나님이 계획하신 일이니까 그는 분명히 어떠한 경로를 통해서라도 시리아의 왕이 되었을 것이다. 그러나 선지자의 말을 듣고 난 후 하루 만에 일을 저지르는 것으로 보아 그는 오래전부터 왕위를 노리며 기회를 엿보던 사람이었던 것이 확실하다. 하나님의 계획과 인간의 행동은 이처럼 함께 조화를 이룰 때가 많다.

혹은 하사엘은 왕이 될 생각이 전혀 없었는데, 선지자의 예언을 듣고 나서 그 예언을 성취하기 위해 자신을 '헌신/희생'한 것일까? 그렇다기보다는, 하사엘의 마음에 잠재해있던 생각이 선지자의 예언을 통해 행동으로 옮겨진 것으로 생각된다. 아시리아의 기록에 의하면 하사엘이 주전 842년경에 시리아를 통치했고(Montgomery & Gehman), 그가 '무명의 아들'(a son of a nobody)로 불리는 것으로 보아 반란을 통해 왕권을 장악한 것이 확실하다(Gray, Jones). 하사엘은 주전 842–806년 동안 시리아를 다스렸으며, 이스라엘을 포함한 인근 지역에 많은 영향력을 행사한 것으로 알려져 있다(Bright).

V. 엘리사의 사역(2:1–13:25)
D. 엘리사의 정치적 영향(8:1–29)

3. 유다 왕 여호람(8:16–24)

16 이스라엘의 왕 아합의 아들 요람 제오년에 여호사밧이 유다의 왕이었을
때에 유다의 왕 여호사밧의 아들 여호람이 왕이 되니라 17 여호람이 왕이 될
때에 나이가 삼십이 세라 예루살렘에서 팔 년 동안 통치하니라 18 그가 이스
라엘 왕들의 길을 가서 아합의 집과 같이 하였으니 이는 아합의 딸이 그의
아내가 되었음이라 그가 여호와 보시기에 악을 행하였으나 19 여호와께서 그
의 종 다윗을 위하여 유다 멸하기를 즐겨하지 아니하셨으니 이는 그와 그의
자손에게 항상 등불을 주겠다고 말씀하셨음이더라 20 여호람 때에 에돔이 유
다의 손에서 배반하여 자기 위에 왕을 세운 고로 21 여호람이 모든 병거를 거
느리고 사일로 갔더니 밤에 일어나 자기를 에워싼 에돔 사람과 그 병거의
장관들을 치니 이에 백성이 도망하여 각각 그들의 장막들로 돌아갔더라 22
이와 같이 에돔이 유다의 수하에서 배반하였더니 오늘까지 그러하였으며 그
때에 립나도 배반하였더라 23 여호람의 남은 사적과 그가 행한 모든 일은 유
다 왕 역대지략에 기록되지 아니하였느냐 24 여호람이 그의 조상들과 함께
자매 그의 조상들과 함께 다윗 성에 장사되고 그의 아들 아하시야가 대신하
여 왕이 되니라

저자는 열왕기하 1:17-18 이후 사용하지 않았던 '왕위 계승과 죽음' 기록 양식을 다시 사용하기 시작한다. 한동안 선지자 엘리야와 엘리사 이야기에만 집중하더니 다시 이스라엘의 역사를 정리하면서 독자들의 관심을 유도한다. 저자가 이 시점에서 왕들의 업적을 나열하고 신학적 평가를 내리는 것은 앞으로 다가올 정치적 호기심, 종교적 정화, 그리고 사회적 격변을 준비하기 위해서이다(Honeycutt).

북 왕국의 요람 왕 즉위 5년에 여호사밧의 아들 여호람(יְהוֹרָם)이 남 왕국 유다에서 아버지와 함께 섭정을 시작했다. 그의 이름의 문자적 의미는 '여호와가 존귀하게 되다'이며, 32세에 왕이 되어 8년을 통치했다. 이때가 주전 848-841년 정도 된다. 이때부터 북 왕국과 남 왕국 왕들 사이의 연대에 설명하기 어려운 문제들이 발생되기 시작한다. 자세한 내용은 딜레(Thiele)를 참고하라. 여호람은 유다의 왕들 중 처음으로 그동안 열왕기 안에서 매우 부정적인 뉘앙스를 지니며 사용되었던 "[북 왕국] 이스라엘의 왕들의 길"을 간 사람으로 평가된다(18절).

저자는 여호람이 아합의 딸을 아내로 맞아들였으므로 그가 아합 가문이 한 대로, 이스라엘 왕들이 간 길을 감으로써 여호와 보시기에 악한 일을 했다고 회고한다(18절). 즉, 여호람은 하나님이 아합 집안에 내리신 심판과 동일한 수위의 심판을 받기에 합당하다는 것이다. 여호람과 그의 장인 아합 모두 '팜므파탈'(femmes fatales)들에게 좌지우지되는 사람들이었다(Patterson & Austel).

다행히 하나님의 파멸의 심판과 여호람 사이에 한 가지 존재하는 것이 있다. 바로 하나님이 다윗에게 하신 약속으로(19절), 우리는 이것을 다윗 언약이라고 한다(cf. 삼하 7장). 다윗과 그의 후손이 영원히 주의 백성을 다스릴 것이라는 무조건적 약속이다. 훗날 이 언약에 근거해서 온 인류를 다스리는 왕이신 예수님이 다윗의 후손으로 오셨다.

하나님이 북 왕국에 세워진 왕조들을 심판해서 제거하시고 새로운 왕조를 세우시듯, 이때까지 유다를 다스린 다윗 왕조도 그렇게 하실 수 있었는데 하지 않으신 것은 오래전에 다윗과 맺으신 약속 때문이었다. 비록 다윗은 오래전에 죽었지만, 그의 그림자는 이렇게 오랜 세월이 지나면서도 그의 후손들에게 드리워져 있다. 수백 년 전에 한 사람과 맺으신 약속을 이렇게까지 지키시는 여호와는 참으로 위대하고 신실하신 하나님이다.

하나님은 앞으로도 몇 번씩이나 유다를 멸하기를 원하시지만 그렇게 하지 않으시는 것도 이 약속 때문이다. 하나님은 이렇게 인간과의 약속도 소중하게 생각하고 지키시는 분이다. 여기에 우리의 소망이 있지 않은가! 또한 우리는 한 사람의 신실함이 얼마나 중요한가를 새삼 깨닫는다. 하나님 앞에 바로 선 다윗 한 사람 때문에 이렇게 그의 자손들이 축복을 누리고 있다. 이처럼 나 한 사람의 순종도 역사를 바꿀 수 있을 정도로 중요하다. 하나님은 다수를 소중히 여기시는 만큼이나 한 사람을 소중히 여기시기 때문이다.

여호람이 북 왕국 오므리 왕조의 왕들과 다를 바 없었다는 것과 그가 이렇게 된 데에는 아합의 딸과의 결혼이 한몫했다는 것이 내내 마음에 걸린다. 그의 아버지 여호사밧은 상당히 의로운 왕이었으며, 여호와를 경외하는 왕으로 알려져 있다. 그런 그가 왜 이교도와 다름없는 북 왕국의 공주를 며느리로 맞아들여 이런 화를 자처했을까? 물론 정치라는 것이 매우 복잡한 것인 줄 알지만, 그럼에도 불구하고 마음에 아쉬움이 남는다. 우리도 자식을 결혼시킬 때 정말 신중해야 할 것이다. 세상의 무엇보다도 하나님을 사랑하는 자에게 우리 아들과 딸을 주어야 한다.

여호람이 하나님을 경외하지 않았다는 사실에서 우리는 그의 통치도 평안하지 못했을 것이라 짐작할 수 있다. 그가 왕이 되어 다스리던 때에 유다의 속국으로 있던 에돔이 반역을 했다. 여호람이 군사를 일으켜 에돔을 다시 정복하려고 원정을 갔지만, 에돔을 정복하기는커녕 오히려 구사일생으로 겨우 살아 돌아오는 수모를 겪었다. 그 이후 유다는 다시는 에돔을 통치하지 못하게 되며, 에돔의 반역에서 영감을 받은 립나 역시 반역을 일으켰다. 하나님의 권위를 위임받아 주의 백성을 다스리는 왕으로서 여호와를 가장 경외하고 경배해야 하는데, 여호람은 그렇지 않은 왕이니 이런 일이 일어나는 것은 당연한 것이 아니겠는가! 여호람과 유다는 심은 대로 거둔 것이다.

V. 엘리사의 사역(2:1–13:25)
D. 엘리사의 정치적 영향(8:1–29)

4. 유다 왕 아하시야(8:25–29)

[25] 이스라엘의 왕 아합의 아들 요람 제십이년에 유다 왕 여호람의 아들 아하
시야가 왕이 되니 [26] 아하시야가 왕이 될 때에 나이가 이십이 세라 예루살렘
에서 일 년을 통치하니라 그의 어머니의 이름은 아달랴라 이스라엘 왕 오므
리의 손녀이더라 [27] 아하시야가 아합의 집 길로 행하여 아합의 집과 같이 여
호와 보시기에 악을 행하였으니 그는 아합의 집의 사위가 되었음이러라 [28]
그가 아합의 아들 요람과 함께 길르앗 라못으로 가서 아람 왕 하사엘과 더
불어 싸우더니 아람 사람들이 요람에게 부상을 입힌지라 [29] 요람 왕이 아람
왕 하사엘과 싸울 때에 라마에서 아람 사람에게 당한 부상을 치료하려 하여
이스르엘로 돌아왔더라 유다의 왕 여호람의 아들 아하시야가 아합의 아들
요람을 보기 위하여 내려갔으니 이는 그에게 병이 생겼음이더라

여호람의 대를 이어 아하시야(אֲחַזְיָהוּ)(viz., 여호와께서 붙드신다)가 유다의 왕이 되었다. 역대기에 의하면 아하시야는 여호람의 막내아들이었으며 그의 형들은 모두 처형당한 것으로 기록되어 있다(대하 22:1). 아하시야가 왕위에 오를 때 그의 나이가 22세였고 1년 동안 다스렸다. 이때가 주전 841년쯤 된다(Thiele). 저자는 이곳에서는 아하시야가 북 왕국의 요람 왕 즉위 12년째 되던 해에 왕위에 올랐다고 하는데(25절), 잠시 후 9:29에서는 요람 왕 제11년에 왕이 되었던 것으로 기록하고 있다.

뿐만 아니라 저자는 이미 3:1에서 요람이 이스라엘을 12년을 통치했다고 했다. 그렇다면 우리는 그의 종말이 인접해있음을 직감할 수 있다.

아하시야의 어머니의 이름은 아달랴였고 아합의 딸이었다(26절; cf. 18절). 저자는 아하시야의 아버지 여호람에 대해서 논할 때는 그녀의 이름을 주지 않았다. 그러다가 지금 이 시점에서 그녀의 이름을 밝히는 것은 머지않아 아달랴와 연관해서 큰 사건이 일어날 것을 예고하는 듯하다. 실로 아달랴는 그의 친정어머니 이세벨처럼 강하고 악한 여자였으며 한순간에 다윗 왕조의 생존을 위협한다.

아하시야 역시 여호와 보시기에 악을 행했다. 그가 타락하게 된 가장 큰 원인은 어머니만 오므리 왕조였던 것이 아니라, 아내도 오므리 왕조의 여자였다는 점이다(26-27절). 오므리 왕조는 '오물'로 남 왕국을 오염시키고 있다. 이 모든 것이 다른 왕들에 비해서 상대적으로 신실하다고 평가된 여호사밧이 아들을 아합의 딸과 결혼시킨 것에서 비롯되었다. 한 번 실수가 이처럼 엄청난 결과를 초래한 것이다. 특히 결혼에 관한 실수는 그 여파가 평생을 간다.

한번은 아하시야가 북 왕국의 요람과 함께 시리아의 왕 하사엘과 길르앗 라못(רָמֹת גִּלְעָד)에서 싸우다가 요람이 부상을 입었다. 요람은 상처를 치료하기 위해 이스르엘로 돌아갔고, 아하시야도 그곳으로 병문안을 갔다. 남·북 왕국의 왕들이 이러한 동기에서 이스르엘에 함께 있었다는 사실이 다음 이야기에서 매우 중요한 역할을 한다. 두 사람 모두 이곳에서 예후의 칼에 맞아 죽게 될 것이기 때문이다.

V. 엘리사의 사역(2:1-13:25)

E. 예후의 이스라엘 정화(9:1-10:36)

이미 오래전에 하나님은 엘리야를 통해 오므리 왕조를 심판하시겠다고 말씀하셨다. 아합이 아내 이세벨과 함께 이스라엘이 바알을 숭배하도록 선동하고 선지자들을 죽인 것에 대한 죗값과 나봇을 죽이고 그의 포도밭을 폭력으로 취한 것에 대한 심판이다. 원래 하나님은 아합 시대 때 이들을 끝내버리려고 하셨지만, 선지자의 말을 듣고 아합이 근신하자 아합 세대가 아닌 그의 아들 세대에 가서 이 일을 하시겠다고 심판을 보류해 주셨다(왕상 21:27-29). 이제 드디어 하나님의 심판이 임할 때가 왔다. 우리가 이미 수차례 봐온 것처럼 하나님은 한 사람의 신실함 때문에 자손 대대로 많은 복을 내리는 분이지만(cf. 다윗과 그의 후손들), 한 번 선언하신 심판의 약속 또한 아무리 오랜 세월이 지나도 꼭 지키시는 분이다.

하나님은 이미 오래전에 엘리야에게 예후를 이스라엘의 왕으로 세우라고 하셨다(왕상 19:16). 이 같은 사실을 근거로 일부 학자들은 엘리사가 선지자 견습생을 보내 예후를 왕으로 세우는 이야기가 원래 엘리야의 이야기인데, 이곳에 삽입된 것이라고 한다(Sweeney). 그러나 엘리사가 그의 스승이 하지 못한 일을 대신해서 예후를 왕으로 세우는 것으로 보아도 별 문제가 없다(cf. Patterson & Austel). 엘리야의 권위가 그의 제자 엘리사에게 계승되었기 때문이다.

예후가 이룬 주 업적은 아합 집안과 연관된 사람들을 모두 죽이는 일이다. 하나님을 대신해서 주님의 분노를 아합 집안에 쏟아 부은 것이며, 하나님은 이러한 예후의 노력을 높이 평가하신다. 예후는 바알과 아세라 종교를 강요하고 여호와 종교를 핍박했던 아합 집안을 청산하고 대대적으로 종교 개혁을 단행한다. 그러나 그의 개혁은 아쉬움을 남긴다. 잠시 후에 보겠지만, 그의 개혁은 온전한 개혁이 아니라 '2% 부족한' 개혁이었기 때문이다. 예후의 아합 집안을 제거하는 업적을 회고하고 있는 본 텍스트는 다음과 같이 구분할 수 있다. 이처럼 자세히 오므리 왕조의 몰락을 기록하고 있는 것은, 아합을 비롯한 이 왕조의 왕들이 참으로 악한 짓을 많이 했음을 고발하기 위해서다. 그러므로 저자는 그들이 하나님의 적절한 심판을 받았다고 한다.

A. 예후가 이스라엘의 왕이 됨(9:1-13)
B. 아합의 아들 요람이 살해됨(9:14-26)
C. 아합의 사위 아하시야가 살해됨(9:27-29)
D. 아합의 아내 이세벨이 살해됨(9:30-37)
E. 아합의 자손들이 살해됨(10:1-11)
F. 아하시야의 친족들이 살해됨(10:12-14)
G. 아합의 나머지 친족들이 살해됨(10:15-17)
H. 바알 숭배자들이 살해됨(10:18-28)
I. 예후가 시도한 개혁의 오점(10:29-31)
J. 예후의 나머지 행적(10:32-36)

V. 엘리사의 사역(2:1-13:25)
E. 예후의 이스라엘 정화(9:1-10:36)

1. 예후가 이스라엘의 왕이 됨(9:1-13)

1 선지자 엘리사가 선지자의 제자 중 하나를 불러 이르되 너는 허리를 동이
고 이 기름병을 손에 가지고 길르앗 라못으로 가라 2 거기에 이르거든 님시
의 손자 여호사밧의 아들 예후를 찾아 들어가서 그의 형제 중에서 일어나
게 하고 그를 데리고 골방으로 들어가 3 기름병을 가지고 그의 머리에 부으
며 이르기를 여호와의 말씀이 내가 네게 기름을 부어 이스라엘 왕으로 삼노
라 하셨느니라 하고 곧 문을 열고 도망하되 지체하지 말지니라 하니 4 그 청
년 곧 그 선지자의 청년이 길르앗 라못으로 가니라 5 그가 이르러 보니 군대
장관들이 앉아 있는지라 소년이 이르되 장관이여 내가 당신에게 할 말이 있
나이다 예후가 이르되 우리 모든 사람 중에 누구에게 하려느냐 하니 이르되
장관이여 당신에게니이다 하는지라 6 예후가 일어나 집으로 들어가니 청년

이 그의 머리에 기름을 부으며 그에게 이르되 이스라엘 하나님 여호와의 말
씀이 내가 네게 기름을 부어 여호와의 백성 곧 이스라엘의 왕으로 삼노니 7
너는 네 주 아합의 집을 치라 내가 나의 종 곧 선지자들의 피와 여호와의 종
들의 피를 이세벨에게 갚아 주리라 8 아합의 온 집이 멸망하리니 이스라엘
중에 매인자나 놓인 자나 아합에게 속한 모든 남자는 내가 다 멸절하되 9 아
합의 집을 느밧의 아들 여로보암의 집과 같게 하며 또 아히야의 아들 바아
사의 집과 같게 할지라 10 이스르엘 지방에서 개들이 이세벨을 먹으리니 그
를 장사할 사람이 없으리라 하셨느니라 하고 곧 문을 열고 도망하니라 11 예
후가 나와서 그의 주인의 신복들에게 이르니 한 사람이 그에게 묻되 평안하
냐 그 미친 자가 무슨 까닭으로 그대에게 왔더냐 대답하되 그대들이 그 사
람과 그가 말한 것을 알리라 하더라 12 무리가 이르되 당치 아니한 말이라 청
하건대 그대는 우리에게 이르라 하니 대답하되 그가 이리 이리 내게 말하여
이르기를 여호와의 말씀이 내가 네게 기름을 부어 이스라엘 왕으로 삼는다
하셨다 하더라 하는지라 13 무리가 각각 자기의 옷을 급히 가져다가 섬돌 위
곧 예후의 밑에 깔고 나팔을 불며 이르되 예후는 왕이라 하니라

엘리사가 나이가 많아 거동이 어려워져서일까? 감기를 앓아 몸이 불편해서일까? 아니면 자신은 너무 잘 알려져 이 일의 위험 부담이 너무 크다고 생각한 것일까? 엘리사는 수련생을 보내 스승 엘리야가 예언했던 일을 현실로 옮길 사람 세우는 일을 대신하게 한다. 엘리사가 오므리 왕조를 끝내고, 아합의 아내 이세벨과 그의 아들들을 모두 제거할 예후(יֵהוּא)(viz., 여호와가 그분이시다)를 이스라엘의 왕으로 세우는 일에 본인이 직접 나서지 않고 사람을 보낸다.

엘리사가 이스라엘의 왕을 세우는데 직접 관여하는 것은 그가 엘리야처럼 유다, 이스라엘, 시리아의 정치에 깊이 연루되어 있음을 뜻한다. 그는 엘리야의 후계자로 전혀 손색이 없는 것이다(House). 아울러 엘리사가 견습생을 보내 이 같은 일을 하는 것은 그가 세상을 떠날 날

(13:14-20)이 머지않음을 암시하기도 한다.

엘리사가 하루는 함께한 제자들 중 하나를 불렀다. 기름 한 병을 들고 길르앗 라못으로 가라고 한 것이었다. 길르앗 라못은 요람 군과 아하시야의 군대가 연합해서 시리아군과 싸우고 있는 곳이다(28절). 아합은 이곳에서 시리아군과 싸우다가 죽었다(왕상 22:1-40). 아합의 아들 요람은 이곳에서 싸우다가 부상을 당했고, 상처를 치료하기 위해서 이스르엘로 돌아간 상황이다. 남 왕국의 아하시야도 요람에게 병문안하기 위해서 길르앗 라못을 떠나 이스르엘에 가 있는 상태이다. 즉, 이 순간 길르앗 라못에는 요람과 아하시야의 군사들과 장군들만 있다. 전쟁터에 남아있는 예후를 찾아가 왕으로 세우기에 가장 적합한 때이다.

엘리사는 제자에게 요람의 장군인 예후를 은밀히 만나 머리에 기름을 부으며 "여호와가 너를 이스라엘의 왕으로 세웠다"라는 말을 하고는 그곳에서 즉시 빠져나오라고 지시했다(3절). 절대 그곳에서 머뭇거리면 안 된다는 당부를 했다. 역모에 가담한 죄로 자칫 잘못하면 생명을 잃을 수도 있는 일이기 때문이다. 제자는 스승이 지시한 대로 신속하게 길르앗 라못을 찾아갔고, 장군들과 회의를 하고 있던 예후를 불러내 밀실에서 만났다(6절). 예전에 아합은 밀실에 숨어있던 시리아 왕을 죽이기는커녕 살려주고 협상해서 돌려보낸 적이 있다(왕상 20:30). 그 일이 화근이 되어 이날 '밀실'에서 그의 왕조를 뿌리째 뽑을 사람이 왕으로 세움을 입는다. 아합이 스스로 무덤을 판 격이 된 것이다.

선지자가 예후를 처음 만나지만, 여러 사람 중에서 그를 쉽게 찾아내는 것으로 보아 이 사람도 선지자적인 식별력을 지닌 것이 분명하다(Cogan & Tadmor, House). 또한 예후가 전혀 거리낌없이 선지자 생도를 만나준 것으로 보아 선지자의 옷차림이나 장식이 그의 신분을 알려주고 있었던 것으로 생각된다. 그래서 예후가 선지자를 만나고 돌아오자 다른 장군들이 선지자를 "미친 녀석"이라고 부른다(11절, 새번역). 이 말은 때때로 입신한 선지자들이 무아지경의(ecstatic) 행동을 하는 것을 보며 선지자들을 비하해서 하는 발언이다(cf. Gray).

선지자는 엘리사가 지시한 대로 예후에게 기름을 부으며 "여호와께서 당신을 이스라엘의 왕으로 세우셨다"고 선언했다(6절). 또한 여호와께서 예후를 이스라엘의 왕으로 세우는 목적을 명백하게 일러주었다. "아합의 집을 치라!"(7절). 아합 집안이 흘린 선지자들의 피와 또 다른 주의 종들의 피를 이세벨에게 갚기 위함이다. 그러므로 예후는 아합 집안의 씨를 말려야 한다(8절). 하나님이 아합 집안도 여로보암 왕조와 바아사 왕조의 운명과 동일하게 하실 것이다(9절). 이세벨은 그 누구도 자신의 주검을 묻어주지 않는 비참한 종말을 맞을 것이다(10절). 이 말을 남기고 선지자는 곧장 그 자리를 떠났다.

예후가 왜 말 한마디 없이 선지자의 말을 그대로 수용했을까? 그도 마음속으로 이스라엘의 왕권을 탐하고 있었을까? 아니면 부하로서 상관인 요람의 무능함에 대한 불만과 실망이 극에 달한 것일까? 여러 가지 이유가 있겠지만, 가장 큰 이유는 오래전에 엘리야가 아합에게 선포했던 말을 예후가 기억했기 때문일 것으로 생각된다(cf. 왕상 21:21-24).

회의 중에 선지자에게 불려나갔던 예후가 작전실로 돌아오자 다른 장군들이 궁금증을 토로했다. 예후는 그냥 슬쩍 넘어가려고 했지만, 이들이 끝까지 선지자와 나눈 대화 내용을 알려달라고 했다. 선지자가 전쟁터를 방문해서 장군을 만나고 급히 떠나는 것은 온 군대를 요동케 하기에 충분하다(Cogan & Tadmor). 게다가 십중팔구 예후의 머리에는 기름이 묻어있었을 것이다(Provan). 예후는 있는 그대로 말했다. "그의 말이, 주님께서 나를 이스라엘의 왕으로 기름 부어 세웠다고 말씀하시었다고 하였소"(12절, 새번역). 선지자가 은밀한 곳에서 밝힌 여호와의 뜻이 순식간에 대중화된 것이다(Long).

소식을 전해 들은 장군들은 한결같이 자리에서 일어나 그에게 왕에 대한 예를 갖추었다(13절). 평소에 예후의 성품이 이 장군들의 마음을 사로잡았거나, 예후의 능력이나 세력이 이 일을 충분히 해낼 거라고 생각해서였을 것이다. 게다가 무능한 요람은 지금 부상을 입고 후방으로 이송되어 있지 않은가! 그러니 이 장군들이 예후를 환대하는 것은 당연한 일인지도 모른다. 장군들은 현명한 선택을 한 것이다. 이렇게 해서 여기에 있던 모든 사람들은 본의 아니게 반역에 가담하게 되었다. 예후는 이스라엘의 최고 장군들을 얻었으니 이 쿠데타를 쉽게 성공할 것이라는 기대감을 갖게 한다. 또한 장군들은 생명을 다해 예후를 도울 것이다. 쿠데타가 실패하면 자신들도 죽을 수밖에 없다는 것을 잘 알기 때문이다. 그러므로 예후의 입장에서 모든 것을 고려해볼 때, 하나님이 가장 이상적인 상황에서 그를 왕으로 세우심을 알 수 있다. 예후는 온전한 하나님의 은혜를 입은 사람이다.

V. 엘리사의 사역(2:1-13:25)
E. 예후의 이스라엘 정화(9:1-10:36)

2. 아합의 아들 요람이 살해됨(9:14-26)

**14 이에 님시의 손자 여호사밧의 아들 예후가 요람을 배반하였으니 곧 요람
이 온 이스라엘과 더불어 아람의 왕 하사엘과 맞서서 길르앗 라못을 지키다
가 15 아람의 왕 하사엘과 더불어 싸울 때에 아람 사람에게 부상한 것을 치료
하려 하여 이스르엘로 돌아왔던 때라 예후가 이르되 너희 뜻에 합당하거든
한 사람이라도 이 성에서 도망하여 이스르엘에 알리러 가지 못하게 하라 하
니라 16 예후가 병거를 타고 이스르엘로 가니 요람 왕이 거기에 누워 있었음
이라 유다의 왕 아하시야는 요람을 보러 내려왔더라 17 이스르엘 망대에 파
수꾼 하나가 서 있더니 예후의 무리가 오는 것을 보고 이르되 내가 한 무리
를 보나이다 하니 요람이 이르되 한 사람을 말에 태워 보내어 맞이하여 평
안하냐 묻게 하라 하는지라 18 한 사람이 말을 타고 가서 만나 이르되 왕의
말씀이 평안하냐 하시더이다 하매 예후가 이르되 평안이 네게 상관이 있느
냐 내 뒤로 물러나라 하니라 파수꾼이 전하여 이르되 사자가 그들에게 갔으**

나 돌아오지 아니하나이다 하는지라 19 다시 한 사람을 말에 태워 보내었더
니 그들에게 가서 이르되 왕의 말씀이 평안하냐 하시더이다 하매 예후가 이
르되 평안이 네게 상관이 있느냐 내 뒤를 따르라 하더라 20 파수꾼이 또 전
하여 이르되 그도 그들에게까지 갔으나 돌아오지 아니하고 그 병거 모는 것
이 님시의 손자 예후가 모는 것 같이 미치게 모나이다 하니 21 요람이 이르되
메우라 하매 그의 병거를 메운지라 이스라엘 왕 요람과 유다 왕 아하시야가
각각 그의 병거를 타고 가서 예후를 맞을새 이스르엘 사람 나봇의 토지에서
만나매 22 요람이 예후를 보고 이르되 예후야 평안하냐 하니 대답하되 네 어
머니 이세벨의 음행과 술수가 이렇게 많으니 어찌 평안이 있으랴 하더라 23
요람이 곧 손을 돌이켜 도망하며 아하시야에게 이르되 아하시야여 반역이
로다 하니 24 예후가 힘을 다하여 활을 당겨 요람의 두 팔 사이를 쏘니 화살
이 그의 염통을 꿰뚫고 나오매 그가 병거 가운데에 엎드러 진지라 25 예후가
그의 장관 빗갈에게 이르되 그 시체를 가져다가 이스르엘 사람 나봇의 밭에
던지라 네가 기억하려니와 이전에 너와 내가 함께 타고 그의 아버지 아합을
좇았을 때에 여호와께서 이같이 그의 일을 예언하셨느니라 26 여호와께서 말
씀하시기를 내가 어제 나봇의 피와 그의 아들들의 피를 분명히 보았노라 여
호와께서 또 말씀하시기를 이 토지에서 네게 갚으리라 하셨으니 그런즉 여
호와의 말씀대로 그의 시체를 가져다가 이 밭에 던질지니라 하는지라

예후는 왕이 된 다음 당연히 현(現)정권을 최대한 빨리 제거해야 하는 사명감을 느꼈다. 요람과 그의 집안을 제거하는 것은 하나님의 뜻을 이루는 일일 뿐만 아니라 쿠데타를 일으킨 자신이 살 길이기 때문이다. 예후는 자기와 함께 있던 장군들에게 전령을 보내 오늘 일어난 일에 대해서 요람 왕에게 절대 알리지 말도록 단속한 후 스스로 군대를 이끌고 요람이 있는 이스르엘로 향했다. 전혀 예고 없이 군대가 지평선에 나타나자 이스르엘의 망대에 긴장감이 돌기 시작했다(17절). 이스라엘의 장군들이 시리아군에게 패해서 도망 오는 중일 수도 있고,

시리아가 대군을 이끌고 직접 침략해오는 것일 수도 있기 때문이다. 불안하기는 요람도 마찬가지였다. 그래서 기마병을 보내 아군인지 적군인지 알아보게 했지만, 기마병은 돌아오지 않았다(18절). 또 한 번 보내 보았지만 역시 두 번째 기마병도 돌아오지 않았다(19절). 예후가 이들을 돌려보내지 않았기 때문이다.

망대에서 이 광경을 지켜보던 군사가 왕에게 사실을 보고하며 군대를 지휘해 오는 사람이 예후로 보인다는 말을 덧붙였다(20절). 이 군인이 먼 발치에서 말을 몰고 오는 사람이 예후라고 판단한 데는 그만한 이유가 있다. 예후는 마차를 모는 방법이 남달랐기 때문이다. "그 병거 모는 것이 님시의 손자 예후가 모는 것같이 미치게 모나이다"(20절). 말을 "미치게 모는 것"(בְּשִׁגָּעוֹן יִנְהָג)은 어떤 것일까? 오늘날로 말하면 '폭주족'에 비교할 수 있다.

요람은 예후라는 말에 안심을 하고 병문안 온 유다 왕 아하시야를 데리고 나가서 장군을 맞이했다. "예후 장군, 평화의 소식이오?"(יֵהוּא הַשָּׁלוֹם)(22절, 새번역) 이 말은 통상적으로 서로 나누는 인사말이다. 마치 우리의 "안녕하십니까?"처럼 말이다. 요람은 이 순간까지 예후의 반역을 알아차리지 못하고 있다! 오히려 시리아군에게 극적인 승리를 거두고 개선한 것으로 착각한다. 요람 왕은 곧 믿는 도끼에 발등 찍히게 된다.

예후는 반갑게 맞이하는 요람을 매서운 눈으로 쳐다보며 "당신의 어머니 이세벨이 저지른 음행과 마술 행위가 극에 달했는데 평화는 무슨 평화겠소?" 하고 쏘아붙였다(22절, 새번역). 성경에서 음행(זְנוּנִים)은 이스라엘이 여호와께 등을 돌리고 이방 신들을 따르는 행위를 묘사하는 가장 기본적인 은유(metaphor)이다(cf. 출 34:16; 레 17:7; 신 31:16; 사 2:7). 바알 종교의 성적 문란은 이 은유의 적합성을 한층 더 입증해준다(Montgomery & Gehman, House).

게다가 이 무슨 기구한 운명의 장난이란 말인가! 예후와 아합의 아들 요람이 다름 아닌 나봇의 땅에서 만난 것이다!(21절) 이 두 사람의 만남은 결코 우연이 아니다. 하나님의 섭리에 의해 아합 집안에 나봇의 핏값이 요구되는 순간이다! 오래전 이세벨이 나봇을 죽이고 그의 포도밭을 빼앗아 남편 아합에게 선물한 일에 대해서 엘리야가 선포한 심판 예언이 실현되고 있다(cf. 왕상 21:19-22). 하나님이 아합과 이세벨이 행한 악한 일을 그들의 아들을 죽임으로써 바로잡고자 하신다(Seow).

뒤늦게 상황을 알아차린 요람이 함께했던 유다의 왕 아하시야에게 반역(מִרְמָה)이라고 소리치며 도망쳐보지만(23절) 때는 이미 늦었다. 결국 그는 예후의 활에 맞아 죽었다(24절). 요람의 아버지 아합도 활에 맞아 죽었는데(cf. 왕상 22:34), 이제 아들도 활에 맞아 죽는다. 예후가 요람의 시신을 끌어안고 있던 빗갈에게 소리쳤다. "그 주검을 들고 가서, 이스르엘 사람 나봇의 밭에 던지시오. 당신은, 나와 당신이 그 아버지 아합의 뒤에서 나란히 병거를 타고 다닐 때에, 주님께서 그를 두고 선포하신 말씀을 그대로 기억할 것이요. 주님께서 아합에게 '내가 어제, 나봇과 그의 아들들이 함께 흘린 피를 분명히 보았다. 바로 이 밭에서 내가 너에게 그대로 갚겠다. 이것은 주의 말이다'하고 말씀하셨소. 이제 당신은 그 주검을 들고 가서, 주님의 말씀대로 그 밭에 던지시오"(25-26절, 새번역).

선지자가 와서 그에게 왕으로 기름을 붓고 아합 집안을 제거하라고 했을 때, 예후가 왜 아무런 대꾸 없이 그 말을 그대로 받아들였는지, 예후의 이 명령이 충분히 설명한다. 그는 오래전부터 엘리사의 예언을 통해 아합 집안이 이렇게 될 줄 알고 있었으며, 자신이 이 일을 하게 된 것뿐이라고 생각한 것이다.

V. 엘리사의 사역(2:1-13:25)
E. 예후의 이스라엘 정화(9:1-10:36)

3. 아합의 사위 아하시야가 살해됨(9:27-29)

27 유다의 왕 아하시야가 이를 보고 정원의 정자 길로 도망하니 예후가 그

뒤를 쫓아가며 이르되 그도 병거 가운데서 죽이라 하매 이블르암 가까운 구르 비탈에서 치니 그가 므깃도까지 도망하여 거기서 죽은지라 [28] 그의 신복들이 그를 병거에 싣고 예루살렘에 이르러 다윗 성에서 그들의 조상들과 함께 그의 묘실에 장사하니라 [29] 아합의 아들 요람의 제십일년에 아하시야가 유다 왕이 되었었더라

옆에서 이 광경을 지켜본 유다의 왕 아하시야가 도망치기 시작하지만, 예후의 부하들이 그의 뒤를 쫓아가 치명적인 상처를 입혔다. 아하시야는 이스르엘에서 그리 멀지 않은 므깃도로 도망했지만, 그곳에서 숨을 거두었다(27절). 부하들이 그의 시체를 예루살렘으로 운반해서 장사를 지냈다. 아하시야는 이처럼 겨우 1년 동안 유다를 통치하다가 암살당했다(29절). 그가 이세벨의 딸을 아내로 맞이한 일에 대한 죗값이라 할 수 있다.

열왕기와는 달리 역대기 저자는 이 사건을 회고하면서 아하시야의 상처, 므깃도로 피신한 일, 그가 죽은 장소 등을 언급하지 않는다. 대신 이렇게 기록하고 있다. "아하시야는 사마리아로 가서 숨어 있었으나, 예후가 그를 찾아 나섰다. 마침 예후의 부하들이 아하시야를 붙잡아 예후에게로 데리고 왔다. 예후가 그를 죽이니, 사람들은 '그가 마음을 다하여 주님만 찾은 여호사밧의 아들이었다' 하면서, 그를 묻어 주었다. 그러고 나니, 아하시야의 가문에는 왕국을 지켜갈 만한 능력을 가진 사람이 아무도 없었다"(대하 22:9, 새번역). 표면적으로는 둘이 서로 잘 어울리지 않는다고 생각할 수 있지만, 예후가 므깃도에 있으면서 부상당한 아하시야를 붙잡아 처형한 것으로 해석하면 별 문제가 없다(Patterson & Austel, House).

예후가 왜 아하시야까지 죽인 것일까? 일부 주석가들은 그가 아합 집안의 딸과 결혼한 것 하나만으로도 충분한 이유가 된다고 생각한다(Hobbs). 아하시야는 결혼을 통해 오므리 왕조와 연관된 사람이기에,

만일 예후가 그를 살려두면 훗날 처남인 요람의 원수를 갚겠다고 나설 수 있기 때문에 제거한 것이라는 해석도 있다(Gray). 구체적인 이유는 여러 가지이지만, 이 모든 것을 아우르는 것은 아하시야가 아합 집안과 깊이 연루되어 있다는 사실이다. 하나님 보시기에 그도 요람과 다를 바 없는 죄인이었다.

V. 엘리사의 사역(2:1–13:25)
E. 예후의 이스라엘 정화(9:1–10:36)

4. 아합의 아내 이세벨이 살해됨(9:30–37)

[30] 예후가 이스르엘에 오니 이세벨이 듣고 눈을 그리고 머리를 꾸미고 창에서 바라보다가 [31] 예후가 문에 들어오매 이르되 주인을 죽인 너 시므리여 평안하냐 하니 [32] 예후가 얼굴을 들어 창을 향하고 이르되 내 편이 될 자가 누구냐 누구냐 하니 두어 내시가 예후를 내다보는지라 [33] 이르되 그를 내려던지라 하니 내려던지매 그의 피가 담과 말에게 튀더라 예후가 그의 시체를 밟으니라 [34] 예후가 들어가서 먹고 마시고 이르되 가서 이 저주 받은 여자를 찾아 장사하라 그는 왕의 딸이니라 하매 [35] 가서 장사하려 한즉 그 두골과 발과 그의 손 외에는 찾지 못한지라 [36] 돌아와서 전하니 예후가 이르되 이는 여호와께서 그 종 디셉 사람 엘리야를 통하여 말씀하신 바라 이르시기를 이스르엘 토지에서 개들이 이세벨의 살을 먹을지라 [37] 그 시체가 이스르엘 토지에서 거름같이 밭에 있으리니 이것이 이세벨이라고 가리켜 말하지 못하게 되리라 하셨느니라 하였더라

이스라엘의 왕으로 기름부음을 받은 이후 예후는 아합 집안을 체계적으로 정리해 나가고 있다. 드디어 예후가 이세벨을 살해하는 대목이 나온다. 지난 수십 년 동안 남편 아합의 권력을 이용해서 바알과 아세라 종교를 이스라엘의 국교로 삼으려 했던 여인, 여호와의 선지자들을

거침없이 죽이고 제거했던 여인, 자기가 아끼던 바알 선지자 450명이 한순간에 죽어나가는데도 눈썹 하나 까딱하지 않던 강심장을 지닌 악한 여인이 종말을 맞고 있다. 그래서 이세벨의 죽음은 예후의 이스라엘 정화 작업의 클라이맥스로 취급한다(Cohn).

요람의 어머니이자 아합의 아내였던 이세벨은 예후가 자기 아들 요람 왕을 죽이고 이스르엘 쪽으로 오고 있다는 소식을 듣고 눈 화장을 하고 머리를 아름답게 꾸미고 예후를 기다리고 있다(30절). 이세벨은 왜 죽음이 임박한 순간에 이런 치장을 한 것일까? 일부 주석가들은 그녀가 예후를 유혹하기 위해서라고 해석한다(Barré, Long). 그러나 그녀가 예후가 도착하자마자 그에게 쏘아붙이는 말 "제 주인을 살해한 시므리 같은 자야, 그게 평화냐?"(31절, 새번역)는 절대 남자를 유혹할 만한 말이 아니다(Montgomery & Gehman, Keil, Provan). 그러므로 그녀가 화장을 하고 치장한 것은 대왕대비(大王大妃)로서 위엄과 자태를 유지하며 죽겠다는 각오에서였다(Cohn, Fretheim, House). 실제로 엘리야가 이세벨이 후원하던 바알 선지자 450명을 죽였을 때도 그녀는 눈 하나 깜짝하지 않았다. 그만큼 대범한 여자였다.

이세벨의 말에 가시가 있다. 이세벨은 예후를 "시므리 같은 자"라고 비난한다. 기본적인 의미는 시므리가 이유 없이 주인을 죽인 것처럼(왕상 16:8-20) 예후도 주인을 죽일만한 이유 없이 죽인 자라는 비난이다. 그러나 이세벨의 비난의 의미는 여기서 멈추지 않는다. 더 나아가 시므리가 쿠데타를 일으킨 지 7일 만에 자살한 것을 염두에 두고 예후에게 '7일 저주'를 내리고자 한 것이다(Provan, House; Seow). 또한 시므리가 반역을 일으킨 지 7일 만에 그를 죽이고 왕이 된 사람이 이세벨의 시아버지 오므리라는 사실을 감안할 때(cf. 왕상 16:9-16), 이세벨은 자기 후손(오므리 집안 사람) 중에서 예후를 제거할 자가 속히 나올 것을 바라며 이런 말을 하고 있다. 마지막 순간에는 악밖에 남지 않은 여인이다. 이세벨은 예후에게 "평화냐?"(הֲשָׁלוֹם)라고 묻는데(31절), 이스라엘의 평화를 위해서는 그녀가 죽어야 한다(Olyan).

예후는 요람과 아하시야를 죽인 때처럼 이세벨을 죽이는 데도 신속했다. 예후는 이세벨 옆에 서 있는 내관들(סָרִיסִים)에게 그녀를 아래로 던지라고 명령했고, 내관들은 그의 명령을 그대로 따랐다(33절). 이세벨이 내관들에 의해서 죽임을 당하는 것은 그녀의 우상숭배로 오염된 일생에 적절한 종지부라 할 수 있다. 내관들/내시들은 이세벨이 평생을 두고 이스라엘에 강요하고 퍼뜨렸던 바알 종교, 곧 다산을 위해서 문란한 성문화도 마다하지 않았던 '종교의 혜택'을 전혀 받을 수 없는 사람들이었다. 그러므로 그들이 그녀의 숨통을 끊는 것은 적절한 결말인 것이다(Provan).

이세벨의 몸이 땅에 떨어지면서 벽과 말에 피를 튀겼고, 예후가 그녀의 부서진 몸 위로 말을 몰아 짓이겼다(33절). 이세벨이 예후의 반역에 눈 하나 깜짝하지 않은 것처럼, 예후도 이세벨의 죽음에 전혀 동요하지 않고 궁으로 들어가 먹고 마셨다. 새로이 즉위한 예후가 왕의 자리에 앉아 부하들과 만찬을 즐긴 것이다. 한참 먹고 마신 다음, 예후가 이세벨의 시체를 가져다 장사를 지내주라는 명령을 내렸다(34절). 그러나 부하들이 이세벨의 시체를 수거하러 갔을 때에는 개들이 시체를 모두 먹어 치워서 해골과 손발밖에는 아무것도 없었다(35절). 이세벨의 시신 훼손은 한때 온 천하를 호령하던 여왕에게 마지막으로 씻을 수 없는 수치를 안겨주고 있다(Konkel). 한 주석가들은 그녀의 이름 이세벨(אִיזֶבֶל)의 일부인 '세벨'(זֶבֶל)이 지닌 의미 중 하나가 '분뇨'라며 이 상황을 그녀의 이름에 적절한 결말이라고 하기도 한다(Montgomery & Gehman).

부하들이 돌아와서 예후에게 사실을 고하자, 예후는 엘리야를 통해서 하신 여호와의 말씀이 성취되었다며 그 예언을 회고했다. "주님께서, 주님의 종 디셉 사람 엘리야를 시켜서 말씀하신 대로, 이루어졌다. 주님께서 말씀하시기를 '이스르엘의 밭에서 개들이 이세벨의 주검을 뜯어 먹을 것이며, 이세벨의 주검은 이스르엘에 있는 밭의 거름처럼 될 것이므로, 이것을 보고 이세벨이라고 부를 사람은 아무도 없을 것이다' 하셨는데, 그대로 되었다"(36-37절, 새번역).

일부 학자들은 엘리야의 예언은 "개들이 이스르엘 성읍 곁에서 이세벨을 먹을지라"(왕상 21:23)라고 했는데 여기에 기록된 내용—이스르엘의 밭에서 개들이 이세벨의 주검을 뜯어 먹을 것—은 엘리야의 예언과 일치하지 않는다고 문제를 제기하기도 한다(cf. Provan). 그러나 이스르엘 성 곁에 밭이 붙어있던 것으로 간주하면 별 문제가 없다. 이세벨의 죽음을 통해 나봇의 억울한 죽음에 대한 보복이 이루어졌다. 비록 우리가 기대한 것보다 더 긴 시간이 흘렀지만, 하나님의 말씀은 이처럼 하나도 땅에 떨어지지 않고 모두 성취되어가고 있다.

V. 엘리사의 사역(2:1-13:25)
E. 예후의 이스라엘 정화(9:1-10:36)

5. 아합의 자손들이 살해됨(10:1-11)

1 아합의 아들 칠십 명이 사마리아에 있는지라 예후가 편지들을 써서 사마
리아에 보내서 이스르엘 귀족들 곧 장로들과 아합의 여러 아들을 교육하는
자들에게 전하니 일렀으되 2 너희 주의 아들들이 너희와 함께 있고 또 병거
와 말과 견고한 성과 무기가 너희에게 있으니 이 편지가 너희에게 이르거든
3 너희 주의 아들들 중에서 가장 어질고 정직한 자를 택하여 그의 아버지의
왕좌에 두고 너희 주의 집을 위하여 싸우라 하였더라 4 그들이 심히 두려워
하여 이르되 두 왕이 그를 당하지 못하였거든 우리가 어찌 당하리요 하고 5
그 왕궁을 책임지는 자와 그 성읍을 책임지는 자와 장로들과 왕자를 교육하
는 자들이 예후에게 말을 전하여 이르되 우리는 당신의 종이라 당신이 말하
는 모든 것을 우리가 행하고 어떤 사람이든지 왕으로 세우지 아니하리니 당
신이 보기에 좋은 대로 행하라 한지라 6 예후가 다시 그들에게 편지를 부치
니 일렀으되 만일 너희가 내 편이 되어 내 말을 너희가 들으려거든 너희 주

의 아들된 사람들의 머리를 가지고 내일 이맘때에 이스르엘에 이르러 내게
나아오라 하였더라 왕자 칠십 명이 그 성읍의 귀족들, 곧 그들을 양육하는
자들과 함께 있는 중에 7 편지가 그들에게 이르매 그들이 왕자 칠십 명을 붙
잡아 죽이고 그들의 머리를 광주리에 담아 이스르엘 예후에게로 보내니라 8
사자가 와서 예후에게 전하여 이르되 그 무리가 왕자들의 머리를 가지고 왔
나이다 이르되 두 무더기로 쌓아 내일 아침까지 문 어귀에 두라 하고 9 이튿
날 아침에 그가 나가 서서 뭇 백성에게 이르되 너희는 의롭도다 나는 내 주
를 배반하여 죽였거니와 이 여러 사람을 죽인 자는 누구냐 10 그런즉 이제
너희는 알라 곧 여호와께서 아합의 집에 대하여 하신 말씀은 하나도 땅에
떨어지지 아니하리라 여호와께서 그의 종 엘리야를 통하여 하신 말씀을 이
제 이루셨도다 하니라 11 예후가 아합의 집에 속한 이스르엘에 남아 있는 자
를 다 죽이고 또 그의 귀족들과 신뢰 받는 자들과 제사장들을 죽이되 그에
게 속한 자를 하나도 생존자를 남기지 아니하였더라

예후는 여세를 몰아 아합의 자손들을 살해하기로 했다. 그는 한편의 편지를 여러 개로 복사해서 사마리아와 이스르엘의 유지들, 그리고 아합의 자손들을 보호하고 있는 사람들에게 보냈다. 예후가 이스라엘의 유지들에게 편지를 쓰는 것이 옛적에 이세벨이 나봇의 포도밭을 빼앗기 위해서 유지들에게 편지를 쓴 일을 연상케 한다(Provan). 예후의 편지는 유지들에게 아합의 후손들 중 가장 능력 있는 사람을 왕으로 세워 한판 붙어보자는 내용이었다. 아합 집안의 편에 설 것인가, 자신을 따를 것인가 결단하라는 의미이다. 자신감이 넘치는 사람만이 이런 일을 할 수 있다. 예후의 자신감은 어디서 비롯된 것일까? 그가 계속해서 선지자들이 선포한 말씀을 회상하는 것은 보면, 여호와께서 아합 집안을 제거하라고 자기를 왕으로 세우셨다는 확신에서 비롯된 것임을 알 수 있다. 게다가 그는 이미 이스라엘 군대를 장악했다. 누가 이런 예후를 상대로 싸울 생각을 할 수 있겠는가?

예후의 편지를 받은 사람들은 한결같이 요람과 아하시야가 당하지 못한 사람을 자신들이 어찌 이기겠는가 하는 결론에 다다랐다. 예후가 이미 두 왕을 죽인 일도 이들이 이 같은 결론을 내리는데 일조했다(Cohn). 예후의 자신감 넘치는 심리전이 효력을 발휘한 것이다. 그들은 편지를 보내 예후와 싸울 생각은 전혀 없으니 어떻게 하면 좋겠냐며 명령을 내릴 것을 요청했다. 예후는 그들이 데리고 있는 아합의 모든 자손들의 목을 치라고 지시했다(6절).

다음날 사마리아로부터 아합의 자손 70명의 머리가 이스르엘에 있는 예후에게 배달되었다. 예후는 왕자들의 목을 성읍 어귀에 쌓아두었다. 성읍 어귀는 시장과 유지들의 법정이 서는 곳이다. 고대의 왕들은 반역을 꾀하는 자들에게 경고하기 위해서 경쟁자의 목을 쳐서 이곳에 두곤 했다(Gray). 예후는 이 일을 통해 자신이 이스라엘의 새로운 왕이 된 것과 오므리 왕조가 완전히 끝났다는 것을 온 나라에 선포하고 있다. 또한 누구든 반역하면 이 왕자들처럼 될 것이라는 경고를 하고 있다.

다음날 아침 예후는 백성들을 모아 왕자들의 머리를 보여주며 이 일은 여호와께서 엘리야를 통해 하신 말씀을 성취하기 위한 일이라고 설명했다(10절). 자신의 쿠데타를 통한 정권 장악의 정당성을 선지자 엘리야의 예언의 성취에서 찾은 것이다. 또한 예후는 이 선언을 통해 자신을 대적하는 것은 여호와를 대적하는 것이라고 경고하고 있다(Keil). 그리고는 이스라엘에 남아있는 아합 가문에 속한 사람을 모두 쳐죽였다. 또 아합 가문의 관리들과 친지들과 제사장들을 하나도 남기지 않고 모두 죽였다(11절). 무시무시한 피바람이 분 것이다. 하나님이 아합과 이세벨에 대해 느끼신 분노를 어느 정도 예측할 수 있을 것 같다.

V. 엘리사의 사역(2:1-13:25)
E. 예후의 이스라엘 정화(9:1-10:36)

6. 아하시야의 친족이 살해됨(10:12-14)

**12 예후가 일어나서 사마리아로 가더니 도중에 목자가 양털 깎는 집에 이르
러 13 예후가 유다의 왕 아하시야의 형제들을 만나 묻되 너희는 누구냐 하니
대답하되 우리는 아하시야의 형제라 이제 왕자들과 태후의 아들들에게 문
안하러 내려가노라 하는지라 14 이르되 사로잡으라 하매 곧 사로잡아 목자가
양털 깎는 집 웅덩이 곁에서 죽이니 사십이 명이 하나도 남지 아니하였더라**

예후가 이스르엘을 떠나 사마리아로 가는 길에 벳에켓하로임에 이르렀다(12절, 새번역). 이 길은 사마리아로 가는 주(main) 도로가 아니라, 샛길이다(Patterson & Austel). 예후는 그곳에서 이미 살해된 남 왕국의 아하시야의 친족들을 만났다. 이 같은 상황에 대해서 학자들은 두 가지 해석을 내놓았다. 첫째, 아하시야의 친족들이 이 길을 택한 것은 은밀하게 사마리아에 도착해서 예후에게 보복하기 위해서이다(Hobbs). 둘째, 이들이 잘 알려지지 않은 이 길을 택한 것은 예후를 피하기 위해서라는 것으로 전통적인 견해이다. 전자일 가능성은 별로 없다. 이들이 거느린 군대가 크지 않았기 때문이다. 전통적인 견해를 바탕으로 이 사건을 해석하면, 이들이 예후를 피하기 위해 이 길을 택했는데, 그런 그들에게 최악의 상황이 전개되고 있다. 예후가 그들의 신분을 묻자 영문을 모른 그들은 "우리는 아하시야의 형제들로서, 이세벨 왕후와 왕자들과 왕의 친족들에게 문안을 드리러 내려왔습니다"라고 답했다(13절, 새번역). 이들이 천진난만하게 대답하는 것을 보면, 이들은 아직 아하시야의 사망 소식이나 북 왕국에 쿠데타가 있었다는 소식을 접하지 못한 것이 확실하다.

이 말을 듣고 이미 이세벨과 아합 집안의 남자들을 모두 죽인 예후가

그냥 넘어갈 리가 없다. 그래서 이들을 벳에켓의 한 구덩이에 처넣고 모두 죽였다. 총 42명의 유다 왕족들이 한꺼번에 죽임을 당했다. 이 이야기를 읽으며 '예후가 이들까지 이렇게 무차별하게 죽여야 했는가?'라는 질문을 해볼 수밖에 없다. 이스라엘과 유다의 왕조가 서로 결혼으로 얽혀있어서, 훗날 이들 중 누군가가 예후가 장악한 왕권을 요구할 것을 염려해서 죽인 것이라는 해석도 있다(Patterson & Austel). 그러나 설득력이 많이 있어 보이지는 않는다. 훗날 호세아는 이스르엘에서 있었던 학살을 비난하게 되는데(호 1:4-5), 혹시 이 일 때문은 아니었을까?

V. 엘리사의 사역(2:1-13:25)
E. 예후의 이스라엘 정화(9:1-10:36)

7. 아합의 나머지 친족들이 살해됨(10:15-17)

15 예후가 거기에서 떠나가다가 자기를 맞이하러 오는 레갑의 아들 여호나답
을 만난지라 그의 안부를 묻고 그에게 이르되 내 마음이 네 마음을 향하여 진
실함과 같이 네 마음도 진실하냐 하니 여호나답이 대답하되 그러하니이다 이
르되 그러면 나와 손을 잡자 하니 손을 잡으니 예후가 끌어 병거에 올리며 16
이르되 나와 함께 가서 여호와를 위한 나의 열심을 보라 하고 이에 자기 병
거에 태우고 17 사마리아에 이르러 거기에 남아 있는 바 아합에게 속한 자들
을 죽여 진멸하였으니 여호와께서 엘리야에게 이르신 말씀과 같이 되었더라

예후가 사마리아로 가는 길에 레갑의 아들 여호나답(יְהוֹנָדָב בֶּן־רֵכָב)을 만났다(15절). 예후는 그에게 손을 내밀어 마차 위로 끌어올린 다음 함께 가서 여호와를 향한 자신의 열정이 얼마나 대단한가를 보라고 했다(16절). 이들의 결합은 오므리 왕조에 대한 백성들의 불만을 암시하는 듯하다(House). 예후는 사마리아에 도착하자마자 여호나답이 지켜보는 가운데 아합의 지지자를 모두 죽였다. 저자는 이 모든 것이 여호와께서 엘리야에게 말씀하신 대로 이루어진 것이라고 평가하며 예후가 사마리아에서 아합의 지지자들을 처형한 일의 정당성을 인정한다(17절).

이 사건에 등장하는 레갑의 아들 여호나답은 일종의 순수주의적 종파(purist sect)를 창시한 사람이다. 예레미야 35장에 의하면 여호나답의 후손들은 이 일이 있은 지 수백 년의 시간이 흐른 예레미야 시대에도 이 창시자의 명을 받들어 재산을 소유하지 않고 한 곳에 머물지도 않으며 술을 입에 대지 않는 청렴한 생활을 했다. 또한 하나님은 이 레갑 후손의 신실함을 예로 삼아 유다의 불신을 비난하셨다. 이 종파의 금욕주의적 삶은 가나안 문화의 모든 이교도적인 것을 거부했다. 그러므로 여호나답이 예후와 손을 잡고 바알 종교를 뿌리뽑으려 한 것은 두 사람의 공동 관심사로 인해 가능했다(Cogan & Tadmor).

V. 엘리사의 사역(2:1-13:25)
E. 예후의 이스라엘 정화(9:1-10:36)

8. 바알 숭배자들이 살해됨(10:18-28)

18 예후가 뭇 백성을 모으고 그들에게 이르되 아합은 바알을 조금 섬겼으나
예후는 많이 섬기리라 19 그러므로 내가 이제 큰 제사를 바알에게 드리고자
하노니 바알의 모든 선지자와 모든 섬기는 자와 모든 제사장들을 한 사람
도 빠뜨리지 말고 불러 내게로 나아오게 하라 모든 오지 아니하는 자는 살
려 두지 아니하리라 하니 이는 예후가 바알 섬기는 자를 멸하려 하여 계책
을 씀이라 20 예후가 바알을 위하는 대회를 거룩히 열라 하매 드디어 공포
되었더라 21 예후가 온 이스라엘에 사람을 두루 보냈더니 바알을 섬기는 모
든 사람이 하나도 빠진 자가 없이 다 이르렀고 무리가 바알의 신당에 들어
가매 바알의 신당 이쪽부터 저쪽까지 가득하였더라 22 예후가 예복 맡은 자
에게 이르되 예복을 내다가 바알을 섬기는 모든 자에게 주라 하매 그들에게
로 예복을 가져온지라 23 예후가 레갑의 아들 여호나답과 더불어 바알의 신

당에 들어가서 바알을 섬기는 자들에게 이르되 너희는 살펴보아 바알을 섬기는 자들만 여기 있게 하고 여호와의 종은 하나도 여기 너희 중에 있지 못하게 하라 하고 [24] 무리가 번제와 다른 제사를 드리려고 들어간 때에 예후가 팔십 명을 밖에 두며 이르되 내가 너희 손에 넘겨 주는 사람을 한 사람이라도 도망하게 하는 자는 자기의 생명으로 그 사람의 생명을 대신하리라 하니라 [25] 번제 드리기를 다하매 예후가 호위병과 지휘관들에게 이르되 들어가서 한 사람도 나가지 못하게 하고 죽이라 하매 호위병과 지휘관들이 칼로 그들을 죽여 밖에 던지고 [26] 바알의 신당 있는 성으로 가서 바알의 신당에서 목상들을 가져다가 불사르고 [27] 바알의 목상을 헐며 바알의 신당을 헐어서 변소를 만들었더니 오늘까지 이르니라 [28] 예후가 이와 같이 이스라엘 중에서 바알을 멸하였으나

이 이야기는 성경에 기록된 가장 폭력적인 이야기 중 하나이다(Seow). 그러나 이 폭력은 정당하며, 성결을 추구하는 발버둥이다. 예후는 속임수를 써서 온 이스라엘에서 바알을 숭배하는 제사장들과 예언자들을 모았다. 그동안 이세벨이 정책적으로 바알 종교를 후원하였으니 이 종교의 규모가 얼마나 컸을까는 어느 정도 짐작할 수 있다. 예후는 자신이 바알 신전에서 예배를 드릴 것이니 바알 종교의 성직자들은 모두 정한 시간에 바알 신전으로 모이라고 했다. 혹시 참석하지 않은 사람은 바알과 왕을 모독한 죄로 다 죽이겠다는 경고했다.

그렇게 엄포를 놓고 난 후 예후는 오히려 모인 사람들만 죽인다. 예후는 미리 배치해 놓은 80명의 군사들을 시켜 이스라엘 전 지역에서 모인 바알 숭배자들을 바알 신전 안에서 가차없이 처형했다. 바알 숭배자들이 바알에게 제물을 바치는 것이 아니라 오히려 자신들이 바알의 제물이 되는 날이었다(Provan). 예후와 여호나답이 바알 성직자들을 이렇게 한 곳에서 한꺼번에 살해하는 것은 옛적 엘리야가 갈멜 산 위에서 한 일을 연상케 한다. 엘리야의 영향력이 다시 한 번 부각되는 순간이다(Wiseman, House). 비록 엘리야는 더 이상 세상에 없지만, 그는 아직도 개혁자들의 마음속에 살아있다.

예후는 바알 성직자들을 처형했을 뿐만 아니라 바알의 우상들을 태우고 깨뜨렸다(26-27절). 바알의 우상들은 바알의 임재를 상징하는 것들이다(Hubbard). 뿐만 아니라 바알 종교의 폐지를 완성하기 위해 바알 신전을 변소로 만들었다(27절). 바알에게 가하는 최후의 한방이며 최고의 수치이다. 바알 신전이 똥통으로 변했다! 저자는 이 화장실이 "오늘"까지 그대로 있다고 한다. 저자의 오늘이 언제일까? 알 수는 없지만, 세월이 상당히 지난 것은 확실하다.

이렇게 해서 바알 종교는 일단 이스라엘에서 뿌리가 뽑혔다. 이세벨이 국가 종교로 삼아 이스라엘 백성에게 강요한 이방 종교가 잠시 동안은 이스라엘에서 사라지게 된 것이다. 바알 종교는 더 이상 이스라엘 왕의 지원을 받지 못할 뿐만 아니라, 왕의 용인도 받지 못하게 된 것이다(Provan). 엘리야가 시작한 사역을 예후가 마치는 순간이다(House).

예후가 이스라엘 영토에서 바알 종교를 뿌리 뽑은 것은 그 시대에 현실적인 중요성을 지니고 있다. 이미 엘리사는 시리아의 왕으로 하사엘을 세우면서 그가 얼마나 잔인하게 이스라엘을 칠 것인가에 대해 눈물을 흘렸다(8:11-12). 예후는 이스라엘에서 바알 숭배를 제거함으로써 "바알에게 무릎 꿇지 않은 칠천"의 번성을 보장할 뿐만 아니라, 비록 하사엘이 이스라엘을 잔혹하게 친다 하더라도 하나님이 결코 그가 이스라엘을 뿌리째 뽑지는 못하게 하실 것이라는 기대감을 갖게 한다(cf. Provan). 하나님은 주의 백성의 선행을 축복하시는 분이기 때문이다.

V. 엘리사의 사역(2:1-13:25)
E. 예후의 이스라엘 정화(9:1-10:36)

9. 예후가 시도한 개혁의 오점(10:29-31)

**29 이스라엘에게 범죄하게 한 느밧의 아들 여로보암의 죄 곧 벧엘과 단에 있
는 금송아지를 섬기는 죄에서는 떠나지 아니하였더라 30 여호와께서 예후에
게 이르시되 네가 나보기에 정직한 일을 행하되 잘 행하여 내 마음에 있는
대로 아합 집에 다 행하였은즉 네 자손이 이스라엘 왕위를 이어 사대를 지
내리라 하시니라 31 그러나 예후가 전심으로 이스라엘 하나님 여호와의 율법
을 지켜 행하지 아니하며 여로보암이 이스라엘에게 범하게 한 그 죄에서 떠
나지 아니하였더라**

예후는 이스라엘의 왕들 중 그 누구도 하지 못했던 종교개혁을 단행했다. 이스라엘로 시집온 두로의 공주 이세벨에 의해서 국교와 다를 바 없이 강요되었던 바알 숭배를 뿌리 뽑았다. 그러나 그의 개혁은 한 가지 아쉬움을 남겼다. 비록 이스라엘의 그 어느 왕보다도 여호와 종교를 지향하고 권장했지만, 여로보암의 죄로부터 완전히 돌아서지는 못했기 때문이다(29, 31절).

'여로보암의 죄'라 함은 벧엘과 단에 금송아지를 세워놓고 그것들을 여호와라 하며 북 왕국 백성들로 하여금 벧엘과 단에서 예배를 드리게 하고는 매년 세 차례씩 예루살렘에 있는 성전에 가는 것을 금했던 죄를 두고 하는 말이다. 르호보암 때, 나라를 나누어 가진 여로보암으로서는 백성들의 동요를 막기 위한 어쩔 수 없는 정치적인 결단이라 할 수 있다. 그러나 다른 누구도 아닌 여호와 하나님이 여로보암을 왕으로 세우신 점을 생각할 때, 그것은 도저히 있을 수 없는 일이었다. 안타깝게도 예후도 이 이슈에 대해서는 용기 있는 결단을 내리지 못했다. 단과 벧엘에 있는 신전들을 헐고, 백성들을 예루살렘 성전으로 보

내야 하는데, 그렇게 하지 못한 것이다. 예후에게는 정치가 종교보다 더 중요했다.

예후는 또한 여호와의 율법을 지키는 일에 마음을 다하지 못했다는 평가도 받고 있다(31절). 저자는 예후의 개혁과 오므리 왕조의 처단을 높이 평가하고 있지만, 동시에 아쉬움을 금하지 못한다. 어떤 면에서 보면 예후는 하나님이 자기 백성을 징계하기 위해 사용하신 진노의 도구였던 시리아, 아시리아, 바빌론과 다를 바가 없다. 그들이 그랬던 것처럼 예후도 자신의 정권의 안정이 보장되는 수준까지만 종교 개혁을 단행했다. 그 이상은 아니다. 예후의 개혁은 이스라엘에서 바알 신상을 제거하는 데는 성공했지만, 백성을 여호와께 돌아오게 하는 데에는 실패했다.

예후가 열정을 가지고 바알 종교를 박해한 궁극적인 이유는 쿠데타를 일으켜 제거한 선왕 아합 집안이 바알 종교를 지향했기 때문이라는 관찰도 있다(House). 예후가 바알 종교를 제거한 것은 단지 오므리 왕조와 자신이 세운 왕조를 차별화하기 위해서라는 것이다. 그러나 엘리야의 예언을 몇 차례 언급한 것으로 보아 이러한 가능성은 희박하다. 만일 그가 종교개혁을 단행한 김에 더 나아가 엘리야가 그토록 원한 것처럼 벧엘과 단에 있는 금송아지를 제거하고 온 백성을 예루살렘에 있는 여호와의 성전으로 보냈다면 과연 어떤 축복이 그와 그의 집안에 임했을까?

하나님은 이런 예후를 보시고 "너는, 내가 보기에 일을 바르게 잘 하여, 내 마음에 들도록 아합의 가문을 잘 처리하였으니, 네 사 대 자손까지는 이스라엘의 왕위를 지키게 될 것이다"라고 축복하셨다(30절, 새번역). 예후가 아합의 집안을 정리한 것은 좋은 일이기에 하나님이 그에게 4대까지 이스라엘의 왕위를 약속하신다. 그러나 더 이상의 칭찬은 없다. 만일 예후가 여로보암의 죄를 범하지 않고 하나님의 율법을 잘 지켰다면, 하나님이 다윗에게 주셨던 약속과 같은 영원한 통치권을 그와 그의 후손에게 주시지 않았을까 하는 아쉬움이 남는다(Provan). 하나님이 기뻐하시는 진정한 개혁은 자기 이권의 범위를 초월해야 하며 끝까지 가야 한다. '2% 부족한' 개혁도 어느 정도 의미가 있지만, 많은 미련을 남긴다.

V. 엘리사의 사역(2:1-13:25)
E. 예후의 이스라엘 정화(9:1-10:36)

10. 예후의 나머지 행적(10:32-36)

32 이 때에 여호와께서 이스라엘에서 땅을 잘라 내기 시작하시매 하사엘이 이스라엘의 모든 영토에서 공격하되 33 요단 동쪽 길르앗 온 땅 곧 갓 사람과 르우벤 사람과 므낫세 사람의 땅 아르논 골짜기에 있는 아로엘에서부터 길르앗과 바산까지 하였더라 34 예후의 남은 사적과 행한 모든 일과 업적은 이스라엘 왕 역대지략에 기록되지 아니하였느냐 35 예후가 그의 조상들과 함께 자매 사마리아에 장사되고 그의 아들 여호아하스가 그를 대신하여 왕이 되니라 36 예후가 사마리아에서 이스라엘을 다스린 햇수는 스물여덟 해이더라

예후가 전심으로 하나님을 따르지 않았기에 그의 영토가 조금씩 조금씩 이방인들의 손에 넘어가기 시작했다. 한때는 가나안 지역의 호랑이였던 이스라엘이 조금씩 조금씩 고양이로 쇠퇴하고 있다. 물론 하나님이 하신 일이다(32절). 하나님은 엘리사를 통해 세우신 시리아의 하사엘로 하여금 이스라엘을 치게 하셨으며, 그는 예후에게서 많은 땅을 빼앗았다(32-33절). 그러나 이미 언급한 것처럼 하나님이 결코 하사엘에게 온 이스라엘을 차지하게 허락하진 않으실 것이다. 예후가 이스라엘에서 바알 숭배를 뿌리째 뽑은 것을 기뻐하셨기 때문이다. 하사엘은 예후에게 살에 박힌 가시와 같은 존재였다.

예후는 이처럼 개혁의 칼을 뽑기는 했지만, 완전한 개혁을 실행하지 못한 아쉬움을 남겼다. 그럼에도 불구하고 하나님이 그를 축복하셔서 그의 집안에 4대의 왕을 약속하셨다. 예후가 세운 왕조는 4대를 거치며 북 왕국을 거의 100년을 통치한다. 북 왕국 이스라엘이 210년 지속되었으니, 이스라엘 역사의 반(半)을 예후 집안이 통치한 셈이다. 저자는 그의 나머지 행적은 "이스라엘 왕 역대지략"에 모두 기록되어 있다고 한다. 자신도 그 출처를 인용하여 이 책을 저작하고 있으니, 이 왕에 대해 추가 정보가 필요하면 이 책을 살펴보라는 의미이다. 예후는 사마리아에서 28년 동안 이스라엘을 다스렸다(36절). 예후의 뒤를 이어 그의 아들 여호아하스가 왕이 된다.

V. 엘리사의 사역(2:1-13:25)

F. 아달랴와 여호야다(11:1-21)

우리는 여호사밧이 유다를 통치하기 시작한 이후로 이 순간까지 남·북 왕국이 정치적으로 함께 행동하고 있는 모습을 보아왔다. 두 왕조의 종교가 다른 점을 감안할 때 별로 좋은 연합은 아닌 것으로 보이지만, 여호사밧은 아합 집안과 사돈까지 맺었다. 이 두 왕조는 서로 구분이 안될 정도로 비슷해진 것이다(Provan).

이러한 정황에서 예후는 그동안 북 왕국을 다스려온 아합의 집안을 완전한 파멸에 이르게 했다. 또한 남 왕국의 아하시야까지 죽였다. 그렇다면 예후의 반란은 남 왕국에 얼마나 더 큰 파장을 가져올 것인가? 북 왕국에서 아합의 집안이 제거된 것처럼 남 왕국에서 다윗의 집안도 제거될 것인가?

저자는 이 섹션을 통해 그동안 북 왕국에만 집중된 책의 포커스를 남 왕국으로 돌린다. 이 이야기가 시작될 때에는 마치 남 왕국을 지배하는 다윗 왕조도 붕괴할 것처럼 보인다. 다행히 우리는 이야기의 중반에 가서 하나님이 다시 한 번 다윗의 등불을 밝힐 불씨를 보존해주셨다는 사실을 고백하게 된다. 이 과정에서 다윗 왕조는 아합의 딸을 통해 역사상 최고의 위협을 받는다. 본 텍스트는 다음과 같이 구분한다.

A. 아달랴의 반역(11:1-3)
B. 여호야다의 쿠데타(11:4-16)
C. 여호야다의 개혁(11:17-21)

V. 엘리사의 사역(2:1-13:25)
F. 아달랴와 여호야다(11:1-21)

1. 아달랴의 반역(11:1-3)

[1] 아하시야의 어머니 아달랴가 그의 아들이 죽은 것을 보고 일어나 왕의 자손을 모두 멸절하였으나 [2] 요람 왕의 딸 아하시야의 누이 여호세바가 아하시야의 아들 요아스를 왕자들이 죽임을 당하는 중에서 빼내어 그와 그의 유모를 침실에 숨겨 아달랴를 피하여 죽임을 당하지 아니하게 한지라 [3] 요아스가 그와 함께 여호와의 성전에 육 년을 숨어 있는 동안에 아달랴가 나라를 다스렸더라

북 왕국 이스라엘에서는 예후에 의해 아합 집안이 깨끗이 정리되었지만, 아합의 영향력은 남 왕국 유다에는 아직 남아 있었다. 아하시야가 죽었다는 말을 듣고 여호사밧 시대 때 다윗의 집안으로 시집온 아합의 딸이자 아하시야의 어머니였던 아달랴(8:18, 27)가 남 왕국의 정권을 잡은 것이다. 아달랴가 남 왕국 유다에게 한 짓을 보면, 그녀의 어머니 이세벨이 북 왕국 이스라엘에게 한 일에 견줄만하다(Seow). 이세벨이 그런 것처럼, 아달랴는 자신의 목적을 달성하기 위해 수단과 방법을 가리지 않는 여자이다.

아달랴는 유다의 정권을 장악하는 과정에서 왕족들을 닥치는 대로 죽였다(1절). 아들의 죽음에 실성한 것일까? 아니면 언젠가는 예후와 싸워 부모의 원수를 갚기 위해 정권을 장악한 것일까? 우리는 그녀의 모습에서 이세벨의 망령이 아직도 주의 백성을 괴롭히고 있음을 목격하고 있다.

지금까지 북 왕국에는 쿠데타가 종종 있었지만, 유다에서 이런 일은 처음이다. 그것도 아합의 딸이 이 일을 단행하고 있다. 그녀는 죽은 아들 아하시야를 대신해 정권의 후계자가 될 가능성이 있는 왕족들을 모두 죽이고, 스스로 여왕이 되어 6년을 통치했다. 이 사건을 지켜보면서 우리는 다윗의 왕조가 이처럼 한 악녀의 농간에 의해서 역사 속으로 사라질 것인가 하는 질문을 하지 않을 수 없다. 그것도 아합의 딸에 의해서 종말을 맞게 된다는 말인가? 만일 그렇게 되면 하나님이 다윗과 그의 자손에게 영원히 유다를 통치하게 하시겠다는 약속은 어떻게 되는 것인가? 다윗 왕조가 아무리 잘못해도 다윗과의 약속 때문에 등불을 끄지 않으신 하나님이 이번에는 침묵하실 것인가? 어떻게 이 문제를 해결하실 것인가?

다행히 여호람의 딸이요, 아하시야의 누이(혹은 이복누이)인(Josephus) 여호세바가 아하시야의 아들 요아스 왕자를 빼돌려 6년 동안 숨기며 양육했다. 요아스가 6년 동안 은신하다가 드디어 왕위에 오를 때 나이가 7세였던 사실을 감안하면(21절), 여호세바는 요아스가 한 살이었을 때 이 아이를 숨겼다. 하나님은 이 일을 통해서 아달랴가 여왕이 되어 유다를 다스린 6년 동안 다윗의 등불을 지속시킬 수 있는 불씨를 희미하게나마 보존하게 하셨다.

제사장 여호야다의 아내(대하 22:11), 여호세바는 어린 요아스와 그를 보살필 보모를 성전에 숨겼다(2절). 옛적에 모세의 어머니 요게벳이 이집트 사람들 몰래 모세를 숨겨 키운 일을 연상케 한다. 그래서 주석가들은 이 여인을 '주전 9세기 요게벳'(ninth-century Jochebed)이라고 부른다

(Patterson & Austel). 아달랴가 통치하는 유다에서 성전은 가장 안전한 곳이다. 이세벨의 딸 아달랴는 이방인으로 분리되기 때문에 성전에 들어갈 수가 없다(Sweeney). 또한 우상숭배자인 그녀가 여호와의 성전에 들어갈 일은 별로 없었을 것이다. 그러므로 성전은 어린 요아스를 숨기고 보호하기에 가장 좋은 장소이다.

V. 엘리사의 사역(2:1–13:25)
F. 아달랴와 여호야다(11:1–21)

2. 여호야다의 쿠데타(11:4–16)

4 일곱째 해에 여호야다가 사람을 보내 가리 사람의 백부장들과 호위병의 백
부장들을 불러 데리고 여호와의 성전으로 들어가서 그들과 언약을 맺고 그
들에게 여호와의 성전에서 맹세하게 한 후에 왕자를 그들에게 보이고 5 명
령하여 이르되 너희가 행할 것이 이러하니 안식일에 들어온 너희 중 삼분의
일은 왕궁을 주의하여 지키고 6 삼분의 일은 수르 문에 있고 삼분의 일은 호
위대 뒤에 있는 문에 있어서 이와 같이 왕궁을 주의하여 지키고 7 안식일에
나가는 너희 중 두 대는 여호와의 성전을 주의하여 지켜 왕을 호위하되 8 너
희는 각각 손에 무기를 잡고 왕을 호위하며 너희 대열을 침범하는 모든 자
는 죽이고 왕이 출입할 때에 시위할지니라 하니 9 백부장들이 이에 제사장
여호야다의 모든 명령대로 행하여 각기 관할하는 바 안식일에 들어오는 자
와 안식일에 나가는 자를 거느리고 제사장 여호야다에게 나아오매 10 제사
장이 여호와의 성전에 있는 다윗 왕의 창과 방패를 백부장들에게 주니 11 호
위병이 각각 손에 무기를 잡고 왕을 호위하되 성전 오른쪽에서부터 왼쪽까
지 제단과 성전 곁에 서고 12 여호야다가 왕자를 인도하여 내어 왕관을 씌우
며 율법책을 주고 기름을 부어 왕으로 삼으매 무리가 박수하며 왕의 만세를
부르니라 13 아달랴가 호위병과 백성의 소리를 듣고 여호와의 성전에 들어가
백성에게 이르러 14 보매 왕이 규례대로 단 위에 섰고 장관들과 나팔수가 왕

의 곁에 모셔 섰으며 온 백성이 즐거워하여 나팔을 부는지라 아달랴가 옷을
찢으며 외치되 반역이로다 반역이로다 하매 15 제사장 여호야다가 군대를 거
느린 백부장들에게 명령하여 이르되 그를 대열 밖으로 몰아내라 그를 따르
는 자는 모두 칼로 죽이라 하니 제사장의 이 말은 여호와의 성전에서는 그
를 죽이지 말라 함이라 16 이에 그의 길을 열어 주매 그가 왕궁의 말이 다니
는 길로 가다가 거기서 죽임을 당하였더라

아달랴가 유다를 다스리기 시작한 지 6년이 지났다. 여호야다라는 제사장은 아달랴가 정권을 장악한 지 7년째 되던 해에 비밀리에 일을 꾸미기 시작했다. 그의 역할을 보면 대제사장인 것이 확실하다(Provan). 그가 의거를 꾸민 것은 요아스를 통해 다윗 왕조를 다시 확립하겠다는 의지에서였다. 제사장이 이처럼 다윗 왕조를 다시 세우는 것은 상당한 상징성을 내포하고 있는 듯하다(House). 요아스가 7살이 되었으니 왕위에 올려도 괜찮다는 생각에서 일을 진행한 것 같다. 여호야다는 은밀히 군 장교들을 불러 일사천리로 일을 진행했다. 장교들은 다윗의 등불이 꺼졌다고 생각하다가 어린 요아스 왕자를 보고는 감격의 눈물을 흘렸을 것이다. 거사는 안식일에 하도록 했다. 이때는 여느 날보다 성전을 찾는 백성들도 많을 것이기 때문에 백성들이 지켜보는 가운데 요아스가 왕으로 즉위하기에 적합한 때라고 생각했다.

이야기의 전개내용을 감안할 때, 독재자 아달랴는 군대와 종교인들의 지지를 거의 받지 못했음이 확실하다(House). 모든 것이 여호야다가 계획한 대로 진행되었다. 제사장은 옛적 다윗 때의 것을 본떠 만든 창과 방패를 나누어주었다(10절; cf. Gray). 물론 다윗 왕조를 상징하는데 이보다 더 좋은 유물이 없었다. 삼엄한 엄호 속에 요아스를 데리고 나와서 왕관식을 거행했다. 어린 요아스에게 규례서/언약서/율법책(הָעֵדוּת)도 주었다. 이 규례서에는 왕에 대한 규정들이 적혀 있었다(cf. 신 17:14-20; 왕상 2:3; 왕하 17:15; 23:3; Keil, Provan). 이 문서는 시내 산 언약의 일부인 것이다. 그러므로 요아스의 즉위식은 시내 산 언약과 다윗 왕조에 대한 충성을 확인하는 예식이었다(House).

여호야다가 요아스를 왕으로 선포하자 성전에 모였던 백성들은 환호하며 어린 왕자를 왕으로 맞이했다. 무슨 일이 벌어지고 있는지를 전혀 몰랐던 아달랴가 백성들의 소리를 듣고 급히 성전으로 달려왔다. 상황을 알아차리고 나서는 "반역이로다! 반역이로다!"를 외쳤다(14절). 여호야다는 군사들에게 그녀를 끌고 나가서 처형하도록 했다. 아달랴가 죽은 곳은 말들이 왕궁으로 드나들 때 사용하는 길이었다. 저자가 아달랴의 죽음과 말을 연관시키는 것은(16절) 그녀의 어머니 이세벨의 죽음을 연상케 하기 위한 것이다. 그 어머니에 그 딸이라고, 두 여인은 같은 종말을 맞았다. 뿐만 아니라, 말은 솔로몬 시대에 이집트를 포함한 이방 국가들의 상징이기도 했다. 아달랴의 죽음이 말과 연관된 것은 유다 왕실에 이방인의 영향력이 끝났다는 것을 의미한다.

이렇게 해서 6년 동안 지속된 아달랴의 시대는 막을 내렸다. 그녀는 이 기간에 어머니 이세벨을 좇아 유다에 바알 종교를 전파했다. 이제 그녀의 죽음으로 유다는 북 왕국에서 예후가 단행했던 바알 종교 제거에 버금가는 개혁을 펼쳐나갈 수 있는 발판을 마련되었다(18절). 여호야다 제사장의 지휘하에 총체적인 종교개혁을 기대할 수 있게 된 것이다. 시대가 악할 때, 악의 세력이 영원히 세상을 장악할 것 같지만, 하나님의 때가 이르면 선이 승리한다. 이것은 하나님의 약속이다.

V. 엘리사의 사역(2:1-13:25)
F. 아달랴와 여호야다(11:1-21)

3. 여호야다의 개혁(11:17-21[12:1])

[17] 여호야다가 왕과 백성에게 여호와와 언약을 맺어 여호와의 백성이 되게 하고 왕과 백성 사이에도 언약을 세우게 하매 [18] 온 백성이 바알의 신당으로

가서 그 신당을 허물고 그 제단들과 우상들을 철저히 깨뜨리고 그 제단 앞에서 바알의 제사장 맛단을 죽이니라 제사장이 관리들을 세워 여호와의 성전을 수직하게 하고 19 또 백부장들과 가리 사람과 호위병과 온 백성을 거느리고 왕을 인도하여 여호와의 성전에서 내려와 호위병의 문 길을 통하여 왕궁에 이르매 그가 왕의 왕좌에 앉으니 20 온 백성이 즐거워하고 온 성이 평온하더라 아달랴를 무리가 왕궁에서 칼로 죽였더라 21 요아스가 왕이 될 때에 나이가 칠 세였더라

여호야다가 아달랴를 죽인 다음에 처음으로 한 일이 언약을 맺는 일이었다. 그는 왕과 백성들로 하여금 하나님과 언약을 맺게 했고, 백성들과 왕 사이에도 언약을 맺도록 했다(17절). 이스라엘은 하나님의 백성이요, 여호와는 그들의 주인되심을 확인하는 예식이었다. 이 시점에서 언약의 갱신이 필요한 것은 아달랴의 통치 아래 백성들이 하나님을 버리고 바알을 섬겼기 때문이다(Keil). 개혁에 있어서 나쁜 것을 제거하는 것도 좋지만 그 자리를 차지할 좋은 것을 주는 것은 더 중요한 일이다. 특히 아름다운 옛것을 잃어버리고 있을 때는 새로운 것을 지향하는 것보다 그 옛것을 찾는 것이 더 좋은 일이다. 여호야다는 이스라엘이 아달랴로 인해 깨어졌던 하나님과 관계를 다시 회복하기를 원했다.

유다 사람들이 언약 갱신을 통해 자신들이 여호와의 백성이라는 것을 깨닫는 순간 꼭 해야 할 일이 생겼다. 그동안 강요되었던 바알 종교를 모두 제거하는 일이다. 그래서 그들은 바알 신전으로 몰려가서, 그 신전을 허물고, 제단을 뒤엎고, 신상들을 완전히 부숴 버렸다. 뿐만 아니라 그들은 제단 앞에서 바알의 제사장 맛단을 죽였다(18절).

저자는 이 일에 있어서 이스라엘의 모든 사람들이 뜻을 함께했다는 점을 강조하기 위해 "그 땅의 온 백성"(כָּל־עַם הָאָרֶץ)이 이 일을 했다고 한다. 저자가 아달랴가 살해된 다음에 온 성이 평온했다고 기록한 것으로 보아(20절) 아달랴의 통치는 공포와 불안감을 조성하는 독재였음을 알 수 있다. 이세벨의 딸에게서 무엇을 바라겠는가! 요아스가 왕이 되었을 때 일곱 살이었다(21절).

예후가 주도한 북 왕국의 개혁과 여호야다가 주관한 남 왕국의 개혁은 각 나라에서 바알 종교를 제거한 점에서 같다. 그러나 후속 조치에 있어서는 현저한 차이가 있다. 예후는 바알 종교를 제거한 후 여로보암이 벧엘과 단에 세운 신전들을 중심으로 하는 국교를 장려했다. 여호야다는 백성들을 여호와의 품으로 돌아가게 했다. 예후의 개혁은 반쪽 개혁이었다. 그는 자신의 정치적 입지를 굳히는 데 필요한 만큼만 개혁을 단행했던 것이다.

반면에 여호야다는 온전한 개혁을 이루어냈다. 바알을 제거했을 뿐만 아니라 여호와와 유다를 다시 하나님–백성 관계로 회복하게 했다. 그러나 한 가지 아쉬운 점은 있다. 산당을 제거하지 않은 일이다(12:3). 산당만 제거했더라면 그는 완벽한 개혁을 이루어냈을 것이다. 개혁에 있어서 마지막 한 걸음이 이렇게 중요할 수 있다.

V. 엘리사의 사역(2:1–13:25)

G. 요아스의 개혁(12:1–21[2–22])

아달랴가 집권하는 동안 유다 정계는 마치 다윗의 등불이 꺼진듯한 불안감이 감돌았다. 그러나 하나님이 다윗에게 하신 약속을 지키시기 위해서 6년 동안 은밀한 곳(viz., 성전)에 요아스를 불씨로 보존하셨다. 그리고 그 등불이 다시 활활 타오르게 하셨다. 다윗 왕조가 건재함을 입증하기 위해서인지, 하나님은 요아스에게 40년 동안 유다를 통치하게 하셨다. 다윗 왕조에 속한 왕들 중에서 지금까지 40년을 통치한 사람은 다윗(왕상 2:11)과 솔로몬(왕상 11:42)뿐이다. 한때 아달랴의 손에 풍전등화와 같은 위기를 겪었지만, 다윗 왕조는 옛날처럼 다시 부흥할 것이다. 하나님이 다윗과의 약속을 지키실 것이기 때문이다.

마치 하나님의 은혜에 답례하듯 요아스는 여호와를 섬기며 꾸준히 개혁을 이루어 나간다. 어렸을 때에는 여호야다 제사장이 그를 도와 이러한 정책을 펴나갈 수 있도록 했지만, 성인이 되어서는 스스로 여호와를 섬겼다. 그러나 여호야다가 죽은 이후에 그의 여호와에 대한 열정은 순식간에 식어갔고 머지않아 우상 숭배자가 되었다(대하 24:17–22). 요아스 시대에도 산당은 제거되지 않고 그대로 남아 있었다(3절). 본 텍스트는 다음과 같이 구분할 수 있다.

A. 요아스의 통치 요약(12:1–3)
B. 요아스가 성전을 보수함(12:4–16)
C. 요아스가 시리아를 달램(12:17–18)
D. 요아스의 나머지 행적(12:19–21)

V. 엘리사의 사역(2:1–13:25)
G. 요아스의 개혁(12:1–21[2–22])

1. 요아스의 통치 요약(12:1–3)

[1] 예후의 제칠년에 요아스가 왕이 되어 예루살렘에서 사십 년간 통치하니라 그의 어머니의 이름은 시비아라 브엘세바 사람이더라 [2] 요아스는 제사장 여호야다가 그를 교훈하는 모든 날 동안에는 여호와 보시기에 정직히 행하였으되 [3] 다만 산당들을 제거하지 아니하였으므로 백성이 여전히 산당에서 제사하며 분향하였더라

요아스는 7세에 유다의 왕이 되었다. 이때가 북 왕국의 왕 예후의 통치 7년째 되던 해이다(1절). 요아스는 예루살렘에서 40년을 통치한다. 어린 나이에 왕이 되어 매우 오랫동안 안정적으로 나라를 다스렸다. 그의 통치 기간을 오늘날 년도로 계산하면 주전 835-796년쯤 된다(Thiele). 그의 통치는 수년간 더 지속될 수 있었지만, 어떤 이유에서인지 그의 부하들이 그를 살해한다(20-21절). 결국 그는 쿠데타를 통해 즉위하고 쿠데타를 통해 죽임을 당한다.

요아스의 어머니는 북 왕국 출신 여자가 아니었을 뿐만 아니라 유다의 최남단에 위치한 브엘세바 출신이다. 북 왕국 공주였던 아달랴와는 전혀 상관없는 곳에서 온 여인이었다. 요아스는 여호야다 제사장이 살아있는 동안에는 여호와를 섬기고 개혁적인 마음으로 열심히 신앙생활을 했다. 그러나 여호야다가 죽고 난 후에는 하나님의 길을 저버렸다. 심지어는 여호와께 돌아오라고 외치는 선지자까지 죽였다. 여호야다가 죽은 후에 요아스가 이처럼 우상숭배로 급선회한 것은, 그가 제사장에 의해서 신앙을 강요당했고 강요당한 대로 흉내는 내보았지만, 개인적인 믿음은 없었기 때문이다(Patterson & Austel). 역대기 기자는 이렇게 기록하고 있다(대하 24:17-22):

> 여호야다 제사장이 죽으니, 유다 지도자들이 왕을 부추겨서 자기들의 말을 듣도록 하였다. 백성은 주 조상의 하나님의 성전을 버리고 아세라 목상과 우상을 섬기기 시작하였다. 이러한 죄 때문에 유다와 예루살렘에 하나님의 진노가 내렸다. 주님께서는 백성을 주님께로 돌이키도록 경고하시려고 예언자들을 보내셨지만, 백성은 예언자의 말 듣기를 거절하였다. 여호야다 제사장의 아들 스가랴가 하나님의 영에 감동이 되어, 백성 앞에 나서서 말하였다. "나 하나님이 말한다. 어찌하여 너희가 주의 명을 거역하느냐? 너희가 형통하지 못할 것이다. 너희가 주님을 버렸으니, 주님께서도 너희를 버리셨다." 그러나 사람들은 그를 없앨 음모를 꾸몄고, 드디어 왕의 명령에 따라, 주의 성전 뜰에서 그를 돌로 쳐죽였다. 이렇듯 요아스 왕은, 스가랴의 아버지 여호야다가 자기에게 보인 그 충성을 생각하지 않고, 그의 아들을 죽였다. 스가랴는 죽으면서 "주

님께서 이 일을 굽어 보시고, 갚아 주십시오" 하고 외쳤다(새번역).

V. 엘리사의 사역(2:1-13:25)
G. 요아스의 개혁(12:1-21[2-22])

2. 요아스가 성전을 보수함(12:4-16)

[4] 요아스가 제사장들에게 이르되 여호와의 성전에 거룩하게 하여 드리는 모
든 은 곧 사람이 통용하는 은이나 각 사람의 몸값으로 드리는 은이나 자원
하여 여호와의 성전에 드리는 모든 은을 [5] 제사장들이 각각 아는 자에게서
받아들여 성전의 어느 곳이든지 파손된 것을 보거든 그것으로 수리하라 하
였으나 [6] 요아스 왕 제이십삼년에 이르도록 제사장들이 성전의 파손한 데를
수리하지 아니하였는지라 [7] 요아스 왕이 대제사장 여호야다와 제사장들을
불러 이르되 너희가 어찌하여 성전의 파손한 데를 수리하지 아니하였느냐
이제부터는 너희가 아는 사람에게서 은을 받지 말고 그들이 성전의 파손한
데를 위하여 드리게 하라 [8] 제사장들이 다시는 백성에게 은을 받지도 아니
하고 성전 파손한 것을 수리하지도 아니하기로 동의하니라 [9] 제사장 여호야
다가 한 궤를 가져다가 그것의 뚜껑에 구멍을 뚫어 여호와의 전문 어귀 오
른쪽 곧 제단 옆에 두매 여호와의 성전에 가져 오는 모든 은을 다 문을 지키
는 제사장들이 그 궤에 넣더라 [10] 이에 그 궤 가운데 은이 많은 것을 보면 왕
의 서기와 대제사장이 올라와서 여호와의 성전에 있는 대로 그 은을 계산하
여 봉하고 [11] 그 달아본 은을 일하는 자 곧 여호와의 성전을 맡은 자의 손에
넘기면 그들은 또 여호와의 성전을 수리하는 목수와 건축하는 자들에게 주
고 [12] 또 미장이와 석수에게 주고 또 여호와의 성전 파손한 데를 수리할 재목
과 다듬은 돌을 사게 하며 그 성전을 수리할 모든 물건을 위하여 쓰게 하였
으되 [13] 여호와의 성전에 드린 그 은으로 그 성전의 은 대접이나 불집게나 주
발이나 나팔이나 아무 금 그릇이나 은 그릇도 만들지 아니하고 [14] 그 은을 일
하는 자에게 주어 그것으로 여호와의 성전을 수리하게 하였으며 [15] 또 그 은

을 받아 일꾼에게 주는 사람들과 회계하지 아니하였으니 이는 그들이 성실히 일을 하였음이라 [16] 속건제의 은과 속죄제의 은은 여호와의 성전에 드리지 아니하고 제사장에게 돌렸더라

솔로몬이 성전을 건축한 지 100년이 훨씬 넘었다. 그러므로 당연히 건물이 낡기 시작했다. 게다가 아달랴가 군림하는 동안 바알 신전은 많은 지원을 받았지만, 여호와의 전은 그런 도움을 받지 못했을 것이며 심지어는 방치되다시피 했을 것이다. 더 나아가 역대하 24:7은 아달랴의 아들들이 바알을 위해서 여호와의 성전을 약탈한 것으로 기록하고 있다. 이러한 정황에서 요아스는 성전을 대대적으로 수리할 때가 되었다고 생각했다. 그래서 그는 제사장들에게 성전으로 들어오는 모든 헌금을 성전 보수하는 일에 투자하라는 명령을 내렸다(4-5절). 성전의 지출은 왕실에 의해서 충당된 것이 이때까지의 관행이란 점을 생각할 때, 요아스의 명령은 성전 유지 비용이 왕실에서 성전을 출입하는 성도들에게 전가되었음을 의미한다(Jones, House).

그러나 상당한 시간이 지나도록 제사장들은 성전을 보수하지 않고 자신들의 배를 채우는데 급급했다. 심지어는 개혁을 주도했던 여호야다도 한통속이었다(6절). 보다 못한 요아스가 즉위 23년이 되던 해에 제사장 대표들을 불러 일이 지연되는 것에 대해서 야단쳤다. 그러고는 새로운 계획을 발표했다. 지금까지는 제사장들이 회계에게 돈을 타다가 성전을 보수하는 방법을 취했는데, 이제부터는 보수 비용이 제사장들을 거치지 않고 곧장 회계로부터 공사를 맡은 감독관들과 기술자들에게 넘어가도록 했다.

뿐만 아니라 제사장들이 성도들에게서 개인적으로 모금하는 것을 멈추고, 궤를 만들어 모든 사람들이 볼 수 있는 곳에 두어 성도들이 직접 그 궤에 돈을 넣게 했다. 궤가 차면 서기관과 제사장들이 함께 궤를 열어 계산하게 하였고, 그 돈은 감독관을 통해서 일꾼들에게 전달되었다

(11절). 왕이 제사장들을 믿지 못함을 정확히 표현한 정책이다. 저자는 중간 역할을 하고 있는 감독관들에 대한 칭찬을 아끼지 않는다(15절). 이 일에 있어서 제사장들보다 평신도들이 더 모범적이었다. 또한 이 모든 문제의 발단도 제사장들에게 있었다. 예나 지금이나 하나님의 예배 처소에서 하나님을 경배하기는커녕 이 거룩한 장소를 자기 생활 수단으로 이용하려는 자들이 항상 있었다.

요아스는 이렇게 모금된 헌금을 다른 곳에는 한 푼도 쓰지 않고 오직 성전 보수에만 사용하게 했다. 심지어는 성전에서 사용하는 금, 은 그릇을 만드는 데도 사용하지 않았다(13절). 반면 백성들이 속건제(אָשָׁם)와 속죄제(חַטָּאוֹת)로 바친 돈은 고스란히 제사장들에게 가게 했다(16절). 속건제는 여호와께 속한 거룩한 물건들을 범했을 때 드리는 것으로 레위기 5:14-19에 규례가 설명되어 있다. 속죄제는 사람이 하나님께 범죄했을 때 드리는 것으로, 율법은 이 두 제사에 사용한 짐승의 고기는 제사장들만 먹을 수 있다고 규정한다(레 7:7). 제사장들의 몫은 분명히 챙겨주되, 그 이상의 것은 탐하지 못하게 한 것이다.

요아스의 이러한 정책은 두 가지의 역사적 의미를 지니고 있다(Hubbard). 첫째, 성전에 들어오는 헌금을 관리하는 관행을 대폭 수정한 결과를 초래했으며, 요아스가 제정한 방법이 주전 586년에 유다가 바빌론으로 끌려갈 때까지 사용되었다. 둘째, 성전 사업에 대한 권한이 제사장에서 왕으로 넘어가는 결과를 초래했다. 이제부터 왕들이 더 적극적으로 성전 일에 개입할 것이다. 이러한 변화는 훗날 히스기야와 요시야가 대대적인 개혁을 단행하는 토대를 마련해 주었다. 하나님은 주어진 특권과 은사를 충분히 활용하지 않는 사람들에게서 있는 것마저도 빼앗는 분이다. 예수님의 달란트 비유에서 주인이 한 달란트로 한 달란트를 남긴 종에게서 그나마 가지고 있던 것을 빼앗은 일을 생각나게 한다.

V. 엘리사의 사역(2:1-13:25)
G. 요아스의 개혁(12:1-21[2-22])

3. 요아스가 시리아를 달램(12:17-18)

**17 그 때에 아람 왕 하사엘이 올라와서 가드를 쳐서 점령하고 예루살렘을 향
하여 올라오고자 하므로 18 유다의 왕 요아스가 그의 조상들 유다 왕 여호사
밧과 여호람과 아하시야가 구별하여 드린 모든 성물과 자기가 구별하여 드
린 성물과 여호와의 성전 곳간과 왕궁에 있는 금을 다 가져다가 아람 왕 하
사엘에게 보냈더니 하사엘이 예루살렘에서 떠나갔더라**

저자는 요아스가 40년을 통치했다는 사실을 통해 다윗 왕조가 다시 굳건히 세워졌음을 암시했다(1절). 그러나 요아스가 다스리던 유다는 결코 솔로몬이 통치하던 때의 이스라엘과 같지 않았다. 경제적으로도 여의치 않았으며, 주변 국가들로부터 조공을 받기보다는 오히려 조공을 바치는 약소국가로 전락했다. 국가의 국제적인 위상이 자꾸 떨어지고 있는 것이다.

시리아의 왕이 되어 이스라엘 백성을 잔혹하게 핍박할 것이라고 엘리사가 예언했던 하사엘이 북 왕국 이스라엘을 괴롭히는 것으로 만족하지 않고 가나안 남서쪽까지 진군해왔다. 그는 먼저 블레셋 사람들의 영토인 가드를 취했다. 그런 다음에 예루살렘까지 진군해왔다(17절). 시리아의 기록에는 이 사건에 대한 언급이 없다(Montgomery & Gehman). 그가 북쪽에서 가나안 남서쪽까지 오게 된 것은 아마도 이 지역의 교역 중심에 있는 통상로(trade route)를 시리아의 주권 아래 두기 위해서였을 것이다(Gray, House).

하사엘의 예루살렘 진군 소식을 보고받은 요아스는 그를 대항해서 싸울 엄두가 나지 않았다. 그래서 그는 왕실 창고와 성전 창고에 소장하고 있던 금을 모두 모아 하사엘에게 보냈다(18절). 하사엘은 요아스

가 보낸 금을 받고 시리아로 돌아갔다. 요아스는 이 일을 수습하기 위해 선왕인 여호사밧, 여호람, 아하시야가 여호와께 바친 물건들뿐만 아니라, 자신이 모은 것들(12:4-16)까지 썼다. 그가 평생 노력해서 이룬 성전 보수와 개혁이 한순간에 상당 부분 무너져 내렸다. 이처럼 물질을 사용하고도 요아스는 불안한 평안을 얻었을 뿐, 다윗, 솔로몬 시대의 평안은 얻지 못했다(cf. 왕상 5:4). 비록 그가 다윗과 솔로몬처럼 40년을 통치하는 영광과 안정을 누렸지만, 다윗 왕조가 초창기에 누리던 영화는 누리지 못했다. 솔로몬 범죄 이후 유다는 이때까지 참 평안을 누리지 못하고 있다. 다윗 이후 아직까지 온전히 여호와를 따르는 왕이 없기 때문이다. 하나님은 요아스를 통해 다윗 왕조를 다시 굳건하게 세워주셨지만, 그 은혜에 부응하는 사람이 없어 다윗 왕조가 불안해 보인다.

V. 엘리사의 사역(2:1-13:25)
G. 요아스의 개혁(12:1-21[2-22])

4. 요아스의 나머지 행적(12:19-21)

[19] 요아스의 남은 사적과 그가 행한 모든 일은 유다 왕 역대지략에 기록되지 아니하였느냐 [20] 요아스의 신복들이 일어나 반역하여 실라로 내려가는 길 가의 밀로 궁에서 그를 죽였고 [21] 그를 쳐서 죽인 신복은 시므앗의 아들 요사갈과 소멜의 아들 여호사바드였더라 그는 다윗 성에 그의 조상들과 함께 장사되고 그의 아들 아마샤가 그를 대신하여 왕이 되니라

저자는 요아스 통치의 이모저모는 "유다 왕 역대지략"이라는 책에 기록되어 있다고 한다. 즉,요아스 왕에 대한 자세한 정보는 이 책을 참고하라는 것이며, 열왕기가 저작될 때에만 해도 이 책이 통용되고 있었던 것을 시사한다. 뿐만 아니라 저자가 이 책을 자료로 사용해서 열왕기를 집필하고 있음을 암시한다. 요아스는 말년에 암살당했다. 두 신하, 요사갈과 여호사바드는 역모를 꾸며 밀로의 궁에서 요아스를 살해했다. 저자는 이들이 요아스를 암살한 이유나 이 역모의 목표를 이루었는지에 대한 정보는 주지 않고 있다.

반면에 역대기 기자는 이 사건을 자세히 기록하고 있다. 요아스가 여호야다의 아들 스가랴 제사장을 죽인 일에 반감을 품어 암살했다고 한다(cf. 대하 24:25-26). 역대하 24:17-25는 요아스에 대해서 새로운 정보를 제공한다. 요아스는 여호야다가 살아있는 동안은 그의 지도 아래 신앙생활을 잘 했다. 그러나 영적 스승인 여호야다 제사장이 죽은 후에는 여호와께 등을 돌리고 우상숭배를 적극적으로 지원했다. 보다 못한 여호야다 제사장의 아들 스가랴 선지자가 백성들에게 하나님의 심판을 선포했다. "나 하나님이 말한다. 어찌해서 너희가 주님의 명을 거역하느냐? 너희가 형통하지 못할 것이다. 너희가 주님을 버렸으니, 주님께서도 너희를 버리셨다"(대하 24:20, 새번역). 그러나 백성들은 왕을 꼬드겨 허락을 받아낸 다음 스가랴 선지자를 성전 뜰에서 돌로 쳐죽였다. 이 일로 하나님은 분노하셨고, 시리아군을 통해 요아스에게 큰 피해를 입히셨다. 얼마 후 스가랴 일로 인해 요아스를 미워하게 된 사람들이 반란을 일으켜, 자고 있는 요아스를 암살했다(대하 24:25). 북 왕국에서나 있을 법한 일이 남 왕국에서 일어나고 있다. 요아스는 유다 왕들 중 처음으로 암살당한 사람으로 기록되고 있다. 아버지 아하시야도 예후에 의해 죽임을 당했지만, 상황이 많이 다르다. 아하시야는 우상숭배자들이었던 오므리 왕조 사람들과 놀아나다가 사마리아로 원정가 죽었다.

한때는 그렇게 여호와를 섬기고 따르던 요아스가 말년에 이렇게 여호와께 등을 돌리게 된 것을 보며 큰 슬픔과 안타까움을 느낀다. 그가 열심을 내서 성전을 보수한 것도 더 이상 빛을 발하지 못한다. "한 때는 매우 유망하고 하나님을 경외하던 젊은 왕 요아스는 매우 큰 실망을 남기고 죽었다. 성전에 있는 보물을 사용해서 시리아의 하사엘 왕을 달랜 일은 그의 일생의 가장 큰 업적이었던 성전 보수 사업의 순수성을 손상시켰다"(Hubbard).

요아스가 왜 이렇게 되었을까? 역대기 저자는 스승 여호야다가 죽은 후 요아스는 유다 지도자들에 의해 좌지우지되었다고 한다(대하 24:17). 또한 스가랴 선지자가 여호와의 심판을 선언했을 때, 듣기 싫어한 백성들은 요아스 왕의 허락하에 그를 성전 뜰에서 돌로 쳐죽였다(대하 24:21). 이때 어떠한 상황이 펼쳐졌는지 정확히 알 수 없다. 그러나 백성들의 압력에 못 이겨 스승의 아들이자 선지자인 스가랴를 이처럼 죽게 한 것은 그의 성품에 대해서 상당한 정보를 제공한다. 그는 스스로 옳다고 생각하는 대로 결단을 내리고 추진하는 사람이 아니라, 여론에 의해 이리 밀리고 저리 밀리는 무능한 사람이었다.

요아스의 최후를 돌아보며 한 학자는 이렇게 말한다. "결론적으로 말하자면 하나님의 리더십 아래 있는 사람은 자신만의 결정을 내려야 하고, 스스로 자신의 정직성을 지켜야 하며, 자신만의 운명을 이루어 나가야 한다"(Honeycutt). 진정한 리더는 잘못된 다수에게 설득되지 않고 오히려 그 다수를 옳은 길로 인도해야 한다. 이것이 진정한 리더십의 본질이다.

V. 엘리사의 사역(2:1-13:25)

H. 여호아하스와 요아스(13:1-13)

남 왕국 왕들의 삶과 업적에 대해서 논하던 저자가 주제를 바꿔 이 시기에 북 왕국을 통치한 왕들에게 초점을 맞추고 있다. 여호아하스와 요아스 부자에 대한 조명이다. 다른 북 왕국 왕들처럼 이들 역시 저자로부터 매우 부정적인 평가를 받고 있다. 두 왕에 대한 이야기를 회고하고 있는 본 텍스트는 다음과 같이 두 파트로 구분할 수 있다.

A. 이스라엘의 왕 여호아하스(13:1-9)
B. 이스라엘의 왕 요아스(13:10-13)

V. 엘리사의 사역(2:1-13:25)
H. 여호아하스와 요아스(13:1-13)

1. 이스라엘의 왕 여호아하스(13:1-9)

1 유다의 왕 아하시야의 아들 요아스의 제이십삼 년에 예후의 아들 여호아하
스가 사마리아에서 이스라엘 왕이 되어 십칠 년간 다스리며 2 여호와 보시기
에 악을 행하여 이스라엘에게 범죄하게 한 느밧의 아들 여로보암의 죄를 따
라가고 거기서 떠나지 아니하였으므로 3 여호와께서 이스라엘에게 노하사
늘 아람 왕 하사엘의 손과 그의 아들 벤하닷의 손에 넘기셨더니 4 아람 왕이
이스라엘을 학대하므로 여호아하스가 여호와께 간구하매 여호와께서 들으
셨으니 이는 그들이 학대받음을 보셨음이라 5 여호와께서 이에 구원자를 이
스라엘에게 주시매 이스라엘 자손이 아람 사람의 손에서 벗어나 전과 같이
자기 장막에 거하였으나 6 그들이 이스라엘에게 범죄하게 한 여로보암 집의
죄에서 떠나지 아니하고 그 안에서 따라 행하며 또 사마리아에 아세라 목상
을 그냥 두었더라 7 아람 왕이 여호아하스의 백성을 멸절하여 타작 마당의
티끌 같이 되게 하고 마병 오십 명과 병거 열대와 보병 만 명 외에는 여호아
하스에게 남겨 두지 아니하였더라 8 여호아하스의 남은 사적과 행한 모든 일
과 그의 업적은 이스라엘 왕 역대지략에 기록되지 아니하였느냐 9 여호아하
스가 그의 조상들과 함께 자매 사마리아에 장사되고 그 아들 요아스가 대신
하여 왕이 되니라

남 왕국의 요아스 왕이 즉위한 지 23년 되던 해에 예후의 아들 여호

아하스(יְהוֹאָחָז)(lit. 여호와가 붙드는 자)가 북 왕국의 왕이 된다. 그는 사마리아에서 17년을 다스렸다고 한다(1절). 이때가 주전 814-798년쯤 된다(Thiele). 그의 아들이 요아스 왕 제37년에 즉위한 점을 감안할 때(10절), 그의 17년 통치 중 마지막 3년은 아들과 함께 공동 통치했음을 알 수 있다.

여호아하스는 악한 왕이었을 뿐만 아니라, 온 이스라엘을 실족하게 한 여로보암의 죄에 관해서도 아버지 예후의 발자취를 그대로 밟았다(2절). 진노하신 하나님이 이스라엘을 시리아의 왕 하사엘과 그의 아들 벤하닷에게 넘기셨다. 이스라엘은 이들이 통치하는 동안 지속적으로 괴로움을 당했다. 여호아하스가 온전하게 하나님을 섬기지 않아서 빚어진 일이었다.

다급해진 여호아하스가 하나님께 간절히 회개했고, 여호와께서 그의 간구를 듣고 용서해 주셨다. 이스라엘이 시리아 왕의 억압으로 고난을 받고 있음을 보셨기 때문이다(4절). 그래서 하나님이 이스라엘에 구원자(מוֹשִׁיעַ)를 보내어 그들을 고통에서 해방하셨다. 하나님의 긍휼이 이스라엘의 죄를 덮은 것이다. 이스라엘은 예전처럼 평안하게 살게 되었지만, 다시 죄를 지었다(5-6절). 이 섹션의 내용과 표현 방식이 사사기의 내용과 매우 비슷하다는 것이 학자들의 일반적인 견해이다(Hubbard; Gray, Hobbs; House). 하나님이 자기 백성을 불쌍히 여겨 구원을 베푸시면, 얼마 안 가서 백성이 다시 타락하여 우상을 숭배하는 사이클이 반복되고 있는 것이다.

그런데 저자가 본문에서 언급하고 있는 이스라엘의 구원자(מוֹשִׁיעַ)는 누구를 염두에 두고 한 말일까? 남 왕국의 요아스 왕, 이 시대에 아시리아를 통치했고 주전 805년에 시리아를 침략한 아다드니라리 왕(Payne, Patterson & Austel), 하맛의 사길(Yamauchi), 여호아하스(Keil, Sweeney, cf. 14:27), 선지자 엘리사(Gray) 등 다양한 제안들이 있다. 이 제안들 중 학자들이 가장 유력하다고 생각한 인물은 엘리사이다(Gray, Hobbs,

House, Konkel, cf. Provan). 엘리사는 사사기와 같은 정황에 매우 잘 어울리는 영웅이라는 것이다. 게다가 선지자가 죽었을 때, 북 왕국의 왕은 매우 슬퍼하며 그를 "이스라엘의 병거와 마병"으로 부른 점(13:14) 역시 이러한 해석을 뒷받침하는 듯하다. 또한 저자가 4-5절에 기록한 내용이 모세의 구원 사역을 부각시키고 있는 신명기 26:5-9과 비슷하다. 즉, 저자는 엘리사를 이스라엘을 고통에서 해방시킨 새로운 모세로 부각하고자 한다(Hobbs).[5]

하나님이 엘리사를 통해 이스라엘에게 구원을 베푸셨지만, 이스라엘은 죄의 길에서 돌아서지 않았다(6절). 하나님은 다시 시리아군을 끌어들여 여호아하스의 군대를 "타작마당의 먼지같이" 만드셨다(7절). 이 일로 인해 여호아하스는 겨우 마병 50명과 병거 10대와 보병 1만 명을 거느린 초라하다 못해 궁핍한 왕으로 전락했다. 하나님께 회개해서 그가 처한 현실적인 어려움에서 구원을 받은 사람이 다시 죄를 지어서 얻은 결과이다. 진정한 회개는 합당한 열매를 맺는다. 당장의 어려움을 모면하기 위해 드리는 참회 기도는 시간이 가면 이렇게 그 본질이 드러나는 법이다.

놀라운 사실은 곤경에 처한 사람이 위기에서 탈출하기 위해서 드리는 기도를 하나님이 듣고 속아주신다는 것이다. 이 사실은 하나님의 무능을 드러내는 것이 아니라 은혜를 강조한다. 하나님이 때로는 알면서도 속아주시는 자비로운 분이다. 진실하지 못한 이유로 하나님을 찾은 사람이라도 은혜를 체험하고 진실하게 변한다면 의미가 있는 일이기 때문일까? 안타까운 것은 여호아하스는 이 부류에 속한 사람이 아니었다. 그는 하나님의 은혜를 체험하고도 다시 옛길로 돌아간 사람이다.

5 일부 주석가들은 '구원하다'(ישׁע)를 어원(語原)으로 하는 단어가 엘리사(13:14-21), 요아스(13:17), 여로보암(14:27)과 함께 사용되었다 해서 본문의 '구원자'를 이스라엘에게 도움을 준 모든 사람들을 상징하는 것으로 보아야 한다고 하지만(Seow), 엘리사로 제한하는 것이 바람직하다.

V. 엘리사의 사역(2:1–13:25)
H. 여호아하스와 요아스(13:1–13)

2. 이스라엘의 왕 요아스(13:10–13)

10 유다의 왕 요아스의 제삼십칠 년에 여호아하스의 아들 요아스가 사마리
아에서 이스라엘 왕이 되어 십육 년간 다스리며 11 여호와께서 보시기에 악
을 행하여 이스라엘에게 범죄하게 한 느밧의 아들 여로보암의 모든 죄에서
떠나지 아니하고 그 가운데 행하였더라 12 요아스의 남은 사적과 행한 모든
일과 유다 왕 아마샤와 싸운 그의 업적은 이스라엘 왕 역대지략에 기록되지
아니하였느냐 13 요아스가 그의 조상들과 함께 자매 이스라엘 왕들과 함께
사마리아에 장사되고 여로보암이 그 자리에 앉으니라

요아스가 유다의 왕이 된 지 37년 되던 해, 여호아하스가 북 왕국을 통치하기 시작한 지 14년째 되던 해에, 여호아하스의 아들 요아스(여호아스)가 아버지와 함께 이스라엘을 공동 통치하게 되었다(1, 10절). 그의 아버지 여호아하스가 북 왕국을 통치하기 시작한 지 14년째 되던 해이기도 하다. 요아스의 통치는 16년 동안 지속되었으며, 이때가 주전 798–782년쯤이다(Thiele). 저자가 10절에서 제시하는 연대, 또한 13:1과 14:1 등에서 제시하는 연대를 종합해볼 때, 이때쯤에 이스라엘 왕의 통치 기간 표기법이 아시리아 사람들이 사용한 '즉위 연대 시스템'(accession–year system)으로 바뀐 것으로 생각된다(Thiele, cf. House).

요아스는 여느 이스라엘 왕처럼 악을 행하였고, 여로보암의 죄의 굴레를 벗어나지 못했다(11절). 하나님 앞에 신실했던 통일왕국의 다윗이 죽은 후에도 이스라엘 역사에 엄청난 영향을 남긴 것처럼, 북 왕국 이스라엘의 초대 왕 여로보암의 죄도 두루두루 영향을 미쳤다. 이 두 사람이 죽은 후에도 지속적으로 이스라엘의 역사에 영향력을 행사하는 것을 보며 우리는 경건한 고민과 노력을 해야 한다. 현실에 눈에 보이는 것이 다가 아니므로 우리가 죽은 후에도 좋은 영향력으로 역사에 두루두루 기념되도록 말이다.

요아스에 대한 저자의 평가는 매우 부정적이며 그의 업적으로는 유일하게 남 왕국 아마샤 왕과 싸운 일을 꼽고 있다(12절). 저자는 여기서 이 전쟁에 대해서 언급하지 않고, 14:23–29에 가서 그때의 일을 기록한다. 여기서는 단지 요아스의 일생에 대한 종합적인 평가만 할 뿐이다.

V. 엘리사의 사역(2:1–13:25)

I. 엘리사의 마지막 날들(13:14–21)

14 엘리사가 죽을 병이 들매 이스라엘의 왕 요아스가 그에게로 내려와 자기
의 얼굴에 눈물을 흘리며 이르되 내 아버지여 내 아버지여 이스라엘의 병
거와 마병이여 하매 15 엘리사가 그에게 이르되 활과 화살들을 가져오소서
하는지라 활과 화살들을 그에게 가져오매 16 또 이스라엘 왕에게 이르되 왕
의 손으로 활을 잡으소서 하매 그가 손으로 잡으니 엘리사가 자기 손을 왕
의 손 위에 얹고 17 이르되 동쪽 창을 여소서 하여 곧 열매 엘리사가 이르되
쏘소서 하는지라 곧 쏘매 엘리사가 이르되 이는 여호와를 위한 구원의 화살
곧 아람에 대한 구원의 화살이니 왕이 아람 사람을 멸절하도록 아벡에서 치
리이다 하니라 18 또 이르되 화살들을 집으소서 곧 집으매 엘리사가 또 이스
라엘 왕에게 이르되 땅을 치소서 하는지라 이에 세 번 치고 그친지라 19 하나
님의 사람이 노하여 이르되 왕이 대여섯 번을 칠 것이니이다 그리하였더면
왕이 아람을 진멸하기까지 쳤으리이다 그런즉 이제는 왕이 아람을 세 번만
치리이다 하니라 20 엘리사가 죽으니 그를 장사하였고 해가 바뀌매 모압 도
적 떼들이 그 땅에 온지라 21 마침 사람을 장사하는 자들이 그 도적 떼를 보
고 그의 시체를 엘리사의 묘실에 들이던지매 시체가 엘리사의 뼈에 닿자 곧
회생하여 일어섰더라

요아스가 통치한 시대에 엘리사가 병들어 죽게 되었다(14절). 소식을 듣고 요아스가 엘리사에게 문병을 왔다. 왕은 눈물을 흘리며 "내 아버지여, 내 아버지여, 이스라엘의 병거와 마병이여!" 하고 슬피 울었다. 이 말은 엘리사가 엘리야를 떠나 보내면서 안타까워 외친 말이다. 엘리야–엘리사 시대의 이스라엘의 형편을 살펴보면 맞는 말이다. 이 기간에 이스라엘의 국력은 나날이 쇠퇴해 갔으며 외국군들로부터 자신을 방어할만한 군사력을 가지고 있지 않았다. 최근 들어 그들이 심각한 위기를 당할 때마다 엘리사 선지자가 나서서 기적적으로 나라를 구출했다(cf. 왕하 3:1-27; 6:8-7:20). 그러므로 요아스의 이 고백은 매우 적절하다고 생각된다. 엘리사는 진정으로 이스라엘의 병거요 마병이었던 것이다(House, cf. Beek). 특히 여호아하스가 최근에 시리아군에게 엄청난 피해를 입어 매우 보잘것없는 '병거와 마병'을 지니고 있는 상황에서는 더욱더 그렇다(7절).

통곡하는 요아스가 안타까워서였는지 엘리사는 그에게 두 개의 징표를 베풀었다. 첫째는 활과 화살을 가져오라고 했다. 요아스가 활과 화살을 구해오자 엘리사는 그에게 동쪽 창문을 열고 화살을 창밖으로 쏘라고 주문했다. 왕이 화살을 쏘자 엘리사는 방금 쏜 화살이 하나님이 왕에게 시리아를 이기게 하실 것을 상징하는 화살이며, 구체적으로는 아벡에서 시리아를 이길 것을 뜻한다고 했다(17절). 한 주석가는 두 번째 행동인 땅을 치는 것에 평행을 이루기 위해서 첫 번째 행동이 땅을 향해서 활을 쏘았던 것으로 해석한다(Keil). 땅을 향해 쏜다고 해서 본문의 의미가 달라지는 것은 아니다.

둘째는 화살을 집어 땅을 치는 것이었다. 요아스가 세 번을 치고 그만두자 엘리사는 화를 내며 말했다. "왕이 대여섯 번을 칠 것이니이다 그리하였더라면 왕이 시리아를 진멸하기까지 쳤으리이다 그런즉 이제는 왕이 시리아를 세 번만 치리이다"(19절). 아벡에서 시리아를 쳐서 완전히 끝장낼 것이라는(כלה) 예언이 왕의 적극적이지 못한 행동 때문에 수정되고 있다. 왕이 선지자의 말에 불순종한 것은 아니다. 그러나 그는 적극적으로 선지자의 말을 순종하지는 못했다. 전심으로, 한치의 오차도 없이 선지자의 말씀에 순종하는 것이 얼마나 중요한가는 여로보암 앞에서 벧엘에 하나님의 심판을 선언했던 하나님의 사람 이야기(왕상 13:1-32)에서 이미 강조된 적이 있다(Provan).

드디어 엘리사가 죽어 장사되었다(20절). 그 뒤에 이스라엘에는 모압의 도적 떼가 들끓었다. 한 번은 사람들이 죽은 사람의 장례를 치러주다가 도적 떼를 보고는 놀라서 장례치르던 시체를 엘리사의 무덤에 던지고는 달아났다. 그런데 그 시체의 뼈가 엘리사의 뼈에 닿자, 그 사람이 살아나서 제 발로 일어서는 것이 아닌가!(21절) 엘리사가 생전에 죽은 아이를 살렸던 일을 우리는 잘 알고 있다. 이제 그는 죽어서까지 죽은 사람을 살리는 능력을 지닌 선지자였다. 뿐만 아니라 비록 엘리사는 죽었지만 그가 요아스에게 주었던 징표도 다음 이야기에서 그대로 성취된다(22-25절).

엘리사 선지자는 떠났어도 그의 능력과 예언은 아직도 그의 백성들 중에 머물고 있다. 엘리야는 죽지 않고 하늘로 들려 올라간 최후를 맞았다. 반면에 엘리사는 죽었다. 그러나 뼈가 되어서도 생명을 살리는 엘리사의 죽음은 엘리야의 최후만큼이나 독특한 일이었다(Cohn). 엘리사는 죽어서도 주의 백성들과 함께하며 그들에게 생명을 선사했다(House). 이 이적은 또한 엘리사가 이스라엘-시리아의 관계에 대해서 예언한 것이 모두 성취될 것을 보장하는 징표이기도 하다(Long).

V. 엘리사의 사역(2:1-13:25)

J. 엘리사의 마지막 예언이 성취됨(13:22-25)

[22] 여호아하스 왕의 시대에 아람 왕 하사엘이 항상 이스라엘을 학대하였으나

23 여호와께서 아브라함과 이삭과 야곱과 더불어 세우신 언약 때문에 이스
라엘에게 은혜를 베풀며 그들을 불쌍히 여기시며 돌보사 멸하기를 즐겨하지
아니하시고 이 때까지 자기 앞에서 쫓아내지 아니하셨더라 24 아람의 왕 하
사엘이 죽고 그의 아들 벤하닷이 대신하여 왕이 되매 25 여호아하스의 아들
요아스가 하사엘의 아들 벤하닷의 손에서 성읍을 다시 빼앗으니 이 성읍들
은 자기 부친 여호아하스가 전쟁 중에 빼앗겼던 것이라 요아스가 벤하닷을
세 번 쳐서 무찌르고 이스라엘 성읍들을 회복하였더라

엘리사가 세상을 떠난 후에도 이스라엘과 시리아의 갈등은 계속되었다(22절). 막강한 시리아군 앞에서 연약한 이스라엘은 송두리째 뿌리가 뽑힐 위기에 처했다. 저자는 이스라엘을 멸망에서 보호한 단 한 가지는 여호와의 은혜였다고 회고한다. 구체적으로 그는 하나님이 아브라함과 이삭과 야곱과 맺으신 언약 때문에 이때까지(עַד־עַתָּה) 주님 앞에서 쫓아내지 않으셨다고 한다(23절). '이때'가 언제일까? 정확히 알 수는 없지만 일단은 북 왕국이 멸망한 주전 722년 이전이었을 것이다. 본문이 부각시키고 있는 북 왕국에 대한 하나님의 은혜는 지금까지 전개된 열왕기의 내용에 비추어볼 때 매우 새로운 시각이다(Provan).

남 왕국 유다가 멸망하지 않은 것은 하나님이 다윗과의 언약을 생각해서 은혜를 베푸셨기 때문이라는 관점은 종종 등장했다(cf. 왕상 11:36; 15:4; 왕하 8:19). 그러나 북 왕국이 망하지 않은 이유도 하나님의 은혜 때문이었다는 것이 구체적으로 밝혀지기는 이곳이 처음이다. 그러므로 이 말씀은 북 왕국에 대한 독자의 관점을 수정하기에 충분하다. 비록 북 왕국 이스라엘이 사생아처럼 출발한 국가이지만, 하나님은 유다를 버릴 수 없는 것처럼 이스라엘도 버릴 수 없으셨다. 차이점은 다윗 언약이 유다를 보호한 것에 비해, 선조들과의 약속이 북 왕국을 지키고 있다는 것이다. 하나님이 왜 유다와 이스라엘의 멸망을 이처럼 막으시는 것일까? 오래 참으시는 하나님이 이들에게 한 번 더 기회를 주시기 위해서이다. 두 자매 국가가 망해서 사라지면, 그나마 회개하고 하나님께 돌아올 기회도 함께 사라지기 때문에 여호와는 최대한 심판을 보류하신다. 하나님은 가능한 오랫동안 죄인들의 회개를 기다려주시는 분이다.

엘리사가 예언한 것처럼 요아스는 하사엘의 아들 벤하닷이 시리아의 왕으로 군림하고 있을 때 세 차례나 그를 쳐서 승리했으며, 그 결과 빼앗긴 성읍들을 다시 찾을 수 있었다(25절). 이스라엘의 형편이 예전에 비해 조금 나아지고 있다. 이 시절 아시리아의 왕은 아다드니라리(Adadnirari III; 809-782 BC)였는데 그의 통치에 대한 역사 기록에 의하면 요아스가 그에게 조공을 바친 것으로 밝히고 있다(Hobbs). 이때가 주전 796년이며 요아스 즉위 2년째 되던 해이다(Thiele; cf. Wiseman). 요아스는 왕위에 오른 즉시 친(親)아시리아 정책을 펴나감으로 인해 시리아를 견제했고, 본문이 기록한 것처럼 그들을 쳐서 승리했다.

이스라엘이 시리아를 쳐서 승리한 것은 국가의 역사에 새로운 장이 열리고 있음을 시사한다. 당분간 이스라엘은 경제적, 군사적 전성기를 맞게 될 것이다. 그러나 종교적으로는 더 심각한 부패에 이르게 된다. 하나님의 오래 참으심이 과연 얼마나 더 지속될 것인가? 이스라엘은 과연 얼마나 더 오랫동안 '선조들의 덕'을 볼 것인가? 엘리사가 죽은 마당에, 이스라엘은 과연 그들의 '병거와 마병' 없이 얼마나 더 버틸 수 있을 것인가? 만일 그들에게 진정한 영적 부흥이 속히 일어나지 않으면 매우 불안한 미래가 임할 것임이 확실하다(House).

VI. 이스라엘의 몰락
(14:1-17:41)

엘리사의 말로(末路)를 기록하고 있는 바로 앞 장(13장)은 이스라엘과 유다에 작은 경제적·정치적 부흥이 찾아온 소식으로 막을 내렸다. 이스라엘은 계속 그들을 괴롭혔던 시리아의 손에서 벗어났을 뿐만 아니라, 잃어버린 영토도 상당 부분 되찾았다(13:25). 물론 이 모든 것은 이스라엘에 대한 하나님의 끊이지 않는 은혜의 결과이다(12:23). 하나님은 먼저 아브라함과 이삭과 야곱과 맺으신 언약 때문에(13:23), 또한 예후에게 4대를 약속하신 것 때문에(10:30) 이스라엘에 번영과 안정을 축복으로 내리셨다. 그러나 불행하게도 이스라엘은 이 기회를 영적인 부흥으로 연결시키지 못한다(14:24; 15:4). 그들은 자신들이 왜 경제적·정치적 부흥을 맞이하게 되었는가를 생각하지 않고 그저 풍요로움만을 누리고자 한 것이다.

이 시절, 이스라엘에게는 영적 부흥이 절실히 필요했다. 아시리아가 근동 지역의 초강대국으로 자리를 잡아가고 있기 때문이었다. 아시리아의 디글랏 블레셀(Tiglath-Pileser III)은 주전 745년쯤에 초강대국으로 가는 힘찬 발걸음을 시작했다(Bright). 북 왕국 이스라엘은 이때 연약하고 무능한 왕들을 맞게 되었으며, 이 왕들은 한결같이 아시리아를 견제한답시고 시리아와 연합 전선을 펼쳤다. 외교적으로 매우 어리석은 짓을 자행한 것이다.

시리아와 이스라엘이 반(反)아시리아 정책을 펼치게 된 것은 이집트가 그들을 도울 것이라는 기대에서 비롯되었다. 그러나 이스라엘의 이러한 외교 정책은 영적 무분별함에서 비롯된 정치적 오산에 불과했고, 오히려 아시리아의 진노를 사게 되었다. 디글랏 블레셀의 뒤를 이어 아시리아의 왕이 된 살만에셀(Shalmaneser V)은 주전 722년에 사마리아를 점령해서 이스라엘을 붕괴시키고 거주민들을 타국으로 강제로 이주시켰다(17:1-6). 만일 이 시절 이스라엘이 여호와 하나님을 전적으로 찾고 섬겼더라면 많은 것이 바뀌었을 것이라는 점이 저자의 아쉬움이다.

물론 아시리아와 같은 강대국 앞에서 이스라엘처럼 작은 나라가 생존한다는 것은 쉬운 일이 아니다. 그럼에도 불구하고 유다는 이스라엘보다 더 작은 나라이면서도 어려운 시절을 잘 넘길 수 있지 않았던가! 역사적으로 볼 때 북 왕국 이스라엘은 반(反)아시리아 정책을 펴서 망하게 되었고, 남 왕국 유다는 친(親)아시리아 정책을 펼쳐 생존할 수 있었다(16:1-18). 그러나 열왕기 저자는 이 두 왕국의 엇갈리는 운명을 결코 정치적·외교적 차원에서 논하지 않는다. 그는 이 두 나라의 상반된 운명은 이들의 신앙생활이 결정지은 것이라고 주장한다(17:7-23). 이스라엘이 어떻게 주전 722년에 아시리아에 의해 멸망했는가를 회고하는 본 텍스트는 다음과 같이 구분할 수 있다.

A. 유다와 이스라엘의 전쟁(14:1-22)
B. 잠시 동안의 부흥(14:23-15:7)
C. 이스라엘의 정치적 소용돌이(15:8-31)
D. 유다의 정치적 연약함(15:32-16:20)
E. 이스라엘의 멸망(17:1-41)

VI. 이스라엘의 몰락(14:1-17:41)

A. 유다와 이스라엘의 전쟁(14:1-22)

이 이야기에 등장하는 남 왕국과 북 왕국의 왕들은 이미 소개한 적이 있다. 북쪽의 요아스는 시리아의 지배를 꺾었을 뿐만 아니라 빼앗겼던 영토도 다시 찾았다(13:24-25). 남 왕국의 아마샤는 아버지 요아스가 암살되어 왕위에 올랐다(12:19-21). 이 두 왕은 시리아의 쇠퇴로 각기 어느 정도의 군사적 성공을 누리고 있다.

불행하게도 이들은 새로이 얻은 독립과 자유를 서로가 싸우는 데 사용한다. 요아스는 유다와 싸우기를 원하지 않지만, 아마샤가 적극적으로 나오기에 어쩔 수 없었다. 두 나라는 서로와의 싸움에서 이렇다 할 이익을 얻지 못했다. 전쟁은 서로에게 매우 소모적이었을 뿐만 아니라 명분도 없었다. 만일 두 자매 나라가 서로 전쟁을 하지 않고 오히려 힘을 합했다면 얼마나 더 안정적인 나라들이 될 수 있었을까 하는 아쉬움이 남는다. 본 텍스트는 다음과 같이 세 파트로 구분할 수 있다.

A. 유다 왕 아마샤의 침략(14:1-10)
B. 유다의 패배(14:11-16)
C. 유다 왕 아마샤의 죽음(14:17-22)

VI. 이스라엘의 몰락(14:1-17:41)
A. 유다와 이스라엘의 전쟁(14:1-22)

1. 유다 왕 아마샤의 침략(14:1-10)

[1] 이스라엘의 왕 여호아하스의 아들 요아스 제이년에 유다의 왕 요아스의 아
들 아마샤가 왕이 되니 [2] 그가 왕이 된 때에 나이 이십오 세라 예루살렘에서

이십구 년간 다스리니라 그의 어머니의 이름은 여호앗단이요 예루살렘 사
람이더라 3 아마샤가 여호와 보시기에 정직히 행하였으나 그의 조상 다윗과
는 같지 아니하였으며 그의 아버지 요아스가 행한 대로 다 행하였어도 4 오
직 산당들을 제거하지 아니하였으므로 백성이 여전히 산당에서 제사를 드리
며 분향하였더라 5 나라가 그의 손에 굳게 서매 그의 부왕을 죽인 신복들을
죽였으나 6 왕을 죽인 자의 자녀들은 죽이지 아니하였으니 이는 모세의 율
법책에 기록된 대로 함이라 곧 여호와께서 명령하여 이르시기를 자녀로 말
미암아 아버지를 죽이지 말 것이요 아버지로 말미암아 자녀를 죽이지 말 것
이라 오직 사람마다 자기의 죄로 말미암아 죽을 것이니라 하셨더라 7 아마샤
가 소금 골짜기에서 에돔 사람 만 명을 죽이고 또 전쟁을 하여 셀라를 취하
고 이름을 욕드엘이라 하였더니 오늘까지 그러하니라 8 아마샤가 예후의 손
자 여호아하스의 아들 이스라엘의 왕 요아스에게 사자를 보내 이르되 오라
우리가 서로 대면하자 한지라 9 이스라엘의 왕 요아스가 유다의 왕 아마샤에
게 사람을 보내 이르되 레바논 가시나무가 레바논 백향목에게 전갈을 보내
어 이르기를 네 딸을 내 아들에게 주어 아내로 삼게 하라 하였더니 레바논
들짐승이 지나가다가 그 가시나무를 짓밟았느니라 10 네가 에돔을 쳐서 파하
였으므로 마음이 교만하였으니 스스로 영광을 삼아 왕궁에나 네 집으로 돌
아가라 어찌하여 화를 자취하여 너와 유다가 함께 망하고자 하느냐 하나

북 왕국의 여호아하스의 아들 요아스 즉위 2년에, 남 왕국의 요아스의 아들 아마샤(אֲמַצְיָהוּ)(lit., 여호와는 강하다)가 왕이 되었다(1절). 그는 25세에 왕이 되어 29년 동안 다스렸는데(2절), 아마도 어느 정도 섭정 기간을 포함했을 것이다(Fretheim). 이때가 주전 796−767년쯤 된다(Thiele). 그는 여호와 보시기에 옳은 일을 하기는 하였으나, 다윗에게 견줄 정도는 아니었으며, 산당을 제거하지 않은 것에 있어서 아버지 요아스 정도였다는 평가를 받는다(3절). 그는 왕권을 굳게 한 후, 아버지의 원수를 갚았다. 요아스를 살해한 사람들을 처형한 것이다(5절). 그러나

모세의 율법서에 기록된 "아버지가 자녀 대신에 처형되어서도 안 되고, 또 자녀가 아버지 대신에 처형되어서도 안 된다. 오직 각 사람은 자신이 지은 죄에 따라 처형되어야 한다"(신 24:16, cf. 렘 31:29-30; 겔 18:2-4)는 말씀대로 아마샤는 그들의 자녀는 죽이지 않았다(6절). 아마샤가 이 율법은 지키면서 왜 산당을 제거하라는 율법은 지키지 않았을까? 완전한 순종을 이루지 못한 그의 삶이 우리에게 시사하는 바가 크다.

아마샤는 에돔의 영토에 속했던 '소금 골짜기'(גֵּיא־הַמֶּלַח)에서 에돔 사람 1만 명을 죽였고, 셀라(הַסֶּלַע)를 쳐서 그 이름을 욕드엘(יָקְתְאֵל)로 바꿨다(7절). 옛적에 다윗은 이 소금 골짜기에서 에돔 사람들과 싸워 승리한 적이 있다(삼하 8:13). '셀라'의 문자적인 의미는 '바위'이다. 그래서 학자들은 이 셀라가 훗날 페트라로 알려지게 된 곳을 뜻하는 것으로 이해한다(Konkel, cf. ABD).

본문에 기록된 아마샤의 에돔 원정이 당시의 가나안 정세에 어느 정도 영향을 미쳤는지 논하기가 어렵다(Bright). 일부 주석가들이 페트라를 뜻하는 것이라고 하는 셀라의 정확한 위치도 밝혀지지 않았다(cf. Gray, Meyers; Wiseman). 그러나 한 가지 확실한 것은 아마샤는 이 전쟁을 통해 자만감에 빠지게 되었다는 사실이다. 이 일 후에 상대하기에 버거운 북 왕국에 주저하지 않고 도전장을 낸 사실을 보면 알 수 있다. 아마샤가 이 전쟁을 통해 어느 정도 자신감을 가질 정도로 큰 승리를 거둔 것이 확실하다.

에돔 원정에서 승리를 거둔 아마샤가 북 왕국의 요아스에게 전령을 보내 싸우자고 했다(8절). 성공적인 원정을 마치고 나니 눈에 뵈는 게 없었던 것일까? 열왕기 저자는 이유를 밝히지 않는다. 반면에 역대기 저자는 이때 무슨 일이 있었는지 상대적으로 자세히 기록하고 있다(대하 25:5-13). 아마샤는 에돔 원정을 위해 이스라엘로부터 용병들을 고용했다. 그런데 전쟁이 시작되기 전에 한 선지자를 통한 신탁을 받고는 이 용병들을 돌려보냈다(대하 25:7-9). 에돔 약탈을 꿈꾸던 용병들이 분노한 나머지 돌아가는 길에 유다의 성읍들을 침략해서 약탈했다(대하 25:13). 이 일과 최근 에돔에서 거둔 승리가 아마샤로 하여금 북 왕국에 도전장을 내밀게 만든 것이다.

아마샤의 도전장을 받은 요아스가 한 비유를 예로 들어가며 유다의 왕을 비하하는 식으로 답했다(9-10절). 요아스가 사용한 비유는 여러 면에서 옛적에 요담이 70명의 형제를 죽이고 스스로 왕이 된 기드온의 아들 아비멜렉을 비하하는 말과 비슷하다(삿 9:7-15). 한마디로 "너는 내 적수가 못되니 그저 이번에 에돔에서 얻은 승리와 같은 작은 영광들을 즐기며 평안히 살라"는 내용이었다. 그의 아마샤에 대한 평가는 정확하다(Fretheim). 요아스도 시리아를 세 차례나 쳐서 승리한 전적이 있는 사람이라 당당했다. 그가 부드러운 말이 아닌 이렇게 냉혹하게 비하하는 말로 아마샤에게 답한 것은 만일 유다가 원하면 얼마든지 싸우겠다는 의지를 확고히 하는 행위다. 물론 아마샤도 자존심이 있는 사람이라 이러한 수모를 당하고 물러설 수 없었다. 한 번 뽑은 칼, 호박이라도 찔러봐야 하지 않겠는가! 결국 이 전쟁은 어떤 명분 있는 싸움이 아니라 두 왕의 교만과 자만이 낳은 결과이다.

VI. 이스라엘의 몰락(14:1-17:41)
A. 유다와 이스라엘의 전쟁(14:1-22)

2. 유다의 패배(14:11-16)

[11] 아마샤가 듣지 아니하므로 이스라엘의 왕 요아스가 올라와서 그와 유다의 왕 아마샤가 유다의 벧세메스에서 대면하였더니 [12] 유다가 이스라엘 앞에서 패하여 각기 장막으로 도망한지라 [13] 이스라엘 왕 요아스가 벧세메스에서 아하시야의 손자 요아스의 아들 유다 왕 아마샤를 사로잡고 예루살렘에 이르러 예루살렘 성벽을 에브라임 문에서부터 성 모퉁이 문까지 사백 규빗을 헐고 [14] 또 여호와의 성전과 왕궁 곳간에 있는 금 은과 모든 기명을 탈취하고

또 사람을 볼모로 잡고서 사마리아로 돌아갔더라 [15] 요아스의 남은 사적과 그의 업적과 또 유다의 왕 아마샤와 싸운 일은 이스라엘 왕 역대지략에 기록되지 아니하였느냐 [16] 요아스가 그의 조상들과 함께 자매 이스라엘 왕들과 사마리아에 함께 장사되고 그의 아들 여로보암이 대신하여 왕이 되니라

아마샤가 굽히지 않자 결국 요아스가 군대를 이끌고 유다로 내려와 예루살렘에서 서쪽으로 30킬로미터 정도 떨어진 벧세메스에서 전쟁을 했다(Provan). 요아스가 이곳을 전투지로 결정한 것은 이곳에서 예루살렘과 남북으로 오가는 무역을 관리하기 위해서였을 것이다(Dillard). 전쟁은 요아스가 경고한 것처럼 이스라엘의 일방적인 승리로 끝났다.

요아스는 이 전쟁에서 아마샤를 생포해 그를 앞세우고 예루살렘에 입성했다(13절). 요아스는 예루살렘 성벽의 일부 400규빗을 허물었는데, 180미터 정도 된다. 예루살렘 성벽의 약 10퍼센트를 허문 이러한 행위는 아마샤에게 수치를 안겨주기 위한 상징적인 행동이었다. 요아스는 예루살렘 성전과 왕궁의 보물들을 약탈했으며 인질을 잡아 사마리아로 돌아갔다(14절). 앞으로 유다가 바빌론에게 약탈을 당하고 타국으로 끌려갈 것을 예고하는 듯하다(Fretheim). 이스라엘이 유다에서 인질들을 잡아간 것은 구약 전체 중 이때만 있었던 일이다(Montgomery & Gehman). 아마샤도 수년간 요아스의 인질로 잡혀있었다는 추측도 있다(Thiele). 요아스가 죽은 후에도 아마샤가 15년을 더 통치한 것이 아니라 "생존하였다"(וַיְחִי)(17절)로 표현한 것도 이러한 사실을 입증하는 하나의 증거로 평가한다(Provan).

역대기 저자는 아마샤가 패한 것에 관해서 신학적인 설명을 제시한다(대하 25:14-16, 20). 아마샤가 에돔 원정에서 승리를 거두고 돌아오는 길에 에돔의 우상들을 유다로 끌어와 섬겼기 때문이라는 것이다. 하나님은 유다를 버리지 않으셨기에 그들의 죄에 대해서 즉각적인 반응을 보이신다. 그러므로 하나님께로부터 온 징계와 연단은 하나님이 아직도 사랑하신다는 증거가 된다.

이 전쟁은 북 왕국 요아스의 마지막 업적이었다. 그가 죽어 사마리아에 있는 왕들의 묘실에 안장되었고, 그의 아들 여로보암이 뒤를 이어 왕이 되었다(15-16절). 저자는 요아스에 대한 평가를 이곳에서는 하지 않는다. 이미 13:10-11에서 평가했기 때문이다.

VI. 이스라엘의 몰락(14:1-17:41)
A. 유다와 이스라엘의 전쟁(14:1-22)

3. 유다 왕 아마샤의 죽음(14:17-22)

[17] 이스라엘의 왕 여호아하스의 아들 요아스가 죽은 후에도 유다의 왕 요아스의 아들 아마샤가 십오 년간을 생존하였더라 [18] 아마샤의 남은 행적은 유다 왕 역대지략에 기록되지 아니하였느냐 [19] 예루살렘에서 무리가 그를 반역한 고로 그가 라기스로 도망하였더니 반역한 무리가 사람을 라기스로 따라 보내 그를 거기서 죽이게 하고 [20] 그 시체를 말에 실어다가 예루살렘에서 그의 조상들과 함께 다윗 성에 장사하니라 [21] 유다 온 백성이 아사랴를 그의 아버지 아마샤를 대신하여 왕으로 삼으니 그 때에 그의 나이가 십육 세라 [22] 아마샤가 그의 조상들과 함께 잔 후에 아사랴가 엘랏을 건축하여 유다에 복귀시켰더라

아마샤는 요아스가 죽은 후에도 15년을 더 살았다(17절). 그러나 그는 이 기간에 기록할 만한 업적은 남기지 못했다. 그의 말년은 아버지 요아스의 말년만큼이나 비참했다. 그가 거하고 있던 예루살렘에서 반란이 일어났고, 그는 급히 라기스로 도망했다. 반란을 일으킨 사람들은 라기스로 그를 쫓아가 살해했다. 어떤 이유에서 이러한 암살이 진행되었는지 알 수 없지만, 이때에 유다에는 상당한 정치적 갈등이 있었던 것이 분명하다(cf. Vos). 일부 주석가들은 그가 아버지를 죽인 사람들의 자식들을 살려 주었는데(14:5-6), 아마도 이들이 아마샤를 살해한 것으로 생각한다(Fretheim). 그렇다면 이 사람들도 은혜를 원수로 갚고 있다. 역대기 저자는 아마샤가 하나님께 등을 돌렸기에 암살을 당한 것이라며 신학적 이유를 제시한다(대하 25:27).

아마샤의 대를 이은 왕은 아사랴(עֲזַרְיָה)(lit. 여호와가 도우셨다)이며 그는 16세에 왕이 되었다(21절). 이 아사랴가 바로 웃시야 왕이다. 많은 학자들이 웃시야는 아버지 아마샤가 왕이었을 때도 함께 공동 통치했을 것으로 추정한다. 공동 통치를 포함한 총 통치 기간은 주전 792-740년이며, 이 중 아버지와 공동 통치를 한 때는 주전 792-767년으로 생각된다(House; Thiele). 또한 훗날 아들 요담과 함께 주전 750-740년 사이에 10년 동안 공동 통치한 것으로 추측한다(Thiele).

VI. 이스라엘의 몰락(14:1-17:41)

B. 잠시 동안의 부흥(14:23-15:7)

요아스와 아마샤의 죽음으로 두 왕국의 갈등은 종결되었다는 느낌을 준다. 그러나 유다의 왕 아하스 시대에 접어들면서 이 두 왕국은 다시 대립하게 된다. 그러므로 이 시대는 불편한 휴전 상태라 할 수 있다.

북 왕국에서는 요아스의 아들 여로보암 2세가 주전 782년에 정권을 잡았다(Thiele). 이스라엘은 그의 통치 아래 큰 경제적 부흥을 체험한다. 그러나 그것도 잠시, 머지않아 북 왕국은 주전 722년에 아시리아의 손에 패망한다. 여로보암의 통치가 시작된 지 불과 60년 후의 일이다. 이 기간에 남 왕국 역시 아사랴(웃시야)의 통치 아래 경제적 전성기를 누린다. 그러나 남 왕국 역시 8세기 말에 아시리아의 손에 엄청난 국가적 위기를 맞게 된다. 이 섹션은 다음과 같이 남·북 왕국의 왕을 각각 한 사람씩 언급한다.

A. 이스라엘의 왕 여로보암 2세(14:23-29)
B. 유다의 왕 아사랴(15:1-7)

VI. 이스라엘의 몰락(14:1-17:41)
B. 잠시 동안의 부흥(14:23-15:7)

1. 이스라엘의 왕 여로보암 2세(14:23-29)

23 유다의 왕 요아스의 아들 아마샤 제십오년에 이스라엘의 왕 요아스의 아
들 여로보암이 사마리아에서 왕이 되어 사십일 년간 다스렸으며 24 여호와
보시기에 악을 행하여 이스라엘에게 범죄하게 한 느밧의 아들 여로보암의
모든 죄에서 떠나지 아니하였더라 25 이스라엘의 하나님 여호와께서 그의 종
가드헤벨 아밋대의 아들 선지자 요나를 통하여 하신 말씀과 같이 여로보암
이 이스라엘 영토를 회복하되 하맛 어귀에서부터 아라바 바다까지 하였으니
26 이는 여호와께서 이스라엘의 고난이 심하여 매인 자도 없고 놓인 자도 없
고 이스라엘을 도울 자도 없음을 보셨고 27 여호와께서 또 이스라엘의 이름
을 천하에서 없이 하겠다고도 아니하셨으므로 요아스의 아들 여로보암의 손
으로 구원하심이었더라 28 여로보암의 남은 사적과 모든 행한 일과 싸운 업
적과 다메섹을 회복한 일과 이전에 유다에 속하였던 하맛을 이스라엘에 돌
린 일은 이스라엘 왕 역대지략에 기록되지 아니하였느냐 29 여로보암이 그의
조상 이스라엘 왕들과 함께 자고 그의 아들 스가랴가 대신하여 왕이 되니라

여로보암은 북 왕국의 왕들 중 가장 오랫동안 나라를 통치한 왕이다. 그는 무려 41년 동안 이스라엘을 다스렸다. 그는 이스라엘의 초대 왕 여로보암(1세)처럼 악한 사람이었다. 여로보암 1세가 벧엘과 단에 금송아지를 세우고 신으로 숭배하며 국가 종교로 삼은 것을 정책적으로 권장하고 육성해서 하나님의 진노를 샀다. 여로보암에게는 백성들을 그들의 주인이신 여호와 하나님께로 돌아오게 하는 일은 안중에도

없었다.

놀라운 것은 하나님이 이러한 영적 상태에도 불구하고 그를 축복하셨다는 사실이다. 저자는 하나님이 예언자 요나가 예언한 것처럼 이스라엘의 국경을 하맛 어귀로부터 아라바 바다까지 회복시켜 주셨다(25절). 솔로몬 시대에 하맛 어귀는 이스라엘의 북쪽 국경이었다(cf. 왕상 8:65). 여로보암은 솔로몬의 영화로운 통치를 상징했던 북쪽 지역 나라들의 땅을 대부분 정복한 것이다(Fretheim). 중요한 것은 엘리사 이야기에서처럼(13:14-19) 왕이 아닌 선지자가 이 일의 원동력이 되고 있다는 것이다. 여로보암이 하나님을 잘 섬겨서가 아니라, 아밋대의 아들 요나가 예언한 것을 성취하기 위해 하나님이 영토를 회복시켜 주셨다(25절). 여로보암 시대에 북 왕국에서 사역했던 두 명의 선지자가 더 있었다. 바로 아모스와 호세아다(암 1:1; 7:9-11; 호 1:1). 여로보암 시대에 이처럼 여러 선지자가 활동했다는 것은 하나님 말씀이 가까이에 있다는 의미이다. 그러나 선지자들은 대체로 경고와 심판을 선언하는 사람들이다. 또한 이스라엘 역사에서 선지자가 가장 많이 활동했던 때가 두 자매 나라가 멸망할 때이다. 하나님이 마지막 경고음을 발하려고 그들을 보내셨다. 그러므로 여로보암 시대에 선지자들의 활동이 많아진다는 것은 나라의 멸망이 머지않았음을 암시한다. 선지자들의 메시지는 축복(하나님의 말씀)과 저주(심판에 대한 경고)를 함께 동반한다. 물론 하나님은 당시 이스라엘이 당면하고 있는 고통을 헤아려 여로보암을 통해서 그들을 고통에서 구했다(27절). 본문의 표현법은 출애굽기 2:23-25를 연상케 한다. 그러나 여로보암은 새로운 모세도, 그들의 구세주도 아니다. 여로보암은 선지자의 예언을 성취하기 위해서 잠시 도구로 사용되고 있을 뿐이다.

이스라엘은 깨달아야 한다. 그들이 당면하고 있는 어려움을 극복할 수 있는 길은 어떠한 정치적인 행각이나 외교적인 정책이 아니라는 것을 말이다. 오직 여호와와 그의 종 선지자의 음성에 귀를 기울이는 일만이 그들을 살릴 수 있다. 이스라엘이 당면한 문제는 종교적 문제이지 정치적인 문제가 아니였다. 오늘날 우리가 당면한 대부분의 문제들도 이 같은 성향을 지닌다.

저자는 하나님의 오래 참음과 언약 백성에 대한 변함없는 관심과 사랑이 여로보암 시대의 사람들을 보호하고 축복했다고 한다. 이 시대에 북 왕국에서 사역한 호세아와 아모스 선지자 역시 이러한 하나님의 성품을 매우 극적으로 강조한다. 호세아는 여호와의 이스라엘을 향한 신실함과 사랑을 자신의 고멜을 향한 애정과 사랑을 통해 표현한다(호 1-3장). 아모스는 하나님이 이스라엘을 죄의 길에서 돌이키게 하시려고 무던히도 애를 쓰셨으며(암 4:6-13) 몇 번씩이나 심판을 유보하셨다고 기록하고 있다(암 7:1-6).

이스라엘의 역사를 살펴볼 때, 북 왕국이 여로보암의 통치 때 누렸던 번영과 풍요로움은 하나님의 이스라엘을 향한 마지막 권고였다. 회개하면 이렇게 놀라운 축복을 영원히 즐길 수 있다는 호소였다. 그러나 이스라엘은 하나님의 최후 권면을 받아들이지 않았다. 그래서 결국 주전 722년에 멸망하게 된다. 기회가 있을 때 회개하는 것은 죄인이 생각해낼 수 있는 최고의 축복이다.

VI. 이스라엘의 몰락(14:1-17:41)
B. 잠시 동안의 부흥(14:23-15:7)

2. 유다의 왕 아사랴(15:1-7)

**[1] 이스라엘 왕 여로보암 제이십칠년에 유다 왕 아마샤의 아들 아사랴가 왕이
되니 [2] 그가 왕이 될 때에 나이가 십육 세라 예루살렘에서 오십이 년간 다스
리니라 그의 어머니의 이름은 여골리야라 예루살렘 사람이더라 [3] 아사랴가
그의 아버지 아마샤의 모든 행위대로 여호와 보시기에 정직히 행하였으나 [4]
오직 산당은 제거하지 아니하였으므로 백성이 여전히 그 산당에서 제사를**

드리며 분향하였고 5 여호와께서 왕을 치셨으므로 그가 죽는 날까지 나병환
자가 되어 별궁에 거하고 왕자 요담이 왕궁을 다스리며 그 땅의 백성을 치
리하였더라 6 아사랴의 남은 사적과 행한 모든 일은 유다 왕 역대지략에 기
록되지 아니하였느냐 7 아사랴가 그의 조상들과 함께 자매 다윗 성에 그의
조상들과 함께 장사되고 그의 아들 요담이 대신하여 왕이 되니라

유다 왕 아마샤의 이야기를 끝내고 잠시 이스라엘 왕 여로보암의 이야기로 옮겨갔던 저자가 다시 유다를 다스리던 다윗 왕조의 이야기로 전환하고 있다. 아마샤의 아들 아사랴(עֲזַרְיָה, 여호와께서 도우셨다)(cf. Konkel)에 관한 이야기다. 이 왕은 웃시야(עֻזִּיָּה)라는 이름으로 불리기도 했으며, 웃시야는 '여호와가 나의 힘이시다'라는 뜻을 지닌다(HALOT). 아사랴는 북 왕국의 여로보암 즉위 27년, 16세의 나이로 남 왕국의 왕위에 올랐으며 52년 동안 유다를 통치했다. 이때가 주전 792–740년쯤 된다. 그의 52년의 통치는 아버지 아마샤, 그리고 아들 요담과의 공동 통치를 포함하고 있다(Thiele, House). 주석가들은 그가 아버지와 공동 통치를 할 때에는 아사랴라는 이름을 사용하다가, 홀로 통치하기 시작하면서 웃시야라는 이름을 사용한 것으로 생각한다(Patterson & Austel).

아사랴가 유다를 통치하는 동안에는 아시리아가 쇠퇴하고 있었으므로 유다와 이스라엘은 상대적인 평화와 번영을 누리는 시기였다. 유능한 아시리아 왕 아다드니라리(Adad–Nirari III)가 주전 783년에 죽은 후, 살만에셀(Shalmaneser IV, 782–774 BC), 아술단(Assur–Dan III, 773–756 BC), 아술니라리(Assur–Nirari V, 755–746 BC) 등 무능한 왕들이 대를 이었으며, 이때 이 왕들은 북쪽(오늘날 터키 동부)에서 아시리아를 호시탐탐 노리는 우라르투(Urartu)의 침략에 대응하느라 남쪽(가나안 지역)에 신경 쓸 겨를이 없었다(Patterson & Austel).

역대기에 의하면 아사랴/웃시야는 군사적 안목이 있는 사람이었다. 그래서 그는 유다의 군대를 정비하고, 새로운 무기들을 만들었다(대하

26:11-14). 그는 또한 예루살렘을 요새화시켰으며, 블레셋 사람들이 유다의 남서쪽으로 세력을 확장해 오는 것을 막았다. 아쉽게도 역대기 저자가 웃시야의 군사적 업적에 관한 자세한 정보는 제공하지 않는다.

아사랴는 주님 보시기에 의롭게 행하였으나 산당은 제거하지 않았다(2-3절). 새번역은 5절을 시작하는 ו-연계형(waw-consecutive)을 "그리하여"로 해석해서 마치 웃시야가 산당을 제거하지 않은 일로 인해서 하나님께로부터 문둥병을 얻은 듯한 오해를 일으킨다. 그러나 5절과 4절의 일은 원인-결과로 연결되지 않는다(cf. NIV, NRS, NAS, TNK). 열왕기는 웃시야가 왜 문둥병을 얻었는지 구체적으로 밝히지 않는다. 단지 하나님이 그를 치셨다는 것을 밝힐 뿐이다.

역대기에 의하면 웃시야가 문둥병을 얻게 된 것은 제사장들의 만류에도 불구하고 자신이 직접 여호와의 전에 들어가 향불을 피우다가 된 일이다(대하 26:16-20). 왜 웃시야가 제사장들을 무시하고 스스로 향불을 피운 것일까? 역대기 저자는 왕이 군사적인 승리들을 거두면서 교만해졌다고 한다. 마치 자기가 메시아가 된 것처럼 생각한 것 같다. 성경은 메시아는 왕권, 선지자권, 제사장권을 함께 겸비한 사람이라고 한다. 이러한 상황에서 정치적·군사적으로 훌륭한 업적을 이룩한 웃시야가 제사장권을 넘본 것은 아마도 자신을 메시아로 생각하고 싶어서였을 것이다. 그러나 성경은 하나님이 제일 미워하시는 죄가 '교만'이라고 말한다.

웃시야는 처음에는 신앙생활을 잘하다가 말년에 가서 타락한 사람의 한 예이다. '용두사미'(龍頭蛇尾)라는 말을 실감나게 하는 인물이다. 예수님의 말씀을 빌리자면 "처음 된 자가 나중 된" 격이다. 화려한 신앙의 업적과 과거가 결코 미래를 보장할 수는 없다는 뜻일까? 에스겔 선지자는 결코 보장할 수 없다는 말을 누누이 했다(cf. 겔 3장). 교만으로 하나님의 진노를 사 문둥병자가 된 웃시야는 결국 남은 인생을 격리되어 살며 아들과 공동 통치를 해 나갔다. 학자들은 그가 아들 요담과 함께 공동 통치한 기간은 주전 750-740년의 10년으로 추정한다(House).

VI. 이스라엘의 몰락(14:1-17:41)

C. 이스라엘의 정치적 소용돌이(15:8-31)

이스라엘은 이제부터 걷잡을 수 없는 정치적 소용돌이에 돌입한다. 국제적으로는 아시리아가 초강대국의 면모를 갖추기 위해서 군사력을 앞세워 빠른 속도로 근동 지역을 평정하고 있다. 이스라엘이 이처럼 불안하고 급변하는 국제적인 정황에서 생존하려면 그 어느 때보다도 강력한 리더십을 지닌 왕들이 필요하다. 불행하게도 이때 이스라엘은 연약하고 무능한 왕들을 연속적으로 맞게 된다.

이 왕들은 또한 대부분 쿠데타나 암살을 통해 이전 왕들을 제거하고 스스로 왕이 된 사람들이다. 당연히 이스라엘의 정국은 불안할 수밖에 없다. 저자는 이스라엘이 이렇게 대내외적으로 곤경에 처하게 된 것이 우연히 된 일이 아니라 하나님이 하신 일이라는 것을 명백히 한다. 하나님이 여로보암 2세 시대 때 경제적인 부흥과 안정적인 정치를 축복하심으로써 이스라엘이 여호와께 돌아올 수 있는 마지막 기회를 주셨지만 그들은 돌아오지 않았다. 이제 그들에게는 하나님의 호소를 거부한 대가를 치르는 일만 남았다. 본 텍스트는 언급하는 왕들의 이름을 바탕으로 다음과 같이 구분할 수 있다.

A. 이스라엘 왕 스가랴(15:8-12)
B. 이스라엘 왕 살룸(15:13-16)
C. 이스라엘 왕 므나헴(15:17-22)
D. 이스라엘 왕 브가히야(15:23-26)
E. 이스라엘 왕 베가(15:27-31)

VI. 이스라엘의 몰락(14:1-17:41)
C. 이스라엘의 정치적 소용돌이(15:8-31)

1. 이스라엘 왕 스가랴(15:8-12)

8 유다의 왕 아사랴의 제삼십팔년에 여로보암의 아들 스가랴가 사마리아에
서 여섯 달 동안 이스라엘을 다스리며 9 그의 조상들의 행위대로 여호와 보
시기에 악을 행하여 이스라엘로 범죄하게 한 느밧의 아들 여로보암의 죄에
서 떠나지 아니한지라 10 야베스의 아들 살룸이 그를 반역하여 백성 앞에서
쳐죽이고 대신하여 왕이 되니라 11 스가랴의 남은 사적은 이스라엘 왕 역대
지략에 기록되니라 12 여호와께서 예후에게 말씀하여 이르시기를 네 자손이
사 대 동안 이스라엘 왕위에 있으리라 하신 그 말씀대로 과연 그렇게 되니라

유다의 왕 아사랴 즉위 38년에 여로보암의 아들 스가랴(זְכַרְיָהוּ)(lit., 여호와께서 기억하신다)가 북 왕국의 왕이 되었다. 그의 통치 기간은 6개월밖에 되지 않았다. 이때가 주전 753-752년경이다(Thiele). 스가랴는 예후 왕조의 마지막 왕이기도 하다. 예후가 아합의 집안을 몰살시킨 것에 대해서 하나님이 4대까지 그의 집안이 이스라엘을 다스리게 하실 것이라는 약속을 하신 적이 있다(10:30). 스가랴가 바로 예후 왕조의 4대째 되는 사람이다. 그러므로 하나님은 스가랴를 통해 예후와의 약속을 지키신 것이다.

그는 이스라엘의 다른 왕들처럼 나라의 창시자 여로보암의 죄의 굴레를 벗어나지 않았다(9절). 스가랴가 즉위한 지 6개월밖에 되지 않았을 때, 살룸(שַׁלּוּם)(lit., 보복하는 자)이란 사람이 역모를 꾀해서 그를 죽인다. 살룸이 스가랴를 암살한 것은 앞으로 이스라엘을 혼란에 빠뜨릴 '왕권 쟁탈전'의 전야(前夜)에 불과하다. 스가랴의 죽음을 기점으로 이스라엘은 앞으로 엄청난 정치적 혼란에 빠지게 된다.

하나님이 예후 왕조가 4대까지 갈 것이라는 말씀을 이미 하셨지만

(10:30), 이 말씀을 운명론적으로 받아들이면 안 된다. 아무리 스가랴가 신실해도 하나님의 계획을 거스를 수는 없기에 그의 세대에 왕조가 끝날 수밖에 없었다고 생각할 필요는 없다. 하나님은 은혜를 베푸는 일에는 언제든지 계획을 수정하실 의향이 있으신 분이다. 다만 인간이 그 은혜를 감당할만한 능력과 자격을 갖추지 못한 것뿐이다. 스가랴가 하나님께 신실했다면 그의 삶과 통치가 이렇게 끝나지는 않았을 것이다.

VI. 이스라엘의 몰락(14:1-17:41)
C. 이스라엘의 정치적 소용돌이(15:8-31)

2. 이스라엘 왕 살룸(15:13-16)

13 유다 왕 웃시야 제삼십구년에 야베스의 아들 살룸이 사마리아에서 왕이
되어 한 달 동안 다스리니라 14 가디의 아들 므나헴이 디르사에서부터 사마
리아로 올라가서 야베스의 아들 살룸을 거기에서 쳐죽이고 대신하여 왕이
되니라 15 살룸의 남은 사적과 그가 반역한 일은 이스라엘 왕 역대지략에 기
록되니라 16 그 때에 므나헴이 디르사에서 와서 딥사와 그 가운데에 있는 모
든 사람과 그 사방을 쳤으니 이는 그들이 성문을 열지 아니하였음이라 그러
므로 그들이 그 곳을 치고 그 가운데에 아이 밴 부녀를 갈랐더라

여로보암의 아들 스가랴를 죽이고 이스라엘의 왕이 된 살룸은 야베스의 아들(בֶּן־יָבֵישׁ)이었다고 하는데(13절), 이 표현은 '야베스가 고향인 사람'이라는 의미로 해석될 수 있으며, 그가 길르앗 야베스 출신이었음을 암시한다(Seow, Konkel, Patterson & Austel). 길르앗 야베스는 요단 강 동편에 위치한 도시이다. 잠시 후에 모습을 드러낼 므나헴도 요단 강 동편에 위치한 갓 지파 사람이다. 그래서 학자들은 여로보암 2세가 죽은 이후 이스라엘에 임한 정치적 갈등은 요단 강을 중앙에 두고 동쪽 지파들과 서쪽 지파들의 이권 다툼이라고 생각한다(Konkel).

살룸은 스가랴를 암살해서 그의 통치를 6개월로 단축시켰는데, 자신 역시 매우 짧은 정치적 삶을 살았다. 살룸의 왕권은 겨우 한 달 동안 유지되었기 때문이다. 한 달의 통치는 두 왕국의 역사에서 시므리의 7일(왕상 16:15-20)을 제외하고는 가장 짧다. 그가 왕위에 오르자 므나헴이 디르사(תִּרְצָה)에서부터 사마리아로 진군해와서 그를 쳐죽이고 스스로 왕이 되었다(cf. 암 7:9, 11; 호 7:6-7, 16). 디르사는 세겜에서 북동쪽으로 12킬로미터 떨어진 곳에 있었다(ABD). 디르사는 바아사(왕상 15:21, 33; 16:6), 시므리(왕상 16:8-9), 오므리(왕상 16:15-23) 왕 시대에 북 왕국의 수도였다.

그런데 왜 므나헴이 살룸을 죽이려고 사마리아까지 온 것일까? 물론 단순히 정치적인 야심에서 비롯된 행동이라고 해석할 수도 있지만(Cohn), 므나헴이 스가랴의 부하였기에 주인의 원수도 갚을 겸, 정권도 장악할 겸 해서 사마리아로 진군해왔다는 해석도 있다(Patterson & Austel, cf. Hobbs). 간단히 말하자면, 이 시대에는 누구든지 군대를 장악하면 왕의 자리에 앉아있는 사람을 죽이고 자신이 왕이 될 수 있었다. 실제로 북 왕국 이스라엘의 마지막 30년 동안 나라를 다스린 왕이 6명이며, 이들 중 5명이 암살을 당했다.

저자는 살룸의 행적보다는 므나헴이 어떻게 살룸을 살해하게 되었는가에 더 많은 지면을 할애한다. 또한 그의 잔인함을 적나라하게 묘사한다. 므나헴은 한때 솔로몬의 영토의 가장 북단에 위치했던 딥사(פְּסַח תִּ)라는 유프라테스 강 주변에 있는 성(왕상 4:24)을 쳐들어갔다가, 순순히 성문을 열어주지 않는다고 해서 성읍 주민들을 모두 학살했다(16절). 뿐만 아니라 그는 심지어 임신한 여자들의 배를 갈라 죽이기까지 했다. 이스라엘의 도덕성은 땅에 떨어지게 되었고 잔인함에 있어서 암몬 사람들과 별반 다를 바 없었다(Gray). 하나님의 심판이 멀지 않음을 암시한다.

VI. 이스라엘의 몰락(14:1–17:41)
C. 이스라엘의 정치적 소용돌이(15:8–31)

3. 이스라엘 왕 므나헴(15:17–22)

**[17] 유다 왕 아사랴 제삼십구년에 가디의 아들 므나헴이 이스라엘 왕이 되어
사마리아에서 십 년간 다스리며 [18] 여호와 보시기에 악을 행하여 이스라엘로
범죄하게 한 느밧의 아들 여로보암의 죄에서 평생 떠나지 아니하였더라 [19]
앗수르 왕 불이 와서 그 땅을 치려 하매 므나헴이 은 천 달란트를 불에게 주
어서 그로 자기를 도와 주게 함으로 나라를 자기 손에 굳게 세우고자 하여
[20] 그 은을 이스라엘 모든 큰 부자에게서 강탈하여 각 사람에게 은 오십 세
겔씩 내게 하여 앗수르 왕에게 주었더니 이에 앗수르 왕이 되돌아가 그 땅
에 머물지 아니하였더라 [21] 므나헴의 남은 사적과 그가 행한 모든 일은 이스
라엘 왕 역대지략에 기록되지 아니하였느냐 [22] 므나헴이 그의 조상들과 함께
자고 그의 아들 브가히야가 대신하여 왕이 되니라**

살룸을 제거하고 왕이 된 므나헴은 10년 동안 왕으로 군림했다. 이때가 주전 752–742년쯤이다(Thiele). 그는 이스라엘의 다른 왕들처럼 여호와 보시기에 악을 행했다. 건국 이래 끊임없이 이스라엘의 올무가 되고 있는 여로보암의 죄에서 떠나지도 않았다. 저자는 "평생"(כָּל־יָמָיו) 이란 문구를 추가해서 그의 지속적인 죄성을 강조한다(18절, cf. Cohn). 므나헴은 백성들에게는 잔인한 폭군이었을 뿐만 아니라 신앙적으로는 하나님이 싫어하는 사람의 표상이 된 것이다.

그가 통치하는 동안 아시리아의 '불'(פּוּל)이 쳐들어왔다. 불(פּוּל)은 디글랏 블레셀(Tiglath–Pileser III)이 주전 729년에 바빌론을 정복한 이후 사용한 왕호이다(Hallo & Simpson). 그는 주전 743/742년 경에 가나안 지역을 침략했으며 6년 동안 이 지역에 머물면서 전쟁을 한 것으로 기록하고 있다(Hallo & Simpson). 그러므로 '불'이란 이름은 그가 가나안 지역

을 침략했을 때에는 사용하지 않았다. 그러나 저자가 열왕기를 기록할 때쯤에는 이 이름이 그의 이름으로 자리잡았을 때였다.

므나헴은 사마리아로 진군해오는 불을 달래고, 그에게 선심을 사서 자신의 정권이 아시리아로부터 인준을 받았다는 정당성을 부여하기 위해 은 1,000 달란트를 주었다. 1달란트가 어느 정도였는가에 대해서는 각 나라와 때에 따라 차이가 있다. 구약에서 히브리 사람들의 1달란트가 3,000세겔이었다는 점과 보통 노예가 20-40세겔에 팔렸다는 점을 감안할 때, 1,000 달란트는 매우 큰 액수임을 알 수 있다. 무게로 계산하자면 1달란트가 375파운드(170kg)까지 달했으니 1,000 달란트는 170톤으로 엄청난 금액에 해당한다(cf. ABD). 므나헴이 이렇게 많은 돈을 어디서 구했을까? 그는 부자들에게 50세겔씩 강제로 징수해서 상당한 부분을 충당했다(20절). 당시 아시리아에서는 노예의 몸값이 50세겔이었으며(Wiseman), 이스라엘이 아시리아 왕에게 바친 돈은 아시리아 군인들에게 각각 50세겔씩 지급된 것으로 생각된다(Hobbs). 그렇다면 므나헴이 바친 돈은 6만 명의 몫이다(Konkel). 이미 언급한 대로 므나헴은 매우 잔인한 통치자였다(16절). 그는 자신의 정권을 유지하기 위해서 약탈까지 일삼았다.

이 시절 근동의 정세를 감안할 때 므나헴의 행동을 어떻게 보아야 하는가? 아시리아를 달랬으니 한동안은 이스라엘에 평안이 있을 수 있다. 그러나 영구적인 해결책은 못 된다. 오직 여호와께로 돌아가는 것만이 이 나라가 당면하고 있는 문제들에 대한 영구적인 해결책이다. 게다가 불에게 뇌물로 바친 돈이 이스라엘 경제에는 너무나도 큰 출혈이었다. 순간적인 위기는 모면했을지 몰라도 앞으로 20여 년 후에 이스라엘이 아시리아의 손에 망할 때까지 북 왕국은 아시리아의 손아귀에서 벗어나지 못한다. 즉 그의 엄청난 뇌물 공세는 이스라엘의 운명을 겨우 20년 동안 더 지속시키는 효과를 낳을 뿐이었다.

VI. 이스라엘의 몰락(14:1–17:41)
C. 이스라엘의 정치적 소용돌이(15:8–31)

4. 이스라엘 왕 브가히야(15:23–26)

**23 유다의 왕 아사랴 제오십년에 므나헴의 아들 브가히야가 사마리아에서 이
스라엘 왕이 되어 이 년간 다스리며 24 여호와께서 보시기에 악을 행하여 이
스라엘로 범죄하게 한 느밧의 아들 여로보암의 죄에서 떠나지 아니한지라 25
그 장관 르말랴의 아들 베가가 반역하여 사마리아 왕궁 호위소에서 왕과 아
르곱과 아리에를 죽이되 길르앗 사람 오십 명과 더불어 죽이고 대신하여 왕
이 되었더라 26 브가히야의 남은 사적과 그가 행한 모든 일은 이스라엘 왕
역대지략에 기록되니라**

므나헴의 뒤를 이어 그의 아들 브가히야(פְּקַחְיָה)가 이스라엘의 왕이 되어 2년 동안 다스렸다. 이때가 주전 742–740년경이다(Thiele). 저자는 브가히야의 통치를 스가랴, 살룸의 통치처럼 매우 간략하게 묘사한다. 그가 여로보암의 죄에서 떠나지 않은 것과 어떻게 살해되었는지가 주된 요소들이다. 이스라엘의 영적·정치적 상황이 전혀 호전되지 않고 있음을 시사한다(Cohn, House).

르말랴의 아들 베가가 아르곱과 아리에의 도움을 받아 길르앗 사람 50명으로 반란을 일으켜서 브가히야를 사마리아에서 죽이고 왕이 되었다(25절). 이 일로 이스라엘은 다시 한 번 반복되는 반란과 암살의 소용돌이에 휘말리게 되었다. 뚜렷한 리더가 없을 때는 잔챙이들이 세력다툼을 할 수밖에 없다. 이스라엘은 이처럼 미궁 속으로 계속 빨려 들어가고 있다.

VI. 이스라엘의 몰락(14:1–17:41)
C. 이스라엘의 정치적 소용돌이(15:8–31)

5. 이스라엘 왕 베가(15:27–31)

27 유다의 왕 아사랴 제오십이년에 르말랴의 아들 베가가 이스라엘 왕이 되
어 사마리아에서 이십 년간 다스리며 28 여호와께서 보시기에 악을 행하여
이스라엘로 범죄하게 한 느밧의 아들 여로보암의 죄에서 떠나지 아니하였더
라 29 이스라엘 왕 베가 때에 앗수르 왕 디글랏 빌레셀이 와서 이욘과 아벨
벳 마아가와 야노아와 게데스와 하솔과 길르앗과 갈릴리와 납달리 온 땅을
점령하고 그 백성을 사로잡아 앗수르로 옮겼더라 30 웃시야의 아들 요담 제
이십년에 엘라의 아들 호세아가 반역하여 르말랴의 아들 베가를 쳐서 죽이
고 대신하여 왕이 되니라 31 베가의 남은 사적과 그가 행한 모든 일은 이스라
엘 왕 역대지략에 기록되니라

브가히야를 살해한 베가가 남 왕국 웃시야 왕 즉위 52년에 이스라엘의 왕이 되었다. 저자는 그가 20년 동안 통치했다고 한다(27절). 문제는 그의 통치 기간이 다른 숫자들하고 잘 어울리지 않는다는 것이다(cf. Sweeney, Tadmor, Thiele, Patterson & Austel). 성경이 그에 대하여 제공하는 정보가 다른 정보와 혼란을 빚는다. 이 시점(베가의 통치가 시작된 때)부터 유다 왕 히스기야 시대까지의 유다와 이스라엘의 역사에 등장하는 왕들의 통치 연대들은 매우 많은 문제들을 안고 있으며 베가의 연대는 빙산의 일각에 불과하다(Gray). 북 왕국을 다스린 왕들의 연대를 조명하는 것만 어려운 것이 아니라, 남 왕국을 다스린 왕들의 연대를 조명하는 것도 매우 어려운 일이라는 것이다. 또한 베가 시대 때부터 사마리아가 멸망하기까지의 이스라엘의 정치적 정황을 재구성하는 것도 여간 어려운 일이 아니다(Hobbs).

거의 모든 학자들이 사마리아가 주전 723–721년 사이에 멸망했다는 것에는 동의한다. 그런데 열왕기 저자가 제시하는 대로 이 시점부터 베가의 20년과 이스라엘의 마지막 왕인 호세아의 9년을 감안하면 사마리아는 주전 712년경에 망해야 한다. 최소한 10년 정도가 역사적 테두리에서 벗어나고 있는 것이다. 문제를 더 복잡하게 만드는 것은 베가의 20년이 사본을 복사하다가 소개된 실수인 듯하다는 것이다. 열왕기하 16:1은 유다 왕 아하스의 즉위가 북 왕국의 베가 왕 통치 17년째 되던 해에 있었던 일로 기록하고 있기 때문이다(Cogan & Tadmor).

가장 가능성 있는 설명은 딜레(Thiele)가 제시한 설로 본문의 20년은 베가가 왕위에 오르기 전에 왕처럼 군림했던 시절까지 포함한 것으로 해석하는 것이다. 딜레는 베가가 주전 752년에 길르앗에서 므나헴의 경쟁자로서 군림하기 시작한 것이라는 추측을 내놓았다. 다른 한 학자는 베가가 이스라엘의 왕을 대신해서 요단 강 건너편의 북쪽 지역을 통치하다가 시리아의 르신 왕에게 자의 혹은 타의로 이 지역을 넘겨주는 조건으로 이스라엘의 왕이 되었을 것이라는 추측을 내놓았다(Obed). 즉, 오베드(Obed)는 베가가 주전 752-740년 사이에 므나헴과 함께 통치를 하다가 시리아의 지지를 받아서 쿠데타를 일으켜 일인자가 되었다는 것이다. 물론 우리는 이러한 설들의 진실성을 확인할만한 자료들을 아직 찾지 못했다. 그러나 그 당시의 정치적 정황을 감안하면 충분히 가능한 일이다.

베가가 통치하는 동안 아시리아의 디글랏 빌레셀 왕이 쳐들어와서 이욘, 아벨벳 마아가, 야노아, 게데스, 하솔, 길르앗, 갈릴리, 납달리 등을 점령하고 주민들을 인질로 사로잡아 갔다. 무슨 일이 벌어진 것일까? 베가가 군림하던 시절, 이스라엘은 반(反)아시리아 정책을 폈다. 이스라엘 왕 베가는 시리아 왕 르신과 연합군을 형성해서 디글랏 빌레셀에게 대항했다. 이 대결이 바로 시리아-에브라임 전쟁(Syro-Ephraimite War)이다. 베가와 르신은 자신들의 연합 전선을 더 확고하게 하기 위해서 유다에게 연합군에 가입할 것을 요구했다(cf. 왕하 15:32-

38; 사 7장).

당시 유다의 왕이었던 아하스는 이들의 요구를 거부했으며, 대신 아시리아의 디글랏 빌레셀에게 도움을 청했고 아시리아는 당연히 유다의 청에 응했다(16:7-9). 이 일로 아시리아는 본문이 언급하는 도시들을 중심으로 이스라엘의 땅을 점령하고 거민들을 인질로 삼아 아시리아로 끌고 갔다. 인질이 되어 끌려간 사람들은 성경에 기록된 첫 아시리아 포로 행렬을 구성했다. 이 도시들은 이스라엘의 북부 지역에 속한 것들이다(House).

베가의 그릇된 외교 정책으로 엄청난 피해를 보게 되었다고 생각한 이스라엘 사람들은 동요했고, 이 틈을 타서 호세아가 그를 죽이고 왕이 되었다. 이때의 국제 정세를 감안하면 이스라엘이 초인적인 지혜와 슬기를 발휘한다 해도 난국을 헤쳐나갈 수 있을까 하는 질문을 할 수밖에 없는 상황이었다(Bright). 그런데 이스라엘은 계속해서 이렇게 판단력을 상실한 무능한 리더십 아래 있었다. 그러므로 당연히 망할 수밖에 없는 상황으로 치닫고 있다. 훌륭한 리더십은 민족을 위기에서 구할 수 있지만, 판단력을 상실한 리더십은 민족을 더욱더 궁지에 몰아넣게 된다. 호세아라는 사람이 무능하고 분별력 없는 베가를 죽이고 왕이 되었다(30절). 이때가 주전 732년이다(Thiele, Seow).

D. 유다의 정치적 연약함(15:32-16:20)

북 왕국 이스라엘의 운명이 급속도로 패망을 향해 치닫는 것에 반해 남 왕국 유다는 훨씬 더 느린 템포로 죽음을 맞이하고 있다. 이 시절 연약했던 유다가 동일한 국제 정세 속에서도 상대적으로 강했던 이스라엘보다 훨씬 더 오래 생존할 수 있었던 비결은 무엇이었는가? 지금까지 우리는 북 왕국의 왕권에 있어서 일종의 춘추전국시대가 열린 것을 목격했다. 누구든 왕을 죽이면 왕이 될 수 있었다. 유다의 형편도 썩 좋은 편은 아니었다. 유다의 지난 네 왕들 중 세 왕은 암살을 당했고, 하나는 질병으로 정권에서 물러나야 했다. 그러므로 남 왕국의 정권이 다스리는 다윗 왕조가 북 왕국보다 더 안정적이어서는 아니었던 것 같다. 보이지 않는 곳에서 역사에 관여하시는 여호와께서 다윗과 맺으신 약속을 지키기 위해 베푸신 은혜였다.

유다의 친(親)아시리아 정책이 효과를 발휘한 것은 의심할 여지가 없는 사실이다. 그러나 저자는 가장 큰 이유로 하나님께 등을 돌린 모든 북 왕국의 왕들과는 달리 유다에는 그나마 경건한 왕들이 종종 있었던 사실을 든다. 과거에는 다윗, 여호사밧 등이 있었고, 앞으로는 히스기야, 요시야 등이 등장하게 된다. 다른 사람들보다 상대적으로 신앙이 훌륭한 왕들이 유다를 다스렸기에 그나마 이 나라가 북 왕국보다 더 오랫동안 지속될 수 있었다.

히스기야, 요시야 등이 훌륭한 믿음으로 하나님의 진노를 잠시 보류하게 되지만, 유다도 언젠가는 피할 수 없는 운명을 맞이하게 될 것이다. 저자는 이 섹션을 통해 요담-아하스 시대를 지나면서 유다가 죽음을 향해서 급진하고 있는 모습을 묘사한다. 유다가 정치적, 군사적으로 연약하면서도 하나님을 의지하기를 거부하고 있다. 특히 아하스의 배교(背敎)는 전에 들어보지 못했던 수준에 달한다. 가뜩이나 여호와께 매달려도 힘든 상황인데 이처럼 어이없는 짓을 하니 유다의 운명이 더욱더 헤어날 수 없는 구덩이 속으로 빠져드는 것이다. 유다 왕들의 통치를 회고하고 있는 이 섹션은 다음과 같이 두 파트로 나눈다.

A. 유다 왕 요담(15:32-38)
B. 유다 왕 아하스(16:1-20)

VI. 이스라엘의 몰락(14:1-17:41)
D. 유다의 정치적 연약함(15:32-16:20)

1. 유다 왕 요담(15:32-38)

**32 이스라엘의 왕 르말랴의 아들 베가 제이년에 유다 왕 웃시야의 아들 요담
이 왕이 되니 33 나이가 이십오 세라 예루살렘에서 십육 년간 다스리니라 그
의 어머니의 이름은 여루사라 사독의 딸이더라 34 요담이 그의 아버지 웃시
야의 모든 행위대로 여호와께서 보시기에 정직히 행하였으나 35 오직 산당을
제거하지 아니하였으므로 백성이 여전히 그 산당에서 제사를 드리며 분향하
였더라 요담이 여호와의 성전의 윗문을 건축하니라 36 요담의 남은 사적과
그가 행한 모든 일은 유다 왕 역대지략에 기록되지 아니하였느냐 37 그 때에
여호와께서 비로소 아람 왕 르신과 르말랴의 아들 베가를 보내어 유다를 치
게 하셨더라 38 요담이 그의 조상들과 함께 자매 그의 조상 다윗 성에 조상
들과 함께 장사되고 그 아들 아하스가 대신하여 왕이 되니라**

북 왕국의 베가 즉위 2년에 유다 왕 웃시야의 아들 요담(יוֹתָם)(lit., 여호와는 완벽하시다)이 왕이 되었다. 그가 왕이 되었을 때 나이가 25세였으며 16년 동안 다스렸는데, 이 중 10년은 문둥병을 앓던 아버지 웃시야와 공동 통치를 했던 기간이다(House). 그러나 요담이 아버지 웃시야와 공동 통치한 기간이 4년에 불과하다고 해석하는 주석가도 있다(Cohn). 요담의 16년 동안의 통치는 주전 750-734년쯤에 있었던 일이다(Thiele). 요담은 아버지 웃시야처럼 여호와를 사랑했지만 산당은 제거하지 않은 과오를 남겼다(35절). 요담도 다른 왕들처럼 하나님이 원하셨던 진정한 예배에 대해서 잘 모르고 있는 것이다.

요담의 어머니는 여루사였으며 사독의 딸이었다(33절). 다윗 시대 때 사독이란 유명한 제사장이 있었던 점을 감안할 때, 요담의 어머니는 제사장 집안의 사람이었을 가능성이 크다(Sweeney). 당연히 요담 정권

은 제사장들의 지지를 받았을 것으로 생각된다(Cohn). 그래서인지 그는 할아버지 요아스가 했던 것처럼 성전 보수에 나섰다. 역대기 저자는 요담의 다른 건축 프로젝트에 대해서도 언급한다. 그는 성전을 보수했을 뿐만 아니라 성벽을 보수하고 유다의 산악 지대에 성읍과 요새들을 건설했다(대하 27:3–5). 또한 암몬을 정복해서 조공을 받아냈다. 요담은 상당히 성공적인 왕이었으며, 유다의 국제적 입지를 향상시킨 사람이었다. 오랜만에 유다의 왕들 중에 유능한 사람이 나왔다. 더 나아가 요담은 믿음도 다른 왕들에 비해 상대적으로 좋은 사람이었다. 하나님이 그의 믿음을 보시고 정치적·경제적 복을 내려주신 것이다.

저자는 요담이 죽기 전에 북 왕국의 베가와 시리아의 르신에게 위협을 당하고 있었던 것을 기록한다(37절). 유다의 다른 왕들처럼 요담 역시 친아시리아 정책을 펼쳐나가는 상황에서, 아시리아에 반기를 든 북 왕국 이스라엘과 시리아가 유다에게 자신들의 연합군에 가입할 것을 요구했다. 유다가 이들의 강요에 수긍하지 않자 군사를 이끌고 예루살렘을 치러온 것이다. 이 일이 앞에서 언급했던 시리아–에브라임 전쟁(Syro–Ephraimite War)의 시작이다. 선지자 미가는 요담 시대에 사역을 시작했다(미 1:1).

VI. 이스라엘의 몰락(14:1–17:41)
D. 유다의 정치적 연약함(15:32–16:20)

2. 유다 왕 아하스(16:1–20)

1 르말랴의 아들 베가 제십칠년에 유다의 왕 요담의 아들 아하스가 왕이 되
니 2 아하스가 왕이 될 때에 나이가 이십 세라 예루살렘에서 십육 년간 다스
렸으나 그의 조상 다윗과 같지 아니하여 그의 하나님 여호와께서 보시기에
정직히 행하지 아니하고 3 이스라엘의 여러 왕의 길로 행하며 또 여호와께서
이스라엘 자손 앞에서 쫓아내신 이방 사람의 가증한 일을 따라 자기 아들을

불 가운데로 지나가게 하며 [4] 또 산당들과 작은 산 위와 모든 푸른 나무 아
래에서 제사를 드리며 분향하였더라 [5] 이 때에 아람의 왕 르신과 이스라엘
의 왕 르말랴의 아들 베가가 예루살렘에 올라와서 싸우려 하여 아하스를 에
워쌌으나 능히 이기지 못하니라 [6] 당시에 아람의 왕 르신이 엘랏을 회복하
여 아람에 돌리고 유다 사람을 엘랏에서 쫓아내었고 아람 사람이 엘랏에 이
르러 거기에 거주하여 오늘까지 이르렀더라 [7] 아하스가 앗수르 왕 디글랏 빌
레셀에게 사자를 보내 이르되 나는 왕의 신복이요 왕의 아들이라 이제 아람
왕과 이스라엘 왕이 나를 치니 청하건대 올라와 그 손에서 나를 구원하소서
하고 [8] 아하스가 여호와의 성전과 왕궁 곳간에 있는 은금을 내어다가 앗수
르 왕에게 예물로 보냈더니 [9] 앗수르 왕이 그 청을 듣고 곧 올라와서 다메섹
을 쳐서 점령하여 그 백성을 사로잡아 기르로 옮기고 또 르신을 죽였더라 [10]
아하스 왕이 앗수르의 왕 디글랏 빌레셀을 만나러 다메섹에 갔다가 거기 있
는 제단을 보고 아하스 왕이 그 제단의 모든 구조와 제도의 양식을 그려 제
사장 우리야에게 보냈더니 [11] 아하스 왕이 다메섹에서 돌아오기 전에 제사
장 우리야가 아하스 왕이 다메섹에서 보낸 대로 모두 행하여 제사장 우리
야가 제단을 만든지라 [12] 왕이 다메섹에서 돌아와 제단을 보고 제단 앞에 나
아가 그 위에 제사를 드리되 [13] 자기의 번제물과 소제물을 불사르고 또 전제
물을 붓고 수은제 짐승의 피를 제단에 뿌리고 [14] 또 여호와의 앞 곧 성전 앞
에 있던 놋제단을 새 제단과 여호와의 성전 사이에서 옮겨다가 그 제단 북
쪽에 그것을 두니라 [15] 아하스 왕이 제사장 우리야에게 명령하여 이르되 아
침 번제물과 저녁 소제물과 왕의 번제물과 그 소제물과 모든 국민의 번제물
과 그 소제물과 전제물을 다 이 큰 제단 위에 불사르고 또 번제물의 피와 다
른 제물의 피를 다 그 위에 뿌리라 오직 놋제단은 내가 주께 여쭐 일에만 쓰
게 하라 하매 [16] 제사장 우리야가 아하스 왕의 모든 명령대로 행하였더라 [17]
아하스 왕이 물두멍 받침의 옆판을 떼내고 물두멍을 그 자리에서 옮기고 또
놋바다를 놋소 위에서 내려다가 돌판 위에 그것을 두며 [18] 또 안식일에 쓰기
위하여 성전에 건축한 낭실과 왕이 밖에서 들어가는 낭실을 앗수르 왕을 두

려워하여 여호와의 성전에 옮겨 세웠더라 [19] 아하스가 행한 그 남은 사적은 유다 왕 역대지략에 기록되지 아니하였느냐 [20] 아하스가 그의 조상들과 함께 자매 다윗 성에 그 열조와 함께 장사되고 그의 아들 히스기야가 대신하여 왕이 되니라

요담의 대를 이어 아하스가 20세 되던 해에 유다의 왕이 되어 16년 동안 다스렸다. 북 왕국의 베가 왕의 즉위 17년에 있었던 일이다. 오늘날의 연대로 계산하면 주전 735-719년의 일이다. 그러나 아하스의 뒤를 잇는 왕들의 연대를 따져보면 그의 통치가 주전 715년에 끝나야 한다(Hubbard). 그래서 일부 학자들은 아하스가 주전 735-732년 동안은 아버지 요담과 공동 통치를 했고, 주전 732-715년에는 홀로 통치한 것으로 생각한다(House, cf. Patterson & Austel).

유다는 여호람(8:16-24), 아하시야(8:25-29), 아달랴(11:1-3) 등 악한 왕들의 통치를 지나며 매우 큰 위기를 맞았다. 다행히 요아스, 아마샤, 웃시야, 요담 왕의 시대를 지나며 안정이 되는 듯했다. 비록 이 왕들이 산당은 제거하지 않았지만, 항상 하나님을 사모하고, 경건한 삶을 살았기 때문이다(12:2-3; 14:3-4; 15:3-4, 34-35). 그런데 아하스는 이처럼 잘 달리고 있는 말에 돌을 던져 말을 쓰러뜨린 사람이다.

아하스는 남 왕국 유다의 왕이면서도 "[북 왕국] 이스라엘의 왕들이 걸어간 길"로 행했다(3절). 그는 유다 역사에 길이 남을 최악의 두 왕 중 하나이다(다른 사람은 므낫세). 이 두 사람은 유다의 왕들 중 유일하게 자기 자식을 몰렉에게 번제로 바쳤다. 아하스는 성전이 완공된 이래 처음으로 산당에서 [우상에게] 예배드린 유다의 왕이라는 불명예스러운 기록의 소유자이기도 하다(4절). 악한 왕 아하스의 이야기는 그가 아시리아 사람들의 제단을 도입해서 제사를 드린 것을 중심으로 형성되어 있다. 저자는 그가 유다에서 여호와 종교를 아시리아 종교로 대체했다는 점을 그의 가장 큰 죄로 다루고 있다. 다음 구조를 참조하라(Cohn).

A. 소개: 아하스의 통치 요약(16:1-6)
  B. 아하스가 아시리아 왕에게 예물을 보냄(16:7-9)
    C. 아하스가 제단 도면을 보내고 우리야가 도면대로 만듦(16:10-11)
      D. 아하스 왕이 새 제단에서 제물을 드리고 옛 제단을 옮김(16:12-14)
    C'. 아하스가 우리야에게 제물에 대해서 명하니 제사장이 이행함(16:15-16)
  B'. 아하스가 아시리아 왕에게 바칠 예물 때문에 성전을 급습함(16:17-18)
A'. 결론: 아하스의 통치 요약(16:19-20)

아하스는 유다의 국교인 여호와 종교에 전혀 관심이 없던 사람이다. 그는 여호와께서 다윗과 맺으신 언약 때문에 유다를 다스리는 왕이 되었으면서도 여호와께 등을 돌렸다. 하나님의 은혜에 배은망덕한 사람이다. 그는 다윗의 후손이면서도 북 왕국 이스라엘 왕들의 길을 가는 것도 모자라 자기 아들을 제물로 바쳤다(3절). 그가 인간 번제를 좋아한 모압 사람들의 신 몰렉(Molech)을 섬겼다는 의미로 풀이된다(Wiseman, Provan). 이스라엘의 왕조와 유다의 왕조가 멸망의 위기를 맞는 이 상황에서 두 왕국의 왕들의 믿음과 행동이 피할 수 없는 운명을 가속화하는 것처럼 느껴진다(Gray).

아하스가 왜 아들을 번제로 바쳤을까? 인간 번제는 흔히 큰 국가적 위기를 모면하는 수단으로 사용된 점을 감안해서, 아하스가 베가와 르신의 침략해 온 것에 위기를 느끼고 이런 일을 했을 것이라는 해석이 있다(Jones). 또한 아하스가 직접 산당과 언덕과 모든 푸른 나무 아래서 제사를 지내고 분향했던 것(4절)과 아시리아의 종교를 적극적으로 도입했던 것은 당면한 국가적·정치적 위기를 모면해보려고 안간힘을 쓰는 다신주의자의 모습이다.

아하스가 요담에게서 나라를 물려받았을 때인 주전 733-732년에 유다는 시리아-이스라엘 연합군과 전쟁 중이었다. 연합군은 아하스를 정권에서 몰아내고 그 자리에 꼭두각시 왕을 세우려 했다(사 7:6). 이 전쟁 중에 시리아의 르신은 유다로부터 엘랏을 빼앗고 그곳에 살던 유다 사람들을 몰아냈다(6절). 아하스는 상당히 어려운 상황에 처했다. 위기에 처한 그가 과연 누구에게 도움을 청할 것인가?

불행하게도 그는 여호와에게 도움을 청한 것이 아니고 아시리아의 왕 디글랏 빌레셀에게 도와달라는 전령을 보냈다. 성전과 왕궁의 보물 창고에 있는 금과 은을 모두 꺼내어 아시리아의 왕에게 선물로 보냈다(8절). 개역개정이 '예물'로 번역한 히브리어 단어(שׁחד)는 '뇌물'을 의미한다(HALOT, Konkel). 아하스가 아시리아 왕에게 많은 돈을 보낸 일에 대한 저자의 평가는 분명하다. 아하스는 해서는 안 될 일을 한 것이다. 그는 마치 아들이 아버지에게 도움을 청한 것처럼 아시리아의 왕에게 도움을 청했다(Cohn). 또한 아하스는 위기를 모면하기 위해서 아시리아를 지원군으로 불러들였지만, 아시리아는 아하스와 유다 사람들의 뜻과 상관없이 그들의 '발 털'(음모[陰毛]를 뜻하는 완곡어법)을 밀어 큰 수치와 수모를 안긴 하나님이 '사용하신 칼'이 된다(cf. 사 7:20).

이사야 7장에 의하면 선지자 이사야는 스스로 아하스를 찾아가 여호와께서 구원해주실 것이라는 예언을 주었다. 선지자는 아하스에게 일이 이렇게 될 것이라는 보증으로 여호와로부터 징표를 구하라고 했다. 그러나 아하스는 선지자의 권면을 거부했으며, 이사야는 강압적으로 그 유명한 '임마누엘 예언'을 아하스에게 선포하게 된다(사 7:14). 물론 아하스가 원하든 원치 않든 하나님이 유다를 구하셨다. 왕이 좋아서가 아니라 유다 백성이 불쌍해서, 그리고 다윗과의 약속을 지키기 위해서 베푸신 은혜였다.

아하스의 요청을 받은 디글랏 빌레셀의 입장에서는 꿩 먹고 알 먹는 일이었다. 반역한 시리아와 이스라엘을 쳐야 하는 상황에서 유다가 자신들을 도와달라는 명분까지 세워주며 많은 돈을 보내왔기 때문이다. 아시리아군은 주전 732년에 시리아의 수도 다마스쿠스로 진군해서 성을 함락시키고 주민들을 기르(קִיר)로 끌고 갔으며 르신을 살해했다(9절). 기르는 시리아 사람들의 고향 혹은 그들이 유래한 곳이었다(암 9:7). 이 일이 있은 후 시리아는 연약한 나라로 전락했다(Montgomery & Gehman).

디글랏 빌레셀은 이스라엘을 아시리아의 한 주(州)로 만들었다(Noth). 아시리아의 승리로 유다, 암몬, 모압 등은 잠시 동안이지만 많은 이익을 얻었다. 시리아와 이스라엘의 영토와 소유권을 놓고 이스라엘 혹은 시리아와 갈등을 빚고 있던 땅들을 대부분 나누어 갖게 되었기 때문이다(Obed). 그러나 이 나라들은 이 순간을 기점으로 아시리아의 직접적인 간섭과 통치를 받게 된다. 결과적으로 이 나라들은 얻은 것보다 잃은 것이 더 많게 되었다.

아하스의 배교 행위는 그가 디글랏 빌레셀을 만나러 다마스쿠스를 방문했을 때 절정에 달한다. 그는 그곳에서 아시리아 사람들의 신의 제단을 보고, 그 제단의 모형과 도본을 세밀히 그려 예루살렘에 있는 우리야 제사장에게 보냈다(10절). 우리야는 왕이 보내온 도본대로 제단을 만들었다. 아하스는 다마스쿠스에서 돌아온 후 이 제단에서 직접 제물들을 바쳤다. 저자는 그의 행동을 마치 슬로모션(slow motion)을 보여주듯 묘사한다. "그가 돌아왔다…보았다…나아갔다…올라갔다"(12절, Cohn). 그는 여호와의 제단을 새 제단(아시리아 사람들의 제단)으로 대체했을 뿐만 아니라 제사장 역할을 자처함으로써 다윗(삼하 6:17-18), 솔로몬(왕상 8:63), 그리고 여로보암(왕상 12:32-33)처럼 국가 종교의 우두머리가 되었다(Long, Cohn). 여기에 묘사된 아하스의 모습은 북 왕국의 종교를 창시한 여로보암의 모습과 매우 흡사하다(House).

아하스는 여호와의 놋 제단을 새로 만든 아시리아 신을 위한 제단 북

쪽으로 옮겨 놓았다. 그리고는 모든 제물을 새로 만든 제단에서만 드리게 하고, 여호와의 놋 제단은 버리지 않고 보관하게 했다. 또 '주께 여쭐 일에만' 이 놋 제단을 쓰겠다는 말을 덧붙였다(15절). 아하스가 놋 제단을 사용해서 여호와께 여쭙겠다는 것은 하나님께 제물을 드리며 하나님의 뜻을 여쭙고자 하는 것이 아니라, 번제단 위에 짐승들의 내장 등을 올려놓고 내부의 생김새를 가지고 점을 치는 행위를 뜻한다(Gray, House). 그는 여호와를 우롱하고 있다.

아하스는 또한 그 외 여호와 종교 예식에 사용된 여러 가지 도구들을 없애기도 하고 개조하기도 했다(17-18절). 그는 철저한 다신주의자였으며 여호와 하나님에 대한 경외나 올바른 이해는 전혀 없던 사람이다. 이처럼 아하스의 통치 시대 때 유다는 여호와 종교를 이방 종교로 완전히 대체해 버렸다. 여호와의 권위를 위임받아 주의 백성을 다스려야 하는 사람이 이처럼 여호와를 배신했으니, 백성들의 영적 상태는 더욱 더 악화되며, 당연히 나라의 미래에도 먹구름이 끼였다. 하나님의 심판이 예전보다 훨씬 더 가까이 와 있기 때문이다.

아하스가 아시리아 사람들의 신들을 섬기게 된 것이 아시리아의 강요에 의해서였는가 아니면 자의로 한 일이었는가에 대해서는 학자들 사이에 논란이 있다. 일부 학자들은 아시리아가 정책적으로 정복한 국가들에게 자신들의 종교를 강요했기에, 아하스가 아시리아에 대한 충성을 과시하기 위해서 이렇게 급히 제단을 만든 것이라 주장한다(Olmstead). 반면에 아시리아가 일부 종속국들에게는 반역만 하지 않으면 그들의 신들을 섬길 수 있도록 허락했기에, 아하스의 행위는 자발적인 것이라는 주장이 있다(McKay, Cogan, Cohn). 게다가 아하스 시대 때 유다는 아시리아의 종교만 도입한 것이 아니라 그 외 여러 종교들을 도입한 것으로 드러났다(McKay). 그러므로 아하스의 행위가 자발적으로 이루어진 것이 더 확실해지는 것이다.

아하스가 죽으니 그의 아들 히스기야가 대를 이어 왕이 되었다(20

절). 이때가 주전 715년쯤 되던 해이다(House). 히스기야는 종교적으로 매우 부패했고, 경제적으로는 파산 위기에 몰린, 정치적으로도 매우 불안한 상태의 나라를 물려받게 된 것이다. 앞으로 이 나라는 어떻게 될 것인가? 저자는 잠시 유다의 이야기를 멈추고 이스라엘로 독자들의 시선을 몰아간다.

VI. 이스라엘의 몰락(14:1-17:41)

E. 이스라엘의 멸망(17:1-41)

열왕기를 이곳까지 읽어온 독자들은 유다와 이스라엘의 비참한 종말이 머지않아 현실로 드러날 것을 예측할 것이다. 실제로 이 두 나라의 패망은 이미 임했어야 한다. 단지 여호와께서 그들의 선조들과 맺은 언약 때문에 아직까지 심판을 보류한 것뿐이다. 구체적으로 저자는 북 왕국 이스라엘은 하나님이 아브라함, 이삭, 그리고 야곱과 맺으신 언약 때문에, 남 왕국 유다는 하나님이 다윗과 맺으신 언약 때문에 아직까지 나라들로 존재할 수 있었다고 회고한 바 있다(8:19; 13:23).

하나님이 무던히 참으시면서, 때로는 선지자들을 보내서 말씀을 선포하게 하고, 그들을 통해 온갖 기적을 베풀어 주며 이 두 나라가 다시 주님의 품으로 돌아오기를 간절히 바라고 기다리셨다. 심지어는 엘리야와 엘리사로 구성된 드림팀(dream team)까지 보내 회개를 권하셨다. 그러나 이스라엘은 하나님의 품으로 돌아오기에는 너무 멀리 갔다. 물론 이론적으로는 아직도 회개가 가능하다. 그러나 현실적으로 이스라엘은 하나님께 돌아올 기미를 보이지 않는다. 회개에도 때가 있는 것일까? 그래서 성경은 여호와를 찾을 만할 때(찾을 수 있을 때) 찾으라고 한다. 때가 지나면 하나님이 만나주지 않으실 것이기 때문이다.

이스라엘이 돌아오기만 기다리던 하나님의 오래 참으심이 막바지에 다다랐다. 인간이 회개로 화답하지 않을 때, 하나님의 오래 참으심은 은혜가 아니라 오히려 인간의 죄만 더 깊어가게 한다. 그러므로 이스라엘이 지난 200여 년 동안 한 번도 여호와께 돌아온 적이 없고, 현재에도 도저히 회개할 가능성이 없으니 은혜의 장을 닫기로 결정하신 것이다. 그러므로 이 이야기는 하나님이 선(善)과 악(惡)을 사용해서 자기의 뜻을 이루어가신다는 신정론(theodicy)의 표현이기도 하다(Sweeney). 본 텍스트는 다음과 같이 구분한다.

A. 이스라엘 왕 호세아(17:1-6)
B. 이스라엘이 망하게 된 이유(17:7-23)
C. 이방인들이 이스라엘에 정착함(17:24-41)

VI. 이스라엘의 몰락(14:1-17:41)
E. 이스라엘의 멸망(17:1-41)

1. 이스라엘 왕 호세아(17:1-6)

[1] 유다의 왕 아하스 제십이년에 엘라의 아들 호세아가 사마리아에서 이스라
엘 왕이 되어 구 년간 다스리며 [2] 여호와께서 보시기에 악을 행하였으나 다
만 그 전 이스라엘 여러 왕들과 같이 하지는 아니하였더라 [3] 앗수르의 왕 살
만에셀이 올라오니 호세아가 그에게 종이 되어 조공을 드리더니 [4] 그가 애굽
의 왕 소에게 사자들을 보내고 해마다 하던 대로 앗수르 왕에게 조공을 드
리지 아니하매 앗수르 왕이 호세아가 배반함을 보고 그를 옥에 감금하여 두
고 [5] 앗수르 왕이 올라와 그 온 땅에 두루다니고 사마리아로 올라와 그 곳을
삼 년간 에워쌌더라 [6] 호세아 제구년에 앗수르 왕이 사마리아를 점령하고 이
스라엘 사람을 사로잡아 앗수르로 끌어다가 고산 강 가에 있는 할라와 하볼
과 메대 사람의 여러 고을에 두었더라

아하스가 유다를 통치한 지 12년째 되던 해에 호세아가 이스라엘의 왕이 되어 9년 동안 다스렸다(1절). 이때가 주전 732-722년쯤 된다(Thiele). 그는 반역을 일으켜 선왕 베가를 살해하고 왕위에 오른 사람이다(15:30). 비록 그가 이전의 이스라엘 왕들만큼 악하지는 않았지만, 그들이 저지른 죄와 자신의 정치적 오판에 대한 대가를 치러야 했다. 그가 통치하는 동안 아시리아의 정권이 바뀌었다. 시리아를 제거하고 이스라엘을 아시리아의 한 주로 영입시킨 디글랏 빌레셀이 주전 727년에 죽고, 그의 아들 살만에셀(Shalmaneser V)이 왕위를 계승 받아 주전 722년까지 아시리아를 다스렸다(Bright). 비록 왕들은 바뀌었지만 이스라엘에 대한 아시리아의 정책에는 변함이 없었다.

베가 시대 때부터 이스라엘과 아시리아의 관계가 별로 좋지 않아서였는지 살만에셀이 군대를 이끌고 이스라엘을 쳤다(3절). 놀란 호세아는 항복하고 살만에셀에게 조공을 바쳤다. 얼마 후 호세아는 치명적인 정치적 계산 착오를 범했다. 이집트의 왕 "소"(סוֹא)에게 사절단을 보내 아시리아에게 반역할 테니 도와달라고 했다. 호세아가 도움을 청한 이집트의 소(סוֹא) 왕은 누구인가? 기록에는 이런 이름을 지닌 이집트 왕이 없기에 학자들은 이 사람의 정체에 대해서 많은 논란을 벌이고 있다(cf. Cogan & Tadmor). 학자들은 대체로, 주전 730년경에 서로 경쟁하던 두 리비아 왕조(22, 23왕조)에 의해서 분단되었던 이집트에 어느 정도의 통일을 가져오며 이집트의 25왕조를 설립한 피안키(Piankhy), 그와 경쟁하며 새로운 왕조를 설립했던 테프낙트(Tefnakht), 22왕조의 마지막 왕으로 알려진 오소르콘(Osorkon IV) 중 하나였다고 생각한다(Kitchen, Green, Hallo & Simpson). 이 중 피안키가 가장 호세아를 도울만한 형편이 되는 왕이었다(Green, Patterson & Austel). 그러나 본문이 "소"로 부르는 이집트 왕이 정확히 누구인지 밝히는 일이 본문을 이해하는 데 큰 영향은 미치지 않는다.

이집트 왕의 보호를 보장받은 호세아는 그동안 아시리아에게 바쳐온 조공을 더 이상 상납하지 않았다. 그러나 이 당시 이집트는 결코 아시리아의 상대가 될 수 없으며, 이미 수차례 아시리아에게 패한 적이 있다. 그러므로 호세아의 결정은 매우 어리석고 무모한 모험이었다. 상황을 알아차린 아시리아 왕 살만에셀이 호세아를 잡아 감옥에 가두었다(4절). 저자는 살만에셀이 사마리아를 정복해서 호세아를 체포하게 된 것이 아니라, 사마리아 정복에 나서기 전에 이미 호세아를 감옥에 가두었다고 기록하고 있다(Hayes & Kuan, Patterson & Austel). 그러므로 사마리아가 함락되기 전 3년 동안에는 이스라엘에는 리더가 없었던 것으로 생각된다.

드디어 아시리아의 포위 3년 만에 사마리아가 함락되었고(5절), 아시리아 사람들은 사마리아의 거주민들을 강제로 끌고 가 할라와 고산 강가에 있는 하볼과 메대의 여러 성읍에 이주시켰다. 사마리아는 훌륭한 요새였기에 왕이 없이도 3년을 버틸 수 있었다(Sweeney). 기록에 의하면 살만에셀이 사마리아의 포위를 시작했지만, 사르곤(Sargon II)이 성을 쟁취한 것으로 알려졌다(Luckenbill, Matthews & Benjamin). 이때가 호세아 즉위 9년, 주전 722년경의 일이다. 훗날 아시리아는 사마리아에 다른 지역에서 끌어온 사람들을 정착시켰다. 아시리아 문서들에 의하면 그들이 이처럼 정복한 나라의 백성들을 강제로 이주시키고 서로 민족간의 결혼을 강요했던 것은, 각 민족의 정체성을 최대한 약화시켜 반역의 기회를 줄이기 위해서라고 한다. 물론 아시리아의 정책은 상당한 효과를 발휘했다.

VI. 이스라엘의 몰락(14:1–17:41)
E. 이스라엘의 멸망(17:1–41)

2. 이스라엘이 망하게 된 이유(17:7–23)

7 이 일은 이스라엘 자손이 자기를 애굽 땅에서 인도하여 내사 애굽의 왕 바

로의 손에서 벗어나게 하신 그 하나님 여호와께 죄를 범하고 또 다른 신들
을 경외하며 8 여호와께서 이스라엘 자손 앞에서 쫓아내신 이방 사람의 규례
와 이스라엘 여러 왕이 세운 율례를 행하였음이라 9 이스라엘의 자손이 점차
로 불의를 행하여 그 하나님 여호와를 배역하여 모든 성읍에 망대로부터 견
고한 성에 이르도록 산당을 세우고 10 모든 산 위에와 모든 푸른 나무 아래
에 목상과 아세라 상을 세우고 11 또 여호와께서 그들 앞에서 물리치신 이방
사람 같이 그 곳 모든 산당에서 분향하며 또 악을 행하여 여호와를 격노하
게 하였으며 12 또 우상을 섬겼으니 이는 여호와께서 그들에게 행하지 말라
고 말씀하신 일이라 13 여호와께서 각 선지자와 각 선견자를 통하여 이스라
엘과 유다에게 지정하여 이르시기를 너희는 돌이켜 너희 악한 길에서 떠나
나의 명령과 율례를 지키되 내가 너희 조상들에게 명령하고 또 내 종 선지
자들을 통하여 너희에게 전한 모든 율법대로 행하라 하셨으나 14 그들이 듣
지 아니하고 그들의 목을 곧게 하기를 그들의 하나님 여호와를 믿지 아니하
던 그들 조상들의 목 같이 하여 15 여호와의 율례와 여호와께서 그들의 조상
들과 더불어 세우신 언약과 경계하신 말씀을 버리고 허무한 것을 뒤따라 허
망하며 또 여호와께서 명령하사 따르지 말라 하신 사방 이방 사람을 따라 16
그들의 하나님 여호와의 모든 명령을 버리고 자기들을 위하여 두 송아지 형
상을 부어 만들고 또 아세라 목상을 만들고 하늘의 일월 성신을 경배하며
또 바알을 섬기고 17 또 자기 자녀를 불 가운데로 지나가게 하며 복술과 사술
을 행하고 스스로 팔려 여호와 보시기에 악을 행하여 그를 격노하게 하였으
므로 18 여호와께서 이스라엘에게 심히 노하사 그들을 그의 앞에서 제거하시
니 오직 유다 지파 외에는 남은 자가 없으니라 19 유다도 그들의 하나님 여
호와의 명령을 지키지 아니하고 이스라엘 사람들이 만든 관습을 행하였으므
로 20 여호와께서 이스라엘의 온 족속을 버리사 괴롭게 하시며 노략꾼의 손
에 넘기시고 마침내 그의 앞에서 쫓아내시니라 21 이스라엘을 다윗의 집에서
찢어 나누시매 그들이 느밧의 아들 여로보암을 왕으로 삼았더니 여로보암이
이스라엘을 몰아 여호와를 떠나고 큰 죄를 범하게 하매 22 이스라엘 자손이

여로보암이 행한 모든 죄를 따라 행하여 거기서 떠나지 아니하므로 [23] 여호와께서 그의 종 모든 선지자를 통하여 하신 말씀대로 드디어 이스라엘을 그 앞에서 내쫓으신지라 이스라엘이 고향에서 앗수르에 사로잡혀 가서 오늘까지 이르렀더라

이스라엘이 왜 망하게 되었는가? 그 당시 근동의 국제 정세를 감안할 때, 이스라엘은 매우 어리석은 정치적 판단을 했고 그 결과 이렇게 망하게 되었다는 결론을 내리게 된다. 아시리아가 예전보다 더 강해지는 상황에서 이스라엘은 이집트를 믿고 아시리아에 반역했다. 그러나 이집트는 이때 내분이 지속되고 있는 상황에다가 아시리아와의 전쟁에서도 수차례 패한 적이 있어서 별로 의지하고 따를 만한 나라가 되지 못했다. 그런데 이스라엘은 종이 호랑이와 같은 이집트의 공수표(空手票)를 믿고 모험, 아니 도박을 한 것이다! 결과는 이스라엘의 완패였다. 어리석은 리더십이 내린 그릇된 판단이 어떻게 비극을 빚어내는지 보여주는 좋은 예이다.

그러나 저자는 이러한 국제적 정세나 이스라엘의 어리석은 판단으로 이스라엘의 종말을 설명하지 않는다. 그는 이 문제에 대해서 오직 신학적인 답을 제시할 뿐이다. 이스라엘이 그들을 이집트에서 이끌어내시고, 광야에서 인도하시고, 시내 산에서 그들과 언약을 맺으신 여호와 하나님을 거역하였기에 일어난 일이라는 것이다(7절). 그 증거로는 (1) 이스라엘이 다른 신들을 섬겼고(7절), (2) 가나안 사람들의 풍습과 관습을 따랐으며(8절), (3) 온 이스라엘 땅에 산당을 세웠고(9절), (4) 아세라 목상을 포함한 다양한 우상들과 기둥들을 세우고(10절), (5) 자신들이 세운 산당들에서 이 모든 신들을 섬긴 일이 제시된다(11-12절).

하나님은 이스라엘이 이처럼 반역할 때 무엇을 하셨는가? 만일 옆에서 지켜보시며 방관만 하셨다면 하나님에게도 일부 책임이 있는 것이 아니겠는가? 저자는 하나님이 하실 수 있는 일을 빠짐없이 다 하셨다고 증언한다. 하나님은 이스라엘을 회개시키려고 선지자들과 선견자들을 보내셨다(13절). 저자는 특히 엘리야-엘리사를 마음에 두고 이렇게 회고한다. 선지자들이 이스라엘에게 하나님과의 언약을 지키라고 호소하고 권면했지만 그들은 듣지 않았다(14절).

이스라엘은 하나님께 등을 돌리고 노골적으로 우상을 숭배하기 시작했다. 이스라엘은 송아지 상, 아세라 목상, 하늘의 별들, 바알 등을 섬긴 것도 모자라 자신의 자녀들을 몰렉에게 불살라 제물로 바쳤다(16-17절). 인간이 절대로 해서는 안 될 가증한 짓들을 '영적인 행위'로 승화시키고 합리화한 것이다. 여기에 온갖 마술과 복술을 더했다(17절). 저자는 이스라엘의 다양한 배교적인 행위에 대해서 이렇게 평가한다. "허무한 것을 뒤따라 허망하게 되었다"(וַיֵּלְכוּ אַחֲרֵי הַהֶבֶל וַיֶּהְבָּלוּ)(15절). 사람이 거룩한 분을 따르면 거룩하게 되지만, 우상처럼 허무한 것을 따르면 자신 스스로 허망하게 되는 것이다. 즉, 우리의 정체성과 가치는 우리의 소유 유무에 있는 것이 아니라 누구를 섬기느냐에 의해 결정된다. 모든 크리스천들이 소중한 이유는 존귀하신 예수님을 알고 섬기기 때문이다.

북 왕국의 타락에 가장 큰 몫을 한 사람은 역시 여로보암이다(22절). 그는 나라의 창시자이며 이스라엘 백성이 200여 년 동안 따랐던 종교를 창설한 사람이기도 하다. 그는 진정한 의미에서 '유행을 선도한 사람'(trendsetter)이었다. 불행하게도 그는 이스라엘에 좋고 경건한 유행이 아닌 악한 유행을 선도했다. 그러므로 여로보암은 다윗과 매우 대조적인 인물이다. 다윗 역시 유행을 정착시킨 사람이다. 그러나 그는 경건한 유행을 정착시킴으로써 후손들을 평가하는 잣대로 두루두루 기억되었다. 이 두 사람의 대조는 우리는 과연 어떤 유행을 정착시키고 있는 사람인가를 깊이 생각하게 한다.

이스라엘의 행위는 하나님을 크게 진노케 하기에 충분했다. 그러므로 하나님이 북 왕국 이스라엘을 옛적에 그들의 조상에게 허락하신 땅에서 스스로 내쫓게 된 것이다(18, 23절). 결과적으로 약속의 땅에는 유다만 남게 되었다(18절). 그렇다면 유다는 이스라엘에 비해서 더 나은가? 저자는 유다도 이스라엘에 비교할 때 별로 다를 바 없다고 회고한다(19절).

저자가 이곳에 언급하고 있는 배교적인 죄들은 이스라엘뿐만 아니라 유다에게도 동일하게 나타난다. 실제로 저자가 이곳에서 언급하는 "산당", "돌기둥들", "아세라 목상"(9-10절)이 한꺼번에 언급되는 곳은 열왕기상 14:23이 유일한데, 이 언급은 유다에 관한 것이지 북 왕국에 관한 것이 아니다. "인간 번제"에 대한 언급(17절) 역시 지금까지 유다의 아하스와 연관되어 기록된 것이 유일하다(16:4). "복술"(17절) 또한 아하스와 깊이 연루된 이방 풍습이었다(16:15). 저자가 이스라엘의 죄를 논하면서 실제적인 예로 유다의 죄를 드는 것은 이 두 나라가 영적으로 별로 차이가 없는 상태이며, 한 나라는 지속되고 한 나라는 망하게 된 유일한 이유가 바로 하나님의 섭리와 은혜임을 알려 주기 위해서이다. 하나님은 이스라엘은 망하도록, 유다는 다윗을 생각해 한동안 더 두기로 결정하신 것이다.

저자는 왜 국제적인 정세를 전혀 탓하지 않고 이스라엘이 망한 이유로 오직 이들의 죄를 드는 것일까? 그 당시 정황을 몰라서, 혹은 무시해서일까? 아니다. 저자는 그 누구보다도 이러한 상황에 대해서 정확한 정보를 가지고 있다. 그럼에도 불구하고 그가 이스라엘이 망하게 된 이유로 정치적 정황과 외교적 오판을 전혀 언급하지 않는 것은 그의 신학적 견해에서 비롯된 현상이다. 비록 이스라엘의 생존이 국제적인 정세에 의해서 위협받는다 해도, 이스라엘의 하나님이 누구이고 어떤 분이신지 아는 것이 중요하다. 그분은 이 세상의 그 어떤 신들보다도 위대한 분이실 뿐 아니라 온 세상의 일을 주관하고 통치하는 분이 아닌가! 만일 이스라엘이 하나님 여호와만 잘 섬겼다면, 이러한 국제 정세가 결코 문제가 될 수 없었을 것이다. 그러므로 저자는 이스라엘을 위협하던 국제 정세를 이스라엘이 망하게 된 요인으로 전혀 언급하지 않는다.

선지자 아히야가 이스라엘의 창시자 여로보암 1세의 아내에게 우상 숭배가 이스라엘 백성을 포로로 끌려가게 할 것이라는 경고의 예언을 한 이후 많은 세월이 흘렀다(cf. 왕상 14:14-16). 지난 200여 년 동안 이스라엘은 아히야 선지자의 예언을 성취하기 위해서 무던히도 '애를 썼다'(House). 그동안 이스라엘에는 만족할만한 개혁, 회개/각성 운동이 한 번도 없었다. 그리고 그들의 꿈이 드디어 이루어졌다! 그들이 아시리아로 끌려가게 된 것이다! 참으로 어리석은 꿈을 품은 사람들이다. 그러나 우리 역시 이 역사적 사실에서 교훈을 얻어 더 경건하게, 하나님과 더 가까이 동행하려고 노력해야 한다. 만일 우리가 과거의 일에서 교훈을 얻어 삶을 변화시키지 못하면, 역사를 공부하는 것에 대한 의미가 없을 것이다.

VI. 이스라엘의 몰락(14:1-17:41)
E. 이스라엘의 멸망(17:1-41)

3. 이방인들이 이스라엘에 정착함(17:24-41)

24 앗수르 왕이 바벨론과 구다와 아와와 하맛과 스발와임에서 사람을 옮겨다
가 이스라엘 자손을 대신하여 사마리아 여러 성읍에 두매 그들이 사마리아
를 차지하고 그 여러 성읍에 거주하니라 25 그들이 처음으로 거기 거주할 때
에 여호와를 경외하지 아니하므로 여호와께서 사자들을 그들 가운데에 보내
시매 몇 사람을 죽인지라 26 그러므로 어떤 사람이 앗수르 왕에게 말하여 이
르되 왕께서 사마리아 여러 성읍에 옮겨 거주하게 하신 민족들이 그 땅 신
의 법을 알지 못하므로 그들의 신이 사자들을 그들 가운데에 보내매 그들을
죽였사오니 이는 그들이 그 땅 신의 법을 알지 못함이니이다 하니라 27 앗수
르 왕이 명령하여 이르되 너희는 그 곳에서 사로잡아 온 제사장 한 사람을

그 곳으로 데려가되 그가 그 곳에 가서 거주하며 그 땅 신의 법을 무리에게
가르치게 하라 하니 28 이에 사마리아에서 사로잡혀 간 제사장 중 한 사람이
와서 벧엘에 살며 백성에게 어떻게 여호와 경외할지를 가르쳤더라 29 그러나
각 민족이 각기 자기의 신상들을 만들어 사마리아 사람이 지은 여러 산당들
에 두되 각 민족이 자기들이 거주한 성읍에서 그렇게 하여 30 바벨론 사람들
은 숙곳브놋을 만들었고 굿 사람들은 네르갈을 만들었고 하맛 사람들은 아
시마를 만들었고 31 아와 사람들은 닙하스와 다르닥을 만들었고 스발와임 사
람들은 그 자녀를 불살라 그들의 신 아드람멜렉과 아남멜렉에게 드렸으며 32
그들이 또 여호와를 경외하여 자기 중에서 사람을 산당의 제사장으로 택하
여 그 산당들에서 자기를 위하여 제사를 드리게 하니라 33 이와 같이 그들이
여호와도 경외하고 또한 어디서부터 옮겨왔든지 그 민족의 풍속대로 자기의
신들도 섬겼더라 34 그들이 오늘까지 이전 풍속대로 행하여 여호와를 경외하
지 아니하며 또 여호와께서 이스라엘이라 이름을 주신 야곱의 자손에게 명
령하신 율례와 법도와 율법과 계명을 준행하지 아니하는도다 35 옛적에 여
호와께서 야곱의 자손에게 언약을 세우시고 그들에게 명령하여 이르시되 너
희는 다른 신을 경외하지 말며 그를 경배하지 말며 그를 섬기지 말며 그에
게 제사하지 말고 36 오직 큰 능력과 편 팔로 너희를 애굽에서 인도하여 내
신 여호와만 경외하여 그를 예배하며 그에게 제사를 드릴 것이며 37 또 여호
와가 너희를 위하여 기록한 율례와 법도와 율법과 계명을 지켜 영원히 행하
고 다른 신들을 경외하지 말며 38 또 내가 너희와 세운 언약을 잊지 말며 다
른 신들을 경외하지 말고 39 오직 너희 하나님 여호와만을 경외하라 그가 너
희를 모든 원수의 손에서 건져내리라 하셨으나 40 그러나 그들이 듣지 아니
하고 오히려 이전 풍속대로 행하였느니라 41 이 여러 민족이 여호와를 경외
하고 또 그 아로새긴 우상을 섬기니 그들의 자자 손손이 그들의 조상들이
행하던 대로 그들도 오늘까지 행하니라

아시리아는 자신들이 정복한 민족들에 대해 정해놓은 정책에 따라

이스라엘 백성들을 타국으로 끌고 갔고, 대신 그들이 살던 곳에는 다른 지역의 타민족들을 데려와 정착시켰다. 사마리아로 끌려온 이방인들은 여호와를 알지 못했다. 하나님이 분노하셔서 이들에게 사자들을 보내 물려 죽게 하셨다. 사자들의 기습에 놀란 정착민들은 아시리아 왕에게 상황을 설명하고 그들에게 이스라엘의 신에 대해서 가르칠 사람을 요청했다(26절). 사마리아에 정착한 이방인들은 이처럼 여호와 하나님의 경고에 즉각적인 반응을 보였다. 이런 면에서 이 이방인들은 이스라엘 사람보다 훨씬 더 신속하게 반응하는 사람들이었다(House).

아시리아 왕은 이스라엘에서 끌려온 제사장들 중 하나를 보내 벧엘에서 여호와를 경외하는 법을 가르치게 했다(27-28절). 사마리아에 정착한 이방인들이 처음에는 여호와를 잘 섬길 것 같았지만, 사자들이 숲으로 돌아가자 다시 자신들의 종교에 몰입했다(29절). 그들이 여호와 종교를 완전히 버린 것은 아니었다(32-33절). 심지어 이 이방인들은 자신들 중에서 제사장을 세워 여호와 예배를 인도하게 했다(32절). 여호와를 유일한 신으로 섬기지 않고 여러 신들 중 하나로 섬긴 것이다(33, 41절). 이들은 진정한 의미에서 다신(多神)주의자들이었다.

물론 이러한 종교 행위는 결코 여호와를 경배한 것이라고 할 수 없다. 끌려온 이방인들이 이스라엘 영토에 세운 신상들이 다양하다 못해 다채로웠다. "바빌론 사람들은 숙곳브놋을 만들었고 굿 사람들은 네르갈을 만들었고 하맛 사람들은 아시마를 만들었고 아와 사람들은 닙하스와 다르닥을 만들었고 스발와임 사람들은 그 자녀를 불살라 그들의 신 아드람멜렉과 아남멜렉에게 드렸다"(30-31절). 하나님의 나라이며 한때는 거룩한 백성들의 처소였던 곳에 어느덧 이렇게 많은 우상들이 세워졌다. 모두 주의 백성들의 죄가 빚어낸 결과이다.

VII. 유다의 몰락
(18:1-25:30)

저자는 16-17장에서 만일 유다가 선지자들의 메시지를 귀담아듣고 회개하지 않는다면 유다 사람들도 머지않아 이스라엘 백성들처럼 포로로 끌려갈 것이라고 경고했다. 그러므로 독자들은 아하스의 뒤를 잇는 유다의 왕이 나라의 운명을 결정하는 데 매우 중요한 역할을 감당하게 될 것을 예측할 수 있다. 다행히 바로 이 결정적인 순간에 유다가 예전에 경험해보지 못한 훌륭한 왕이 나라를 통치하게 된다.

열왕기 저자는 이 왕을 전에도 없었고 후에도 없었던 매우 믿음이 좋은 왕으로 평가한다(18:5). 이사야 선지자는 이 왕을 거의 메시아로 묘사한다(cf. 사 36-39장). 바로 히스기야 왕이다. 그는 많은 부분을 개혁했으며, 그 누구도 제거하지 못한 산당도 제거했다. 히스기야로 인해서 유다에는 모처럼 영적인 대각성 운동이 일어났다. 나라의 미래가 불투명한 상황에서 히스기야의 통치는 유다의 미래에 대한 소망을 심어주었고, 하나님도 그의 통치에 대해서 매우 흡족해 하셨다.

문제는 히스기야가 하나님을 사랑하고 섬긴 것만큼이나 강하게 하나님을 거역하고 우상을 섬긴 왕이 뒤를 잇는다는 사실이다. 바로 므낫세 왕이다. 그는 유다의 왕들 중 가장 오랫동안 나라를 통치하면서 나쁜 일을 참으로 많이 했다. 므낫세는 그의 아버지 히스기야가 이루어 놓은 모든 종교적 업적을 한순간에 날려버렸다. 그러고는 온갖 이방 종교들을 도입해서 온 나라에 보급했다. 결국 므낫세 시대 때 유다는 되돌릴 수 없는 엄청난 영적 부패를 맛보게 된다.

다행히 경건한 왕 히스기야 시대에서 한 대(代)를 건너 요시야가 유다의 왕이 되었는데, 그 역시 저자로부터 여호와께 순종함에 있어 전무후무한 왕으로 평가받는다(23:25). 유다는 다시 한 번 영적 대부흥을 맛보지만, 하나님의 계획된 심판을 피하기에는 역부족이었다. 결국 유다는 몇 명의 연약한 왕들의 통치를 받으면서 쇠퇴해져갔고, 결국 바빌론의 진노를 사 주전 586년에 패망했다. 이 섹션은 주전 722년에 사마리아가 망한 후 홀로 약속의 땅에서 선민(選民)의 신분을 유지한 유다의 마지막 136년을 정리하고 있다. 유다의 마지막 역사를 회고하는 이 섹션은 다음과 같이 구분할 수 있다.

A. 히스기야의 의로운 통치(18:1-20:21)
B. 므낫세와 아몬의 악한 통치(21:1-26)
C. 요시야의 의로운 통치(22:1-23:30)
D. 유다의 정치적, 도덕적 쇠퇴(23:31-24:20)
E. 바빌론이 유다를 파괴함(25:1-26)
F. 여호야긴 이야기(25:27-30)

VII. 유다의 몰락(18:1-25:30)

A. 히스기야의 의로운 통치(18:1-20:21)

지금까지 이스라엘과 유다의 왕들 중 그 누구도 열왕기 저자의 왕에 대한 높은 기준을 충족시킨 사람이 없었다. 저자가 이 두 왕국의 왕에 대해서 제시한 기준은 (1) 여호와께 충성, (2) 우상숭배 배척, (3) 산당 제거, (4) 비(非)여호와 종교적 유물과 풍습 제거 등이다. 열왕기 안에서 이러한 기준을 충족시킨 왕은 겨우 둘에 불과했다. 그중 첫 번째가 바로 히스기야(חִזְקִיָּה)(lit., 여호와께서 힘을 주신다)이다. 히스기야는 이때까지 유다 역사상 가장 악하고 배교적인 아하스의 아들이다. 그런데도 그는 아버지의 종교 정책에 완전히 반대되는 입장을 전개해 나갔다. 거의 모든 면에서 저자가 고대하고 갈망하는 이상적인 왕의 모습이었다. 히스기야는 진정으로 제2의 다윗이었다(Provan). 히스기야의 정치와 종교적 개혁을 회고하는 이야기는 다음과 같이 구분할 수 있다.

A. 히스기야의 여호와를 향한 마음(18:1-8)
B. 사마리아의 함락(18:9-12)
C. 시온의 구원과 미래(18:13-19:37)
D. 히스기야의 기적적인 회복(20:1-11)
E. 바빌론에서 온 사절단(20:12-19)
F. 히스기야의 통치 요약(20:20-21)

VII. 유다의 몰락(18:1-25:30)
A. 히스기야의 의로운 통치(18:1-20:21)

1. 히스기야의 여호와를 향한 마음(18:1-8)

1 이스라엘의 왕 엘라의 아들 호세아 제삼년에 유다 왕 아하스의 아들 히스
기야가 왕이 되니 2 그가 왕이 될 때에 나이가 이십오 세라 예루살렘에서 이
십구 년간 다스리니라 그의 어머니의 이름은 아비요 스가리야의 딸이더라 3
히스기야가 그의 조상 다윗의 모든 행위와 같이 여호와께서 보시기에 정직
하게 행하여 4 그가 여러 산당들을 제거하며 주상을 깨뜨리며 아세라 목상을
찍으며 모세가 만들었던 놋뱀을 이스라엘 자손이 이때까지 향하여 분향하므

로 그것을 부수고 느후스단이라 일컬었더라 [5] 히스기야가 이스라엘 하나님 여호와를 의지하였는데 그의 전후 유다 여러 왕 중에 그러한 자가 없었으니 [6] 곧 그가 여호와께 연합하여 그에게서 떠나지 아니하고 여호와께서 모세에게 명령하신 계명을 지켰더라 [7] 여호와께서 그와 함께 하시매 그가 어디로 가든지 형통하였더라 저가 앗수르 왕을 배반하고 섬기지 아니하였고 [8] 그가 블레셋 사람들을 쳐서 가사와 그 사방에 이르고 망대에서부터 견고한 성까지 이르렀더라

북 왕국 호세아 왕 제3년에 히스기야가 아버지 아하스의 대를 이어 유다의 왕이 되었다. 그가 왕이 되었을 때 그의 나이는 25세였으며, 29년 동안 통치했다. 그러나 이때가 정확히 언제였는가에 관해서는 학자들 사이에 의견이 분분하다. 가장 유력한 주장은 그가 주전 715년경에 왕이 되었다는 것이다(Sweeney, Konkel, Fretheim, cf. Thiele). 성경은 그가 왕으로 즉위한 지 14년째 되던 해에 아시리아의 산헤립이 예루살렘을 공략했는데(왕하 18:13), 아시리아의 기록을 오늘날의 연대로 계산해보면 산헤립이 예루살렘을 공략한 때가 주전 701년이기 때문이다.

문제는 히스기야의 연대와 북 왕국 이스라엘의 호세아 왕의 연대 관계를 어떻게 이해하느냐이다. 호세아는 북 왕국의 마지막 왕이며 9년간 나라를 통치한 왕이다. 그러므로 그가 이스라엘을 통치하기 시작한 때는 주전 731/732년경이며, 히스기야가 왕위에 오르게 된 호세아 즉위 3년은 주전 728년 정도 된다. 주전 715년과 13년 차이가 나는 것이다(cf. Millard).

딜레(Thiele)는 히스기야의 호세아 즉위에 관련된 연대가 계산 착오에서 비롯된 것이라고 생각한다. 히스기야의 연대를 주전 725-696년으로 결론짓고 열왕기하 18:13의 "14"년은 "24"를 잘못 쓴 것이거나, 히스기야의 통치 기간에서 죽을 뻔했다가 이사야를 통해 연장 받은 15년을 뺀 것(29-15=14)에서 비롯된 것이라는 주석가들도 있다(Montgomery

& Gehman). 히스기야의 연대에 대해서 현재까지 모든 사람들이 만족할만한 해법은 나오지 않았다(Hubbard). 대부분 학자들과 함께 히스기야의 통치 기간을 주전 715-687년으로 간주하는 것이 바람직하다(cf. Thiele, Bright).

히스기야는 "조상 다윗이 한 모든 것을 그대로 본받아, 주님께서 보시기에 올바른 일을 하였다"라는 평가를 받는다(3절, 새번역). 열왕기에서 이러한 평가를 받은 사람은 히스기야가 처음이다. 히스기야가 무엇을 했기에 저자는 그를 이처럼 극찬하는 것일까? 그는 산당을 헐고, 우상으로 섬긴 돌기둥들을 부수며, 아세라 목상을 제거했다. 심지어는 모세가 만든 구리 뱀도 산산조각 내 깨뜨렸다(4절).

'구리 뱀'으로 알려지기도 한 느후스단(נְחֻשְׁתָּן)은 모세가 하나님이 보내신 뱀에 물려 죽게 된 이스라엘 사람들을 살리기 위해서 모세가 광야에서 만든 것이었다(민 21:9). 이렇게 오래되고 값어치 있는 유물을 왜 산산조각냈을까? 이 구리 뱀을 볼 때마다 하나님을 기념하고 감사해야 할 이스라엘 사람들이 세월이 지나면서 어느새 하나님이 아닌, 구리 뱀 자체를 기념하고 그 앞에서 분향을 하고 있었기 때문이다(cf. NIDOTTE). 하나님이 죄인에게 베푸신 치유의 은혜를 기념하는 도구가 우상이 되어버린 것이다. 그래서 히스기야는 이 역사적이고 유서 깊은 유물을 과감하게 제거해버렸다. 그 어떤 종교적 유물이라도 오직 하나님을 경배하고 그분께 영광 돌리는 일에 걸림돌이 된다면 없애야 하기 때문이다.

히스기야는 여호와를 신뢰하는(בטח) 일에 있어서 전에도, 후에도 그와 같은 왕은 없었다는 평가를 받는다(5절). 재미있는 것은 저자가 요시야에 대해서도 전무후무한 자라고 평가를 내린다는 것이다(23:25). 상식적으로 생각할 때 전무후무한 자는 한 사람만 있어야 한다. 그렇다면 어떻게 저자는 두 사람을 놓고 전무후무하다고 했을까?

일부 학자들이 주장하는 대로 열왕기 저자가 히스기야 전승과 요시야 전승을 별다른 편집 없이 짜깁기를 하다 보니 초래된 결과일까? 아니다. 텍스트를 자세히 보면 저자가 무엇을 염두에 두고 전무후무하다는 말을 두 사람에게 적용하는지 알 수 있다. 잠시 후에 전개되는 산헤립 사건을 통해서도 확인이 되겠지만, 여기서 히스기야는 하나님을 의지하는 데 있어서(בטח), 즉 믿음에 있어서 전무후무한 자라고 평가받는다(cf. Fretheim). 반면에 요시야 이야기에서는 그가 여호와의 율법을 사랑하고 준수하는 데 있어서 전무후무하다고 한다. 요시야는 하나님의 말씀에 순종하는 것에 있어서 전무후무한 자인 것이다.

히스기야가 전심으로 여호와를 사랑하고 섬기니 하나님도 그가 어디를 가든지 그와 함께하셨다(הָיָה יְהוָה עִמּוֹ)(7절). 왕은 진정한 임마누엘의 축복을 누리고 있던 것이다. 하나님이 함께하시니 히스기야가 늘 성공하는 것(שׂכל)은 당연한 결과였다. 다윗 왕조의 왕들 중에서 다윗을 제외하고 유일하게 하나님이 함께하셨고(הָיָה יְהוָה עִמּוֹ) 성공(שׂכל)을 누린 자로 기록된 왕은 히스기야 뿐이다(cf. 삼상 16:18; 18:5, 12, 14-15; 삼하 5:10). 또한 유일하게 블레셋을 정복한 사람이기도 하다(cf. 삼상 18:27; 19:8). 저자는 이러한 차원에서 히스기야를 제2의 다윗으로 평가하고 있다.

히스기야는 아버지 아하스가 충실하게 군주로 섬기며 조공을 바쳐왔던 아시리아 왕에게 반기를 들었다. 조공을 더 이상 보내지 않은 것이다. 히스기야는 서쪽에 있는 블레셋 쪽을 쳐서 유다의 영토를 확장시키기도 했다. 일부 학자들은 히스기야가 블레셋을 친 이유가 블레셋의 친아시리아 정책에 영향을 주기 위해서라고 생각한다(Bright).

히스기야가 어떤 동기에서 이처럼 광범위한 종교개혁을 단행하게 되었을까? 히스기야의 개혁이 아시리아에 대한 정치적 반역에서 비롯된 부산물(by-product)에 불과하다고 평가하는 학자가 있다(Noth). 그러나 유다가 여호와를 왕으로 섬기며 신정통치를 지향한 사회였다는 점을 감안할 때, 정치적 이슈와 종교적 이슈를 구분하는 것은 쉬운 일이 아니다(Gray). 아시리아의 위협 앞에 통일성을 유지하고, 다윗과 솔로몬 시대의 영토를 다시 찾으려는 열망과 히스기야의 개인적인 확신이 그의 개혁을 주도한 것으로 생각하는 주석가도 있다(Wiseman).

그러나 이처럼 총체적으로 단행된 종교개혁은 국민들 사이에 통일성이나 조화를 가져오기 힘들다. 히스기야가 위기에 처했을 때 오히려 엄청난 부담과 부작용을 가져다줄 수 있다. 그러므로 본문이 말한 대로 히스기야는 여호와 하나님에 대한 개인적인 확신과 신뢰에서 개혁을 단행했을 것으로 이해하는 것이 바람직하다(Cogan & Tadmor, House).

VII. 유다의 몰락(18:1-25:30)
A. 히스기야의 의로운 통치(18:1-20:21)

2. 사마리아의 함락(18:9-12)

[9] 히스기야 왕 제사년 곧 이스라엘의 왕 엘라의 아들 호세아 제칠년에 앗수르의 왕 살만에셀이 사마리아로 올라와서 에워쌌더라 [10] 삼 년 후에 그 성읍이 함락되니 곧 히스기야 왕의 제육년이요 이스라엘 왕 호세아의 제구년에 사마리아가 함락되매 [11] 앗수르 왕이 이스라엘을 사로잡아 앗수르에 이르러 고산 강 가에 있는 할라와 하볼과 메대 사람의 여러 성읍에 두었으니 [12] 이는 그들이 하나님 여호와의 말씀을 듣지 아니하고 그의 언약과 여호와의 종 모세가 명령한 모든 것을 따르지 아니하였음이더라

저자는 이미 열왕기하 17:1-6에서 들려준 북 왕국의 멸망 소식을 이곳에 다시 기록하고 있다. 히스기야가 아시리아에 반기를 들었는데(7절), 이 일이 당시에 얼마나 큰 정치적인 모험이고 도박이었는지 보여주기 위함이다(Provan). 또한 북 왕국 이스라엘은 하나님께 순종하지 않아서 망했지만, 남 왕국 유다는 히스기야처럼 신실한 왕이 있었기에 멸망을 피할 수 있었음을 강조하기 위함이다.

이미 언급한 것처럼 히스기야 연대와 호세아 연대가 잘 맞지 않는다. 살만에셀이 사마리아를 포위하기 시작한 해가 히스기야 4년이자 호세아 7년이라고 하는데(9절), 고대 근동의 자료에 의하면 이때가 주전 724년쯤 된다. 결국 3년 후인 주전 722년에 사마리아가 함락되고 포로로 잡힌 사람들은 모두 다른 나라로 끌려간다(11절).

저자는 사마리아가 망한 이유를 "그들이 하나님 여호와의 말씀을 듣지 아니하고 그의 언약과 여호와의 종 모세가 명령한 모든 것을 따르지 않았기" 때문이라고 회고한다(12절). 이와는 달리 히스기야는 이스라엘 사람들의 삶과는 완전히 반대되는 삶을 살았다는 것을 이미 선언했다. 이러한 점을 감안할 때 이 말씀은 다음에 묘사할 사건, 즉 산헤립이 예루살렘을 공략한 사건의 결과는 사마리아와는 다를 수 있다는 점을 암시한다. 이스라엘이 망한 것은 결코 정치적인 이유 때문이 아니라 종교적인 이유 때문이다. 반면에 유다에게는 어떠한 위기가 와도 헤쳐나갈 수 있는 확신이 있다. 하나님이 함께하시기 때문이다. 왜 하나님이 유다와 함께하시는가? 그들의 왕 히스기야의 믿음 때문이다(Long). 또한 오래전 하나님이 다윗에게 주신 언약도 일조했다.

VII. 유다의 몰락(18:1-25:30)
A. 히스기야의 의로운 통치(18:1-20:21)

3. 시온의 구원과 미래(18:13-19:37)

그동안 저자는 유다와 이스라엘이 하나님의 심판을 받게 될 것을 분명히 선언해왔고, 북 왕국의 경우에는 주전 722년에 이미 여호와의 심판이 현실로 드러났다. 이스라엘이 아시리아의 손에 의해서 망한 점을 기억하면서 우리는 유다도 아시리아의 손에 멸망할 것인가라는 질문을 조심스럽게 해 본다. 특히 아시리아의 산헤립이 유다를 친 일을 기록하고 있는 이 이야기는 독자들의 마음을 불안하게 한다. 다행히 히스기야의 믿음이 벼랑 끝으로 내몰린 유다를 구했다. 이처럼 이야기의 초점은 히스기야가 어떻게 매우 위태로운 상황에 처한 유다를 믿음으로 극복하게 되었는가에 맞추어져 있다.

이 이야기는 세상 만민에게 아주 강한 경고를 발하고 있다. 그것은 산헤립이 여호와께 망언한 대가로 그가 섬기던 신의 신전에서 예배를 드리다가 아들들의 칼에 맞아 죽은 것처럼, 그 누구도 여호와께 망언하고 이 세상 어디를 가더라도 결코 안전하지 못할 것이라는 경고이다. 그러므로 아시리아군의 예루살렘 침략 사건은 '처음부터 끝까지 하나님을 모독하는 자는 어디에 있든지 안전하지 못하다'는 신학적인 입장을 입증한다(Smelik).

동시에 이 사건은 왜 하나님이 이스라엘을 아시리아의 손에 멸망하게 하실 수밖에 없었는지를 기록한다. 하나님이 그들을 진노의 도구로 사용하시지만 그들은 마치 도끼가 자신을 잡고 있는 주인을 몰라보듯이 교만하게 떠들어댔다. 그래서 하나님은 한때 사용했던 도구를 버리고 새 도구를 선택해서 이스라엘을 치게 하신다. 이야기가 끝날 무렵, 유다를 멸망케 할 새 도구는 다름 아닌 바빌론으로 밝혀진다.

저자가 이 섹션에서 묘사하는 전쟁은 주전 701년에 아시리아 왕 산헤립이 예루살렘을 공략한 사건이다. 유다는 건국 이래 최고의 위기를 맞이했다. 국가의 운명은 말 그대로 '풍전등화'였다. 다행히 하나님이 히스기야의 믿음을 보시고 전쟁에 개입해서 유다를 아시리아의 손에서 구하셨다. 당시의 아시리아 사람들의 문서에도 이 전쟁에 대한 기록이 상당히 남아있어서 이때 어떤 일이 일어났는가를 조명하는 데 많은 도움을 준다. 한 가지 확실한 것은 성경 저자들이 회고하고 있는 것처럼 산헤립이 예루살렘에 입성하지는 못했다는 점이다. 이 사건을 묘사하는 과정에서 저자는 매우 다양한 신학적 주제를 전개해나간다.

본문을 주해하기 전에 이 텍스트와 똑같은 사건을 기록하고 있는 이사야 36-39장의 관계를 생각해보자. 이 두 부분은 같은 사건을 거의 똑같이(word for word) 기재한다. 그렇다면 어느 책이 어느 책을 인용하고 있는 것일까? 이 질문은 그동안 많은 사람들의 관심을 끌어왔다. 물론 열왕기와 이사야서가 모두 다른 출처에서 이 이야기를 인용했을 것이라는 가능성도 배제할 수는 없다. 그러나 만일 둘 중 하나가 다른 하나를 인용하고 있다면 과연 어느 책이 어느 책을 인용한 것일까?

각 책의 정황을 고려할 때 이사야서는 주전 8세기를, 열왕기는 6세기를 시대적 배경으로 삼고 있다. 그럼에도 불구하고 대부분 사람들이 열왕기가 먼저 기록됐다고 주장한다. 이러한 주장은 어떤 뚜렷한 역사적 증거를 토대로 제시된 것보다 이사야서가 원래 독립적으로 순환하는 세 권의 책이 모아진 것이며, 주전 2세기에 가서야 최종적인 손질이 끝났다는 둠(Duhm)의 설을 그대로 수용한 것이다.

이 설에 의하면 이사야 1-35장이 처음에는 여러 권의 조그만 책들로 구성되었는데 이것들이 하나로 합쳐지면서 끝부분에 열왕기에 기록된 이야기를 가져다 삽입한 것이다(Kaiser, cf. 렘 52장). 그러나 이사야서 안에서 히스기야 이야기(36-39장)와 아하스 이야기(7장)는 이사야서 편집의 최종적인 목적에 크게 기여한다.[6] 그러므로 이들이 주장하는 것처럼 단순히 책의 역사적인 마무리글로 사용하기 위해서 이 이야기를 삽입했다는 주장은 별로 설득력이 없어진다.

이사야서의 내용을 열왕기 기자가 인용했을 가능성을 시사하는 증거는 있는가? 이미 언급한 대로 이사야서의 최종적인 편집 목적에서 이 이야기가 감당하고 있는 역할이 그러한 증거의 좋은 출발점이 될 것이다(cf. Young). 게다가 한 가지 아주 중요한 단서가 있다. 바로 이사야 36-39장에 언급된 사건들의 시대적 순서가 바뀌어 있으며, 이 뒤바뀐 순서는 이사야서 이야기 진행에 훨씬 더 의미있게 기여하고 있다는 사실이다. 함께 생각해보자.

첫째, 이사야 36-37장에 기록되어 있는 산헤립의 예루살렘 공략 사

6 『엑스포지멘터리 이사야 I』 서론 섹션을 참조하라.

건에 대해서는 상당한 고대 기록과 고고학 자료들이 있으며 주전 701년에 있었던 일임이 확실하다. 반면에 이사야 39장에 기록되어 있는 사건, 히스기야가 앓아 누웠다가 회복되었다는 소식을 듣고 바빌론의 왕 므로닥발라단이 사절단을 보낸 사건은 늦어도 주전 703/702년에 있었던 일이다. 기록에 의하면 이 시대의 바빌론은 아시리아 때문에 꼼짝 못하고 약소국의 서러움을 당해야 했다.

아시리아의 왕 산헤립은 바빌론의 므로닥발라단의 왕권을 두 번이나 박탈했다. 처음은 그가 왕위에 오른 해인 주전 706년이었으며, 두 번째는 주전 703/702년이었다. 므로닥발라단은 주전 703년에 왕권을 박탈당한 뒤 다시는 바빌론의 왕으로 복귀하지 못하고 평민으로 살다가 일생을 마쳤다(Walton, cf. Bright). 그렇다면 므로닥발라단이 바빌론의 왕의 자격으로 예루살렘에 사절단을 보낼 수 있었던 마지막 해는 주전 703년이 되는 것이다. 그리고 이 사절단의 방문을 유발한 계기가 다름 아닌 히스기야가 병석에 몸져 누웠다가 일어난 사건이라는 점을 감안할 때, 이 일을 기록하고 있는 38장은 아마도 주전 704년 혹은 703년 초에 있었던 사건임을 상상할 수 있다. 심지어 일부 학자들은 히스기야가 앓아 누운 때가 주전 713/712년쯤이라고 한다(Patterson & Austel). 이 학자들의 공통적인 주장은 산헤립의 침략이 있기 전에 히스기야가 앓아 누웠다는 것이다. 그렇다면 이사야 36–39장을 시대적인 순서로 재정리하면 다음과 같은 결론이 내려진다. (1) 히스기야의 병환(38장, 704/703 BC), (2) 바빌론의 사절단(39장, 703/702 BC), (3) 산헤립의 예루살렘 공략(36–37장, 701 BC).

이사야는 왜 사건을 이러한 순서로 묘사하는 것일까? 충분한 이유가 있다. 이사야 36–37장에 묘사되어 있는 주전 701년에 이스라엘의 운명은 실로 풍전등화였다. 그리고 저자는 이 사건을 아주 극적으로 묘사하고 있다. 그런데 만일 역사적인 순서를 의식해서 이사야 38장을 먼저 제시한다면 이사야 38장에 약속된 “내가 이 성을 아시리아의 왕의 손에서 구원하리라"(38:6)는 하나님의 약속이 이 사건의 극적인 면과 위기감을 완전히 무마시킬 수밖에 없다. 그러므로 선지자가 어린 므낫세를 권고하며 그에게 전하고자 하는 메시지인 "당신의 아버지 히스기야는 아주 절박한 상황에서도 여호와를 의지하고 신뢰함으로 그 역경에서 벗어날 수 있었습니다. 그분과 같이 되십시오"라는 메시지를 드라마틱하게 전하면서 독자들의 흥미를 지속시키기 위해 이러한 순서를 선택한 것이다. 이사야가 시대 순서를 초월해서 책을 집필한 것은 이미 이사야 6장의 경우에서 목격한 바 있다. 그러므로 결코 새로운 현상은 아니다.

이사야는 자신의 책을 전개해 나가는 과정에서 이 사건들의 순서를 바꿀만한 충분한 이유가 있다. 반면에 열왕기의 특징은 사건들을 최대한 시대순으로 나열하는 데 있다. 그렇다면 이렇게 순서를 변화시키는 것이 열왕기 저자에게는 별 의미가 없었을 것이다. 그럼에도 불구하고 열왕기 안에서도 이러한 순서로 사건이 수록되어 있다는 사실을 감안할 때, 이사야가 열왕기로부터 인용한 것이라기보다는, 열왕기 기자가 이사야서로부터 인용한 것이라고 보는 것이 더 설득력이 있는 해석이다(cf. House). 시대적으로 이사야서가 열왕기보다 훨씬 먼저 정리된 책이 아니겠는가! 이스라엘 역사에서 가장 밝게 빛나는 믿음을 가진 히스기야의 이야기는 다음과 같이 구분할 수 있다.

A. 히스기야가 아시리아를 달램(18:13-16)
B. 아시리아의 돌변적 예루살렘 침략(18:17-37)
C. 히스기야가 이사야에게 사람을 보냄(19:1-7)
D. 산헤립의 메시지(19:8-13)
E. 히스기야의 기도(19:14-19)
F. 하나님의 구속(19:20-37)

VII. 유다의 몰락(18:1–25:30)
A. 히스기야의 의로운 통치(18:1–20:21)
3. 시온의 구원과 미래(18:13–19:37)

(1) 히스기야가 아시리아를 달램(18:13–16)

**[13] 히스기야 왕 제십사년에 앗수르의 왕 산헤립이 올라와서 유다 모든 견고
한 성읍들을 쳐서 점령하매 [14] 유다의 왕 히스기야가 라기스로 사람을 보내
어 앗수르 왕에게 이르되 내가 범죄하였나이다 나를 떠나 돌아가소서 왕이
내게 지우시는 것을 내가 당하리이다 하였더니 앗수르 왕이 곧 은 삼백 달
란트와 금 삼십 달란트를 정하여 유다 왕 히스기야에게 내게 한지라 [15] 히스
기야가 이에 여호와의 성전과 왕궁 곳간에 있는 은을 다 주었고 [16] 또 그 때
에 유다 왕 히스기야가 여호와의 성전 문의 금과 자기가 모든 기둥에 입힌
금을 벗겨 모두 앗수르 왕에게 주었더라**

히스기야 왕 14년에 아시리아 왕 산헤립이 유다를 쳤다. 이미 서론 부분에서 언급한 것처럼 히스기야의 통치 시기에 대해서는 상당한 혼란이 있다. 그러나 확실한 것은 바로 이때가 주전 701년이라는 사실이다. 산헤립은 대군을 이끌고 진군해 와서 순식간에 유다의 모든 영토를 점령했다. 아시리아의 기록에는 산헤립의 다음과 같은 회고가 남아있다. "유다 사람 히스기야에 관해서…나는 유다의 요새화된 성읍 46개와 이 성읍들 주변에 있는 헤아릴 수 없이 많은 마을들을 점령했다…나는 히스기야를 새장에 새를 가두듯 그의 왕족 도시인 예루살렘에 가두었다"(cf. Cogan). 처음부터 이 전쟁은 일방적이었기 때문에 산헤립의 군대는 유다의 군인들과 싸우는 데는 관심조차 없었다. 유다는 그들의 상대가 되지 못했기 때문에 아시리아군은 약탈물 챙기기에 급급했다(cf. 사 5:29). 유다는 도저히 감당할 수 없는 적의 침략을 받은 것이다.

왜 산헤립이 분노해서 유다를 쳤는가? 종주국에 새 왕이 즉위하면 종속국들은 반역을 꾀하는 것이 마치 고대 근동의 관례처럼 되어 있었다. 아버지 사르곤(Sargon II)이 전쟁터에서 죽자 산헤립이 주전 706/705년에 아버지의 뒤를 이어 왕위에 올랐다. 이때 동쪽에서는 므로닥발라단이라는 바빌론 왕이, 서쪽으로는 두로, 유다를 포함한 가나안의 여러 나라들이 반역했다. 산헤립은 주전 703년에 므로닥발라단을 최종적으로 진압하고 그의 관심을 서쪽으로 돌리기 시작한 것이 유다를 치게 된 역사적 정황이다.

순식간에 온 나라를 아시리아에게 빼앗기게 된 히스기야는 부랴부랴 산헤립이 머물던 라기스에 사신을 보내 잘못을 빌었다. "우리가 잘못하였습니다. 철수만 해주시면, 요구하시는 것은 무엇이나 드리겠습니다"(14절, 새번역). 라기스는 예루살렘의 남서쪽 50킬로미터 지점에 위치한 곳이다. 아시리아의 기록에 의하면 산헤립은 라기스에 입성하기 전에 이미 두로와 블레셋을 점령했으며 이집트 군대까지 물리친 상태였다. 고고학자들이 라기스에서 이때쯤에 만들어진 것으로 보이는 구덩이를 발견했는데 그곳에서 1,500명의 유해가 발굴되었다. 산헤립이 이곳에서 가나안 사람들을 대량 학살한 것이다(Bright).

산헤립은 히스기야에게 은 300달란트(약 23,700kg)와 금 30 달란트(약 2,370kg)의 많은 돈을 요구했다(14절). 아시리아 사람들의 기록에 의하면 이때 산헤립은 히스기야로부터 본문이 언급하는 양의 금(30달란트=1t)과 800달란트(30t)에 달하는 은을 빼앗았다(Cogan & Tadmor). 은의 양에서 아시리아의 기록과 성경의 기록이 500달란트의 차이를 보이는 것은 아마도 산헤립이 이미 다른 도시들을 점령하면서 빼앗은 것을 포함했기 때문일 것이다(cf. Konkel).

히스기야는 성전과 왕궁의 보물 창고를 털어가며 돈을 만들어 보았지만 부족하자 성전 문과 기둥에 자신이 입혔던 금을 모두 벗겨서 산헤립에게 보냈다. 히스기야는 정권 최대 위기를 맞고 있으며, 어떻게 해서든 외교적으로든 혹은 금전적으로든 어떻게든 타협점을 찾을 수 있다면 찾아보겠다는 각오였다. 심지어는 엄청난 돈을 지불할 준비도 되어 있었고, 그 돈을 만들기 위해 최선을 다하고 있다. 그만큼 절박한 상황에 처했다.

VII. 유다의 몰락(18:1-25:30)
A. 히스기야의 의로운 통치(18:1-20:21)
3. 시온의 구원과 미래(18:13-19:37)

(2) 아시리아의 돌변적인 예루살렘 침략(18:17-37)

불행하게도 아시리아의 왕을 재물로는 완전히 달래질 수 없었다. 아시리아 왕은 히스기야의 돈을 받고도 자신의 부하 다르단과 랍사리스와 랍사게에게 많은 병력을 주어 예루살렘을 치게 했다. 대체로 돈을 받으면 치려던 나라도 치지 않는 것이 관례였는데, 산헤립은 돈은 돈대로 받아내고 히스기야를 치겠다는 각오를 보였다. 처음으로 국제적인 관례가 깨진 것이다. 당시 절대 강대국 아시리아가 무력을 앞세워 신뢰를 저버리는 짓을 하고 있으니 그 누구도 중재해 줄 사람이 없다. 종주가 종속자에게 부리는 일방적인 행패이기 때문이다. 그러므로 히스기야는 돈은 돈대로 쓰고도 돈을 상납하기 전과 똑같은 운명에 처해있다.

유다가 건국 이래 맞은 최대의 위기를 묘사하고 있는 이 섹션은 다음과 같은 구조를 지닌다.

A. 전쟁에 대한 역사적 서론(18:17-18)
B. 아시리아의 도전: "무엇을 의지하느냐?"(18:19-25)
C. 유다의 반응: "협상합시다"(18:26-27)
B'. 아시리아의 도전: "히스기야에게 속지 마라"(18:28-35)
C'. 유다의 반응: 침묵(18:36-37)

VII. 유다의 몰락(18:1-25:30)
A. 히스기야의 의로운 통치(18:1-20:21)
3. 시온의 구원과 미래(18:13-19:37)
(2) 아시리아의 돌변적인 예루살렘 침략(18:17-37)

a. 전쟁에 대한 역사적 서론(18:17-18)

17 앗수르 왕이 다르단과 랍사리스와 랍사게로 하여금 대군을 거느리고 라기스에서부터 예루살렘으로 가서 히스기야 왕을 치게 하매 그들이 예루살렘으로 올라가니라 그들이 올라가서 윗못 수도 곁 곧 세탁자의 밭에 있는 큰 길에 이르러 서니라 18 그들이 왕을 부르매 힐기야의 아들로서 왕궁의 책임자인 엘리야김과 서기관 셉나와 아삽의 아들 사관 요아가 그에게 나가니

산헤립이 왜 돈을 받고도 예루살렘을 향해 군대를 보냈을까? 본문은 그 이유를 밝히고 있지 않지만 여러 가지 추측이 난무하다. 히스기야가 돈을 지불하지는 않고 지불 약속만 한 것이 문제가 되었다는 해석이 있다(Millard). 또, 히스기야가 돈은 지불했지만 그의 과거 기록들을 보면 별로 믿을 만한 종속자가 아니었기에 그를 갈아치우기 위해서 산헤립이 예루살렘으로 진군했다는 추측도 있다(House). 아시리아는 반역한 종속국의 왕들을 아시리아 사람으로 바꾸는 정책을 가지고 있어, 이에 따라 두로의 왕은 이미 교체되었고, 유다의 왕도 아시리아 사람으로 갈아치우기 위해서 진군했다는 설도 있다(Bright). 어떤 이유에서든지 산헤립은 히스기야를 달갑지 않게 생각한다. 그래서 히스기야가 정권에서 제거되는 것만이 산헤립을 만족시킬 수 있다.

아시리아 침략 이야기가 시작되면서 히스기야뿐만 아니라 온 유다가 건국 이래 최고의 위기를 맞고 있다. 그들의 운명은 이미 결정된 것이나 다름없다. 산헤립이 얼마나 히스기야와 예루살렘을 얕보았는지, 본인은 라기스에 머물며 예루살렘으로 올라오지도 않고 대신 랍사게에게 군대를 보내 예루살렘을 치게 했다. 그만큼 하나님의 특별한 개입이 없으면 유다의 운명은 결정된 것이나 다름없었다. 히스기야는 과연 이 위기를 어떻게 극복할 것인가?

랍사게가 끌고 온 아시리아군은 윗 저수지의 수로 곁에 있는 빨래터로 가는 큰 길가에 포진했다(17절). 아하스 시대 당시 시리아-이스라엘 연합군이 쳐들어왔을 때에 이사야가 아하스를 만난 곳이 이곳인 점을 감안하면(사 7:3), 이곳은 군사적 요새로, 두 나라 군대가 여기에서 대치한 것이다. 히스기야는 혹시 침략군과 타협의 여지가 남아있는가를 타진하기 위해서 세 명의 궁내 대신을 보낸다. 힐기야의 아들 엘리아김, 서기관 셉나, 그리고 아삽의 아들 기록관 요아가 랍사게를 맞이하러 갔다(18절).

히스기야는 욕심은 어떻게 해서든지 이 문제를 외교적으로, 필요에 따라서는 큰 대가를 치르더라도 해결하고자 한다. 그러나 이야기가 진행되면서 드러나겠지만, 아시리아는 타협에 관심이 없다. 히스기야가 제시할 수 있는 그 어떠한 것도 그들에게는 미약할 뿐이다. 아시리아가 유다를 침략한 유일한 목적은 히스기야를 제거하는 일이다.

VII. 유다의 몰락(18:1-25:30)
A. 히스기야의 의로운 통치(18:1-20:21)
3. 시온의 구원과 미래(18:13-19:37)
(2) 아시리아의 돌변적인 예루살렘 침략(18:17-37)

b. 아시리아의 도전: "무엇을 의지하느냐?"(18:19-25)

19 랍사게가 그들에게 이르되 너희는 히스기야에게 말하라 대왕 앗수르 왕의
말씀이 네가 의뢰하는 이 의뢰가 무엇이냐 20 네가 싸울 만한 계교와 용력이
있다고 한다마는 이는 입에 붙은 말 뿐이라 네가 이제 누구를 의뢰하고 나
를 반역하였느냐 21 이제 네가 너를 위하여 저 상한 갈대 지팡이 애굽을 의뢰

하도다 사람이 그것을 의지하면 그의 손에 찔려 들어갈지라 애굽의 왕 바로는 그에게 의뢰하는 모든 자에게 이와 같으니라 22 너희가 내게 이르기를 우리는 우리 하나님 여호와를 의뢰하노라 하리라마는 히스기야가 그들의 산당들과 제단을 제거하고 유다와 예루살렘 사람에게 명령하기를 예루살렘 이 제단 앞에서만 예배하라 하지 아니하였느냐 하셨나니 23 청하건대 이제 너는 내 주 앗수르 왕과 내기하라 네가 만일 말을 탈 사람을 낼 수 있다면 나는 네게 말 이천 마리를 주리라 24 네가 어찌 내 주의 신하 중 지극히 작은 지휘관 한 사람인들 물리치며 애굽을 의뢰하고 그 병거와 기병을 얻을 듯하냐 25 내가 어찌 여호와의 뜻이 아니고야 이제 이 곳을 멸하러 올라왔겠느냐 여호와께서 전에 내게 이르시기를 이 땅으로 올라와서 쳐서 멸하라 하셨느니라 하는지라

예루살렘 성문 밖에 도착한 랍사게가 큰 소리로 외치기 시작했다. "위대한 왕이신 아시리아의 임금님께서 이렇게 말씀하신다"(19절, 새번역). "위대한 왕"(הַמֶּלֶךְ הַגָּדוֹל)은 당시 침략자들의 교만함을 잘 드러내는 일반화된 표현이다(Cogan & Tadmor). 이어지는 랍사게의 메시지의 요지는 간단하다. "쥐뿔도 없으면서 뭘 믿고 까부냐?" 이슈는 히스기야를 비롯한 유다 사람들이 과연 누구/무엇을 의지하느냐이다. 본문은 다음과 같은 구조를 형성한다.

a. 이스라엘의 군사력을 믿느냐?(20절)
  b. 이집트를 믿느냐?(21절)
    c. 여호와를 믿느냐?(22절)
a'. 이스라엘은 군사력이 없다(23-24a절)
  b'. 이집트는 돕지 못한다(24b절)
    c'. 여호와께서 아시리아를 보내셨다(25절)

위 구조가 보여주는 것처럼 랍사게는 이스라엘이 대답으로 제시할 수 있는 모든 가능성을 철저히 배제한다. 그가 말하는 대로 이스라엘에는 아시리아에 대항할 만한 군사력이 없다. 심지어 그가 빈정대는 것처럼 아시리아가 2천 필의 말을 준다 해도 유다에는 그 말을 타고 싸울 군인들이 없다(23절).

히스기야가 이집트를 믿고 반역했는가? 이집트는 이미 산헤립에게 엘테케(Eltekeh)라는 블레셋 북부 지역에서 참패를 당하고 본국으로 도망간 상태이다. 그러므로 이집트는 유다에 어떠한 도움도 줄 수가 없다. 근동의 역사를 살펴보면 이집트는 처음부터 공수표를 남발한 나라로, 별로 도움이 되지 않았다. 그러므로 랍사게가 이집트를 "부러진 갈대 지팡이"에 묘사하며 그것에 의존하는 자는 오직 자신의 손만 찔리게 된다는 평가는 매우 적절한 것이다(21절).

히스기야가 여호와를 의지하고 반역했는가? 랍사게는 이 이슈에 대해서 오히려 여호와께서 히스기야에게 진노하셔서 직접 아시리아군을 보내셨다고 주장한다. 이 일이 어떻게 가능하단 말인가? 랍사게에 의하면 이스라엘의 하나님 여호와께서 자기 백성에게 진노하시게 된 이유는 다름 아닌 히스기야가 종교개혁이랍시고 단행한 '산당 제거' 때문이라는 것이다. 종교개혁에 있어서 히스기야는 유다의 왕들 중 요시야와 함께 유일하게 산당을 제거한 모범된 왕으로 손꼽힌다. 그런데 랍사게가 이 같은 사실을 이용해서 지금 폭탄선언을 하고 있다!

히스기야는 여호와를 위해서 산당을 제거했다고 하지만, 사실은 그가 제거한 산당들의 주인이신 여호와께서 진노해서 아시리아 사람들을 보내셨다는 것이다! 랍사게가 하는 말이 사실인가? 아시리아 사람들은 다른 나라를 침략할 때, 침략당하는 나라들의 신들이 자기 백성들에게 진노해서 자신들(아시리아 사람)을 보냈다는 말을 종종 한 것으로 알려졌다(Cogan). 이들의 수법은 오늘날로 말하면 적들을 극도로 불안하게 만드는 일종의 심리전인 셈이다.

랍사게는 적을 알면 쉽게 승리할 수 있다는 "지피지기면 백전불태"(知彼知己百戰不殆)의 원리를 알고 있는 사람이다. 아시리아의 입장에서 볼 때 유다는 참으로 별볼일 없는 나라이다. 그런데 랍사게는 이 전쟁을 앞두고 유다의 히스기야 왕에 관해서 철저하게 연구하고 준비했다. 그는 유다와 히스기야에 대해 얻은 정보를 통해 최고의 심리전을 펼치고 있다. 이 부분은 모든 사역자들이 랍사게에게 배워야 한다. 오늘날 많은 목회자들이 준비가 부족한 상태에서 사역하다 보니 후유증이 많다.

랍사게의 발언이 잠시 후 거짓이라는 사실이 드러난다. 하나님이 히스기야의 종교개혁에 분노하여 아시리아를 보내신 것이 아니다. 그러나 성문 어귀에서 그의 말을 듣고 있는 예루살렘 사람들에게는 매우 치명적이고 위협적인 발언으로 들릴 수밖에 없다. 일부 백성들은 히스기야의 종교개혁의 취지를 의심하기 시작했을 것이다. 만일 랍사게가 주장한 대로 하나님이 이스라엘을 벌하시기 위해서 아시리아를 보내셨다면 이야기는 끝난 것 아닌가! 유다가 국가적인 위기에 몰린 만큼 히스기야는 개인적인 위기에 몰려있다.

VII. 유다의 몰락(18:1-25:30)
A. 히스기야의 의로운 통치(18:1-20:21)
3. 시온의 구원과 미래(18:13-19:37)
(2) 아시리아의 돌변적인 예루살렘 침략(18:17-37)

c. 유다의 반응: "협상합시다"(18:26-27)

26 힐기야의 아들 엘리야김과 셉나와 요아가 랍사게에게 이르되 우리가 알아 듣겠사오니 청하건대 아람 말로 당신의 종들에게 말씀하시고 성 위에 있는 백성이 듣는 데서 유다 말로 우리에게 말씀하지 마옵소서 27 랍사게가 그에게 이르되 내 주께서 네 주와 네게만 이 말을 하라고 나를 보내신 것이냐 성

위에 앉은 사람들도 너희와 함께 자기의 대변을 먹게 하고 자기의 소변을 마시게 하신 것이 아니냐 하고

히스기야가 보낸 세 부하들이 랍사게의 말을 듣다가 그에게 요청했다. "우리가 아람어를 알고 있으니 아람어로 말씀하십시오. 히브리어로 말씀하시면 이 성벽에 나와 있는 모든 사람들이 듣게 되지 않습니까?" 히스기야의 부하들은 이 요청으로 침략자들에게 협상의 여지를 타진하고 있는 것이다. 만일 랍사게가 그들의 요청을 들어준다면 평화로운 해결책이 가능하다는 의미이다. 그러나 랍사게는 기고만장해서 더 큰 소리로 떠들어댔다. 자신의 메시지는 단순히 히스기야에게 전하는 것이 아니라, '자기가 눈 대변을 먹고 자기가 본 소변을 마실' 성벽 위에 앉아 있는 모든 예루살렘 사람들에게 들으라고 하는 말이라는 것이다. 즉, 아시리아는 유다와 협상할 생각이 전혀 없으니 각오하라는 경고이다. 유다는 과연 어떻게 될 것인가? 이대로 망할 것인가?

VII. 유다의 몰락(18:1-25:30)
A. 히스기야의 의로운 통치(18:1-20:21)
3. 시온의 구원과 미래(18:13-19:37)
(2) 아시리아의 돌변적인 예루살렘 침략(18:17-37)

d. 아시리아의 도전: "히스기야에게 속지 마라"(18:28-35)

28 랍사게가 드디어 일어서서 유다 말로 크게 소리 질러 불러 이르되 너희는
대왕 앗수르 왕의 말씀을 들으라 29 왕의 말씀이 너희는 히스기야에게 속지
말라 그가 너희를 내 손에서 건져내지 못하리라 30 또한 히스기야가 너희에
게 여호와를 의뢰하라 함을 듣지 말라 그가 이르기를 여호와께서 반드시 우
리를 건지실지라 이 성읍이 앗수르 왕의 손에 함락되지 아니하게 하시리라
할지라도 31 너희는 히스기야의 말을 듣지 말라 앗수르 왕의 말씀이 너희는

내게 항복하고 내게로 나아오라 그리하고 너희는 각각 그의 포도와 무화과
를 먹고 또한 각각 자기의 우물의 물을 마시라 32 내가 장차 와서 너희를 한
지방으로 옮기리니 그 곳은 너희 본토와 같은 지방 곧 곡식과 포도주가 있
는 지방이요 떡과 포도원이 있는 지방이요 기름 나는 감람과 꿀이 있는 지
방이라 너희가 살고 죽지 아니하리라 히스기야가 너희를 설득하여 이르기를
여호와께서 우리를 건지시리라 하여도 히스기야에게 듣지 말라 33 민족의 신
들 중에 어느 한 신이 그의 땅을 앗수르 왕의 손에서 건진 자가 있느냐 34 하
맛과 아르밧의 신들이 어디 있으며 스발와임과 헤나와 아와의 신들이 어디
있느냐 그들이 사마리아를 내 손에서 건졌느냐 35 민족의 모든 신들 중에 누
가 그의 땅을 내 손에서 건졌기에 여호와가 예루살렘을 내 손에서 건지겠느
냐 하셨느니라

히스기야의 협상 제안을 한마디로 거절한 랍사게가 '확성기'를 동원해서 계속 히스기야와 예루살렘 거민들을 위압해 나갔다. 랍사게가 유창한 히브리어로 말하는 것을 보면 이 전쟁을 위해 참 많이 준비한 것 같다. 비록 그가 하나님 백성의 적이지만, 배울 것이 많은 사람이다. 랍사게가 선포하는 메시지의 요지는 다음 구조를 통해서 확실히 알 수 있다.

a. 히스기야에게 속지 마라(28–31a절)
  b. 아시리아의 "새 땅 언약"(31b–32a절)
a′. 여호와에게 속지 마라(32b–35절)

랍사게는 예루살렘 거민들에게 히스기야에게 속지 말고 심지어는 여호와에게도 속지 말라고 권면한다. 오직 아시리아의 왕에게만 '구원'이 있음을 강조하고 있다. 만일 예루살렘 사람들이 이 순간에라도 항복하면 아시리아 왕이 그들을 다른 곳으로 끌고 갈 때까지라도 이 땅의 소산을 먹게 허락해줄 것이라는 내용이다. 이러한 랍사게의 발언은 그 당시 아시리아의 외교 정책을 잘 반영하고 있다. 그들은 한 지역의 반역을 제압하면 그 지역 사람들을 강제로 다른 곳으로 끌고 가서 그곳에서 국제결혼을 시켜서 정착하게 만들었다. 반역을 최소화하겠다는 의도에서 비롯된 정책이다.

만일 유다가 반역을 지속한다면 얼마나 비참한 종말을 맞이할 것인가를 랍사게는 말하고 있다. 포로가 되어 강제로 다른 나라로 끌려가서 다른 인종들과 피를 섞고 사는 것이 '구원'이라고 할 정도면, 계속 반역하다가 맞는 종말은 얼마나 비참할 것인가를 조금은 짐작하게 한다.

랍사게에 의하면 히스기야 왕은 유다를 구원할 수 있는 능력이 없다. 뿐만 아니라 유다의 신 여호와도 자기 백성을 아시리아 왕의 손에서 구할 힘이 없다. 그의 논리는 간단하다. 그동안 아시리아가 침략해서 취한 나라들을 보라는 것이다. 그 어느 나라의 신이 감히 자신이 수호하고 있는 나라를 아시리아 왕의 손에서 구할 수 있었느냐를 생각해보면 쉽게 결론지을 수 있다는 논지이다. 이와 같이 여호와도 아시리아 왕 앞에서는 힘을 발휘할 수 없으니 유다의 운명은 끝난 이야기라는 것이다.

이 논리에서 우리는 드디어 랍사게가 앞에서 "여호와가 보내서 왔다"라고 한 말이 사실이 아니라 히스기야를 궁지에 처넣으려는 정치적 심리 작전이자 거짓말이었음을 알게 된다. 여호와께서 진짜 이들을 보내셨다면 랍사게가 이렇게 망발할 리가 없기 때문이다. 아시리아 사람들은 조금 뒤에는 더 노골적이고 자극적인 망언을 하게 된다.

Ⅶ. 유다의 몰락(18:1-25:30)
A. 히스기야의 의로운 통치(18:1-20:21)
3. 시온의 구원과 미래(18:13-19:37)
(2) 아시리아의 돌변적인 예루살렘 침략(18:17-37)

e. 유다의 반응: 침묵(18:36-37)

36 그러나 백성이 잠잠하고 한 마디도 그에게 대답하지 아니하니 이는 왕이 명령하여 대답하지 말라 하였음이라 37 이에 힐기야의 아들로서 왕궁 내의 책임자인 엘리야김과 서기관 셉나와 아삽의 아들 사관 요아가 옷을 찢고 히스기야에게 나아가서 랍사게의 말을 전하니라

랍사게의 말을 듣고 있던 이스라엘 사람들 사이에 무한한 침묵이 흐를 뿐이었다. 히스기야가 명령해서도 그렇겠지만, 실제로 그들에게는 별로 할 말이 없다. 아시리아 사람들은 지금 이스라엘의 항복을 받아들이려 하지 않을 뿐만 아니라, 받아들인다 해도 그들을 다른 나라로 끌고 가겠다는 의지를 밝히고 있다. 그래서 이스라엘은 이 강한 침략자들 앞에 침묵을 지킬 뿐이다. 이스라엘은 이 순간 이러지도 못하고 저러지도 못하는 절박한 상황에 처해있다. 적들이 수용할 이스라엘의 유일한 선택은 무조건적인 항복뿐이다. 그러므로 이제는 하나님 여호와의 은총을 구하는 길 밖에는 없다.

Ⅶ. 유다의 몰락(18:1-25:30)
A. 히스기야의 의로운 통치(18:1-20:21)
3. 시온의 구원과 미래(18:13-19:37)

(3) 히스기야가 이사야에게 사람을 보냄(19:1-7)

1 히스기야 왕이 듣고 그 옷을 찢고 굵은 베를 두르고 여호와의 전에 들어가

서 2 왕궁의 책임자인 엘리야김과 서기관 셉나와 제사장 중 장로들에게 굵
은 베를 둘려서 아모스의 아들 선지자 이사야에게로 보내매 3 그들이 이사야
에게 이르되 히스기야의 말씀이 오늘은 환난과 징벌과 모욕의 날이라 아이
를 낳을 때가 되었으나 해산할 힘이 없도다 4 랍사게가 그의 주 앗수르 왕의
보냄을 받고 와서 살아 계신 하나님을 비방하였으니 당신의 하나님 여호와
께서 혹시 그의 말을 들으셨을지라 당신의 하나님 여호와께서 그 들으신 말
때문에 꾸짖으실 듯하니 당신은 이 남아 있는 자들을 위하여 기도하소서 하
더이다 하니라 5 이와 같이 히스기야 왕의 신복이 이사야에게 나아가니 6 이
사야가 그들에게 이르되 너희는 너희 주에게 이렇게 말하라 여호와의 말씀
이 너는 앗수르 왕의 신복에게 들은 바 나를 모욕하는 말 때문에 두려워하
지 말라 7 내가 한 영을 그의 속에 두어 그로 소문을 듣고 그의 본국으로 돌
아가게 하고 또 그의 본국에서 그에게 칼에 죽게 하리라 하셨느니라 하더라

협상의 여지가 있는지 타진해보라고 보낸 세 대신들로부터 소식을 들은 히스기야는 그 자리에서 옷을 찢고 굵은 베옷을 입고 하나님의 전으로 갔고, 대신들은 이사야에게 보냈다. 드디어 히스기야는 어떠한 정치적·외교적 방법으로도 자신을 구원할 수 없고 오직 하나님께 자비를 구하는 것만이 유일한 살 길이라는 것을 깨닫게 된 것이다. 본문은 다음과 같은 구조를 지닌다.

A. 여호와께서 아시리아군에게 응답케 하라(19:1-4)
  a. 히스기야가 하나님께(1-2절)
    b. 두려움: 부끄러운 날이 왔다(3절)
      c. 하나님께 기도하라(4절)
B. 여호와가 응답하심(19:5-7)
  a′. 하나님이 히스기야에게(5-6a절)
    b′. 두려워 말라: 구원의 날이 오리라(6b절)

c'. 하나님이 응답하리라(7절)

소식을 들은 히스기야는 근신했다(1절). 옷을 찢는다는 것은 슬픔을 상징한다. 그러나 굵은 베옷을 입는다는 것은 하나님 앞에 회개한다는 상징적인 의미를 지니는 행동이다(cf. 왕상 20:31, 32; 21:27; 느 9:1; 단 9:3; 욜 1:13; 욘 3:6). 정확히 무엇을 회개한다는 뜻일까? 그 시대의 정치적인 배경을 생각할 때 아마도 그는 여호와를 의지하지 못하고 이집트를 바라보며 그들의 도움을 요청한 것을 회개했을 것이다.

이미 하나님은 출애굽 시대 때부터 어떤 일이 있어도 이집트 쪽은 바라보지도 말라고 당부하셨다. 그곳은 바로 속박과 고통을 상징하는 곳이기 때문이다. 뿐만 아니라 이스라엘 왕은 결코 말이나 병거를 축적해서는 안 된다고 했다. 이스라엘은 믿음의 공동체이므로 왕들에게 이스라엘의 구원은 오직 여호와께 속한 것이라는 믿음을 요구하신 것이다. 그런데 히스기야는 이집트의 도움을 기대하며 아시리아에 반역했다. 그러므로 그는 지금 이 일에 대해서, 여호와의 말씀을 신뢰하지 못한 점을 회개하고 있다. 조금 늦은 감이 있지만, 그래도 늦은 것이 아예 회개하지 않는 것보다 몇 배 낫다.

그리고 나서 히스기야는 이사야에게 도움을 요청한다(2-4절). 히스기야 자신은 성전으로 가서 하나님 앞에서 기도하고, 신하들을 선지자 이사야에게 보내어 하나님의 도움을 청하도록 부탁한다. 그는 자신과 이스라엘의 형편이 얼마나 어렵고 처절한가를 솔직하게 고백한다. 그의 고백에는 전혀 과장이 없다. 그가 말하기를 "오늘은 환난과 징벌과 모욕의 날이라 아이를 낳을 때가 되었으나 해산할 힘이 없도다"(3절)라고 한다. 하나님 앞에서 철저하게 깨어진 히스기야의 모습이 아름답다. 리더가 이렇게 겸손하게 하나님의 도움을 요청하는데 어찌 하나님이 침묵하시겠는가! 하나님의 도움의 손길이 기대되는 순간이다.

하나님이 인간에게 무엇을 요구하시는가? 특히 믿음 공동체의 리더들에게 요구하시는 것은 어떤 것일까? 백성들이 그분의 기적을 바라며 할 수 있는 것은 어떤 것일까? 저자는 명백한 답을 제시한다. 하나님은 오직 그분을 신뢰하는 믿음을 요구하실 뿐이라는 것이다. 이사야서에서 히스기야(사 36-39장)와 아하스(사 7장)의 이야기가 비교되는 것은 바로 이런 각도에서이다. 히스기야는 지금 하나님께 겸손하게 도움을 청함으로 풍전등화와 같은 상황에서 자신과 이스라엘의 운명을 구하고 있다. 반면에 아하스는 믿음이 없어서 별로 심각한 일도 아닌데 떨지 않았던가!

대신들로부터 왕의 메시지를 전해들은 이사야는 하나님의 말씀을 주었다. 바로 "두려워하지 말라"(אַל־תִּירָא)는 구원의 신탁이었다(6-7절). 하나님이 아시리아의 왕이 교만하게 떠들던 말을 모두 들으셨으므로 결코 걱정하지 말라는 것이다. 아시리아의 망언은 단순히 히스기야를 모욕한 것이 아니라 하나님의 자존심을 건드린 발언이었다.

그들은 "여호와가 다른 열방의 신들과 다를 게 뭐냐?"라고 떠들어댔다. 하나님이 가장 싫어하시는 말이다. 성경은 하나님은 거룩하셔서 세상의 그 어떤 신들과도 구분된다고 말씀한다. 그러므로 만일 여호와께서 이 순간 침묵하신다면 그분의 명예도 크게 손상된다. 이 문제는 조금씩 히스기야의 손을 떠나고 있다. 더 이상 히스기야와 산헤립의 문제가 아니라, 하나님과 산헤립의 문제로 변하고 있는 것이다.

이에 선지자는 전혀 걱정할 것이 없다며 산헤립의 비참한 종말을 예언한다. "내가 한 영을 그의 속에 두어 그로 소문을 듣고 그의 본국으로 돌아가게 하고 또 그의 본국에서 그에게 칼에 죽게 하리라"(7절). 이 말씀은 이스라엘의 어두운 역사가 펼쳐지고 있는 이 순간에도 여호와께서 역사와 인류의 모든 것을 지휘하고 계심을 드러내고 있다. 그렇다면 어떠한 문제가 와도 이분에게 도움을 청하는 것은 당연한 것이 아닐까? 여기서 '영'(רוּחַ)은 우리가 이해하는 성령과 별로 상관없는 것이며, 단순히 한 개인의 감정이나 결정을 좌우할 수 있는 영향력 정도로 해석하는 것이 바람직하다(cf. 19:14; 민 5:14; 호 4:12; 슥 13:2; 딤후 1:7).

선지자의 예언은 예루살렘 공략에 나선 산헤립이 실패할 것을 단언한다. 실제로 산헤립의 통도장(Cylinder)을 살펴보면 그가 히스기야를 예루살렘 성에 "새장에 새를 가두듯이 가두었다"라는 기록은 하고 있지만, 그가 예루살렘에 입성했다는 말은 하지 않는다(cf. ANET). 당시 근동 왕들의 업적 기록들이 과장이 심하다는 점을 감안할 때, 그는 결코 예루살렘에 입성하지 못했다는 것이 학자들의 일반적인 해석이다. 이 예언은 38절에서 그대로 성취된다.

VII. 유다의 몰락(18:1–25:30)
A. 히스기야의 의로운 통치(18:1–20:21)
3. 시온의 구원과 미래(18:13–19:37)

(4) 산헤립의 메시지(19:8–13)

8 랍사게가 돌아가다가 앗수르 왕이 이미 라기스에서 떠났다 함을 듣고 립나로 가서 앗수르 왕을 만났으니 왕이 거기서 립나와 싸우는 중이더라 9 앗수르 왕은 구스 왕 디르하가가 당신과 싸우고자 나왔다 함을 듣고 다시 히스기야에게 사자를 보내며 이르되 10 너희는 유다의 왕 히스기야에게 이같이 말하여 이르기를 네가 믿는 네 하나님이 예루살렘을 앗수르 왕의 손에 넘기지 아니하겠다 하는 말에 속지 말라 11 앗수르의 여러 왕이 여러 나라에 행한 바 진멸한 일을 네가 들었나니 네가 어찌 구원을 얻겠느냐 12 내 조상들이 멸하신 여러 민족 곧 고산과 하란과 레셉과 들라살에 있는 에덴 족속을 그 나라들의 신들이 건졌느냐 13 하맛 왕과 아르밧 왕과 스발와임 성의 왕과 헤나와 아와의 왕들이 다 어디 있느냐 하라 하니라

하나님이 말씀하신 대로 산헤립이 예루살렘에서 군대를 이동해야 하는 상황이 펼쳐졌다. 그의 신하들은 산헤립이 이집트에서 진군해오는 군대를 상대하기 위해서 라기스에서 립나로 이동했다는 소식을 듣게 되었다. 그러나 산헤립은 결코 조용히 예루살렘에서 물러서려 하지 않았다. 떠나면서 다시 한 번 히스기야와 이스라엘을 위협했다. 그러나 그것이 자신의 죽음을 재촉하게 될 줄이야 어찌 알았겠는가!

에티오피아(구스)의 다르하가(תִּרְהָקָה) 왕이 대군을 이끌고 몰려오고 있다는 소식이 들렸다(8-9a절). 일부 학자들은 본문이 기록하고 있는 다르하가의 가나안 원정은 수년 뒤의 일인데 저자가 착각해서 이곳에 삽입한 것이라고 주장한다(Gray). 이들의 주장에 의하면 다르하가는 수단(Sudan) 출신의 이집트 왕이었으며 주전 689년에 아버지와 공동 통치를 하다가 주전 686년이 되어서야 홀로 이집트를 다스렸으며, 그의 통치는 주전 664년까지 지속되었기에 주전 701년에 그가 가나안 원정에 나서기에는 너무 어렸다는 것이다.

그러나 대부분 학자들은 다르하가가 왕위에 오르기 한참 전부터 군대를 이끌던 점을 들어 이들의 주장에 반박한다(Montgomery & Gehman, Patterson & Austel, Wiseman, House). 또한 다르하가는 이집트의 바로가 되기 전에 선왕 샤브타카(Shabtaka)의 군대를 수차례 이끌고 전쟁에 참여한 기록이 있다(Hobbs). 이 중 하나가 바로 본문에 기록된 사건이다(House).

소식을 들은 산헤립은 급히 라기스를 떠나 립나에서 그를 맞이할 준비를 했다. 립나는 라기스에서 약 15킬로미터 북쪽에 위치한 도시였다. 이 전쟁을 끝내면 아마 그는 군대를 다시 본국으로 이끌고 가야 하는 결정을 내릴 것이다. 산헤립의 입장에서는 결코 가나안 전쟁이 장기화되어서는 안 되는 상황이다. 2년 전에 바빌론의 므로닥발라단을 제거했지만 언제 다시 바빌론이 군대를 일으켜 서쪽으로 진군해올지 모른다. 그러므로 그가 가나안 지역에 머물수록 정국은 불안해질 수밖에 없는 것이다. 그가 예루살렘으로부터 군대를 이동시킨 것은 이러한 점들을 고려해서일 것이다.

산헤립이 예루살렘을 포위하고 있던 군대를 빼내면서 히스기야에게 편지를 보내 다시 한 번 매우 심한 망언을 했다(10-13절). 기본적인 논리는 이미 그가 랍사게를 통해 선언한 말을 반복하고 있다. "감히 그 어느 신이 이 나라를 아시리아의 왕의 손에서 구해낼 수 있겠느냐? 이미 아시리아 왕의 손에 멸망을 당한 나라들의 신들이 증거하는 바를 경청하라"는 것이다. 그러므로 그는 히스기야에게 여호와께 속지 말라고 권면하고 있다. 여호와 하나님을 사기꾼으로 취급하고 있는 것이다! 히스기야는 과연 이 문제를 어떻게 해결할 것인가? 열왕기 기자는 히스기야의 믿음은 이스라엘의 역사 속에 전무후무하다고 했는데, 이러한 믿음을 소유한 자가 이 문제를 과연 어떻게 해결할지 관심이 모아진다.

VII. 유다의 몰락(18:1-25:30)
A. 히스기야의 의로운 통치(18:1-20:21)
3. 시온의 구원과 미래(18:13-19:37)

(5) 히스기야의 기도(19:14-19)

14 히스기야가 사자의 손에서 편지를 받아보고 여호와의 성전에 올라가서 히스기야가 그 편지를 여호와 앞에 펴 놓고 15 그 앞에서 히스기야가 기도하여 이르되 그룹들 위에 계신 이스라엘의 하나님 여호와여 주는 천하 만국에 홀로 하나님이시라 주께서 천지를 만드셨나이다 16 여호와여 귀를 기울여 들으소서 여호와여 눈을 떠서 보시옵소서 산헤립이 살아 계신 하나님을 비방하러 보낸 말을 들으시옵소서 17 여호와여 앗수르 여러 왕이 과연 여러 민족과 그들의 땅을 황폐하게 하고 18 또 그들의 신들을 불에 던졌사오니 이는 그들이 신이 아니요 사람의 손으로 만든 것 곧 나무와 돌 뿐이므로 멸하였나이다 19 우리 하나님 여호와여 원하건대 이제 우리를 그의 손에서 구원하옵소서

그리하시면 천하 만국이 주 여호와가 홀로 하나님이신 줄 알리이다 하니라

히스기야의 기도를 보면 그의 신앙이 왜 성경 저자들에 의해서 극찬받게 되었는지를 알게 된다. 그는 무엇보다 자신과 하나님 사이에 있는 경계선을 인식했고, 이 상황에서 산헤립 문제는 자신의 손을 떠났다는 것을 깨닫고 인정할 수 있는 영적인 안목을 가진 사람이다. 그는 산헤립의 편지를 받아든 순간 이 갈등이 더 이상 자신과 산헤립의 싸움이 아닌 하나님과 산헤립의 싸움이라는 것을 안 것이다. 히스기야의 기도는 시편의 흔한 장르 중 하나인 개인 탄식시(individual lament) 형식(cf. 시 6편; 13편; 102편)을 취하고 있으며 세 부분으로 나눈다(Hubbard). (1) 히스기야가 하나님의 위대하심을 고백함, (2) 히스기야가 자신의 문제를 하나님께 아룀, (3) 히스기야가 아시리아군 문제에 있어서 하나님의 도움을 청함.

히스기야가 산헤립의 편지를 받아드는 순간 아마도 마음속으로 손뼉을 치며 환호했을 것이다. '이제 됐다!' 산헤립이 하나님께 어떠한 망언을 했는가를 증명할 수 있는 물증을 입수했으니 이제 일은 끝났다고 생각한 것이다. 그는 흥분해서 떨리는 손으로 편지를 들고 성전을 향했다. 그리고 그 글을 마치 보란 듯이 펼쳐 놓고 여호와께 기도하기 시작했다. 하나님의 명예가 훼손이 되었으니 이 문제는 더 이상 자신과 산헤립의 문제가 아닌 하나님과 산헤립의 문제라는 것을 직감한 것이다.

이게 바로 성경 저자들이 높게 평가하는 히스기야의 믿음의 본질이다. 그는 어디까지 자신이 염려해야 할 영역이고 어디부터는 하나님께 속한 것인가를 확실히 알고 그대로 실행한 사람이다. 즉, 자신의 한계와 능력을 의식하고 하나님을 신뢰하는 것이 바로 진정한 믿음이요 하나님이 귀하게 여기시는 것이다.

히스기야의 기도는 아주 매끄러운 흐름을 타고 전개되어간다. 그는 먼저 이 세상에 그 누구도 여호와 같은 분이 없으며 그분만이 세상을 창조하시고 통치하시기에 합당한 분이라고 찬양한다(15절). 이렇게 하나님에 대한 진리를 확인한 다음, 그는 이러한 사실을 위협하는 일이 생겼음을 탄원한다. 산헤립이 망언을 했다는 것이다(16절). 그러고는 아시리아의 왕이 이렇게 말할 만한 동기를 가지고 있었음을 상기시킴으로 하나님의 자존심을 살짝 자극하고 있다(17절). 그는 "그러나 나는 여호와를 바라고 신뢰할 뿐"이라는 사실을 확인한다. 열방의 신들은 신이 아니기 때문(여호와 같지 않다는 뜻)이라고 선언한다(18절).

그러므로 그는 여호와께 간구한다. "주님, 주님은 열방의 신들과 전혀 다르십니다. 그 다른 점을 아시리아의 왕과 온 열방에 보여주십시오." 어떻게? 당신의 백성인 우리를 구원해서 주심으로(19절)! 즉, 그는 결코 하나님께 "살려 주십시오!"라고 외친 것이 아니라, "당신의 훼손된 명예를 회복하소서. 그리고 그 과정에서 우리를 살짝 구원해 주시옵소서"라고 기도하고 있는 것이다. 얼마나 멋진 기도인가! 아마도 하나님은 이날 도저히 히스기야의 기도를 안 들어주실 수 없는 코너로 몰리셨을 것이다!

Ⅶ. 유다의 몰락(18:1-25:30)
A. 히스기야의 의로운 통치(18:1-20:21)
3. 시온의 구원과 미래(18:13-19:37)

(6) 하나님의 구속(19:20-37)

20 아모스의 아들 이사야가 히스기야에게 보내 이르되 이스라엘 하나님 여호와의 말씀이 네가 앗수르 왕 산헤립 때문에 내게 기도하는 것을 내가 들었노라 하셨나이다 21 여호와께서 앗수르 왕에게 대하여 이같이 말씀하시기를

처녀 딸 시온이 너를 멸시하며 너를 비웃었으며
딸 예루살렘이 너를 향하여 머리를 흔들었느니라
22 네가 누구를 꾸짖었으며 비방하였느냐

누구를 향하여 소리를 높였으며 눈을 높이 떴느냐
이스라엘의 거룩한 자에게 그리하였도다
23 네가 사자들을 통하여 주를 비방하여 이르기를
내가 많은 병거를 거느리고 여러 산 꼭대기에 올라가며
레바논 깊은 곳에 이르러
높은 백향목과 아름다운 잣나무를 베고
내가 그 가장 먼 곳에 들어가며
그의 동산의 무성한 수풀에 이르리라
24 내가 땅을 파서 이방의 물을 마셨고
나의 발바닥으로 애굽의 모든 강들을 말렸노라 하였도다
25 네가 듣지 못하였느냐
이 일은 내가 태초부터 행하였고 옛날부터 정한 바라
이제 내가 이루어 너로 견고한 성들을 멸하여
무너진 돌무더기가 되게 함이니라
26 그러므로 거기에 거주하는 백성의 힘이 약하여
두려워하며 놀랐나니
그들은 들의 채소와 푸른 풀과 지붕의 잡초와
자라기 전에 시든 곡초 같이 되었느니라
27 네 거처와 네 출입과 네가 내게 향한 분노를 내가 다 아노니
28 네가 내게 향한 분노와 네 교만한 말이 내 귀에 들렸도다
그러므로 내가 갈고리를 네 코에 꿰고 재갈을 네 입에 물려
너를 오던 길로 끌어 돌이키리라 하셨나이다
29 또 네게 보일 징조가 이러하니
너희가 금년에는 스스로 자라난 것을 먹고
내년에는 그것에서 난 것을 먹되
제삼년에는 심고 거두며
포도원을 심고 그 열매를 먹으리라

[30] 유다 족속 중에서 피하고
남은 자는 다시 아래로 뿌리를 내리고
위로 열매를 맺을지라
[31] 남은 자는 예루살렘에서부터 나올 것이요
피하는 자는 시온 산에서부터 나오리니
여호와의 열심이 이 일을 이루리라 하셨나이다

하니라 [32] 그러므로 여호와께서 앗수르 왕을 가리켜 이르시기를 그가 이 성
에 이르지 못하며 이리로 화살을 쏘지 못하며 방패를 성을 향하여 세우지
못하며 치려고 토성을 쌓지도 못하고 [33] 오던 길로 돌아가고 이 성에 이르지
못하리라 하셨으니 이는 여호와의 말씀이시라 [34] 내가 나와 나의 종 다윗을
위하여 이 성을 보호하여 구원하리라 하셨나이다 하였더라 [35] 이 밤에 여호
와의 사자가 나와서 앗수르 진영에서 군사 십팔만 오천 명을 친지라 아침에
일찍이 일어나 보니 다 송장이 되었더라 [36] 앗수르 왕 산헤립이 떠나 돌아가
서 니느웨에 거주하더니 [37] 그가 그의 신 니스록의 신전에서 경배할 때에 아
드람멜렉과 사레셀이 그를 칼로 쳐죽이고 아라랏 땅으로 그들이 도망하매
그 아들 에살핫돈이 대신하여 왕이 되니라

히스기야의 기도를 들으신 하나님이 선지자 이사야를 통해서 말씀을 보내셨다. 아시리아의 왕 산헤립은 하나님이 적절한 방법으로 제거하실 것이니 걱정하지 말라는 내용이었다. 한 주석가가 말하는 것처럼 산헤립은 여호와에 대해서 히스기야에게 말했고, 히스기야는 산헤립에 대해서 여호와께 말했으며, 여호와께서는 산헤립에 대해서 히스기야에게 말씀하시는데, 이 마지막 말씀이 가장 중요하다(Oswalt).

이사야 선지자의 메시지(21b-34절)는 장르상 '비웃음/조롱 노래'(taunt/mocking song)로 구분하며 히스기야의 기도처럼 세 파트로 나눈다(Cogan & Tadmor, House). (1) 산헤립이 처한 상황이 곧 바뀔 것을 선언함, (2) 아시리아의 군사적 성공에 대한 잘못된 사고를 지적함, (3) 아시

리아가 온 길로 되돌아갈 것을 예언함.

예루살렘이 산헤립의 손에서 풀려날 것이라는 하나님의 약속이 강한 이미지로 인상을 남긴다. "처녀 딸 시온이 오히려 너 산헤립을 경멸하고 비웃을 것이다. 딸 예루살렘이 오히려 물러나는 네 뒷모습을 보면서 머리를 흔들 것이다"(21b, 새번역). 당시 전쟁의 성향을 감안할 때, 산헤립이 예루살렘을 포위했을 때 제일 두려움에 떠는 사람들은 다름 아닌 처녀들이다. 성이 무너지면 정복군들에게 강간을 당하는 등 성폭력과 갖가지 수모를 통해 가장 어려울 수 있는 무리들이기 때문이다. 그런데 선지자는 시온을 처녀로 비유해서 산헤립을 비웃게 한다. 강간의 위험에 노출되어 있던 여인이 안전한 발치에서 그녀를 겁탈하려던 자를 비웃는다. 상황이 완전히 반전된 이미지를 제시한다. 하나님이 이 반전을 이루실 것이다.

선지자는 산헤립의 방종과 교만을 비난한다(22-24절). 기고만장해서 눈에 뵈는 게 없는 산헤립의 마음을 잘 묘사하는 표현이다. 이사야는 산헤립에게 현실을 직시하라고 선언한다. 바로 누가 산헤립에게 자랑하는 권세를 주셨고 왜 주셨는가를 의식하라는 것이다. 선지자는 말하기를 이미 오래전, 태초 때부터 하나님이 산헤립을 이스라엘을 벌하는데 쓰려고 준비해두셨다(25절). 그런데 산헤립은 그것도 모르고 스스로 잘난 체하고 있다. 그러므로 하나님이 그의 교만을 꺾으실 것이다(26-28절). 선지자는 얼마나 치욕적으로 산헤립이 당할 것인가를 잘 묘사하고 있다. 마치 갈고리에 입이 꿰어 본인의 의지와는 상관없이 하나님이 끌고 가시는 대로 일방적으로 움직이는 처량한 신세가 되어 본국으로 돌아갈 것이다(28절).

이사야는 아울러 이 일이 하나님이 선언하신 대로 일어날 것을 확신하는 징표를 준다(29절). 구약에서의 징표는 예언한 일이 그대로 될 것을 보장하거나 혹은 하나님이 역사를 주관하시고 운행하신다는 것을 입증하는 역할을 하기도 한다(Keil). 선지자가 준 징표는 이스라엘이 결코 끌려가지 않을 것이며, 매년 이 땅의 소산을 먹게 될 것이며, 이러한 일이 일어나면 여호와께서 진실을 선언하셨음을 그들이 알게 될 것이라는 선언이다. 마치 나무 뿌리가 완전히 뽑힌 것같은 유다가 다시 이 땅에 심겨서 뿌리를 내리고 열매를 맺게 될 것이다(30절). 여호와의 열심이 꼭 유다와 예루살렘을 보호하실 것이다(31절).

하나님이 시온을 보호하시면 감히 누가 들어오겠는가! 그러므로 선지자는 선언한다. 산헤립은 결코 예루살렘에 입성하지 못할 것이다(33절). 히스기야는 하나님의 축복 아래 살게 되고, 반면에 산헤립은 하나님의 심판 아래 살게 된다(House). 이미 앞부분에서 언급한 것처럼 고고학적인 증거가 이러한 성경의 선언을 뒷받침하고 있다. 아시리아의 기록에서도 산헤립은 예루살렘에 입성하지 못했다.

하나님이 왜 예루살렘과 히스기야를 구원하셨는가? 선지자는 하나님이 자신의 명예를 위해서(히스기야의 기도가 적중한 것이다!), 그리고 다윗을 위해서 그들을 구원하신다고 선언하고 있다(34절). 다윗은 이미 죽은 지 오래지만 아직도 이렇게 영향력을 미치고 있다. 아하스 시대에 구원을 베푸신 것이 다윗과 맺은 언약 때문인 것처럼(cf. 사 7장), 이번에도 다윗 때문에 구원을 베푸신다는 하나님의 말씀이 우리에게 시사하는 바가 많다.

산헤립은 과연 어떤 종말을 맞았을까? 선지자는 아주 짧게 그 후의 일을 기록하고 있다. 선지자가 하나님의 말씀을 선포한 다음에 여호와의 사자(מַלְאַךְ יְהוָה)가 나와 아시리아 진영을 쳤다. 본문이 정확히 무엇을 의미하는지 확실치 않다. 급속히 퍼지는 질병일 수도 있고 전쟁일 수도 있다. 주전 5세기에 활동한 헬라의 역사가 헤로도투스(Herodotus)는 산헤립의 군대가 이집트의 델타 지역에 있는 펠루시움(Pelusium)에서 쥐떼의 습격을 받았다고 기록하고 있다(Wiseman). 그러나 대부분 학자들이 헤로도투스가 이 사건을 회고하기 위해서 사용한 이집트 문서가 예루살렘에서 유래한 이야기를 바탕으로 재구성된 것으로 간주한다

(Sweeney, Konkel). 헤로도투스가 본문에 기록된 내용을 바탕으로 한 이집트 버전을 인용했다는 것이다.

많은 사람들이 죽은 아시리아군의 수에 대해서 의문을 제기하지만, 대부분 학자들과 주석가들은 이 이야기의 상당 부분이 진실이라는 점을 인정한다(Montgomery & Gehman, Motyer, Kaiser, Gray, Oswalt, Keil). 본문에 의하면 한 가지 확실한 사실은 많은 사람들(18만 5천 명)이 죽었다는 것이다(35절). 여호와의 사자가 이처럼 많은 사람을 한순간에 죽인 것은 출애굽 시절에 이집트에 임한 열 번째 재앙을 연상케 한다. 엄청난 수의 군사들을 잃은 산헤립은 어쩔 수 없이 그곳을 떠나 니느웨로 돌아갔다. 그곳에서 산헤립이 자기 신 니스록의 신전에서 경배할 때에 아드람멜렉과 사레셀이 그를 칼로 죽이고 도망했다. 그리고 그의 아들 에살핫돈이 그의 뒤를 이어 왕이 되었다(37절).

고대 근동 자료에 의하면 산헤립은 예루살렘을 공략한 이후로 20년을 더 통치했다. 그러나 그는 다시는 가나안 지역으로 진군하지 않았다. 아마도 이때 많이 혼났기 때문인 것으로 여겨진다. 선지자는 앞으로 상당한 시간이 걸려야 일어날 일을 여기서 언급하고 있다. 사건에 일종의 결말을 주기 위한 의도이다. 그리고 여기에 기록된 그의 암살 사건은 주전 681년에 있던 일이다(Hayes & Irvine). 니스록, 아드람멜렉, 사레셀의 이름은 성경을 벗어나서는 발견되지 않는 이름들이다. 그러나 바빌론 왕들의 역대기는 산헤립이 살해당하고 에살핫돈이 그 뒤를 이었다는 기록을 남긴다.

한 가지 흥미로운 것은 이사야나 열왕기 저자는 산헤립의 종말에 많은 공간을 할애하지 않는다는 사실이다. 오늘날의 기준과 분위기로 보면 아마 우리는 이러한 일이 생기면 매우 자세하게, 그리고 드라마틱하게 일을 묘사해서 하나님을 찬양하고 성도들을 권면하는 간증을 전개해나갔을 것이다. 그런데 선지자는 왜 이렇게 그의 죽음에 대해서 간단히 요약하는 것일까? 이것이 바로 성경 저자들의 간증이다. "하나님이 선포하신 말씀이 그대로 성취되는 것이 뭐가 새로운가?" 즉, 하나님의 예언이 성취되는 것은 지극히 당연하기 때문에 더 이상의 말이 필요 없다는 사실을 강조하기 위해 이처럼 간략하게 마무리한다. 그저 말이 많고 말초신경을 자극하는 간증이 최고인 줄 아는 우리에게 선지자의 이러한 입장 표명은 신선한 도전이 된다.

이 사건의 요지는 이미 서론에서 언급한 것처럼 '하나님께 망언한 자는 세상 어디를 가도 결코 안전하지 못할 것'이라는 신학적인 경고를 선포하는 데 있다(Smelik). 산헤립을 생각해보라. 그가 죽음을 당했을 때, 그는 자신이 섬기는 신의 신전에서 예배하고 있었다. 하나님을 모욕한 자들이 숨을 곳은 세상에 한 곳도 없다. 심지어 산헤립의 신은 자기 신전에서조차 경배자 산헤립을 여호와의 손으로부터 구원하지 못했다. 이게 바로 여호와와 다른 신들의 차이점이다. 하나님의 진노를 산 자를 위한 도피성이나, 하나님이 들어가실 수 없는 이방 신들의 '거룩한 지역'은 존재하지 않는다.

VII. 유다의 몰락(18:1-25:30)
A. 히스기야의 의로운 통치(18:1-20:21)

4. 히스기야의 기적적인 회복(20:1-11)

열왕기 저자는 마치 히스기야가 산헤립의 침략으로 인해 엄청난 스트레스를 받고 병들어 누운 것처럼 이야기를 진행한다. 그러나 이미 서론에서 언급한 것처럼 히스기야가 앓아 누운 사건은 늦어도 704/703년에 있었던 일이다(cf. ZPEB). 저자가 이 사건들이 시대적인 순서들을 따르지 않고 있다는 점을 "그 무렵/그때"라는 히브리어 문구(בַּיָּמִים הָהֵם)를 통해 슬며시 암시하고 있다(Patterson & Austel, Merrill). 또한 다른 필요(viz., 신학적인 필요와 사건을 흥미진진하게 전개하기 위한 목적)에 따라 사건의 역사적 순서들을 바꾸고 있음을 암시하고 있다(cf. Bright; Wiseman).

저자는 마치 18-19장 사건이 있은 후 20장의 일이 있었던 것처럼 읽히기를 원한 것이다(cf. Patterson & Austel). 이 섹션은 다음과 같은 구조를 지닌다.

A. 병을 앓는 히스기야(20:1-3)
　B. 하나님의 약속(20:4-7)
A'. 병이 나을 징표(20:8-11)

(1) 병을 앓는 히스기야(20:1-3)

1 그 때에 히스기야가 병들어 죽게 되매 아모스의 아들 선지자 이사야가 그
에게 나아와서 그에게 이르되 여호와의 말씀이 너는 집을 정리하라 네가 죽
고 살지 못하리라 하셨나이다 2 히스기야가 낯을 벽으로 향하고 여호와께 기
도하여 이르되 3 여호와여 구하오니 내가 진실과 전심으로 주 앞에 행하며
주께서 보시기에 선하게 행한 것을 기억하옵소서 하고 히스기야가 심히 통
곡하더라

저자는 히스기야가 마치 산헤립의 침략에서 커다란 스트레스를 받아 몸져누운 것같이 이야기를 시작한다. 문제는 히스기야가 생명에 위협을 받을 만큼 아팠다는 것이다. 나중에 무화과를 으깨어 상처에 바르라고 처방한 것을 보면, 이 병은 피부가 파괴되는 증상이 나타나는 것이 확실하다. 그래서 일부 학자들은 그 병이 피부암의 일종인 흑색종(melanoma), 혹은 결핵균으로 인해 생긴 림프종기의 일종인 연주창(scrafula)이었을 것으로 추정한다(Harrison, Levin). 우리가 알고 있는 대상

포진도 히스기야의 질병으로 거론될 수 있을 것이다. 물론 그가 어떤 병을 앓았는지는 정확히 알 수는 없다.

히스기야가 앓아 있는 동안 선지자에게 하나님의 말씀이 임했다. 왕은 결코 회복될 수 없으니 죽을 준비를 하도록 권고하라는 내용이었다. 선지자가 히스기야를 찾아가 하나님의 죽음 선고를 전달해 주었다. 물론 히스기야가 쉽게 받아들일 리 없다. 그는 벽을 향해서 누워 울며 기도했다. "하나님 내가 주님 앞에서 진실(בֶּאֱמֶת)과 전심(בְּלֵב שָׁלֵם)으로 순종한 것과 주님 보시기에 선하게 행한 것(טּוֹב)을 기억하여 주십시오. 살고 싶습니다"(3절, 새번역).

다음 섹션에서 관찰하겠지만, 이 순간 히스기야가 죽으면 유다의 운명도 막을 내리게 된다. 무슨 일이 있어도 히스기야가 살아야 한다. 일단 그는 살고 싶어하는 의지가 강한 사람으로 밝혀짐에 따라 소망이 있다. 죽음에 처한 히스기야는 하나님께 떳떳하게 말할 수 있었다. "나는 진실하게 살았고, 전심으로 하나님을 순종했고, 주님 보시기에 선한 일을 한 것을 그 누구보다도 하나님이 잘 아시지 않습니까?" 그는 이처럼 자신의 삶을 요약하는 세 가지 성향을 들며 하나님께 호소한다. 환난 날이 임하게 되면 우리는 하나님께 어떤 말을 할 수 있을까? 우리도 히스기야처럼 말할 수 있을까? 우리는 히스기야의 믿음은 삶에 대한 열심과 진실을 동반했음을 기억해야 할 것이다.

VII. 유다의 몰락(18:1-25:30)
A. 히스기야의 의로운 통치(18:1-20:21)
4. 히스기야의 기적적인 회복(20:1-11)

(2) 하나님의 약속(20:4-7)

4 이사야가 성읍 가운데까지도 이르기 전에 여호와의 말씀이 그에게 임하여 이르시되 5 너는 돌아가서 내 백성의 주권자 히스기야에게 이르기를 왕의 조

상 다윗의 하나님 여호와의 말씀이 내가 네 기도를 들었고 네 눈물을 보았노라 내가 너를 낫게 하리니 네가 삼 일 만에 여호와의 성전에 올라가겠고 [6] 내가 네 날에 십오 년을 더할 것이며 내가 너와 이 성을 앗수르 왕의 손에서 구원하고 내가 나를 위하고 또 내 종 다윗을 위하므로 이 성을 보호하리라 하셨다 하라 하셨더라 [7] 이사야가 이르되 무화과 반죽을 가져오라 하매 무리가 가져다가 그 상처에 놓으니 나으니라

이사야가 히스기야에게 말씀을 전하고 궁을 벗어나는데, 통곡하는 히스기야에 관한 두 번째 말씀이 선지자에게 임했다. 돌아가서 히스기야에게 죽지 않을 것이며, 15년의 수명을 연장 받을 것이라고 선포하라는 명령이다. 뿐만 아니라 아시리아 왕의 손에서 예루살렘을 구원하시겠다는 부수입까지 추가된 선언이었다(6절).

눈물 어린 기도의 응답으로 히스기야는 15년 동안 생명을 연장 받는다(5절). "내가 너의 기도를 들었다"라는 말씀이 시사하는 바는 크다. 하나님은 우리의 연약함을 그 누구보다도 잘 아시고, 우리의 통곡과 마음의 신음까지도 듣는 분이라는 것이다. 그러므로 어떠한 역경에서도 우리는 좌절할 필요가 없다. 심지어 기도 소리는 안 나오고 그저 눈물만 하염없이 우리의 얼굴을 적실 때에도 하나님은 우리의 쓰라린 심정을 헤아리신다.

그런데 왜 굳이 15년일까? 간단히 "너는 죽지 않을 것이다"라고 선언하면 될 것인데 말이다. 이렇게 말씀하시는 데에는 충분한 이유가 있다. 15년은 제한된 시간이다. 즉, 히스기야가 이 말을 듣는 순간부터 15년이란 시간은 줄어들기 시작한 것이며 약속된 시간이 지나면 죽어야 한다. 이러한 히스기야의 시한부 인생은 이스라엘의 운명과도 같다. 히스기야와 이스라엘의 운명이 하나로 묶여있는 것이다. 산헤립이 침략했을 때 병든 히스기야가 죽어야 하는 것처럼 유다도 멸망했어야 한다. 그러나 하나님이 히스기야의 수명을 15년 연장시킨 것처럼, 유다의 수명도 연장시켜주셨다. 중요한 것은 히스기야가 15년 후면 죽어야 되듯이, 유다도 일정 시간이 지나면 멸망하게 된다. 하나님의 유다를 향한 심판이 일시적으로 보류됐지만, 취소되지는 않았다. 마치 히스기야가 시한부로 수명을 연장 받은 것처럼 말이다.

이러한 이유로 인해 본문이 회고하고 있는 사건이 주전 701년에 있었던 산헤립의 침략보다 일찍 일어난 일이지만, 마치 그 후에 있었던 일처럼 전개되고 있다. 만일 이 이야기가 시대 순서에 따라 먼저 전개되면, 산헤립 침략 사건이 강조하고자 하는 위기감과 긴장감이 모두 사라지기 때문이다. 성경 저자들에게는 사건의 시대 순서보다는 전개하고자 하는 메시지의 순서가 더 중요하다. 심지어는 역사서에서도 이러한 현상을 목격할 수 있다.

유다에 임할 심판이 제한된 시간 범위 내에서 지연된 것은 이적으로 주시는 해시계의 변화에서도 볼 수 있다. 해시계의 그림자가 잠깐 되돌아가지만, 그 순간부터 해는 다시 서쪽을 향해서 움직인다. 이 제한된 시간이 지나면 유다는 하나님의 심판을 받아야 한다. 즉, 히스기야의 눈물 어린 기도는 유다에 선포된 하나님의 심판을 잠시 보류할 수는 있어도 철회할 수는 없었다. 이 점을 강조하기 위해서 하나님은 구체적인 범위 안에서 히스기야의 생명을 연장시켜 주신 것이다.

하나님이 왜 유다의 멸망을 보류하신 것일까? 이 당시 유다의 백성들이 거룩해서 그런 것일까? 아니다. 이 일에 관한 저자의 관점은 확실하다. 하나님이 이 순간 유다를 멸하지 않은 것은 순전히 다윗을 기억해서이다. 저자는 이 점을 강조하기 위해 히스기야에 선포된 구원의 메시지를 시작하면서 "다윗의 하나님 여호와"(יְהוָה אֱלֹהֵי דָּוִד)라는 문구를 사용하고 있다(5절).

이사야는 왕의 신하들에게 무화과 반죽을 가져와 히스기야의 상처 위에 붙이게 했고, 그렇게해서 병이 나았다(7절). 본문에서 전개되는 정황으로 보아 히스기야의 병은 피부 손상을 증세로 보인다. 이 사건은 결코 무화과 반죽에 어떤 약효가 있음을 말하고자 하는 게 아니다. 선지자가 히스기야의 상처에 무엇을 붙이든 낫게 되어 있다. 즉, 초점은 하나님이 그를 낫게 하셨다는 데 있지 결코 무화과 반죽에 있지 않다.

VII. 유다의 몰락(18:1-25:30)
A. 히스기야의 의로운 통치(18:1-20:21)
4. 히스기야의 기적적인 회복(20:1-11)

(3) 병이 나을 징표(20:8-11)

**[8] 히스기야가 이사야에게 이르되 여호와께서 나를 낫게 하시고 삼 일 만에
여호와의 성전에 올라가게 하실 무슨 징표가 있나이까 하니 [9] 이사야가 이르
되 여호와께서 하신 말씀을 응하게 하실 일에 대하여 여호와께로부터 왕에
게 한 징표가 임하리이다 해 그림자가 십도를 나아갈 것이니이까 혹 십도를
물러갈 것이니이까 하니 [10] 히스기야가 대답하되 그림자가 십도를 나아가기
는 쉬우니 그리할 것이 아니라 십도가 뒤로 물러갈 것이니이다 하니라 [11] 선
지자 이사야가 여호와께 간구하매 아하스의 해시계 위에 나아갔던 해 그림
자를 십도 뒤로 물러가게 하셨더라**

히스기야는 선지자에게 자신이 회복될 것을 증명할 징표를 달라고 구했다. 히스기야가 징표를 구하는 것이 결코 그의 불신을 드러내는 것은 아니다. 이사야가 묘사하고 있는 아하스 이야기(사 7장)에서 아하스는 하나님이 징표를 주시겠다는데도 거부했다가 심한 야단을 맞았다. 즉, 아하스처럼 징표를 거부하는 행위가 불신의 행위이고, 히스기야처럼 징표를 받고도 더 구하는 것은 믿음의 행위로 묘사하고 있다.

그렇다면 예수님께서 탄식하시며 "믿음이 없는 이 세대가 징표를 구한다"고 하신 말씀 중의 징표와 이 이야기에서의 징표가 어떻게 다른 것일까? 근본적으로 징표를 구하는 사람의 자세가 다르다. 예수님께

징표를 구한 자들은 예수님이 메시아라는 사실을 믿지 못해서 징표를 구했다. 반면에 히스기야는 하나님은 이 세상에서 어떠한 일도 하실 수 있는 능력을 가진 분이라는 점을 추호도 의심하지 않는 상황에서 징표를 구했다. 즉, 히스기야가 징표를 구하는 것은 그의 신앙고백이다. 그러므로 징표를 구하는 것 자체가 문제가 아니라, 어떤 자세로 징표를 구하는 것이 문제이다.

히스기야의 요청을 받은 이사야는 모든 일이 하나님이 선언하신 대로 이루어질 것이라는 징표로 해시계의 그림자를 10도 돌리는 기적을 주었다(9-11절). 그 당시 해시계가 어떻게 생겼는지 알 수는 없다. 그러므로 10도라는 것이 어느 정도의 시간을 의미하는지 밝혀지지 않았다. 또한 지구가 이때 거꾸로 자전했다고 볼 필요도 전혀 없다(Patterson & Austel). 가나안 지역에만 제한된 일종의 자연적인 현상(viz., 일식/월식 등)으로 이해하는 것도 무난하다(Keil, Whitcomb). 물론 해가 오던 길을 되돌아가는 개념을 과학적으로 설명하는 것은 불가능한 일이다. 확실한 것은 이 일은 하나님이 행하신 기적이라는 사실이다.

한 가지 중요한 것은 이 해시계가 아하스 왕과 연관되어 있다는 점이다. "아하스의 해시계"(בְּמַעֲלוֹת אָחָז)(11절)(원래의 뜻은 계단이며 계단을 덮는 그림자의 위치를 보고 시간을 측정한 것으로 여겨짐)가 시사하는 바는 무엇인가? 아하스는 지금까지 우리가 살펴본 왕들 중 가장 악한 왕이었다. 그는 말그대로 하나님을 거역한 자의 표상이었다. 아하스와 같은 왕이 유다의 멸망을 재촉했다. 반면에 히스기야와 같은 믿음을 소유한 왕은 유다의 멸망을 보류할 수 있었다. 해시계가 10도 돌아간다는 것은 이러한 사실을 상징한다.

히스기야의 이야기는 우리에게 큰 교훈을 준다. 일부 개혁주의에서는 기도의 의미와 효력을 하나님의 뜻을 분별하는 것으로 규정한다. 그러나 그렇게 결론짓는 데는 상당한 무리가 있다는 것이 본문의 가르침이다. 사실 기도가 미리 예정된 하나님의 뜻을 밝히는 것으로 정의

한다면 우리 대부분은 기도할 의욕을 잃을 것이다. 히스기야의 경우, 기도를 통해서 하나님이 계획을 '수정'하시는 역사를 이루어내기도 한다. 이것이 진정한 기도의 힘이 아니겠는가! 기도는 우리가 알고 있고 가지고 있는, 하나님의 마음을 움직일 수 있는 유일한 도구이다.

VII. 유다의 몰락(18:1–25:30)
A. 히스기야의 의로운 통치(18:1–20:21)

5. 바빌론에서 온 사절단(20:12–19)

히스기야가 죽음에 임박한 병을 앓다가 극적으로 회복되었다는 소식을 듣고 바빌론의 왕 므로닥발라단이 축하 사절단을 보냈다. 물론 그가 1,500킬로미터의 먼 여정임에도 유다에 사절단을 파견한 목적은 다른 곳에 있었다. 당시 유다와 바빌론은 아시리아의 지배 아래 있었기에 아시리아 제국의 동쪽에 위치한 바빌론이 서쪽에 위치한 유다와 우호적인 관계를 맺는다면, 아시리아를 견제하기에 그만큼 수월해지기 때문이다.

그러나 바빌론에서 온 사절단을 접하는 히스기야의 행동은 본의 아니게 이스라엘의 미래에 매우 부정적인 결과를 초래한다. 유다의 역사 전개에 있어서 이 내러티브의 중요성은 유다를 괴롭히며 결국 망하게 할 나라는 아시리아가 아닌 바빌론이 될 것이라는 예언이 포함되어 있다는 것이다. 이 이야기는 다음과 같이 구성한다.

A. 바빌론 사절단(20:12–13)
B. 이사야가 히스기야에게 물음(20:14–15)
C. 이사야가 히스기야에게 선포함(20:16–18)
D. 히스기야의 한계(20:19)

VII. 유다의 몰락(18:1-25:30)
A. 히스기야의 의로운 통치(18:1-20:21)
5. 바빌론에서 온 사절단(20:12-19)

(1) 바빌론 사절단(20:12-13)

12 그 때에 발라단의 아들 바벨론의 왕 브로닥발라단이 히스기야가 병 들었다 함을 듣고 편지와 예물을 그에게 보낸지라
13 히스기야가 사자들의 말을 듣고 자기 보물고의 금은과 향품과 보배로운 기름과 그의 군기고와 창고의 모든 것을 다 사자들에게 보였는데 왕궁과 그의 나라 안에 있는 모든 것 중에서 히스기야가 그에게 보이지 아니한 것이 없더라

히스기야가 죽을 뻔했다가 건강이 회복되었다는 소식을 듣고 바빌론에서 왕의 사절단이 왔다. 왕의 글과 예물을 든 축하객들이 유다를 찾아온 것이다. 이미 언급한 대로 이때가 늦어도 주전 703/702년이다. 물론 일부 학자들은 브로닥발라단이 망명생활을 하면서 유다에 사절단을 보낸 것으로 해석한다(Hobbs). 그러나 산헤립이 주전 706/705년에 아시리아의 왕권을 차지한 다음에 제일 먼저 바빌론의 브로닥발라단을 제압한다. 그 후 다시 주전 703/702년에 완전히 바빌론의 왕 자리에서 몰아내기 때문에 브로닥발라단이 바빌론 왕의 자격으로 사절단을 보낼 수 있는 해는 이때이다.

브로닥발라단이 왜 가나안의 한 작은 나라의 왕에게 예우를 갖추는 것일까? 신기한 일은 아니다. 바빌론은 지금 아시리아의 군주, 산헤립 왕에게 사정없이 몰리며 절박한 상황에 놓여 있다. 이러한 상황에서 바빌론이 꿈꾸고 있는 반역에 가나안 지역의 나라들 중에서 하나라도 더 합세한다면, 그만큼 성공의 가능성이 높아지는 것이다. 그러므로 그는 지금 유다의 환심을 살 필요가 있다. 게다가 만일 이집트만 함께 한다면 아시리아를 국제 무대에서 완전히 고립시킬 수도 있다고 생각했을 것이다. 유다는 이집트와 긴밀한 관계를 유지하고 있으니, 유다와 우호적인 관계를 갖는 것이 국제 무대에서 매우 중요한 변수로 작용할 수 있다. 브로닥발라단은 이러한 계산에서 히스기야에게 사절단을 보낸 것이다.

비록 지금은 아시리아의 지배 아래 있지만, 한때는 참으로 대단했던 바빌론과 같은 대국의 왕이 자신의 병환에 관심을 쏟아준 것에 감격한 히스기야는 허세로 부풀어 오른 가슴을 안고 자신이 소유한 모든 것을 사절단에게 보여주었다. 얼마나 많이 보여주었던지 저자는 "왕궁과 그의 나라 안에 있는 모든 것 중에서 히스기야가 그에게 보이지 아니한 것이 없더라"라고 묘사하고 있다(13절). 이날 히스기야의 교만과 허세가 극치에 달했음을 암시한다. 문제는 그의 행동이 유다의 미래에 대한 불길한 예언을 유발할 줄을 누가 알았으랴!

이 사건은 또한 히스기야가 아시리아에 왜 반역하게 되었는가를 부분적으로 설명한다. 그가 판단하기로 바빌론은 대국이다. 이러한 나라가 동쪽에서, 그리고 이집트가 중심이 된 세력이 서쪽에서 아시리아를 대적한다면 승산이 있는 싸움으로 생각했다. 그러므로 그는 더 이상 아시리아가 존재하지 않는 미래를 상상하며 일종의 '투자'를 한 것이다. 다만 본전도 못 챙기는 투자가 된 것뿐이다. 이스라엘은 믿음 공동체였다. 그들은 어떠한 상황에서도 여호와만을 의지해야 하는 의무가 있는데, 히스기야와 같은 거룩한 왕도 순간적으로 이 의무를 잊었다. 결국 하나님은 이 기고만장한 히스기야와 유다를 내버려두지 않으신다.

VII. 유다의 몰락(18:1-25:30)
A. 히스기야의 의로운 통치(18:1-20:21)
5. 바빌론에서 온 사절단(20:12-19)

(2) 이사야가 히스기야에게 물음(20:14-15)

14 선지자 이사야가 히스기야 왕에게 나아와 그에게 이르되 이 사람들이 무
슨 말을 하였으며 어디서부터 왕에게 왔나이까 히스기야가 이르되 먼 지방
바벨론에서 왔나이다 하니 15 이사야가 이르되 그들이 왕궁에서 무엇을 보
았나이까 하니 히스기야가 대답하되 내 궁에 있는 것을 그들이 다 보았나니
나의 창고에서 하나도 보이지 아니한 것이 없나이다 하더라

이사야 선지자가 가슴이 공기로 차오른 히스기야를 찾았다. 산헤립 사건 때는 먼저 이사야를 찾던 히스기야의 모습과는 완전히 대조적이다. 절박할 때는 하나님을 찾고, 만사가 형통할 때는 하나님을 잊는 평범한 인간의 모습이다. 물론 이 사건이 시대적으로 18-19장 사건보다 먼저 일어났다. 그러나 성경 저자들은 마치 이 사건이 18-19장 사건 이후에 일어난 것처럼 읽히길 원한다. 즉, 저자들은 '화장실 가기 전과 갔다 온 후'의 히스기야의 모습을 묘사한다. 성도에게는 환난이 꼭 필요하다. 신앙 성장의 필수 조건이기 때문이다. 그러므로 환란이 임할 때, 이상하게 생각할 것이 아니라, 하나님께 더 가까이 나가는 기회로 삼아야 한다.

이사야는 히스기야에게 "무엇을 보여주었느냐?"라고 물었고 히스기야는 "다 보여주었다"라고 대답했다. 사실 이사야의 질문은 회개의 기회를 제공하는 질문이지, 결코 사실을 몰라서 하는 것이 아니다. 그는 이 자리에 오기 전에 이미 히스기야에게 할 말을 하나님에게 계시받은 상황이다. 그러므로 선지자의 질문은 먼저 진실을 확인하는 것에서 의미를 찾는다. 그의 질문은 또한 히스기야에게 자신의 행실을 돌아보게 하는 데 목적이 있다. 옛적에 하나님이 에덴동산에서 아담에게 하신 질문처럼, 또한 들판에서 동생을 죽여 매장하고 돌아온 가인에게 하신 질문처럼 말이다. 그러나 불행하게도 히스기야는 아담과 가인의 방식대로 대답한다. 역시 피는 못 속이는 것일까? 히스기야는 회개의 기회를 스스로 포기하고 있다.

VII. 유다의 몰락(18:1–25:30)
A. 히스기야의 의로운 통치(18:1–20:21)
5. 바빌론에서 온 사절단(20:12–19)

(3) 이사야가 히스기야에게 선포함(20:16–18)

[16] 이사야가 히스기야에게 이르되 여호와의 말씀을 들으소서 [17] 여호와의 말
씀이 날이 이르리니 왕궁의 모든 것과 왕의 조상들이 오늘까지 쌓아 두었던
것이 바벨론으로 옮긴 바 되고 하나도 남지 아니할 것이요 [18] 또 왕의 몸에
서 날 아들 중에서 사로잡혀 바벨론 왕궁의 환관이 되리라 하셨나이다 하니

히스기야의 말을 들은 선지자는 그 자리에서 왕에게 하나님의 말씀을 선포했다. 지금 왕이 보여준 모든 것이 훗날 노획물이 되어 바빌론으로 옮긴 바 될 것이라고 한다. 오늘의 친구가 내일의 적이 될 것이란 선언이다. 예나 지금이나 세상 정치가 어떤 것인가를 정확하게 보여주는 말씀이다. 우리는 이러한 원리를 아하스 이야기에서도 이미 접한 적이 있다. 아하스는 시리아–이스라엘 연합군이 침략해왔을 때 아시리아를 우방국으로 여기고 그들에게 도움을 청했다. 그러나 고작 30년이 지나 아시리아는 오히려 나라의 생존을 위협하는 적이 된다. 옛적부터 세상에 믿을 수 없는 것이 정치인들인가 보다!

뿐만 아니라 선지자는 히스기야의 자손들이 바빌론으로 끌려가 환관이 될 것이라는 말도 덧붙였다(18절). 이제 드디어 산헤립과 아시리아의 손에서 벗어났다고 생각한 히스기야에게 유다가 아시리아가 아닌 바빌론의 손에 망할 것이라는 선포는 '산 넘어 산'과 같은 아주 혹독한 심판 선언인 것이다. 교만해진 히스기야가 허세를 부리지 않고 하나님 앞에 겸손했다면 유다의 역사가 어떻게 바뀌었을까 하는 아쉬움이 남는다.

전통적으로 유태인은 히스기야의 자손들이 바빌론으로 끌려가 바빌론 왕의 환관이 될 것이라는 이사야의 예언이 다니엘과 세 친구들을 통해 성취된 것으로 해석했다. 다니엘서를 살펴보면 다니엘의 일생이 다할 때까지 그의 가족에 대해서 전혀 언급이 없는데, 그를 3년 동안 훈련시킨 사람이 환관장이었던 점이 이러한 추정에 크게 작용한 것으로 생각된다(cf. 단 1:7-8). 또한 출신 성분을 막론하고 용모가 준수하고 능력 있는 소년들을 뽑아 훈련을 시켜 왕을 보좌하는 환관으로 만드는 바빌론의 관습도 널리 알려져 있다.

VII. 유다의 몰락(18:1-25:30)
A. 히스기야의 의로운 통치(18:1-20:21)
5. 바빌론에서 온 사절단(20:12-19)

(4) 히스기야의 한계(20:19)

19 히스기야가 이사야에게 이르되 당신이 전한 바 여호와의 말씀이 선하니이다 하고 또 이르되 만일 내가 사는 날에 태평과 진실이 있을진대 어찌 선하지 아니하리요 하니라

선지자의 충격적인 선언을 듣고도 히스기야의 반응은 매우 냉담했다. 그의 믿음에 걸맞지 않은 매우 이기적인 반응이다. 이사야의 신탁을 들은 히스기야는 옷을 찢으면서 탄식해야 한다. 그런데 그는 지금 뭐라고 하는가? 학자들 사이에 히스기야의 발언은 크게 세 가지로 해석한다. (1) 히스기야가 매우 이기주의적인 발상의 발언을 하고 있다, (2) 히스기야는 이사야의 메시지를 환난이 최대한 지연되게 해 달라는 기도로 이해한다, (3) 히스기야는 유다의 멸망이 결코 피할 수 없는 현실이라는 것을 알고 있으며 자신의 시대에 이 심판이 임하지 않는 것에 대해서 감사하고 있다(Ackroyd). 히스기야는 결국 "내 시대만 평안하고 견고하면 괜찮다"라는 자세를 취하고 있다! 지금까지 히스기야는 매우 훌륭한 왕으로 평가받고 묘사해 왔지만, 이 순간에는 그의 한계를 보인다.

저자는 썩어빠진 이스라엘의 리더들이 나라를 좀먹으며 나라의 비극적인 운명을 결정지었다고 한다. 이러한 정황에서 독자들은 이런 질문을 한다. "만일 악한 리더들이 나라를 멸망의 길로 치닫게 했다면, 훌륭한 리더가 오면 유다가 망하지 않을 수도 있지 않을까?" 저자가 여기에 제시하는 답은 바로 이렇다. "불가능하다. 히스기야는 이스라엘 역사 속에 빛나는 아주 이상적인 왕이었다. 그러나 히스기야마저도 자신의 안녕과 욕심을 챙기는 한계를 드러냈다. 그러니 어찌 이스라엘이 화를 면할 수 있겠는가!"

우리가 오늘 이 순간에 진실하게, 하나님의 뜻에 맞게 살아간다면, 우리의 노력의 열매를 누가 누릴 것인가? 우리인가? 부분적으로 맞다. 그러나 우리의 신앙의 열매는 다음 세대가 즐기게 된다. 그렇다면 우리가 지금 누리는 축복은 어디서 비롯된 것인가? 바로 우리의 선배들의 희생과 헌신의 열매들이 아닌가! 만에 하나라도 우리가 잘해서, 우리의 신앙의 열매를 즐기고 있다고 생각한다면 그것은 착각이다. 신앙생활이란 이러한 연결성을 가진다. 오늘 진실함으로 다음 세대가 우리의 믿음의 열매를 즐기게 되는 것이다.

미국 복음성가 가수 스티브 그린(Steve Green)의 노래 중에 이러한 가사가 있다. "May those who follow us find us faithful"(우리를 뒤따르는 자들이 우리가 신실했던 것으로 평가할 수 있기를). 히스기야는 이러한 면에서 철저하게 실패하고 있다. 결국 그의 안일한 사고에 대한 열매를 그의 후손들이 거두게 되어 바빌론으로 끌려가게 된다. 그러므로 저자는 히스기야가 아주 이상적인 왕이었지만 이미 예정된 이스라엘에 대한 하나님의 심판을 돌이키기에는 역부족이었음을 회고한다.

VII. 유다의 몰락(18:1-25:30)
A. 히스기야의 의로운 통치(18:1-20:21)

6. 히스기야의 통치 요약(20:20-21)

[20] 히스기야의 남은 사적과 그의 모든 업적과 저수지와 수도를 만들어 물을 성 안으로 끌어들인 일은 유다 왕 역대지략에 기록되지 아니하였느냐 [21] 히스기야가 그의 조상들과 함께 자고 그의 아들 므낫세가 대신하여 왕이 되니라

저자는 히스기야의 나머지 행적 중 수로를 만든 일을 언급한다(20절). 그가 무엇을 만들었단 말인가? 예루살렘 고고학의 빛나는 부분인 히스기야 터널은 당시 최첨단 기술 적용의 한 단면을 보여준다. 이 터널은 히스기야가 주전 701년에 있었던 산헤립의 예루살렘 포위를 대비하기 위해 만든 것이다. 예루살렘은 천연적인 요새이며 소수의 군인으로 큰 군대를 거뜬히 막아낼 수 있는 구조이다. 예루살렘 성의 3면은 깎아지른듯한 절벽이었으며, 남쪽에서 성문으로 들어오는 좁은 통로만 차단하면 얼마든지 성을 방어할 수 있었다. 다만 한 가지 문제는 성안에는 자체적으로 식수를 공급할만한 샘이 없다는 것이다. 히스기야는 예루살렘의 취약점을 보완하기 위하여 성 밖에 있는 기혼샘으로부터 성안에 있는 실로암으로 식수를 끌어들이는 데 이용되었다(cf. ANET, Hobbs, Keil).

기혼샘과 실로암 이 두 지점의 직경 거리는 320미터에 불과하지만 히스기야 터널은 길이가 530미터에 달한다. 터널은 암벽을 통과하며,

안에는 여러 개의 'S곡선'이 있다. 터널 벽에 새겨진 당시의 회고에 의하면 두 팀이 양쪽에서 터널을 뚫기 시작해서 8개월 만에 완성한 것으로 추정된다. 이 팀들은 때로는 지하 45미터 되는 곳에서 작업을 했다. 2,700여 년 전에 이런 사업이 추진됐다는 자체가 경이할 만한 일이다. 또한 기혼샘과 실로암의 수직적 변화가 겨우 2미터에 불과한 것은 상당한 기술과 정밀도가 필요했던 것을 입증하고 있다. 이 터널은 히스기야가 산헤립에게 쉽게 항복하지 않고 묵묵히 하나님의 구원의 손길을 기다리게 하는 중요한 역할을 했을 것이다.

히스기야가 죽으니 그의 아들 므낫세가 뒤를 이어 왕이 되었다. 므낫세는 어떤 왕일까? 히스기야처럼 믿음이 좋아 여호와를 의지함으로써 어떠한 위기에서도 나라를 구할 만한 왕일까? 믿음이 좋은 아버지를 두었으니 므낫세도 훌륭한 왕이 될 거라는 기대를 해보지만, 그는 이스라엘 역사상 최악의 왕이라는 평가를 받는 사람이 된다.

VII. 유다의 몰락(18:1-25:30)

B. 므낫세와 아몬의 악한 통치(21:1-26)

히스기야 시대 때 유다는 아시리아의 왕 산헤립의 침략으로 역사상 최고의 위기를 맞았다. 다행히 하나님이 병석에 누워 죽음을 선고받은 히스기야의 기도를 들으시고 왕뿐 아니라 온 나라에 은혜를 베푸셨다. 이 사건을 통해서 유다에는 새로운 가능성과 미래에 대한 희망이 조심스레 싹트기 시작했다.

안타깝게도 그 소망의 싹을 무참히 짓밟아버린 왕이 히스기야의 뒤를 이었다. 바로 므낫세 왕이다. 그는 유다의 왕들 중 두 가지 기록을 세운다. 첫째, 므낫세는 55년을 통치해서 왕국의 역사상 가장 오랫동안 군림한 왕이 되었다. 둘째, 자신의 통치 기간 동안 배교적 행위와 나쁜 짓을 많이 해서, 유다의 왕들 중 가장 악한 왕이 되었다. 그래서 므낫세의 죄가 얼마나 악하고 심각한 결과를 초래했는지, 그가 죽은 이후에도 그의 이름은 죄와 연관되어 열왕기에서 여러 차례 등장한다(왕하 21:20; 23:12, 26; 24:3). 므낫세의 뒤를 이어 왕이 된 그의 아들 아몬도 만만치 않았다. 죄를 짓는 일에 부전자전이었다. 다행히 그는 겨우 2년을 통치하고 암살당했다.

두 세대를 거쳐 57년 동안 지속된 여호와에 대한 배반 행위와 노골적인 우상숭배와 온갖 악행을 지켜보며 더 이상 주의 백성에게 소망이 없는 것일까라는 질문을 해본다. 불행하게도 최소한 이 두 왕이 통치하던 시대에는 어떠한 소망도 보이지 않는 듯했다. 최악의 왕이라 할 수 있는 므낫세에 대한 이야기를 중심으로 구성되어 있는 본문은 다음과 같이 구분한다.

A. 므낫세의 배교적 행위(21:1-9)
B. 하나님의 심판 선언(21:10-16)
C. 므낫세의 통치 요약(21:17-18)
D. 유다 왕 아몬(21:19-26)

VII. 유다의 몰락(18:1-25:30)
B. 므낫세와 아몬의 악한 통치(21:1-26)

1. 므낫세의 배교적 행위(21:1-9)

[1] 므낫세가 왕이 될 때에 나이가 십이 세라 예루살렘에서 오십오 년간 다스리니라 그의 어머니의 이름은 헵시바더라 [2] 므낫세가 여호와 보시기에 악을 행하여 여호와께서 이스라엘 자손 앞에서 쫓아내신 이방 사람의 가증한 일을 따라서 [3] 그의 아버지 히스기야가 헐어 버린 산당들을 다시 세우며 이스라엘의 왕 아합의 행위를 따라 바알을 위하여 제단을 쌓으며 아세라 목상을

만들며 하늘의 일월 성신을 경배하여 섬기며 4 여호와께서 전에 이르시기를
내가 내 이름을 예루살렘에 두리라 하신 여호와의 성전의 제단들을 쌓고 5
또 여호와의 성전 두 마당에 하늘의 일월 성신을 위하여 제단들을 쌓고 6 또
자기의 아들을 불 가운데로 지나게 하며 점치며 사술을 행하며 신접한 자와
박수를 신임하여 여호와께서 보시기에 악을 많이 행하여 그 진노를 일으켰
으며 7 또 자기가 만든 아로새긴 아세라 목상을 성전에 세웠더라 옛적에 여
호와께서 이 성전에 대하여 다윗과 그의 아들 솔로몬에게 이르시기를 내가
이스라엘의 모든 지파 중에서 택한 이 성전과 예루살렘에 내 이름을 영원히
둘지라 8 만일 이스라엘이 나의 모든 명령과 나의 종 모세가 명령한 모든 율
법을 지켜 행하면 내가 그들의 발로 다시는 그의 조상들에게 준 땅에서 떠
나 유리하지 아니하게 하리라 하셨으나 9 이 백성이 듣지 아니하였고 므낫세
의 꾐을 받고 악을 행한 것이 여호와께서 이스라엘 자손 앞에서 멸하신 여
러 민족보다 더 심하였더라

므낫세는 12세라는 어린 나이에 왕이 되어 55년 동안 통치했다(1절). 이때가 주전 697-642년쯤으로 생각되며 이 중 697-687년의 10년은 아버지 히스기야와 공동 통치를 한 것으로 추측한다(House, cf. Thiele). 이 해석에 따르면 므낫세는 22세쯤 되어서야 독자적으로 나라를 다스리기 시작했음을 의미한다. 므낫세가 어느 정도 장기 집권을 했는가는 그가 통치한 기간 동안 종주국인 아시리아의 정권이 몇 차례 교체되었는가를 생각해보면 알 수 있다. 아시리아의 왕 산헤립이 주전 681년에 아들들에게 암살을 당해서 죽었다. 그의 대를 이어 에살하돈(Esarhaddon)이 주전 681-669년에 12년 동안 통치했다. 이어 아슬바니발(Ashurbanipal)이 주전 669-627년에 아시리아를 다스렸다. 이처럼 므낫세 시대 때 아시리아에서는 세 정권이 지났다.

아시리아의 이 세 왕들은 한 번도 고대 근동의 군주 자리를 다른 나라에 내어준 적이 없을 정도로 막강하고 확고한 리더십을 지닌 자들이

었다. 그런 아시리아에 므낫세는 최소한 한 번은 반역을 한 것으로 생각된다(Bright, cf. 대하 33:10-13). 에살하돈은 자신의 건설 프로젝트에 물질적인 참여를 요구받은 22왕들 중에 므낫세의 이름을 기록하고 있으며, 아술바니발은 자신이 이집트 원정에 나섰을 때 그를 도운 왕들의 명단에 므낫세를 포함하고 있다(Bright). 므낫세는 통치 기간 동안 대체로 아시리아에 충실한 종속자였다.

므낫세는 조상 때부터 전해 내려온 여호와 종교에 만족을 느끼지 못했다. 그래서 그는 자기 스스로 많은 종교적인 행위를 시도하는 선구자 역할을 했다. 불행하게도 그는 주의 백성들을 하나님으로부터 멀어지게 하는 배교적인 행위들만 고안해냈다. 저자는 므낫세가 여호와 하나님 앞에 저지른 죄를 7가지로 정리하고 있다. 숫자 7은 만수인데, 그가 이스라엘 역사에 최악의 왕이었다는 것을 말하고 있다(cf. Konkel).

첫째, 그는 여호와께서 이스라엘 자손이 보는 앞에서 쫓아낸 이방 사람들의 역겨운 풍속을 따랐다(2절; cf. 신 12:29-31). 므낫세와 유다의 이러한 행위는 시내 산 율법을 위반할 뿐만 아니라, 그들이 선민 자격을 상실했음을 시사한다. 이스라엘의 신학적 정체성은 가장 기본적으로 열방 민족들과 차별됨에 있는데, 어느덧 주의 백성이 이방인들과 전혀 차이가 없게 되었기 때문이다.

둘째, 므낫세는 산당이 다시 성행하도록 조치를 취했다(3절). 아버지 히스기야가 온갖 비난과 정치적인 부담을 안고 이룩했던 종교개혁의 핵심이자 꽃이라고 할 수 있는 '산당 제거'를 한순간에 원점으로 되돌려 놓은 것이다. 오직 예루살렘 성전에서만 예배를 드려야 하는 규정을 무시하고 이처럼 산당을 권장한 것은 그가 의도적으로 율법을 어기고 있음을 암시한다. 예루살렘 성전을 대신할 예배 처소를 권장한 므낫세는 북 왕국 이스라엘의 초대 왕인 여로보암과 비교해서 전혀 다를 바 없는 사람이다(House, Konkel).

셋째, 그는 바알 종교를 장려했고 바알의 아내 격인 아세라 목상도 세웠다(3절). 여호와 종교를 배척하고 바알과 아세라 종교를 국교화시킨 일은 그가 아합과 전혀 다를 바가 없음을 암시한다. 결국 므낫세가 통치한 유다에서 다신주의는 왕의 인준과 축복을 받고 번성했다. 이스라엘에게 준수해야 할 십계명을 생각하면 참으로 어이없는 일이다.

넷째, 므낫세는 하늘의 별들을 숭배하고 섬겼다(3절). 고대 근동에서 별과 행성을 신으로 섬기는 것은 매우 흔한 일이었다. 특히 아시리아 사람들은 이 분야에서 두각을 나타냈다. 그러므로 므낫세가 이처럼 별들을 숭배하게 된 것에는 아시리아의 영향력이 있었던 것으로 생각된다. 이때 유다는 해, 달, 금성 등을 신으로 섬긴 것으로 알려져 있다(McKay). 므낫세가 아시리아의 신들에게 절하면서 어떤 기도를 했을까? 혹시 군주 아시리아의 왕처럼 능력과 권능을 갖게 해달라고 하지 않았을까? 보지 않아도 뻔하다.

다섯째, 므낫세는 이 우상들을 위해서 여호와의 성전 안에 제단을 세웠다(4, 5, 7절). 그는 할아버지 아하스가 했던 일을 따라하고 있다(16:10-16). 므낫세는 여로보암과 아합뿐 아니라 아하스도 닮은 것이다. 그는 우상숭배에 있어서 '종합선물세트'였다. 이렇게 해서 므낫세는 이방 신들만 섬긴 것이 아니라 하나님의 성전까지도 더럽혔다. 또한 여호와 하나님을 유일한 신이 아니라 여러 신 중 하나로 간주했다.

여섯째, 그는 자기 아들을 불살라 바치기도 했다(6절). 다시 할아버지 아하스를 따라하고 있다(16:3). 우상숭배 중 가장 가증스러운 것이 사람을 제물로 바치는 것이다. 몰렉(Molech)이 이런 신이었다. 므낫세는 여호와의 땅을 '잡신과 우상들의 백화점'으로 만들어버렸다.

일곱째, 므낫세는 점쟁이를 불러 점을 치게 하고, 마술사를 시켜 마법을 부리게 하고, 악령과 귀신을 불러내어 물어보기도 하였다(6절). 이러한 행위는 모세 율법이 철저하게 금하고 있는 것들이다(cf. 레 18:21; 신 18:9-13). 성경은 이런 자들을 죽이거나 이스라엘에서 내쫓으라고 하는데, 오히려 왕이 이런 일을 권장했으니 당시 영적 상태가 어떠했는지 상상이 간다.

이 모든 일을 종합해볼 때, 므낫세는 하나님이 싫어하시는 것들만 골라서 했다. 가증스러운 가나안 사람들의 풍습을 따랐고, 바알과 아세라를 섬긴 것에서는 북 왕국의 왕들 중 신앙적으로 가장 부패했던 아합을 닮았다. 또한 할아버지 아하스의 행위를 답습해서 자신의 아이를 번제로 바쳤고, 사울처럼 점쟁이들을 찾았다. 한 마디로 우리는 므낫세의 삶에서 지난 수백 년 동안 이스라엘에서 진행된 영적 부패의 최종판을 보고 있다.

그래서 저자는 므낫세가 유다 왕실의 영적 부패의 정점이라는 점을 강조하기 위해서 그의 배교적 행위를 7가지로 정리한다. 우리가 잘 알다시피 성경은 '7'을 충만을 상징하는 숫자로 사용한다. 므낫세는 하나님이 싫어하시는 사람의 결정판인 것이다. 더 나아가 일부 유태인들의 전승과 순교자 저스틴(Justin Martyr)과 터툴리안(Tertullian)에 의하면 므낫세는 이사야를 톱으로 두 동강이를 내서 죽였다(cf. 17-18절 주해, Martyrdom and Ascension of Isaiah 5:1, 히 11:37).

지금까지 언급한 므낫세의 온갖 배교적 행위는 구약의 삶에서 매우 중요한 위치를 차지하는 세 가지 원리를 위반한다(7-9절). 첫째, 그는 다윗이 남긴 모범적인 삶을 따라하지 못함으로써 다윗 언약을 위반했다(cf. 삼하 7:7-17). 둘째, 므낫세는 하나님이 선택하신 예배의 중심지인 성전을 우상들로 부정하게 만들었다(cf. 신 12:1-32; 왕상 9:1-9). 도움은 되지 못하더라도 피해는 입히지 말아야 하는데, 므낫세는 여호와 종교에 엄청난 피해를 입혔다. 셋째, 왕은 모세가 중재한 시내 산 언약을 위반하고 있으며, 당연히 초래될 결과는 다른 나라로 추방되는 것이다(House, cf. 신 28:49-63). 우리는 므낫세를 보면서 한 리더가 국가나 공동체의 운명에 이처럼 많은 피해를 입힐 수 있는가에 대해서 의아해할 수도 있다. 하지만 이미 히스기야 이야기를 통해 한 사람이 한 국가의 운명에 얼마나 많은 기여를 할 수 있는가를 목격한 상태라 별로 놀랄만한 일은 아니다. 히스기야와 므낫세는 부자지간이지만 서로 완전히 상반된 왕들이었다.

VII. 유다의 몰락(18:1–25:30)
B. 므낫세와 아몬의 악한 통치(21:1–26)

2. 하나님의 심판 선언(21:10–16)

10 여호와께서 그의 종 모든 선지자들을 통하여 말씀하여 이르시되 11 유다
왕 므낫세가 이 가증한 일과 악을 행함이 그 전에 있던 아모리 사람들의 행
위보다 더욱 심하였고 또 그들의 우상으로 유다를 범죄하게 하였도다 12 그
러므로 이스라엘의 하나님 여호와가 말하노니 내가 이제 예루살렘과 유다에
재앙을 내리리니 듣는 자마다 두 귀가 울리리라 13 내가 사마리아를 잰 줄과
아합의 집을 다림 보던 추를 예루살렘에 베풀고 또 사람이 그릇을 씻어 엎
음 같이 예루살렘을 씻어 버릴지라 14 내가 나의 기업에서 남은 자들을 버려
그들의 원수의 손에 넘긴즉 그들이 모든 원수에게 노략거리와 겁탈거리가
되리니 15 이는 애굽에서 나온 그의 조상 때부터 오늘까지 내가 보기에 악을
행하여 나의 진노를 일으켰음이니라 하셨더라 16 므낫세가 유다에게 범죄하
게 하여 여호와께서 보시기에 악을 행한 것 외에도 또 무죄한 자의 피를 심
히 많이 흘려 예루살렘 이 끝에서 저 끝까지 가득하게 하였더라

므낫세가 유다의 미래에 엄청난 피해를 입히고 있는 상황에서 하나님은 더 이상 침묵하실 수 없어서 선지자들을 보내신다. 열왕기에는 선지자들을 "그[하나님]의 종/나[하나님]의 종"이라고 칭하는 경우가 네 차례 나온다. 이 중 두 차례는 북 이스라엘의 멸망에 대해서 기록하면서(17:13, 23), 두 차례는 남 유다의 멸망에 대해서 이야기하면서 사용했다(21:10; 24:2). 이 문구를 사용할 때마다 하나님이 자기 백성을 돌이키게 하시려고 무던히 노력하셨음을 강조한다(Schniedewind).

하나님이 보내신 선지자들은 유다와 예루살렘에 큰 재앙이 임할 것을 선언했다. 얼마나 큰 재앙인지 소식을 듣는 사람은 누구나 가슴이 내려앉을 것이라고 경고한다(12절). 어떤 재앙인가? 하나님이 사마리아를 잰 줄과 아합 궁을 달아본 추를 사용해서 예루살렘을 심판하실 것을 선언하신다(cf. 암 7:7-9; 사 34:11; 애 2:8). 사마리아가 망하게 된 방법과 동일한 방법으로 예루살렘도 망하게 될 것을 예고하는 것이다. 사마리아가 어떻게 망했는가? 전쟁을 통해서 망했다. 그러므로 이 말씀은 유다도 전쟁을 통해 멸망할 것을 예언하고 있다.

하나님은 또한 전쟁의 잔혹함이 얼마나 심각할 것인지를 말씀하신다. "사람이 접시를 닦아 엎어 놓는 것처럼, 내가 예루살렘을 말끔히 닦아 내겠다"(13절, 새번역). 어떠한 음식도 남지 않은 접시처럼 말끔히 예루살렘 거민들을 쓸어내시겠다는 것이다. 물론 여호와께서 이방인들을 도구로 사용해서 하시는 일이며, 쓸려나가는 그들을 결코 어떠한 자비나 긍휼로 지켜보지 않으실 것이다. "내가 내 소유인, 내 백성 가운데서 살아남은 사람을 모두 내버리겠고, 그들을 원수의 손에 넘겨주겠다. 그러면 그들이 원수들의 먹이가 될 것이고, 그 모든 원수에게 겁탈을 당할 것이다"(14절, 새번역).

은혜가 풍성하고 언제든지 이스라엘이 회개하고 돌아오기를 기다리시던 하나님이 왜 이렇게 매몰차게 자기 백성을 멸망시킨단 말인가? 그 이유가 명백히 제시되고 있다. "그들은 내가 보기에 악한 일을 하였고, 그들이 이집트에서 나온 조상 때로부터 오늘까지, 나를 분노하게 만들었다. 더욱이 므낫세는, 유다로 하여금 나 주가 보기에 악한 일을 하도록 잘못 인도하는 죄를 지었으며, 죄 없는 사람을 너무 많이 죽여서, 예루살렘이 이 끝에서부터 저 끝에 이르기까지, 죽은 이들의 피로 흠뻑 젖어 있다"(15-16절, 새번역).

출애굽 때부터 이날까지 이스라엘은 여호와께 반역을 되풀이했다. 그리고 므낫세의 통치 시대를 지나면서 그들의 반역이 극에 달했다.

이스라엘은 우상들을 섬기는 죄만을 범한 것이 아니라 서로에게 불의와 부정을 행해서, 억울하고 죄 없는 사람들의 피로 온 땅을 붉게 물들게 했다. 도저히 용서할 수 없는 지경이 된 것이다. 또한 하나님이 이들을 용서하셔도 안 된다. 억울하게 죽은 사람들의 피가 오래전 아벨의 피가 그런 것처럼 하늘을 향해 울부짖기 때문이다.

본문이 전제하는 것은 선지자들의 철학이다. 선지자들은 종교적인 부패가 사회 정의의 몰락으로 이어진다고 생각했다. 즉, 사회의 공의와 정의가 무너지기 전에 종교적인 부패가 선행하는 것이다. 므낫세 시대에 접어들며 이스라엘의 종교적인 부패는 절정에 달했고, 그 결과 사회 정의도 몰락했다. 우리가 진정으로 이 사회에 공의와 정의가 하수처럼 넘쳐흐르기를 원한다면, 먼저 영적인 부흥이 일어나도록 기도하며 노력해야 한다.

VII. 유다의 몰락(18:1-25:30)
B. 므낫세와 아몬의 악한 통치(21:1-26)

3. 므낫세의 통치 요약(21:17-18)

17 므낫세의 남은 사적과 그가 행한 모든 일과 범한 죄는 유다 왕 역대지략에 기록되지 아니하였느냐 18 므낫세가 그의 조상들과 함께 자매 그의 궁궐 동산 곧 웃사의 동산에 장사되고 그의 아들 아몬이 대신하여 왕이 되니라

저자는 므낫세에 대해서 지금까지 있었던 그 어느 왕에 대해서보다도 혹평을 한 후 전형적인 양식에 따라 그의 이야기를 마무리 짓는다(17절). 저자가 언급하는 므낫세의 나머지 행적에 이사야의 순교도 포함되어 있을 가능성을 배제할 수 없다. 위경에 "이사야의 순교와 승천"(Martyrdom and Ascension of Isaiah)이라는 책이 있다. 이 책 5:1-6은 이사야가 므낫세에 의해서 톱으로 잘려 두 동강 나서 순교한 것으로 기록하고 있다. 물론 이 책의 역사적 신빙성이 많지 않다고 말하지만, 믿음 장이라고 하는 히브리서 11장은 톱에 잘려 순교한 성도의 이야기를 기록하고 있다(히 11:37). 그런데 지금까지 발견한 유대 문헌들을 종합해볼 때, 톱에 잘려 죽은 사람은 이 위경 책의 이사야뿐이다(cf. Skinner, Montgomery and Gehman). 혹시 히브리서 기자가 이사야를 염두에 두고 이 대목을 기록한 것이 아닐까? 만일 그렇다면 이사야는 므낫세에 의해서 목숨을 잃은 것으로 결론 지을 수 있다.

열왕기 기자와는 달리 역대기 기자는 므낫세가 말년에 회개하고 종교개혁을 단행했으며 하나님도 그를 용서하셨다고 기록한다(대하 33:10-17). 그러나 이 개혁은 잠시 이루어졌으며, 그가 오랜 기간 동안 파멸로 몰아간 유다의 종교를 되돌리기에는 역부족이었다(Dillard). 이스라엘은 이때 역사의 그 어느 때보다도 훌륭한 영성을 지닌 리더가 필요했다. 므낫세는 이들이 꿀 수 있는 최고의 악몽이었다.

VII. 유다의 몰락(18:1-25:30)
B. 므낫세와 아몬의 악한 통치(21:1-26)

4. 유다 왕 아몬(21:19-26)

19 아몬이 왕이 될 때에 나이가 이십이 세라 예루살렘에서 이 년간 다스리니
라 그의 어머니의 이름은 므술레멧이요 욧바 하루스의 딸이더라 20 아몬이
그의 아버지 므낫세의 행함 같이 여호와 보시기에 악을 행하되 21 그의 아버
지가 행한 모든 길로 행하여 그의 아버지가 섬기던 우상을 섬겨 그것들에게
경배하고 22 그의 조상들의 하나님 여호와를 버리고 그 길로 행하지 아니하
더니 23 그의 신복들이 그에게 반역하여 왕을 궁중에서 죽이매 24 그 국민이
아몬 왕을 반역한 사람들을 다 죽이고 그의 아들 요시야를 대신하게 하여
왕을 삼았더라 25 아몬이 행한 바 남은 사적은 유다 왕 역대지략에 기록되지
아니하였느냐 26 아몬이 웃시야의 동산 자기 묘실에 장사되고 그의 아들 요

시야가 대신하여 왕이 되니라

므낫세가 죽고 그의 아들 아몬(אָמוֹן)(lit., "숙련된 일꾼")이 왕이 되었다. 아몬이 왕이 되었을 때, 그의 나이는 22세였으며 2년 동안 통치하다가 암살당했다. 이때가 주전 642-640년쯤 된다(Thiele). 아몬이 태어났을 때를 계산해보면 그의 아버지 므낫세가 45세였다(Konkel). 그러므로 그가 므낫세의 장자가 아니었을 가능성이 많다. 그는 정치와 종교 분야에서 아버지 므낫세의 발자취를 따랐다. 이 두 가지 이유 중 하나 혹은 둘이 그의 암살을 부추겼을 수 있다(House). 아몬은 아시리아의 통치를 거부한 사람들이나 이스라엘의 전통을 존중하고 히스기야의 개혁을 지지했던 사람들에 의해서 암살당했을 가능성이 있는 것이다(Obed, Malamat, Sweeney).

아몬을 암살한 사람들 자신이 곧 제거되었다(24절). 아몬이 암살되고 그의 뒤를 이어 요시야가 8세의 나이로 즉위한 것은 아마도 이때 유다의 정치 무대에 상당한 세력들이 서로를 견제하고 있으며, 어린 요시야도 그를 왕으로 세운 세력에 의해서 좌지우지된 점을 시사하는 듯하다. 다윗 집안은 더 이상 독립적으로 유다를 다스리지 못하고, 여러 정치 세력에 의해서 움직이게 된 것이다. 다윗의 '등불'이 계속 희미해지고 있다.

VII. 유다의 몰락(18:1-25:30)

C. 요시야의 의로운 통치(22:1-23:30)

요시야는 므낫세-아몬으로 이어진 악한 선왕들과 전혀 다른 경건한 왕이었다. 사실 열왕기 저자는 오래전부터 요시야의 탄생을 기다려왔다. 이스라엘이 남·북으로 나뉠 때 북 왕국을 차지했던 여로보암이 벧엘과 단에 신전을 짓고 그곳에 금송아지를 두자, 한 선지자가 나타나 훗날 요시야라는 사람이 여로보암이 세운 제단을 파괴할 것을 예언한 적이 있다(왕상 13:2). 드디어 그 예언의 주인공의 시대가 시작된 것이다.

저자는 요시야가 다윗 같은 왕일 뿐만 아니라(22:2), 율법이 정의하는 가장 이상적인 왕이라고 한다. 율법은 이스라엘 왕이 밤낮으로 율법을 깊이 묵상하고 배워야 한다고 하는데(신 17:20), 요시야는 율법을 준수하는 일에 있어서 좌로도 우로도 치우치지 않은 훌륭한 신앙인이었다(22:2). 이때까지 이스라엘에는 요시야 같은 왕이 없었으며, 심지어는 히스기야보다도 더 훌륭하다는 것이 저자의 평가이다(Konkel).

저자가 요시야 왕이 어느 정도로 획기적이고 파격적인 종교개혁을 이루어냈는가를 글로 묘사하는 일은 결코 쉽지 않았을 것이다. 요시야는 즉위한 지 18년 되는 해, 26세의 비교적 젊은 나이에 유다가 전에 경험해보지 못한 효과적이고 광범위한 개혁을 단행했다. 히스기야의 개혁도 대단한 것이었지만, 요시야의 개혁은 더욱더 그러했다(Rosenbaum).

유다의 역사에 길이 남은 개혁을 요시야가 혼자서 이룬 것은 아니다. 그에게는 제사장 힐기야가 있었고 여선지자 훌다가 있었다(22:8, 14). 이들은 요시야의 오른팔과 왼팔이 되어 주의 백성을 여호와께로 돌아오게 새로이 언약을 세우는 데 힘을 더했다. 요시야가 성심껏 종교개혁을 단행하도록 하나님이 사람들을 붙여주신 것이다.

그의 개혁이 특별히 괄목할만한 것은 요시야는 개혁의 모든 것을 하나님의 말씀에 따라 행했다는 사실이다. 그러므로 저자는 요시야를 하나님의 말씀대로 사는 것에 있어 전무후무한 자라고 평가했다(23:25). 즉, 언약 준수에 있어서 유다 왕들 중에서 요시야에 비교할만한 사람이 전에도, 후에도 없었다는 것이 저자의 평가이다(23:2-3, 21). 저자의 이러한 관점은 그가 요시야의 일생의 핵심 부분을 어떻게 기록하고 있는지 그 구조를 살펴보면 알 수 있다.

A. 평가적 문장: 여호와 보시기에 정직, 다윗의 길로 행함(22:2)
B. 제18년의 일: 율법서 발견(22:3–11)
C. 율법서에 대한 물음과 하나님의 대답(22:12–20)
X. 언약 갱신(23:1–3)
C′. 율법서에 따른 요시야의 개혁(23:4–20)
B′. 제18년의 일: 유월절 지킴(율법서에 기록된 대로, 23:21–24)
A′. 평가적 문장: 모세의 율법을 온전히 준행한 임금, 전무후무한 왕(23:25)

안타깝게도 요시야의 이 같은 노력도 유다의 운명을 돌려놓기에는 부족했다. 요시야의 통치는 여러 면에서 바빌론 포로생활의 첫 단계라 할 수 있다(Konkel). 그럼에도 불구하고 그는 유다가 경험한 최고의 신앙인이자 파격적인 종교개혁자였다. 요시야 이야기는 다음과 같이 구분한다.

A. 요시야의 통치 요약(22:1–2)
B. 성전에서 율법서가 발견됨(22:3–13)
C. 여선지자 훌다가 율법을 해석함(22:14–20)
B′. 요시야가 종교개혁을 단행함(23:1–27)
A′. 요시야의 통치 요약(23:28–30)

VII. 유다의 몰락(18:1–25:30)
C. 요시야의 의로운 통치(22:1–23:30)

1. 요시야의 통치 요약(22:1–2)

[1] 요시야가 왕위에 오를 때에 나이가 팔 세라 예루살렘에서 삼십일 년간 다스리니라 그의 어머니의 이름은 여디다요 보스갓 아다야의 딸이더라 [2] 요시

야가 여호와 보시기에 정직히 행하여 그의 조상 다윗의 모든 길로 행하고 좌우로 치우치지 아니하였더라

열왕기상 13:2에서 예고된 이후 요시야의 탄생은 300여 년 동안의 기다림 끝에 드디어 역사적인 현실이 되었다. 요시야는 8세에 유다의 왕이 되었고 31년 동안 통치했다. 이때가 주전 640-609년쯤 된다(Thiele). 이 기간 동안 고대 근동의 정치 무대에 큰 변화가 있었다. 지난 세기 동안 이스라엘을 괴롭혔던 아시리아가 군주의 자리에서 퇴출되고 바빌론이 그 자리를 차지했다. 마지막 대왕 아술바니발이 주전 627년에 죽자 아시리아는 심각한 리더십의 위기를 맞는다. 기회를 엿보던 바빌론은 주전 626년에 아시리아로부터 독립을 선언했으며, 그 해 이후 바빌론은 동맹국 메데와 함께 아시리아를 근동의 지도에서 밀어내기 시작했다. 드디어 주전 612년에 니느웨가 함락했으며, 609년에 아시리아는 막을 내리게 되었다. 이처럼 급변하는 근동의 국제 정세 속에 유다는 잠시나마 상대적 평안을 누린다. 바빌론은 가나안 지역까지 원정을 나올 형편은 아니었으며, 이집트 역시 내분으로 가나안 지역의 작은 나라들에게 영향력을 행사할만한 여건이 못 되는 상황이었기 때문이다(House).

여덟 살의 어린 나이에 암살당한 아버지의 대를 이어 즉위에 오른 요시야는 자칫 잘못하면 그를 이용하려는 정치 세력의 농간에 놀아날 수도 있었지만, 하나님의 말씀을 따르며 자신의 정권을 든든하게 세워갔다. 요시야는 진정 열왕기 기자가 갈망한 가장 훌륭한 왕이었지만, 불행하게도 그의 출현 또한 이미 되돌아올 수 없는 길에 접어든 유다의 역사를 바로잡기에는 역부족이었다.

저자는 요시야의 일생을 "그의 조상 다윗의 모든 길로 행하고 좌우로 치우치지 아니하였더라"라고 평가한다(2절). '좌우로 치우치지 않은 삶'은 모세의 율법을 잘 지켰다는 것을 뜻하며, 22-23장에 여러 차례 언급하는 율법 준수에 대한 긍정적인 평가의 첫 사례이다(Provan). 다른 왕들에게 흔히 붙던 "그러나 산당은 제거하지 않았더라"라는 말도 없다. 저자는 요시야의 모든 행적과 종교적인 삶을 전적으로 칭찬하고 있다. 요시야는 율법이 제시한 이상적인 왕에 가장 근접한 모델이었다.

VII. 유다의 몰락(18:1-25:30)
C. 요시야의 의로운 통치(22:1-23:30)

2. 성전에서 율법서가 발견됨(22:3-13)

3 요시야 왕 열여덟째 해에 왕이 므술람의 손자 아살리야의 아들 서기관 사
반을 여호와의 성전에 보내며 이르되 4 너는 대제사장 힐기야에게 올라가서
백성이 여호와의 성전에 드린 은 곧 문 지킨 자가 수납한 은을 계산하여 5
여호와의 성전을 맡은 감독자의 손에 넘겨 그들이 여호와의 성전에 있는 작
업자에게 주어 성전에 부숴진 것을 수리하게 하되 6 곧 목수와 건축자와 미
장이에게 주게 하고 또 재목과 다듬은 돌을 사서 그 성전을 수리하게 하라 7
그러나 그들의 손에 맡긴 은을 회수하지 말지니 이는 그들이 진실하게 행함
이더라 8 대제사장 힐기야가 서기관 사반에게 이르되 내가 여호와의 성전에
서 율법책을 발견하였노라 하고 힐기야가 그 책을 사반에게 주니 사반이 읽
으니라 9 서기관 사반이 왕에게 돌아가서 보고하여 이르되 왕의 신복들이 성
전에서 찾아낸 돈을 쏟아 여호와의 성전을 맡은 감독자의 손에 맡겼나이다
하고 10 또 서기관 사반이 왕에게 말하여 이르되 제사장 힐기야가 내게 책을
주더이다 하고 사반이 왕의 앞에서 읽으매 11 왕이 율법책의 말을 듣자 곧 그
의 옷을 찢으니라 12 왕이 제사장 힐기야와 사반의 아들 아히감과 미가야의
아들 악볼과 서기관 사반과 왕의 시종 아사야에게 명령하여 이르되 13 너희
는 가서 나와 백성과 온 유다를 위하여 이 발견한 책의 말씀에 대하여 여호
와께 물으라 우리 조상들이 이 책의 말씀을 듣지 아니하며 이 책에 우리를
위하여 기록된 모든 것을 행하지 아니하였으므로 여호와께서 우리에게 내리

신 진노가 크도다

저자는 요시야 통치 초기에 대해서 이렇다 할 언급을 하지 않는다. 곧장 요시야 즉위 18년에 있었던 사건으로 그의 통치 이야기를 시작한다. 그러므로 이 이야기는 주전 622년쯤의 일이다. 저자가 요시야 즉위 18년의 종교개혁으로 그의 이야기를 시작하는 것에서, 일부 학자들은 마치 이때부터 요시야가 여호와 종교에 열심을 내기 시작한 것으로 간주하지만(cf. Provan), 역대기 저자는 요시야가 즉위 8년 되던 해인 주전 632년 때부터 16살의 어린 나이에도 불구하고 '그의 아비 다윗의 하나님' 여호와를 전심으로 찾았다고 기록한다. 뿐만 아니라 요시야는 즉위 12년째인 주전 628년에 접어들면서 산당, 아세라 목상, 우상들을 제거하기 시작했다고 한다(대하 34:3). 학자들은 요시야 즉위 12년째(628 BC)를 주목한다. 이때가 아시리아의 마지막 대왕 아술바니발이 죽은 때(627 BC)와 비슷하기 때문이다. 요시야의 종교개혁이 상당 부분 유다의 군주였던 아시리아의 쇠퇴와 연관되어 있다(Sweeney, Fretheim, Seow).

요시야는 서기관 사반을 통해 성전 보수를 시작했다(3절). 사반을 총책임자로 둔 것은 지혜로운 결정이었다. 사반의 거룩함은 당대뿐만 아니라, 훗날 아들들에게도 두루두루 미쳤기 때문이다. 그의 아들들인 아히감(렘 26:24)과 엘라사(렘 29:3)와 손자 그다랴(왕하 25:22; 렘 39:14; 40:7) 모두 유다의 최후의 날에 빛을 발하는 신앙인들이었다.

요시야는 선왕 요아스가 오래전에 세워놓은 전례에 따라(12:6-15) 백성들이 성전에 바친 헌금을 모은 것으로 성전 보수공사를 시작했다. 그가 일을 하면서 도입한 방법도 할아버지 요아스가 사용한 방법과 동일했다. 감독관들에게 모든 돈을 주어 일하는 인부들에게 품삯을 주도록 했고 어떠한 회계 보고도 요구하지 않았다. 그들은 믿을만한 사람들이었기 때문이었다(7절).

제사장들이 요시야의 지시에 따라 성전을 보수하는 과정에서 율법책

(סֵפֶר הַתּוֹרָה)이 발견되었다(8절). 힐기야 대제사장이 발견한 책을 서기관 사반에게 넘겨주었고, 사반이 발견된 책을 읽어보았다. 내용이 매우 충격적이어서 곧장 요시야 왕을 찾아가 그 책을 읽어주었다(10절). 사반이 읽어준 율법을 듣고 요시야는 옷을 찢으며 애통해했다(11절). 이 책에는 도대체 어떤 내용이 담겨 있었기에 왕이 이렇게 비통해한 것일까? 그가 나라의 범죄를 인정하고 이 민족의 미래에 대해서 매우 불안해하는 모습으로 보아, 이 책에는 최소한, 율법에 순종하는 삶에 임할 축복과 불순종하는 삶에 임할 저주를 상세하게 기록하고 있는 신명기 27-28장의 내용이 포함되어 있었음이 확실하다(House, cf. Sweeney). 그동안 이스라엘의 역사가 어떠했는가를 감안할 때, 율법책이 요구한 내용이 요시야에게 너무 충격적이었다. 왕은 부하 몇 명을 보내 이번에 발견된 책에 관한 주님의 뜻을 구하도록 했다.

학자들은 성전에서 발견된 책의 내용과 정체에 대해 많은 논쟁을 펼쳐왔다. 상당수의 주석가들이 요시야 시대 때 발견된 책은 신명기였다고 결론지었으며(cf. Provan), 이 결론에 근거해 모세오경의 모세 저작권에 대해 많은 문제를 제기했다. 이러한 주장의 선구자가 1895년에 신명기 주석을 펴낸 드라이버(S. R. Driver)이다. 그는 이 사건에 근거해서 신명기는 주전 622년경에 쓰여진 책이라고 했다. 일부 학자들은 신명기는 힐기야를 비롯한 요시야 시대의 종교 지도자들이 당시에 저작한 것이며, 성전에서 발견된 것처럼 일을 꾸민 것은 일종의 조작극이라고 한다. 신명기는 모세가 저작한 책이 아니라는 것이다.

요시야의 종교개혁이 단순히 신명기적인 사고에서만 비롯된 것이 아니라는 주장도 만만치 않다. 요시야가 단행하는 개혁이 신명기의 내용과 비슷한 부분들이 있지만 완전히 일치하지는 않기 때문에, 요시야가 성전에서 발견한 “신명기”에만 의존해서 개혁을 단행했다고 말하기는 어렵다는 견해다(von Rad). 요시야의 개혁은 신명기와 전혀 상관없이 진행되었다고 주장하는 학자도 있다(Mays). 요시야 시대 때 성전에서 발견된 책에서 확장되어 오늘날의 신명기가 되었고, 훗날 여호수아, 사사기, 사무엘상·하, 열왕기상·하 등을 집필하는 원동력이 되었다는 주장도 있다(Noth). 학자들은 이 책이 온갖 이방 종교를 지향한 므낫세 시대 때 이스라엘 종교의 정체성을 보존하기 위해 누군가가 성전에 숨겨 둔 것이라고 하기도 한다(Seow). 이처럼 다양한 견해를 제시하는 것만 봐도 요시야 시대 때 발견된 책의 정체에 대해서는 아직도 논란의 여지가 많이 남아있다는 것을 알 수 있다.

반면에 신명기가 책의 구조로 삼고 있는 헷 족(Hittite) 계약 양식이 요시야 시대보다는 모세 시대에 널리 사용한 점에 근거해서, 힐기야가 성전에서 발견한 책은 신명기와 무관하다는 주장도 만만치 않다(Kline, Craigie, Merrill). 신명기뿐만 아니라 모세오경의 다른 부분들도 요시야의 개혁에 활력소가 되었다는 학자들도 있다(Harrison). 그런데 이러한 논쟁에 있어서 참고해야 할 한 가지 중요한 단서는, 모세오경 안에서 "율법책"(סֵפֶר הַתּוֹרָה)이라는 명칭은 오직 신명기에서만 사용되는 표현이라는 것이다(신 28:61; 29:21; 30:10; 31:26). 본문의 내용을 감안할 때, 한 가지 확실한 것은 모세의 가르침이 오랜 세월 동안 잘 준수되지 않거나 잊혔다가 이 일이 계기가 되어 새롭게 부각되고 있다는 사실이다.

VII. 유다의 몰락(18:1-25:30)
C. 요시야의 의로운 통치(22:1-23:30)

3. 여선지자 훌다가 율법을 해석함(22:14-20)

14 이에 제사장 힐기야와 또 아히감과 악볼과 사반과 아사야가 여선지 훌다
에게로 나아가니 그는 할하스의 손자 디과의 아들로서 예복을 주관하는 살
룸의 아내라 예루살렘 둘째 구역에 거주하였더라 그들이 그와 더불어 말하
매 15 훌다가 그들에게 이르되 이스라엘 하나님 여호와의 말씀이 너희는 너
희를 내게 보낸 사람에게 말하기를 16 여호와의 말씀이 내가 이 곳과 그 주민

에게 재앙을 내리되 곧 유다 왕이 읽은 책의 모든 말대로 하리니 [17] 이는 이 백성이 나를 버리고 다른 신에게 분향하며 그들의 손의 모든 행위로 나를 격노하게 하였음이라 그러므로 내가 이 곳을 향하여 내린 진노가 꺼지지 아니하리라 하라 하셨느니라 [18] 너희를 보내 여호와께 묻게 한 유다 왕에게는 너희가 이렇게 말하라 이스라엘의 하나님 여호와가 이같이 말씀하셨느니라 네가 들은 말들에 대하여는 [19] 내가 이 곳과 그 주민에게 대하여 빈 터가 되고 저주가 되리라 한 말을 네가 듣고 마음이 부드러워져서 여호와 앞 곧 내 앞에서 겸비하여 옷을 찢고 통곡하였으므로 나도 네 말을 들었노라 여호와가 말하였느니라 [20] 그러므로 보라 내가 너로 너의 조상들에게 돌아가서 평안히 묘실로 들어가게 하리니 내가 이 곳에 내리는 모든 재앙을 네 눈이 보지 못하리라 하셨느니라 하니 사자들이 왕에게 보고하니라

요시야가 보낸 신하들은 훌다라는 여선지자를 찾아갔다. 예레미야는 이미 5년 전에 선지자 소명을 받은 상황이다(cf. 렘 1:2). 스바냐 역시 이때 사역한 선지자였다(cf. 습 1:1). 그런데 왜 이들은 이 두 선지자를 제쳐놓고 훌다, 그것도 여선지자를 찾아간 것일까? 일부 주석가들은 이때 스바냐는 이미 사역에서 은퇴했고, 예레미야는 젊은 시절의 사역을 마치고 아나돗에 가 있었기 때문이라는 추측을 내놓았다(Patterson & Austel). 유태인들의 전승에 의하면 여자 선지자가 더 자비로울 것 같아서 훌다를 찾았다고 한다(cf. Cogan & Tadmor). 하나님이 여선지자 훌다의 신탁을 통해 주실 말씀이 남선지자를 통해 주실 말씀보다 더 부드러울 것을 기대했다는 것이다.

구약에는 많지는 않지만 몇 명의 여인들이 선지자라는 호칭을 받는다. 미리암(출 15:20), 드보라(삿 4:4), 훌다(왕하 22:14), 노아댜(느 6:14), 이사야의 아내(사 8:3). 이들 중 노아댜만 부정적인 평가를 받고 나머지는 모두 긍정적인 평가를 받는다. 남자 선지자들처럼 흔하지는 않지만, 여선지자들의 활동도 괄목할 만하다.

그러므로 하필이면 이들이 왜 여선지자에게 갔는가라는 질문은 적절하지 않다. 요시야가 왜 예레미야와 스바냐를 제쳐놓고 여선지자 훌다를 찾았는가라는 질문은 본문이 침묵하기 때문에 납득할만한 설명을 얻을 수 없다. 예레미야가 위대한 선지자이고 우리에게 매우 장엄하고 긴 글을 남겼지만, 그는 자기를 자신의 시대에 잊힌 자로 생각했다. 반면에 훌다는 요시야에게 하나님의 말씀을 주지만 글은 남기지 못했다(Montgomery & Gehman). 하나님은 여러 모양으로 종들을 사용하신다.

훌다는 유다 사람들에게 좋은 소식을 전해주지 않았다. 지난 수백 년 동안 반복된 이스라엘의 죄 때문에 요시야가 읽은 율법책에 기록된 대로 하나님의 진노가 머지않아 이 민족에게 임할 것을 선포했다. 신명기 28:15-68에 기록된 말씀이 현실로 드러날 것이라는 경고이다. 반면에 여선지자는 요시야에게 개인적인 위로와 평안의 말씀을 주었다. 왕이 말씀을 읽고 괴로워하며 근신하는 것을 하나님이 보시고, 그의 마음을 아시는 하나님이 요시야 시대에는 이 재앙이 임하지 않도록 하시겠다는 위로였다(20절). 심판은 분명히 온다. 그러나 신실한 요시야 시대에는 임하지 않을 것이다. 하나님이 요시야가 편안히 조상의 묘에 묻힌 다음에야 심판이 시작할 것이라고 말씀하셨기 때문이다.

우리는 이미 히스기야의 이야기를 통해 이스라엘에 대한 하나님의 진노가 보류되는 것을 목격했다. 요시야 이야기에서도 그의 신실함 때문에 하나님의 심판이 보류되는 것을 다시 체험하고 있다. 이처럼 하나님은 한 사람의 믿음을 보고 국가적인 심판도 보류하는 은혜를 베푸시는 분이다. 특히 그 사람이 리더일 경우는 더욱 그렇다.

VII. 유다의 몰락(18:1–25:30)
C. 요시야의 의로운 통치(22:1–23:30)

4. 요시야가 종교개혁을 단행함(23:1–27)

여선지자 훌다로부터 하나님의 뜻이 어떠한가를 듣게 된 요시야는 잠잠히 있을 수 없었다. 선지자는 분명히 그의 시대에는 재앙이 임하지 않을 것이라고 선언했다. 그러나 그는 자신의 시대의 평안과 상관없이 온 이스라엘이 개혁되어야 한다고 생각했다. 그래서 그는 온 유다에 전령을 보내 모두 예루살렘 성전에 모이게 했다. 그는 온 백성이 참석한 가운데 여호와와의 언약을 세웠고, 새로운 각오로 이스라엘에서 우상을 제거하고 확고하면서 포괄적인 개혁을 이루어 나갈 것을 다짐했고 행동으로 옮겼다. 요시야의 개혁 이야기는 다음과 같이 구분한다.

A. 요시야의 언약 갱신(23:1–3)
B. 우상과 이교적 물건들 제거(23:4–14)
C. 요시야의 북 왕국 개혁(23:15–20)
D. 요시야의 유월절 행사(23:21–23)
E. 요시야의 나머지 개혁(23:24–25)
F. 돌이킬 수 없는 유다의 운명(23:26–27)

VII. 유다의 몰락(18:1–25:30)
C. 요시야의 의로운 통치(22:1–23:30)
4. 요시야가 종교개혁을 단행함(23:1–27)

(1) 요시야의 언약 갱신(23:1–3)

1 왕이 보내 유다와 예루살렘의 모든 장로를 자기에게로 모으고 2 이에 왕이 여호와의 성전에 올라가매 유다 모든 사람과 예루살렘 주민과 제사장들과

선지자들과 모든 백성이 노소를 막론하고 다 왕과 함께 한지라 왕이 여호와의 성전 안에서 발견한 언약책의 모든 말씀을 읽어 무리의 귀에 들리고 [3] 왕이 단 위에 서서 여호와 앞에서 언약을 세우되 마음을 다하고 뜻을 다하여 여호와께 순종하고 그의 계명과 법도와 율례를 지켜 이 책에 기록된 이 언약의 말씀을 이루게 하리라 하매 백성이 다 그 언약을 따르기로 하니라

하나님이 그의 시대에는 평안을 주실 것이라는 말씀을 전해들은 요시야가 감사하는 마음으로 온 이스라엘을 향해 여호와께 돌아오도록 조치를 취했다. 또한 이 길만이 온 유다가 살 길이라는 것을 잘 알고 있다. 요시야는 비록 하나님이 유다에 대해서 이미 심판을 선언하셨지만, 지금이라도 주의 백성이 돌아와 회개한다면, 하나님이 그들에게 은혜를 베푸시고 심지어는 이미 선포된 심판을 취소 내지는 보류하실 수도 있다는 사실을 잘 알고 있었다(Keil). 여호와 안에는 항상 용서와 자비가 있기 때문이다. 요시야는 재앙이 자기 시대에 임하지 않을 것이라는 이사야 선지자의 말을 듣고 '될 대로 되라' 하던 히스기야와는 확연하게 다르다.

요시야는 제일 먼저 온 백성을 예루살렘 성전에 모아놓고 성전에서 발견된 언약책을 낭독하고 그동안 하나님 앞에서 잘못 살아온 것에 대한 회개와 앞으로 신실하게 살겠다고 다짐하는 언약 갱신을 유도했다. 이 언약 갱신은 신명기에 기록된 것, 그리고 여호수아 시대 때 있었던 것(수 24:1-27)과 함께 구약 역사 가운데 매우 중요한 사건으로 기념된다(House). 요시야가 언약을 갱신하는 데에 왕과 장로들, 제사장들, 백성들이 함께하는 장면은 마치 솔로몬이 성전을 헌당한 때와 비슷한 분위기를 연출하고 있다(cf. 왕상 8장). 다만 차이가 있다면 솔로몬이 헌당할 때는 함께하지 않았던 선지자들이 요시야 이야기에는 등장하고 있다(2절). 훌다의 노력으로 선지자들이 정당한 자리에 있게 된 것일까?

요시야가 이스라엘 종교를 개혁하려고 사람들을 성전에 모이게 한 일은 상당한 상징성을 지닌다. 온갖 우상숭배로 가장 많은 피해를 본 곳이 성전이다. 또한 가장 썩었기 때문에 대대적인 개혁이 필요한 곳도 성전이다. 마치 오늘날 가장 개혁되어야 하는 곳이 교회인 것처럼 말이다. 그래서 요시야는 개혁을 단행하기 전에 먼저 사람들을 성전에 모아서 함께 율법책 낭독을 듣는다. 하나님의 말씀 외에는 그 무엇도 그동안 이스라엘이 지향해온 종교적 풍습과 관행의 옳고 그름을 정의할 수 있는 것이 없다. 우리는 성경을 보면 볼수록 인간의 죄와 잘못을 알게 된다.

책 낭독이 끝난 후 요시야는 "기둥 곁에 서서, 주님을 따를 것과, 온 마음과 목숨을 다 바쳐 그의 계명과 법도와 율례를 지킬 것과, 이 책에 적힌 언약의 말씀을 지킬 것을 맹세하는 언약을, 주님 앞에서 세웠다"(3절, 새번역). 성전의 기둥 곁은 왕의 자리다(Sweeney, cf. 왕하 11:14; 사 6장). 유다의 왕으로서 이 자리에 선 요시야는 마치 신명기 6:5에 기록된 "마음과 뜻과 힘을 다하여 여호와를 사랑하라"는 말씀을 그대로 실천에 옮기는 듯하다. 하나님 앞에서 겸허한 왕의 모습에 자극을 받은 백성들도 마음을 새롭게 하고 하나님을 사랑할 것을 약속한다.

VII. 유다의 몰락(18:1–25:30)
C. 요시야의 의로운 통치(22:1–23:30)
4. 요시야가 종교개혁을 단행함(23:1–27)

(2) 우상과 이교적 물건들 제거(23:4–14)

4 왕이 대제사장 힐기야와 모든 부제사장들과 문을 지킨 자들에게 명령하여 바알과 아세라와 하늘의 일월 성신을 위하여 만든 모든 그릇들을 여호와의 성전에서 내다가 예루살렘 바깥 기드론 밭에서 불사르고 그것들의 재를 벧엘로 가져가게 하고 5 옛적에 유다 왕들이 세워서 유다 모든 성읍과 예루살렘 주위의 산당들에서 분향하며 우상을 섬기게 한 제사장들을 폐하며 또 바

알과 해와 달과 별 떼와 하늘의 모든 별에게 분향하는 자들을 폐하고 6 또
여호와의 성전에서 아세라 상을 내다가 예루살렘 바깥 기드론 시내로 가져
다 거기에서 불사르고 빻아서 가루를 만들어 그것들의 가루를 평민의 묘지
에 뿌리고 7 또 여호와의 성전 가운데 남창의 집을 헐었으니 그 곳은 여인
이 아세라를 위하여 휘장을 짜는 처소였더라 8 또 유다 각 성읍에서 모든 제
사장을 불러오고 또 제사장이 분향하던 산당을 게바에서부터 브엘세바까지
더럽게 하고 또 성문의 산당들을 헐어 버렸으니 이 산당들은 그 성읍의 지
도자 여호수아의 대문 어귀 곧 성문 왼쪽에 있었더라 9 산당들의 제사장들
은 예루살렘 여호와의 제단에 올라가지 못하고 다만 그의 형제 중에서 무교
병을 먹을 뿐이었더라 10 왕이 또 힌놈의 아들 골짜기의 도벳을 더럽게 하여
어떤 사람도 몰록에게 드리기 위하여 자기의 자녀를 불로 지나가지 못하게
하고 11 또 유다 여러 왕이 태양을 위하여 드린 말들을 제하여 버렸으니 이
말들은 여호와의 성전으로 들어가는 곳의 근처 내시 나단멜렉의 집 곁에 있
던 것이며 또 태양 수레를 불사르고 12 유다 여러 왕이 아하스의 다락 지붕에
세운 제단들과 므낫세가 여호와의 성전 두 마당에 세운 제단들을 왕이 다 헐
고 거기서 빻아내려서 그것들의 가루를 기드론 시내에 쏟아 버리고 13 또 예
루살렘 앞 멸망의 산 오른쪽에 세운 산당들을 왕이 더럽게 하였으니 이는 옛
적에 이스라엘 왕 솔로몬이 시돈 사람의 가증한 아스다롯과 모압 사람의 가
증한 그모스와 암몬 자손의 가증한 밀곰을 위하여 세웠던 것이며 14 왕이 또
석상들을 깨뜨리며 아세라 목상들을 찍고 사람의 해골로 그 곳에 채웠더라

요시야는 힐기야 대제사장을 중심으로 매우 포괄적인 개혁을 해 나갔다. 그의 개혁은 유다에 제한되지 않고 옛 이스라엘의 영토까지 진행했다. 요시야는 열 가지의 이교적인 물건들과 예배 요소들을 제거했다(Lohfink). 요시야는 이것들을 제거할 때 완전히 파괴하고 태우는 등 여러 가지 조치를 통해 다시는 사용하지 못하도록 했다(4, 6, 14, 20절). 첫째, 왕은 제사장들에게 성전에서 다른 신들을 숭배하는 데 사용하던

모든 도구들을 제거하게 했다. 제사장들이 이 모든 물건들을 성전에서 회수하자 요시야는 이것들을 모두 태웠다(4절). 그리고 재를 벧엘로 가져가서(4절), 잠시 후 벧엘에 있는 제단을 훼손하고 모독하는 일에 사용했다(15-18절).

둘째, 요시야는 여러 산당에서 우상들을 섬긴 제사장들을 내쫓았다(5절). 이 제사장들을 뜻하는 단어(כְּמָרִים)는 시리아어와 아카디아어에서 도입한 단어이며 성경에서는 우상숭배에 연관된 이교도 제사장들을 의미할 때 사용한다(Sweeney, HALOT). 이 사람들은 솔로몬 시대 때부터 산당에 있던 것으로 여겨진다(cf. 왕상 11:1-8). 또한 여호와 종교의 제사장들 중에서도 우상을 숭배한 자들은 더 이상 성전에서 사역하지 못하게 했다(9절). 종교 지도자로서 제 역할을 하지 못한 것에 대해서 책임을 묻는 것이다.

셋째, 그는 선왕 므낫세가 성전 안에 세웠던 아세라 목상을 태웠다(12절; cf. 왕하 21:7). 요시야가 온갖 우상(4절)과 아세라 목상(6절)을 기드론으로 가져다 태우고 갈아서 사람들의 묘지에 뿌린 일은, 옛적에 모세가 아론이 만든 금송아지를 태워 갈아 없앤 일을 연상케 한다(cf. 출 32-34장). 넷째, 요시야는 남창들(הַקְּדֵשִׁים)이 기거한 곳이며 아세라 숭배를 위해 물건을 만든 곳을 성전에서 제거했다(7절; cf. 신 23:18-19). 이렇게 여호와의 성전에서 가증스러운 것들을 제거한 요시야는 성전 밖으로 눈을 돌려 계속 개혁해나갔다.

다섯째, 요시야는 유다의 북쪽 한계선이었던 게바에서 남쪽 한계선인 브엘세바에 이르는 유다의 모든 땅(Wiseman)에 있는 산당을 모두 부정하게 만들었다(8절). 여섯째, 왕은 성읍 문 어귀에 있는 산당들을 모두 허물었다(8절). 이것들이 정확히 어떤 기능을 했는지 알 수는 없지만, 당시 유다와 가나안 성읍들에는 성문 옆에 이런 사원들이 많았다(Emerton). 일곱째, 힌놈의 아들 골짜기에 있는 도벳을 부정한 곳으로 만들었다. 이곳은 몰렉에게 인간 번제를 드린 곳이다(10절). 요시야는 이처럼 유다의 온 땅에 퍼져있는 가증스러운 행위와 물건들을 모두 제거했다. 그의 나머지 세 가지 개혁은 성전 근처와 성읍 바로 밖에 있는 것들을 제거하는 일이었다.

여덟째, 요시야는 선왕들이 태양신을 섬기려고 성전 어귀에 만들어 둔 말의 동상을 헐고 태양 수레도 불태웠다(11절). 고대 근동에서 마차와 말 이미지는 흔히 해(sun) 숭배와 연관되어 있다(Sweeney). 아홉째, 왕은 아하스의 다락방 옥상에 세운 제단들을 허물었다. 위치로 보아 여기서는 행성이나 별을 숭배한 것으로 생각된다. 열째, 요시야는 솔로몬이 아내들을 위해 세운 산당들을 제거했다(13절). 그는 솔로몬 시대 때부터 잘못되어 온 것들을 바로잡고 있다. 요시야의 개혁은 산당을 허물고 이방 종교의 성지들을 부정하게 하는 것이었다.

이처럼 저자는 요시야가 열 가지의 종교개혁을 단행한 것으로 묘사하면서 이 개혁의 포괄성을 부각하고자 한다. 왕은 아울러 솔로몬 시대 때부터 전수해온 이교적인 행위들과 유물들을 제거함으로써 상징적으로는 이스라엘 역사에 기록된 모든 우상숭배를 제거하고 있다. 저자는 요시야의 개혁을 기록하는 중에 유다의 영적 부패를 초래한 대표적인 왕 세 명의 이름을 언급한다. 아하스, 므낫세, 솔로몬이다(12, 13절). 요시야는 이들의 반역이 초래한 결과들을 온 땅에서 씻어내고 있다. 그러므로 요시야는 이 개혁을 통해 유다의 상황을 다윗 시대로 되돌리고 있는 것이다(House). 솔로몬 시대부터 단추가 잘못 꿰어진 것이다.

VII. 유다의 몰락(18:1–25:30) C. 요시야의 의로운 통치(22:1–23:30) 4. 요시야가 종교개혁을 단행함(23:1–27)

(3) 요시야의 북 왕국 개혁(23:15–20)

15 또한 이스라엘에게 범죄하게 한 느밧의 아들 여로보암이 벧엘에 세운 제

단과 산당들을 왕이 헐고 또 그 산당을 불사르고 빻아서 가루를 만들며 또
아세라 목상을 불살랐더라 16 요시야가 몸을 돌이켜 산에 있는 무덤들을 보
고 보내어 그 무덤에서 해골을 가져다가 제단 위에서 불살라 그 제단을 더
럽게 하니라 이 일을 하나님의 사람이 전하였더니 그 전한 여호와의 말씀대
로 되었더라 17 요시야가 이르되 내게 보이는 저것은 무슨 비석이냐 하니 성
읍 사람들이 그에게 말하되 왕께서 벧엘의 제단에 대하여 행하신 이 일을
전하러 유다에서 왔던 하나님의 사람의 묘실이니이다 하니라 18 이르되 그대
로 두고 그의 뼈를 옮기지 말라 하매 무리가 그의 뼈와 사마리아에서 온 선
지자의 뼈는 그대로 두었더라 19 전에 이스라엘 여러 왕이 사마리아 각 성읍
에 지어서 여호와를 격노하게 한 산당을 요시야가 다 제거하되 벧엘에서 행
한 모든 일대로 행하고 20 또 거기 있는 산당의 제사장들을 다 제단 위에서
죽이고 사람의 해골을 제단 위에서 불사르고 예루살렘으로 돌아왔더라

지금까지 요시야는 유다와 예루살렘, 그리고 성전을 정화하고 개혁하는 데 주력했다. 어느 정도 유다와 예루살렘의 개혁이 이루어졌다고 생각했을 때, 왕은 눈을 북 왕국 이스라엘의 영토로 돌렸다. 이 무렵 옛 이스라엘의 영토에는 이렇다 할 정치적 세력이 없는 상태였다. 아시리아는 이 지역을 아시리아의 주로 편승시켰지만, 아시리아의 내분이 심화되는 과정에서 이스라엘에 신경 쓸 겨를이 없었다(Fritz). 그러므로 요시야가 이 지역을 개혁하게 된 것은 아시리아의 쇠태가 일조한 셈이다.

요시야는 곧장 벧엘로 올라가 북 왕국의 창시자 여로보암 시대 때부터 이스라엘 종교의 중심지인 이곳을 파괴했다(cf. 왕상 12:25-13:5). 왕이 벧엘을 가만히 두지 않을 것은 이미 4절에서 암시되었다. 예루살렘 성전 안에 있던 우상들을 태운 재를 벧엘로 옮겨 놓은 것이다. 요시야는 벧엘 신전 근처에 있던 무덤 속의 뼈들을 꺼내서 제단 위에서 태웠다(16절). 역대기 저자는 이 무덤들이 벧엘에서 사역하던 제사장들의 것이라고 한다(대하 34:5).

왕은 벧엘의 제단 위에서 사람의 뼈를 태워 벧엘을 부정하게 만듦으로, 아주 오래전에 선지자가 벧엘을 향해 예언한 말씀을 성취했다(16절; cf. 왕상 13:1-13). 이름 모를 선지자가 이 일을 예언한 때가 여로보암 시대였으니 주전 930-909년경의 일이다. 이 선지자의 예언이 300여 년 만에 성취된 것이다. 이처럼 하나님의 말씀은 경우에 따라서 시간이 지나더라도 꼭 이루어진다. 요시야는 300여 년 전에 자신의 사역을 예고한 선지자의 묘는 잘 보존하도록 지시한다(17-18절).

요시야는 벧엘에서 단행한 개혁의 여세를 몰아 사마리아를 포함한 온 이스라엘 땅에서도 벧엘에서처럼 개혁을 단행했다. 산당들을 헐어내고 이 산당들에서 성직자로 사역한 제사장들을 모두 제단 위에서 죽였다. 솔로몬 이후로 북 왕국 이스라엘의 영토를 마치 남 왕국의 영토처럼 취급한 유다의 왕은 요시야가 처음이다. 비록 정치적으로 통일이 될 수 없지만, 요시야는 영적으로 남·북 왕국을 통일시키고 있다. 선지자 훌다의 예언만 없었다면, 마치 요시야를 통해 주의 백성이 갈망하던 메시아의 나라가 도래하는 것으로 착각할 정도로 확고한 개혁이 온 땅에 펼쳐지고 있다. 이러한 착각을 일으키는 나라에서 살고 싶다.

VII. 유다의 몰락(18:1-25:30)
C. 요시야의 의로운 통치(22:1-23:30)
4. 요시야가 종교개혁을 단행함(23:1-27)

(4) 요시야의 유월절 행사(23:21-23)

21 왕이 뭇 백성에게 명령하여 이르되 이 언약책에 기록된 대로 너희의 하나님 여호와를 위하여 유월절을 지키라 하매 22 사사가 이스라엘을 다스리던 시대부터 이스라엘 여러 왕의 시대와 유다 여러 왕의 시대에 이렇게 유월절을 지킨 일이 없었더니 23 요시야 왕 열여덟째 해에 예루살렘에서 여호와 앞

에 이 유월절을 지켰더라

북 왕국에서 산당들을 허물고, 우상숭배에 앞장선 제사장들을 죽이고, 여로보암 때부터 이스라엘을 실족하게 한 벧엘을 파괴시키고 난 후, 요시야는 예루살렘으로 돌아와 유월절을 지냈다. 물론 성전에서 발견된 율법책이 지시하는 대로 행하는 것이었다(21절). 출애굽기 12:1-11과 신명기 16:1-8은 이스라엘에게 출애굽 사건을 기념하면서 유월절을 지키라고 명령한다. 그러나 불행하게도 이스라엘은 오랜 세월 동안 이 절기를 율법이 지시한 대로 지키지 못했다.

일부 주석가들은 저자의 "사사가 이스라엘을 다스리던 시대부터 이스라엘 여러 왕의 시대와 유다 여러 왕의 시대에 이렇게 유월절을 지킨 일이 없었다"(22절)라는 회고가 역대하 30:1-27에 기록된 히스기야 시대 때의 유월절 행사를 부정하고 있다고 주장한다(Jones). 역대하 30:1-27에 히스기야의 유월절 행사를 극적으로 묘사한 역대기 저자는 요시야의 유월절에 대해서 이렇게 기록하고 있다. "예언자 사무엘 이후로 이스라엘 안에서 이처럼 유월절을 지킨 예가 없었고, 이스라엘의 역대 왕들 가운데서도, 요시야가 제사장들과 레위 사람들과 그때에 거기 모인 온 유다와 이스라엘 사람들과 예루살렘 주민들과 함께 지킨 그런 유월절은, 일찍이 지켜본 왕이 없었다"(대하 35:18, 새번역). 비록 히스기야가 참으로 성대하게 유월절 절기를 지켰지만, 요시야의 유월절은 히스기야가 지킨 유월절을 초월한 감동적인 종교 행사였다. 아마도 참석한 인원들과 바친 제물들 양에 있어서 그렇다는 의미일 것이다(Dillard). 요시야는 참으로 대단한 유월절 행사를 단행했다.

요시야가 유월절을 성대하게 지킨 것은, 언약 백성인 이스라엘의 신학적 뿌리를 찾고, 주인인 여호와께 돌아가게 하기 위한 또 하나의 열심이었다(House). 또한 요시야가 지향한 개혁이 어떤 것이었는가는 그가 유월절을 지내는 모습에서 엿볼 수 있다. 전에 히스기야도 유월절을 성대하게 지냈다(cf. 대하 30장). 히스기야의 유월절은 율법에 완전히 준하지 않은, 곧 어느 정도 융통성을 지니고 기념되었다(Patterson & Austel). 반면에 요시야의 유월절은 온전하게 율법에 따라 지켜졌다(cf. 대하 35장). 요시야에게 가장 중요한 권위는 하나님의 말씀이며, 그는 이스라엘의 신학적 정체성을 온전히 율법을 지키는 것에서 찾고 있다. 비록 훌다가 유다에 소망이 없다는 신탁을 주었지만, 요시야는 하나님의 말씀에 절대적으로 순종하는 일을 통해 주의 백성의 운명을 바꾸고자 열심히 노력하고 있다. 이 길만이 살길이라고 생각했기 때문이다.

VII. 유다의 몰락(18:1-25:30)
C. 요시야의 의로운 통치(22:1-23:30)
4. 요시야가 종교개혁을 단행함(23:1-27)

(5) 요시야의 나머지 개혁(23:24-25)

[24] 요시야가 또 유다 땅과 예루살렘에 보이는 신접한 자와 점쟁이 드라빔과 우상과 모든 가증한 것을 다 제거하였으니 이는 대제사장 힐기야가 여호와의 성전에서 발견한 책에 기록된 율법의 말씀을 이루려 함이라 [25] 요시야와 같이 마음을 다하며 뜻을 다하며 힘을 다하여 모세의 모든 율법을 따라 여호와께로 돌이킨 왕은 요시야 전에도 없었고 후에도 그와 같은 자가 없었더라

요시야는 이스라엘의 역사상 가장 기억에 남을 만한 유월절을 지킨 다음에도 개혁을 계속해 나갔다. 그는 유다와 이스라엘의 땅에서 모든 박수와 점쟁이 등을 제거했고 우상들과 드라빔 같은 모든 혐오스러운 것들도 없앴다. 이 우상들 중 일부는 점을 치기 위해 사용한 물건들이었다(Hobbs). 요시야는 우상숭배를 금지한 것에 만족하지 않고, 우상숭배를 부추길 수 있고 예배에 사용될 수 있는 것들을 아예 제거해서 우상숭배의 부활 가능성을 최소화하려 했다.

저자는 왕의 이 모든 노력을 이렇게 평가한다. "이와 같이 마음을 다 기울이고 생명을 다하고 힘을 다 기울여 모세의 율법을 지키며 주께로 돌이킨 왕은, 이전에도 없었고 그 뒤로도 다시 나타나지 않았다"(25절, 새번역). 비록 늦은 감은 있지만, 요시야는 다윗 왕조의 왕이 어떠해야 하는가에 대한 모델이 된다. 그는 진정한 의미에서 전설적인 신앙인이었다. 요시야가 모든 일을 마치고 하나님 앞에 섰을 때, 하나님이 얼마나 기뻐하시고 대견해 하셨을까!

VII. 유다의 몰락(18:1-25:30)
C. 요시야의 의로운 통치(22:1-23:30)
4. 요시야가 종교개혁을 단행함(23:1-27)

(6) 돌이킬 수 없는 유다의 운명(23:26-27)

26 그러나 여호와께서 유다를 향하여 내리신 그 크게 타오르는 진노를 돌이키지 아니하셨으니 이는 므낫세가 여호와를 격노하게 한 그 모든 격노 때문이라 27 여호와께서 이르시되 내가 이스라엘을 물리친 것 같이 유다도 내 앞에서 물리치며 내가 택한 이 성 예루살렘과 내 이름을 거기에 두리라 한 이 성전을 버리리라 하셨더라

비록 요시야가 자신의 생애에 모든 것을 건 개혁을 단행했지만, 하나님의 유다에 대한 계획에는 변함이 없으셨다. 유다가 오랫동안 주 앞에 범죄했기 때문에 요시야의 노력이 나라의 운명을 되돌리기에는 너무 늦었다. 또한 요시야가 죽자마자 유다가 다시 우상숭배의 길로 빠지는 것을 보아 요시야의 개혁이 영구적인 결과를 남기지는 못한 것을 알 수 있다.

선지자 훌다가 이미 선언한 것처럼 하나님이 유다를 벌하기로 결정하셨다. 북 왕국 이스라엘을 버리신 것처럼 유다도 버리실 것이요, 심지어 솔로몬 시대 때 자기 이름을 두시겠다고 약속하신 성전까지 버리실 것을 확인하신다(27절). 유다에는 소망이 없다. 하나님의 오래 참음에도 한계가 있다. 하나님이 한계에 도달하시기 전에 회개하고 그분의 품에 돌아오는 것은 우리가 누릴 수 있는 최고의 축복이다.

VII. 유다의 몰락(18:1-25:30)
C. 요시야의 의로운 통치(22:1-23:30)

5. 요시야의 통치 요약(23:28-30)

28 요시야의 남은 사적과 행한 모든 일은 유다 왕 역대지략에 기록되지 아니
하였느냐 29 요시야 당시에 애굽의 왕 바로 느고가 앗수르 왕을 치고자 하여
유브라데 강으로 올라가므로 요시야 왕이 맞서 나갔더니 애굽 왕이 요시야
를 므깃도에서 만났을 때에 죽인지라 30 신복들이 그의 시체를 병거에 싣고
므깃도에서 예루살렘으로 돌아와 그의 무덤에 장사하니 백성들이 요시야의
아들 여호아하스를 데려다가 그에게 기름을 붓고 그의 아버지를 대신하여
왕으로 삼았더라

저자는 요시야의 나머지 행적에 관심을 갖지 않는다. 그에게 왕의 종교개혁이 가장 크고 유일한 관심사였다. 그러므로 요시야 왕의 나머지 정치적 행적에 대해서는 "유다 왕 역대지략"을 참조하라며 이야기를 마무리한다.

요시야는 이스라엘 역사상 가장 획기적이고 포괄적인 종교개혁을 단행한 왕에 걸맞지 않은 죽음을 당한다. 요시야는 전쟁하다가 죽음을 맞았다. 주전 609년에 이집트의 바로 느고(Neco II) 왕이 아시리아가 바빌론에 몰려 망하게 된 것을 보고 아시리아의 왕을 돕는다는 명분으로 큰 군대를 이끌고 유프라테스 강 쪽으로 진군했다. 근동의 신진 세력으로 급부상하고 있는 바빌론을 견제하고, 동시에 이집트가 이번 기회를 통해 근동의 군주가 되어 보겠다는 야심에서였다.

느고가 가나안 지역을 지날 때 요시야가 므깃도에서 그의 앞길을 막아섰다. 당시 므깃도는 아시리아에 주(州)로 편입된 이 지역의 수도였다(Konkel). 그러나 규모가 작고 보잘것없는 유다군은 결코 이집트군의 적수가 될 수 없었다. 처음부터 무모한 대항이었다. 결국 요시야는 이 전쟁에서 목숨을 잃었다. 요시야가 왜 이처럼 무모한 짓을 했을까? 열왕기 저자는 아무런 설명을 추가하지 않지만, 역대기 저자는 요시야가 느고는 여호와의 뜻을 받들고 출정하고 있다는 경고에도 불구하고 무모하게 그의 길을 가로막다가 변을 당했다고 한다(대하 35:20-24).

이 무렵 근동 지역의 국제 무대를 살펴보면 답이 나온다. 아시리아의 마지막 대왕 아술바니발이 주전 627년에 죽은 이후로 아시리아의 리더십은 위기에 접어들었다. 이때를 놓치지 않고 바빌론은 주전 626년에 독립을 선언하고 동쪽에서부터 아시리아를 압박하기 시작했다. 아시리아는 날이 갈수록 거세게 밀어붙이는 바빌론을 대항해서 싸우느라 가나안 지역에 신경 쓸 겨를이 없었다. 그러므로 요시야는 아시리아에 반역하고도 상대적인 평안을 누릴 수 있었다.

이런 상황에서 느고가 아시리아를 돕겠다고 군대를 이끌고 북쪽으로 향하고 있다. 느고는 주전 609-594년에 이집트를 다스렸으며, 이집트의 26번째 왕조인 사이테 왕조(Saite Dynasty, 663-625 BC)에 속한 사람이었다(Patterson & Austel, cf. Kitchen). 일부 학자들은 이때 요시야가 친바빌론 정책을 펴고 있었기에 이집트의 진로를 막을 수밖에 없었다고 하지만(Bright), 그가 이러한 외교 정책을 펼치지 않았더라도 이집트가 아시리아를 돕겠다고 나선 것은 요시야에게는 별로 반가운 일이 아니다.

만일 이집트가 이 전쟁을 이기면 유다는 이집트의 속국이 되어야 한다. 그러므로 만일 그가 친바빌론 정책을 지향했다면, 이집트의 진군을 막을 수밖에 없다. 국제적인 혼란을 틈타 자기 영토를 확장하겠다는 욕심에서 비롯된 일이라는 해석(Konkel)도 무시할 수는 없다. 히스기야가 하나님의 은혜를 입어 기적적으로 나라를 구한 것처럼, 요시야가 하나님이 이 전쟁에 개입하셔서 승리를 주실 것을 확신해서 이런 일을 벌였다는 해석도 있다(House).

D. 유다의 정치적·도덕적 쇠퇴(23:31-24:20)

요시야의 통치를 상대적으로 상세하게 묘사한 저자가 유다의 마지막 네 왕에 대한 이야기는 간략하게 기록한다. 무엇보다 이야기의 템포를 빠르게 하기 위함이다(cf. 왕상 14:21-16:34; 왕하 13:1-17:6). 요시야 시대 때 여선지자 훌다를 통해 이 백성의 미래가 어떻게 될 것인가를 말씀하셨기에 주의 백성의 역사는 이제부터 그 예언의 성취를 향해서 급진전한다(cf. Wiseman). 훌다의 예언이 성취되는 날, 유다의 이야기도 끝이 난다. 그래서 저자는 유다의 최후를 그리기 위해서 이야기를 서두르고 있다. 이 섹션에 기록된 왕들은 주전 609년 요시야의 죽음 이후에 유다를 다스린 사람들이다. 앞으로 4년 후면 바빌론 왕 느부갓네살에 의해 다니엘을 포함한 첫 번째 인질 행렬이 바빌론을 향하게 된다(cf. 단 1:1; 렘 46:2).

본문이 언급하고 있는 네 왕의 통치는 총 23년밖에 되지 않는다. (1) 여호아하스 3개월, (2) 여호야김 11년, (3) 여호야긴 3개월, (4) 시드기야 11년(Seow). 이 네 왕은 모두 여호와 보시기에 악을 행했다는 평가를 받는다(23:32, 37; 24:9, 19). 훌다의 예언이 신속하게 성취되어가고 있다. 요시야의 뒤를 이은 유다의 왕들이 바뀔 때마다 유다의 생존 가능성은 줄어들기만 한다. 요시야는 아합처럼 하나님 앞에 겸손하게 엎드림으로써 당대에 임해야 하는 심판을 보류할 수 있었다. 그러나 유다의 마지막 네 왕은 그 누구도 이러한 혜택을 누리지 못한다. 모두 하나님 보시기에 악했기 때문이다. 이집트 왕 느고가 요시야를 죽이고 유다 정치에 관여하기 시작하고, 이때부터 이집트가 유다를 괴롭히기 시작한다. 이 마지막 23년 동안 유다를 괴롭히는 나라가 이집트에서 바빌론으로 바뀐다. 이때가 주전 609–586년이다.

A. 유다 왕 여호아하스(23:31–34)
B. 유다 왕 여호야김(23:35–24:7)
C. 유다 왕 여호야긴(24:8–17)
D. 유다 왕 시드기야(24:18–20)

VII. 유다의 몰락(18:1–25:30)
D. 유다의 정치적 · 도덕적 쇠퇴(23:31–24:20)

1. 유다 왕 여호아하스(23:31–34)

**31 여호아하스가 왕이 될 때에 나이가 이십삼 세라 예루살렘에서 석 달간 다
스리니라 그의 어머니의 이름은 하무달이라 립나 예레미야의 딸이더라 32 여
호아하스가 그의 조상들의 모든 행위대로 여호와 보시기에 악을 행하였더니
33 바로 느고가 그를 하맛 땅 립나에 가두어 예루살렘에서 왕이 되지 못하게
하고 또 그 나라로 은 백 달란트와 금 한 달란트를 벌금으로 내게 하고 34 바
로 느고가 요시야의 아들 엘리아김을 그의 아버지 요시야를 대신하여 왕으
로 삼고 그의 이름을 고쳐 여호야김이라 하고 여호아하스는 애굽으로 잡아
갔더니 그가 거기서 죽으니라**

요시야가 므깃도에서 죽은 다음에 그의 아들 여호아하스(יְהוֹאָחָז)(lit., 여호와가 붙드신다)가 왕이 되었다. 여호아하스는 그의 왕호였으며, 원래 이름은 살룸이었다(cf. 렘 22:10–12; 대상 3:15)(Cogan & Tadmor). 왕이 되었을 때 나이는 23세였으며 3개월 동안 유다를 다스렸다(31절). 여호아

하스는 아버지 요시야의 길을 따르지 않고 조상들의 악행을 본받아 하나님의 진노를 샀다(32절). 여호아하스가 3개월 동안 얼마나 많은 일들을 했을까 하는 의구심도 생기지만, 그의 평소 신앙과 삶의 자세를 이 평가에 포함시킨 것이다.

므깃도에서 요시야를 죽인 느고가 북상하던 방향을 틀어 유다로 진군해 왔다. 그는 립나에서 여호아하스를 인질로 잡아 이집트로 끌어가고 그 자리에 그의 형 엘리야김(אֶלְיָקִים)(lit. 하나님이 세우신다, cf. 36절)의 이름을 여호야김(יְהוֹיָקִים)(lit. 여호와께서 세우신다)으로 바꾼 후 유다의 왕으로 세웠다(34절). 이름을 바꾼다는 것은 새로운 신분과 정체성을 갖게 된다는 의미이다. 느고는 새 왕에게 새로운 이름을 줄만큼 유다에게 막강한 군주였음을 암시하며 그에게 이름을 받은 여호야김은 이름을 지어준 느고에게 전적으로 충성해야 한다.

어떤 이유에서인지는 모르지만 느고는 여호아하스가 종속자가 되어 이집트를 군주로 섬기는데 적합하지 않다고 생각했다. 여호아하스는 친(親)바빌론 성향의 정치인들이 왕으로 추대했기 때문에 혹은 여호아하스 자신이 친바빌론 성향을 지녔기 때문에 바빌론을 견제하는 이집트 왕이 좋아했을 리 없다는 추측이 있다(Sweeney, Patterson & Austel). 아니면 여호야김이 느고를 상대로 자기를 왕으로 세워달라고 로비를 한 것일까? 저자가 알려주지 않으니 정확하게 알 수는 없다.

여호아하스는 이집트로 끌려가 그곳에서 일생을 마쳤다. 유다는 이때부터 자치권을 잃게 된 것이나 마찬가지인 상황에 처하게 되었다. 앞으로 누가 유다의 왕이 되는가에 있어서 이방 국가들이 결정할 것이기 때문이다. 느고는 유다에 큰 액수의 조공도 요구했다. 느고는 은 100달란트(3,400kg)를 요구했지만, 금은 몇 달란트를 요구했는지는 정확히 알 수 없다. 마소라 사본이 요구한 금을 언급하는 과정에서 단위인 달란트(כִּכָּר)는 정확하게 보존했지만, 얼마를 요구했는지 그 양은 보존하지 못했기 때문이다. 일부 옛 헬라어 사본을 근거로 공동번역은 느고가 "십 달란트"의 금을 요구한 것으로 번역했다. 느고가 요구한 양이 한 달란트라고 가정하면 34킬로그램의 금을, 열 달란트라고 가정하면 340킬로그램의 금을 요구한 것이다(24절). 구약 시대에 금과 은의 가치 차이는 백배에 이른 것으로 알려져 있다(Sweeney). 금 한 달란트는 은 백 달란트의 가치를 지닌 것이다.

VII. 유다의 몰락(18:1-25:30)
D. 유다의 정치적 · 도덕적 쇠퇴(23:31-24:20)

2. 유다 왕 여호야김(23:35-24:7)

바로의 꼭두각시였던 여호야김은 정치적으로 괄목할만한 업적을 남기지 못했다. 종교적으로는 하나님 보시기에 악한 삶을 살았다. 여호야김 시대에 접어들면서 유다는 바빌론의 직접적인 간섭을 받기 시작하며 이후로 멸망할 때까지 이집트와 바빌론 중 어느 나라를 군주로 섬길 것인가 갈등한다. 그의 이야기는 다음과 같이 구분한다.

A. 여호야김의 즉위 요약(23:35-37)
B. 바빌론의 침략(24:1-4)
A'. 여호야김의 통치 요약(24:5-7)

VII. 유다의 몰락(18:1-25:30)
D. 유다의 정치적 · 도덕적 쇠퇴(23:31-24:20)

(1) 여호야김의 즉위 요약(23:35-37)

[35] 여호야김이 은과 금을 바로에게 주니라 그가 바로 느고의 명령대로 그에게 그 돈을 주기 위하여 나라에 부과하되 백성들 각 사람의 힘대로 액수를 정하고 은금을 징수하였더라 [36] 여호야김이 왕이 될 때에 나이가 이십오 세

라 예루살렘에서 십일 년간 다스리니라 그의 어머니의 이름은 스비다라 루
마 브다야의 딸이더라 37 여호야김이 그의 조상들이 행한 모든 일을 따라서
여호와 보시기에 악을 행하였더라

여호야김(יְהוֹיָקִים)(lit. 여호와께서 세우신다)이 이복동생 여호아하스의 뒤를 이어 유다의 왕이 되었을 때 그의 나이는 25세였다(31, 36절). 동생과 2년 터울인 것이다. 그는 11년 동안 유다를 다스렸으며 주님 보시기에 악하였다(37절). 여호야김은 주전 609-598년에 유다를 다스렸다(Seow). 여호야김은 자신을 왕으로 세워준 이집트 왕 느고가 요구한 조공을 바치려고 백성들에게 많은 세금을 거두어들였다(35절).

열왕기 저자는 여호야김의 통치에 별 호감을 갖지 않는다. 예레미야는 그의 통치에 대해서, 백성들을 착취하고 박해했으며 경제적으로 매우 어려운 때에 억울한 사람들의 피를 흘리면서까지 자신의 새 궁전을 지은 사람이라고 혹평한다(렘 22:13-17). 여호야김은 또한 참 선지자들을 죽이거나 협박하며(cf. 렘 26:1-24), 하나님의 말씀을 불태운 불손한 사람이다(렘 36:20-26). 우리는 유다가 여호야김 시대에 접어들면서 요시야의 개혁이 완전히 물거품이 된 것을 목격한다.

VII. 유다의 몰락(18:1-25:30)
D. 유다의 정치적 · 도덕적 쇠퇴(23:31-24:20)
2. 유다 왕 여호야김(23:35-24:7)

(2) 바빌론의 침략(24:1-4)

1 여호야김 시대에 바벨론의 왕 느부갓네살이 올라오매 여호야김이 삼 년간
섬기다가 돌아서 그를 배반하였더니 2 여호와께서 그의 종 선지자들을 통하
여 하신 말씀과 같이 갈대아의 부대와 아람의 부대와 모압의 부대와 암몬
자손의 부대를 여호야김에게로 보내 유다를 쳐 멸하려 하시니 3 이 일이 유

다에 임함은 곧 여호와의 말씀대로 그들을 자기 앞에서 물리치고자 하심이 니 이는 므낫세의 지은 모든 죄 때문이며 [4] 또 그가 무죄한 자의 피를 흘려 그의 피가 예루살렘에 가득하게 하였음이라 여호와께서 사하시기를 즐겨하지 아니하시니라

여호야김이 유다를 통치하던 때에 바빌론이 침략해왔다. 바빌론 왕 느부갓네살은 유프라테스 강 유역에 위치한 갈그미스(Carchemish)에서 아시리아의 패잔병과 이집트가 합세한 연합군과 싸워 대승을 거두었다. 이 패배로 아시리아는 최후를 맞이했고, 이집트는 고대 근동의 초강대국 자리를 바빌론에게 내주어야 했다. 바빌론은 승리의 여세를 몰아 가나안까지 진군했다. 이때가 주전 605년이며, 가나안 지역을 정복한 바빌론은 유다에서도 인질들을 잡아갔다. 이 인질에 포함된 사람이 다니엘과 세 친구들이다(cf. 단 1:1-5).

느부갓네살이 쳐들어오자 여호야김은 곧장 항복했고 바빌론에 충성을 다짐했다(1절). 여호야김은 3년 동안 바빌론을 군주로 섬기다가 반역했다. 바빌론이 주전 601년에 이집트를 침략했는데, 이집트가 바빌론을 상대로 승리한 것이 계기가 되었다(Patterson & Austel). 바빌론의 이집트 원정이 실패한 것을 지켜보며, 만일 자신이 반역하면 이집트의 상당한 지원이 있을 것으로 기대했다(Obed). 그러나 이때 이집트가 바빌론의 침략을 막아냈지만, 유다를 돕기에는 어려운 형편에 처해 있었다. 여호야김과 유다가 계산 착오를 한 것이다. 느부갓네살은 일부 군인을 파병해서 유다의 전통적인 적들인 시리아, 모압, 암몬의 군대들과 함께 여호야김을 치게 했다. 이러한 정황에서 유다가 주전 597년까지 버틸 수 있었던 것만도 대단한 일이었다.

열왕기 저자는 여호야김 시대 때 바빌론을 중심으로 한 연합군이 유다를 친 일에 대해 신학적인 설명을 추가한다. 일이 이렇게 된 것은 당시 근동의 정치적 상황에 의해 비롯된 것이 아니라, 유다를 치시겠다고 선언하신 하나님의 섭리로 된 일이라는 것이다(2-4절). 그러므로 주의 백성을 괴롭히는 침략자들은 하나님이 직접 보내신 심판의 도구였다(2절). 하나님의 섭리에 근거해서 역사를 읽는 안목이 매우 중요하게 부각되는 순간이다.

VII. 유다의 몰락(18:1-25:30)
D. 유다의 정치적 · 도덕적 쇠퇴(23:31-24:20)
2. 유다 왕 여호야김(23:35-24:7)

(3) 여호야김의 통치 요약(24:5-7)

5 여호야김의 남은 사적과 행한 모든 일은 유다 왕 역대지략에 기록되지 아
니하였느냐 6 여호야김이 그의 조상들과 함께 자매 그의 아들 여호야긴이 대
신하여 왕이 되니라 7 애굽 왕이 다시는 그 나라에서 나오지 못하였으니 이
는 바벨론 왕이 애굽 강에서부터 유브라데 강까지 애굽 왕에게 속한 땅을
다 점령하였음이더라

바빌론군이 예루살렘을 포위한 상태에서 여호야김이 죽었다. 이때가 주전 598년 겨울쯤으로 추정한다(cf. Seow). 여호야김이 의문사를 당한 것에 대해 학자들은 다양한 해석을 내놓았다. 요세푸스는 느부갓네살이 반역한 여호야김을 직접 죽였다고 한다(Ant. 10:99-102). 그러고 나서 그의 아들 여호야긴을 유다의 왕으로 세우고, 바빌론으로 돌아가는 길에 부하를 보내 여호야긴을 바빌론으로 끌고 가고 시드기야를 유다의 왕으로 삼았다. 곰곰이 생각해보니 아버지를 죽이고 그 자리에 아들을 왕으로 세운 것이 지혜롭지 않게 생각되었다는 것이다. 가능한 추측이지만 증거는 없다.

성이 포위된 상태에서 그가 죽었다는 점에서 암살된 것으로 주장하는 학자들도 있다. 유다의 정계에서 친바빌론파 사람들이 바빌론 침략자들을 달래려고 여호야김을 암살했다는 것이다(Bright). 그렇다면 여호야긴은 왜 곧장 바빌론 사람들에게 항복하지 않고 3개월을 기다린 것일까? 유다의 여러 왕들이 암살당한 점을 감안할 때 충분히 있을 수 있는 일이지만, 본문이 언급하지 않으니 단정할 수 없다.

저자는 여호야김의 어리석은 정치적 판단을 비난하며 그에 대한 이야기를 마친다. 그는 이집트가 바빌론을 물리치고 근동의 군주로 자리매김할 것을 기대하고 바빌론에 반역했다. 그러나 저자는 여호야김의 기대와는 달리 바빌론 왕이 나일 강에서부터 유프라테스 강에 이르기까지의 모든 지역을 통치하게 되었으며, 이집트의 왕이 다시는 국경 밖으로 나오지 못했다고 한다(7절). 여호야김은 신앙적으로 하나님 앞에 신실하지 못했을 뿐만 아니라 정치적으로도 어리석은 사람이었으며, 결과적으로 유다를 엄청난 위기와 혼란에 빠뜨린 장본인이었다.

VII. 유다의 몰락(18:1-25:30)
D. 유다의 정치적 · 도덕적 쇠퇴(23:31-24:20)

3. 유다 왕 여호야긴(24:8-17)

8 여호야긴이 왕이 될 때에 나이가 십팔 세라 예루살렘에서 석 달간 다스리
니라 그의 어머니의 이름은 느후스다요 예루살렘 엘라단의 딸이더라 9 여호
야긴이 그의 아버지의 모든 행위를 따라서 여호와께서 보시기에 악을 행하
였더라 10 그 때에 바벨론의 왕 느부갓네살의 신복들이 예루살렘에 올라와
서 그 성을 에워싸니라 11 그의 신복들이 에워쌀 때에 바벨론의 왕 느부갓네
살도 그 성에 이르니 12 유다의 왕 여호야긴이 그의 어머니와 신복과 지도자
들과 내시들과 함께 바벨론 왕에게 나아가매 왕이 잡으니 때는 바벨론의 왕
여덟째 해이라 13 그가 여호와의 성전의 모든 보물과 왕궁 보물을 집어내고
또 이스라엘의 왕 솔로몬이 만든 것 곧 여호와의 성전의 금 그릇을 다 파괴
하였으니 여호와의 말씀과 같이 되었더라 14 그가 또 예루살렘의 모든 백성

과 모든 지도자와 모든 용사 만 명과 모든 장인과 대장장이를 사로잡아 가
매 비천한 자 외에는 그 땅에 남은 자가 없었더라 15 그가 여호야긴을 바벨론
으로 사로잡아 가고 왕의 어머니와 왕의 아내들과 내시들과 나라에 권세 있
는 자도 예루살렘에서 바벨론으로 사로잡아 가고 16 또 용사 칠천 명과 장인
과 대장장이 천 명 곧 용감하여 싸움을 할 만한 모든 자들을 바벨론 왕이 바
벨론으로 사로잡아 가고 17 바벨론 왕이 또 여호야긴의 숙부 맛다니야를 대
신하여 왕으로 삼고 그의 이름을 고쳐 시드기야라 하였더라

여호야김은 예루살렘이 바빌론군에게 포위된 상태에서 죽었고, 그의 뒤를 이어 18세 된 아들 여호야긴(יְהוֹיָכִין)(lit., 여호와께서 임명하시다)이 왕이 되었다. 여호야긴은 3개월 동안 유다를 다스렸으며, 여호와 보시기에 악한 일을 했다(9절). 주전 598년 말에서 597년 초의 일이다(Bright). 바빌론군이 예루살렘을 포위한 상황에서 느부갓네살이 도착했다(11절).

여호야긴은 어머니와 여러 신하들과 함께 나아가 느부갓네살에게 항복했다(12절). 바빌론 왕이 여호야긴과 왕족들을 관대하게 대한 것은 아마도 여호야긴의 신속한 항복 때문이었을 것이다(Hobbs). 바빌론 왕은 여호야긴을 포함한 많은 사람들을 바빌론으로 잡아갔으며 성전과 궁에 들어가 많은 보물을 빼앗아갔다. 그는 솔로몬이 만들었던 성전의 금 그릇들도 깨뜨려 버렸다(13절). 솔로몬 시대 때부터 진행되어온 죄가 조금씩 심판을 받고 있는 상황이다.

느부갓네살은 많은 사람들을 인질로 끌어갔다. 예루살렘의 관료, 용사, 기술자, 대장장이 등 사회를 주도해나가는 사람들을 대량으로 잡아갔다. 쓸만한 사람들은 모두 바빌론으로 끌어갔기에 저자는 "그 땅에는 비천한 자 외에는 하나도 남지 않았다"고 기록한다(14절). 이때 무리에 섞여 끌려간 선지자가 에스겔이다(겔 1:1-3). 유다의 유능한 자들이 이처럼 대량으로 끌려감으로 당연히 유다의 종말을 재촉했다.

바빌론 왕은 여호야긴과 그의 어머니를 포함한 많은 왕족도 끌고갔다. 그러고는 여호야긴의 삼촌 맛다니야(מַתַּנְיָה, lit., 여호와의 선물)를 유다의 왕으로 삼고, 그의 이름을 시드기야(צִדְקִיָּהוּ, lit., 여호와는 의로우시다)로 고쳤다. 맛다니야는 요시야의 셋째 아들이었다(Wiseman). 여호야김은 이집트 사람들이 유다의 왕으로 세웠는데, 이번에는 바빌론 사람들이 시드기야를 유다의 왕으로 세우고 있다. 유다는 지금 이방인의 손에 좌지우지되고 있는 것이다. 저자는 일이 이렇게 된 것은 하나님이 이미 오래전에 예언하신 말씀의 성취에 불과한 것임을 다시 강조한다(13절). 저자는 모든 일에 있어 끊임없이 신학적인 평가를 제시하고 있다.

VII. 유다의 몰락(18:1-25:30)
D. 유다의 정치적 · 도덕적 쇠퇴(23:31-24:20)

4. 유다 왕 시드기야(24:18-20)

18 시드기야가 왕이 될 때에 나이가 이십일 세라 예루살렘에서 십일 년간 다
스리니라 그의 어머니의 이름은 하무달이요 립나인 예레미야의 딸이더라 19
그가 여호야김의 모든 행위를 따라 여호와 보시기에 악을 행한지라 20 여호
와께서 예루살렘과 유다를 진노하심이 그들을 그 앞에서 쫓아내실 때까지
이르렀더라

시드기야가 바빌론 왕 느부갓네살에 의해 유다의 왕으로 임명될 때 그의 나이 21세였다. 그는 요시야의 아들이며 여호아하스의 동생이었다(23:31; 24:18). 시드기야는 주전 597년에 왕이 되어 유다가 망한 586년에 이르기까지 11년을 다스렸다. 그는 유다의 마지막 왕이었다.

시드기야는 하나님 보시기에 악을 행한 왕이었다(19절). 아버지 요시야에게 별로 배운 것이 없었다. 저자는 이 왕이 통치하던 시절에 하나님이 유다를 주님 앞에서 쫓아내셨다고 기록한다(20절). 하나님의 오래 참음이 바닥을 드러내니 주의 백성의 운명이 바닥으로 추락했다.

VII. 유다의 몰락(18:1–25:30)

E. 바빌론이 유다를 파괴함(25:1–26)

책의 결론 역할을 감당하고 있는 이 섹션은 예레미야 52장에 거의 그대로 등장한다. 다만 내용에 있어서 두 가지 중요한 차이가 있을 뿐이다. 첫째, 예레미야 52장은 그달리야 총독의 임명과 암살에 대한 내용을 삭제했다. 둘째, 예레미야 52:28–30은 바빌론군이 유다 사람들을 대상으로 시행한 세 차례의 강제 이송에 몇 명이 끌려갔는가를 밝히고 있는 반면, 열왕기 저자는 숫자에 대한 언급을 거의 하지 않는다.

예레미야서와 열왕기의 관계는 어떤 것일까? 어느 책이 어느 책을 인용한 것일까? 한 유태인 전승에 따르면 예레미야 선지자가 예레미야서뿐만 아니라 열왕기도 저작했다고 한다. 그러나 별로 신빙성이 없는 주장이다. 대부분의 학자들은 예레미야서 저자/편집자가 열왕기하 24:18–25:30을 인용한 것으로 생각한다. 그러나 어느 책이 어느 책을 인용하고 있는가를 결정하는 것은 그렇게 쉬운 일이 아니다. 어떤 결론을 내리기에는 아직 많은 자료들이 추가로 필요한 것으로 생각된다.

예레미야서 마지막 부분에 이 역사적 자료가 추가된 의도는 쉽게 파악할 수 있다. 선지자가 40여 년 동안 사역하면서 선포한 심판이 이스라엘의 역사에 그대로 임했다는, 즉 예레미야는 하나님의 참 선지자였음을 강조한다. 또한 예레미야가 바빌론에게 대항한 것은 하나님의 뜻을 거역하는 무모한 짓이므로 항복하라고 권고한 것이 얼마나 옳았는가를 입증하기도 한다. 유다의 최후 날들을 회고하고 있는 본 텍스트는 다음과 같은 구조를 지닌다.

A. 유다 왕 시드기야(25:1–7)
B. 예루살렘 파괴(25:8–17)
B′. 바벨론으로 끌려감(25:18–21)
A′. 유다 총독 그달리야(25:22–26)

VII. 유다의 몰락(18:1–25:30)
E. 바벨론이 유다를 파괴함(25:1–26)

1. 시드기야의 통치와 최후(25:1–7)

**1 시드기야 제구년 열째 달 십일에 바벨론의 왕 느부갓네살이 그의 모든 군
대를 거느리고 예루살렘을 치러 올라와서 그 성에 대하여 진을 치고 주위에
토성을 쌓으매 2 그 성이 시드기야 왕 제십일년까지 포위되었더라 3 그 해
넷째 달 구일에 성 중에 기근이 심하여 그 땅 백성의 양식이 떨어졌더라 4
그 성벽이 파괴되매 모든 군사가 밤중에 두 성벽 사이 왕의 동산 곁문 길로
도망하여 갈대아인들이 그 성읍을 에워쌌으므로 그가 아라바 길로 가더니 5
갈대아 군대가 그 왕을 뒤쫓아가서 여리고 평지에서 그를 따라 잡으매 왕의
모든 군대가 그를 떠나 흩어진지라 6 그들이 왕을 사로잡아 그를 리블라에
있는 바벨론 왕에게로 끌고 가매 그들이 그를 심문하니라 7 그들이 시드기야
의 아들들을 그의 눈앞에서 죽이고 시드기야의 두 눈을 빼고 놋 사슬로 그
를 결박하여 바벨론으로 끌고 갔더라**

저자는 시드기야가 여호야김처럼 여호와 보시기에 악을 행했다고 했다(24:19). 그러나 구체적으로 어떤 일을 했는가는 밝히지 않는다. 하나님의 분노는 극에 달했고 결국 유다와 예루살렘 사람들이 끌려갈 때까지 징계하신 것이다(24:20). 이 징계의 클라이맥스는 바벨론군의 침략이었으며, 바벨론군에게 유다를 침략할 수 있는 빌미를 준 사람은 시드기야 자신이었다. 그가 하나님의 뜻을 거역하고, 예레미야의 권면을

무시하며 바빌론에 반기를 들었기 때문이다(24:20). 히스기야는 임박한 하나님의 심판을 개인적인 믿음으로 보류시킨 적이 있다. 시드기야는 그런 믿음을 소유하지 못했을 뿐만 아니라 오히려 하나님의 분노를 부추기는 자였다. 이런 지도자가 나오면 당연히 그 나라(공동체)는 망한다.

예레미야서에 의하면 시드기야는 종종 예레미야의 조언을 구했다. 예레미야는 그때마다 하나님의 뜻을 분명하게 말해 주었지만, 시드기야는 행동으로 옮기는 것에는 실패했다(렘 37:1-10, 16-21; 38:14-28). 그의 주변에는 왕도 어찌할 수 없는 수구 세력들이 버티고 있었기 때문이다. 심지어 왕은 이들의 시선을 따돌리기 위해서 자신이 예레미야를 찾은 이유를 밝히지 말고 말을 다르게 하라는 부탁까지 했다. 선지자는 시드기야 왕을 마음속으로는 하나님을 따르고 싶지만 여러 가지 정황에 이끌려 결단을 못 내리는 매우 연약하고 우유부단한 사람으로 묘사한다(cf. 렘 21; 27; 34; 38). 시드기야는 하나님과 세상 사이에서 늘 갈등하는 자였다.

시드기야가 반역하자 바빌론 왕 느부갓네살은 군대를 이끌고 유다를 징계하러 왔다. 이때가 시드기야 즉위 9년 열째 달 10일이라 기록한다(1절). 오늘날 달력으로는 주전 587년 1월쯤 되는 시기이다. 바빌론군은 천연적 요새인 예루살렘 성 주변에 갖가지 무기들을 배치했다. 예루살렘은 시드기야 즉위 11년(586 BC) 때까지 포위된 상태로 지내야 했다. 시드기야 즉위 11년 넷째 달(586 BC 7월)에 이르러서 성읍의 모든 식량이 바닥났다(3절). 뿐만 아니라 혹심한 기근도 그들을 괴롭혔다. 하늘의 비를 주관하시는 하나님이 이들을 돕지 않으셨으며, 예루살렘은 바빌론군의 손에 함락되기 전에 이미 내부에서부터 허물어져 간 것이다. 유다는 바빌론을 대적해서 아무런 힘을 쓸 수 없었다. 무엇보다 그들은 하나님을 대항해서 싸우고 있었기 때문이다(Hobbs).

곧바로 바빌론의 공격이 시작되었고 그렇게 기세당당하게 보이던 예루살렘의 성벽은 허무하게 무너져 내렸다(4절). 바빌론이 포위한 지 18

개월만에 무너진 것이다. 성벽이 무너지자 제일 먼저 시드기야와 군인들이 성을 빠져나갔다. 그들은 아라바 쪽으로 도망했다. 아라바는 요단 계곡 전체를 뜻한다(Patterson & Austel). 일단은 여리고 쪽으로 가고자 한 것이다. 그러나 바빌론군은 그들을 내버려두지 않았다. 전심을 다해서 그들을 쫓으니 시드기야를 호위하던 군사들은 뿔뿔이 흩어졌고 왕은 여리고 성 앞에서 사로잡혔다(5절).

시드기야는 포로가 되어 립나에 있는 느부갓네살에게 끌려갔다. 느부갓네살은 시드기야가 지켜보는 앞에서 그의 아들들과 유다의 방백들을 모두 처형했으며, 시드기야는 두 눈을 빼고 사슬에 묶어 바빌론으로 끌고 갔다(7절). 시드기야가 앞을 보지 못하게 된 상태에서 끌려가는 것은 에스겔 선지자가 그에 대해서 예언한 것의 성취이다(겔 12:10-14). 시드기야는 느부갓네살의 전쟁 승리를 알리는 '트로피'가 되어 바빌론의 거리를 행진해야 했다. 그는 죽는 날까지 바빌론의 감옥에서 살았다(cf. 렘 34:4-5; 52:11). 시드기야의 비참한 종말은 첫째는 그를 왕으로 세운 바빌론 사람들의 은혜를 배반한 행위에 대한 대가요, 둘째는 하나님의 경고를 무시한 자의 예고된 운명이었다.

VII. 유다의 몰락(18:1-25:30)
E. 바빌론이 유다를 파괴함(25:1-26)

2. 예루살렘 파괴(25:8-17)

[8] 바벨론 왕 느부갓네살의 열아홉째 해 오월 칠일에 바벨론 왕의 신복 시위대장 느부사라단이 예루살렘에 이르러 [9] 여호와의 성전과 왕궁을 불사르고 예루살렘의 모든 집을 귀인의 집까지 불살랐으며 [10] 시위대장에게 속한 갈대아 온 군대가 예루살렘 주위의 성벽을 헐었으며 [11] 성 중에 남아 있는 백성과 바벨론 왕에게 항복한 자들과 무리 중 남은 자는 시위대장 느부사라단이 모두 사로잡아 가고 [12] 시위대장이 그 땅의 비천한 자를 남겨 두어 포도원을 다

스리는 자와 농부가 되게 하였더라 [13] 갈대아 사람이 또 여호와의 성전의 두
놋 기둥과 받침들과 여호와의 성전의 놋 바다를 깨뜨려 그 놋을 바벨론으
로 가져가고 [14] 또 가마들과 부삽들과 부집게들과 숟가락들과 섬길 때에 쓰
는 모든 놋그릇을 다 가져갔으며 [15] 시위대장이 또 불 옮기는 그릇들과 주발
들 곧 금으로 만든 것이나 은으로 만든 것이나 모두 가져갔으며 [16] 또 솔로몬
이 여호와의 성전을 위하여 만든 두 기둥과 한 바다와 받침들을 가져갔는데
이 모든 기구의 놋 무게를 헤아릴 수 없었으니 [17] 그 한 기둥은 높이가 열여
덟 규빗이요 그 꼭대기에 놋 머리가 있어 높이가 세 규빗이요 그 머리에 둘
린 그물과 석류가 다 놋이라 다른 기둥의 장식과 그물도 이와 같았더라

예루살렘 성이 함락된 지 한 달 후에 느부갓네살의 시위대 장관 느부사라단이 성에 입성했다. 이날을 8절에는 유태인 달력으로 5월 7일로(우리 달력으로 8월), 예레미야서는 5월 10일로 기록하고 있다(렘 52:12). 아마도 예루살렘 지역에 도착한 날짜와 예루살렘 성에 입성한 날짜의 차이일 것이다. 유태인 전승에 의하면 느부사라단이 예루살렘에 입성한 것은 7일이며, 9일이 되던 날 도시에 불을 질렀고, 이 불은 10일째 되는 날까지 탔다고 한다. 그래서 유태인들은 성전 파괴를 기념하는 날을 성전에 불이 붙여진 아브월(Ab) 9일로 정해 오늘까지 이르게 되었다(Sweeney).

느부사라단의 임무는 예루살렘이 다시는 바빌론에 반역할 수 없도록 철저히 파괴하고 남은 사람들을 바빌론으로 끌고 가는 것이었다. 그래서 느부사라단은 성전을 비롯한 예루살렘 주요 건물들에 불을 질렀다. 도시의 기능을 완전히 마비시키겠다는 의도였으며, 혹시라도 바빌론의 주권에 반역을 꿈꾸는 나라들에게 경고의 메시지를 주기 위해서였다. 이렇게 해서 다윗과 솔로몬의 영화가 갈고 닦아 세운 모든 것이 순식간에 무너져 내렸다(Nelson).

성전의 도구들과 값이 나가는 물건들은 모두 바빌론으로 가져갔다.

"바빌로니아 군대는 주님의 성전에 있는 놋쇠 기둥과 받침대, 또 주님의 성전에 있는 놋바다를 부수어서, 놋쇠를 바빌론으로 가져갔다. 또 솥과 부삽과 부집게와 향접시와 제사를 드릴 때에 쓰는 놋쇠 기구를 모두 가져갔다. 근위대장은 또 화로와 잔도 가져갔다. 금으로 만든 것은 금이라고 해서 가져갔고, 은으로 만든 것은 은이라고 해서 가져갔다. 솔로몬이 주님의 성전에 만들어 놓은, 놋쇠로 만든 두 기둥과, 놋바다 하나와 놋받침대를 모두 가져갔다. 그가 가져간 이 모든 기구의 놋쇠는, 그 무게를 달아볼 수도 없을 정도로 많았다"(13–16절, 새번역). 예레미야는 이미 이스라엘 사람들에게 바빌론 왕이 주전 597년에 가져가지 않은 물건들을 추가로 가져갈 날이 올 것이라고 예언한 적이 있다(렘 27:19–22).

느부사라단은 예루살렘의 성벽도 모두 허물도록 명령했다. 무너진 성벽은 앞으로 140여 년 동안 방치되어야 한다. 에스라를 비롯한 몇 명이 복구를 시도하겠지만 모두 실패할 것이다. 결국 주전 440년대에 페르시아의 아닥사스다 왕의 술 관원인 느헤미야에 의해서 재건될 날을 기다려야 한다. 그때까지 무너진 성벽은 군주에게 반역한 자들이 받은 응징의 상징으로, 여호와의 뜻에 거역한 사람들이 치러야 하는 대가의 표상이 되어 폐허로 남아있어야 한다. 시온의 높은 위상은 모두 사라지고 이제는 폐허가 된 채 사람들의 비웃음을 살 뿐이다. 여호와의 품을 떠난 주의 백성의 비참한 모습이다.

VII. 유다의 몰락(18:1–25:30)
E. 바빌론이 유다를 파괴함(25:1–26)

3. 백성들이 바빌론으로 끌려감(25:18–21)

[18] 시위대장이 대제사장 스라야와 부제사장 스바냐와 성전 문지기 세 사람을 사로잡고 [19] 또 성 중에서 사람을 사로잡았으니 곧 군사를 거느린 내시 한

사람과 또 성 중에서 만난 바 왕의 시종 다섯 사람과 백성을 징집하는 장관의 서기관 한 사람과 성 중에서 만난 바 백성 육십 명이라 [20] 시위대장 느부사라단이 그들을 사로잡아 가지고 립나 바벨론 왕에게 나아가매 [21] 바벨론 왕이 하맛 땅 립나에서 다 쳐죽였더라 이와 같이 유다가 사로잡혀 본토에서 떠났더라

바벨론 사람들은 유다 사람들을 인질로 끌고 갔다. 가장 가난하거나 특별한 기술이 없어 제국의 경제에 도움이 되지 못할 사람들은 남겨두지만, 조금이라도 이용 가치가 있는 사람들은 거의 모두 바벨론으로 끌고 갔다. 또한 반역을 선동할 수 있는 능력이 있는 사람들(viz., 지식인들)은 모두 끌어다가 립나에서 처형함으로써 반역을 꾀할 자들에게 경고로 사용했다. "근위대장은 스라야 대제사장과 스바냐 부제사장과 성전 문지기 세 사람을 체포하였다. 이 밖에도 그가 도성 안에서 체포한 사람은, 군대를 통솔하는 내시 한 사람과, 도성 안에 그대로 남은 왕의 시종 다섯 사람과, 그 땅의 백성을 군인으로 징집하는 권한을 가진 군대 참모장과, 도성 안에 남은 그 땅의 백성 예순 명이다. 느부사라단 근위대장은 그들을 체포해서, 리블라에 머물고 있는 바빌로니아 왕에게 데리고 갔다. 바빌로니아 왕은 하맛 땅 리블라에서 그들을 처형하였다"(18-21절, 새번역).

예레미야서는 열왕기가 언급하지 않은 중요한 정보를 제공한다. 바빌론이 세 차례 이스라엘 사람들을 강제로 바빌론까지 끌고 갔는데, 몇 명이 끌려갔는가를 기록한다. 느부갓네살이 주전 597, 586, 582년에 끌고 간 유다 사람들의 수는 다음과 같다. 주전 597년에 3,023명, 586년에 832명, 그리고 582년에 745명 등 총 4,600명에 달한다.

다니엘 1:1-3에 기록된 제4차 강제 이송은 열왕기나 예레미야서에는 언급되어 있지 않다. 열왕기하 24:14-16은 주전 597년에 끌려간 숫자를 1만 8,000으로 기록한다. 반면에 예레미야서가 언급하고 있는 숫자는 우리가 기대한 것보다 훨씬 적다. 이 두 책이 언급하고 있는 3,023명과 1만 8,000명의 차이는 남자들만의 숫자와 여자와 자녀들을 포함한 숫자로 설명된다. 또한 바빌론군은 끌고 간 사람들 외에 많은 사람들을 처형했을 것이다. 그리고 많은 사람들을 남겨두었다. 그들은 바빌론 제국의 번영에 도움이 되는 능력 있는 자들만 끌고 갔다. 가장 가난하고 기술이 없는 사람들은 남겨두었다. 특히 주전 605년과 597년에 이미 능력 있는 사람은 거의 모두 잡아갔기 때문에, 586년에는 잡아갈 사람이 그리 많지 않았을 것이다.

VII. 유다의 몰락(18:1-25:30)
E. 바빌론이 유다를 파괴함(25:1-26)

4. 유다 총독 그달리야(25:22-26)

**[22] 유다 땅에 머물러 있는 백성은 곧 바벨론 왕 느부갓네살이 남긴 자라 왕
이 사반의 손자 아히감의 아들 그달리야가 관할하게 하였더라 [23] 모든 군대
지휘관과 그를 따르는 자가 바벨론 왕이 그달리야를 지도자로 삼았다 함을
듣고 이에 느다니야의 아들 이스마엘과 가레아의 아들 요하난과 느도바 사
람 단후멧의 아들 스라야와 마아가 사람의 아들 야아사니야와 그를 따르는
사람이 모두 미스바로 가서 그달리야에게 나아가매 [24] 그달리야가 그들과 그
를 따르는 군사들에게 맹세하여 이르되 너희는 갈대아 인을 섬기기를 두려
워하지 말고 이 땅에 살며 바벨론 왕을 섬기라 그리하면 너희가 평안하리라
하니라 [25] 칠월에 왕족 엘리사마의 손자 느다니야의 아들 이스마엘이 부하
열 명을 거느리고 와서 그달리야를 쳐서 죽이고 또 그와 함께 미스바에 있
는 유다 사람과 갈대아 사람을 죽인지라 [26] 노소를 막론하고 백성과 군대 장
관들이 다 일어나서 애굽으로 갔으니 이는 갈대아 사람을 두려워함이었더라**

바빌론군의 예루살렘 공략이 끝나고 그달리야가 유다를 다스린다는

소문이 가나안 지역에 돌자 이웃 나라로 피난한 유태인들이 돌아오기 시작했다. 그달리야는 이들을 중심으로 새로운 유태인 공동체를 형성해 나가야 하는 막중한 책임을 지고 있었다. 그러나 그의 통치는 궤도에 오르기도 전에 산산조각났다. 그달리야가 암살당한 것이다. 열왕기 기자는 그에 대한 이야기를 자세하게 기록하지 않는다. 선지자 예레미야는 그달리야가 총독이 된 경위와 어떻게 암살당하게 되는가에 대해서 상당히 상세하게 기록하고 있다(cf. 렘 40:7-41:18). 예레미야서를 참조해서 그 당시 정황을 재구성하면 다음과 같다.

첫째, 예루살렘에 새로이 형성된 공동체가 있었다(cf. 렘 40:7-12). 그달리야가 유다의 총독이 되었다는 말에 먼저 근처에 피신해 있던 사람들이 예루살렘으로 돌아와 남아 있는 자들과 합세하기 시작했다. 돌아온 사람들 중에는 머지않아 그달리야를 암살할 자도 있었다. 바로 느다냐의 아들 이스마엘이란 자였다. 그달리야는 미스바에서 이들을 맞이하며 각자 집으로 돌아가 평안하게 땅의 소산을 즐기며 살 것을 권고했다. 자신은 바빌론 사람들 때문에 계속 미스바에 거하며 이스라엘을 섬기겠다고 했다.

그 다음 암몬, 모압, 에돔 등 이웃 나라에 피신한 자들이 돌아오기 시작했다. 그들 역시 바빌론이 예루살렘에 사람들을 남겨 두었고 그달리야가 그들을 다스린다는 소식을 들었던 것이다. 그들도 유다 땅의 소산을 즐기기 시작했다. 마치 모든 것이 급속히 원상태로 복귀될 것 같은 기대를 갖게 했다. 그러나 그들의 부푼 마음은 오래가지 못했다.

둘째, 묵살된 암살 음모 경고이다(cf. 렘 40:13-16). 그달리야와 뜻을 함께한 사람들 중에서 가레아의 아들 요하난과 들에 있던 군대 장관들이 미스바에 있는 그달리야를 찾아왔다. 느다냐의 아들 이스마엘은 암몬 왕 바알리스가 그달리야를 살해하려고 보낸 인물이라는 정보를 입수하고 염려가 되어 그를 찾은 것이다. 요하난과 군대 장관들은 '당하기 전에 선수를 치자'는 전략을 제안했다. 그들은 만에 하나라도 그달리야가 죽게 되면 그것은 개인적인 비극을 초월해서 온 이스라엘의 남은 자들이 다시 큰 혼란에 빠지는 상황을 초래한다는 사실도 상기시켰다. 그만큼 그달리야는 중요한 리더십 위치에 있었던 것이다. 실제로 예레미야는 마치 흩어져 있는 유태인들이 그달리야를 보고 다시 돌아오는 것처럼 묘사하고 있다. 저자는 그달리야가 훌륭한 집안 사람일 뿐만 아니라 모든 사람의 존경을 받는 어진 사람이었음을 암시한다.

그러나 그달리야는 그들이 입수한 정보를 믿으려 하지 않았다. 그들이 분명히 잘못 알고 있는 것이라고 반박했다. 사람이 너무 좋아서 남을 지나치게 신뢰한 것일까? 어수룩해서 사리판단을 못해 당한 것일까? 그의 주변에 비슷한 루머들이 너무나 많아서 귀담아듣지 않으려 한 것일까? 아니면 어떻게 해서든지 각 부류의 분규를 막고 통합을 이루어내야 한다는 사명감에서 이러한 사실을 무시한 것일까? 아니면 자신이 지금 유다를 위해 하는 일을 생각하며, 그 누구도 유다에 이익을 끼치는 자신을 죽이려 하지는 않을 것이라는 자신감에서였을까? 이유는 알 수 없지만, 그는 치명적인 오류를 범했다. 이스마엘을 지나치게 믿은 것이다.

셋째, 그달리야의 암살이다(cf. 렘 41:1-3). 요하난과 들에 있던 군대 장관들이 경고한 일, 그달리야가 믿으려 하지 않았던 일이 현실로 드러났다. 이스마엘이 그달리야를 암살한 것이다. 저자는 이 일이 7월(유태인 달력)에 일어난 것으로 기록한다. 그런데 몇 년 7월을 뜻하는 것일까? 많은 주석가들이 예루살렘이 파괴된 주전 586년 7월로 간주한다(Volz, Rudolph, Holladay, Nicholson, Carroll). 그렇다면 그달리야의 죽음은 예루살렘이 함락된 지 불과 3개월 만에 있었던 일이다. 그러나 예레미야 40장이 기록하고 있는 내용들이 3개월 동안 일어난 일들을 회고하는 것이라고 보기에는 무리가 있다. 좀더 많은 시간이 필요하다. 그래서 이듬해 7월이라는 설이 더 설득력이 있어 보인다(Huey). 예루살렘이 함락된 지 15개월 만에 바빌론 사람들이 총독으로 세운 그달리야가 암살당한 것이다.

반면에 이 일이 주전 581년에 있었던 일로 해석하는 것도 나름 설득력을 지닌다. 예레미야 52:30에서는 느부갓네살의 세 번째 포로 강제 이송에 대해 언급하는데, 이 일은 느부갓네살이 그달리야의 암살에 대한 보복으로 행한 일이라는 것이다. 그달리야의 죽음이 이스라엘의 남은 자들에게 얼마나 충격적인 영향을 미쳤던지 이때부터 유태인들은 7월(티스리월) 3일을 이 일을 기념하는 금식일로 지켰다(슥 7:5; 8:19).

이스마엘이 행한 일은 정치적으로도 못된 짓이었지만, 고대 근동의 풍습에서도 어긋나는 일이었다. 근동의 풍습에 의하면 손님을 친절하게 맞이하는 주인은 결코 해할 수 없다. 그런데 지금 이스마엘은 그를 환대하며 맞이한 그달리야를 죽였다. 짐승만도 못한 사람이다. 뿐만 아니라 이스마엘과 그의 군사들은 미스바에 거하며 그달리야를 돕던 유태인들과 그곳에 주둔해 있던 바빌론군들을 모두 죽였다.

넷째, 유다의 남은 자들이 이집트로 도주했다(렘 42:1-43:13). 유다의 군대가 유다 사람들을 인질로 끌고 간 이스마엘 일당을 뒤쫓았지만, 이스마엘은 인질들만 포기하고 요단 강을 건너 암몬으로 도주했다(렘 41:15). 군사들은 그를 뒤쫓는 것을 멈추고 돌아와 대책 회의를 시작했다. 가장 큰 문제는 바빌론의 주둔군까지 살해된 것이다. 바빌론 사람들을 어떻게 달래느냐였다. 비록 이들은 아무런 죄가 없다 하더라도 바빌론 입장에서는 유다 사람들에게 책임을 물을 것이 뻔한 상황이기 때문이다.

궁리 끝에 유다의 남은 자들은 이집트로 망명하기로 했고, 예레미야에게 이 일에 관한 하나님의 뜻을 구해 달라고 했다. 예레미야가 이집트로 가지 말고 유다에 남아 있으면, 여호와께서 그들의 안전을 보장한다고 했지만, 그들은 듣지 않고 이집트행을 강행했다. 그리고 예레미야도 이때 강제로 끌고 내려갔다. 선지자는 인질이 되어 이집트로 내려가 거기서 일생을 마치게 된다.

VII. 유다의 몰락(18:1-25:30)

F. 여호야긴 이야기(25:27-30)

[27] 유다의 왕 여호야긴이 사로잡혀 간 지 삼십칠 년 곧 바벨론의 왕 에윌므
로닥이 즉위한 원년 십이월 그 달 이십칠일에 유다의 왕 여호야긴을 옥에
서 내놓아 그 머리를 들게 하고 [28] 그에게 좋게 말하고 그의 지위를 바벨론
에 그와 함께 있는 모든 왕의 지위보다 높이고 [29] 그 죄수의 의복을 벗게 하
고 그의 일평생에 항상 왕의 앞에서 양식을 먹게 하였고 [30] 그가 쓸 것은 날
마다 왕에게서 받는 양이 있어서 종신토록 끊이지 아니하였더라

여호야긴이 바빌론으로 끌려가 감옥에 감금된 지 37년이 되던 해, 주전 560년에 새로 즉위한 왕 에윌므로닥(Evil-Merodach)의 선처로 감옥에서 풀려났다(27절). 여호야긴은 18세에 왕이 되었다가 3개월 만에 끌려갔으니, 그가 감옥에서 풀려났을 때 나이가 55세였다. 바빌론 왕은 그에게 자유를 주었을 뿐만 아니라, 여호야긴이 죽는 날까지 양식을 공급해주었다(cf. ANET). 에윌므로닥은 방탕과 사치 생활을 하다가 불과 즉위 2년(562-560 BC)만에 살해당했다. 친척인 네리그리사(Neriglissar, 560-556 BC)가 그를 죽이고 왕이 되었다.

여호야긴의 이야기가 열왕기를 장식하고 있는 것으로 보아 열왕기는 바빌론에서 저작되었거나 최종적으로 편집된 것이 확실하다. 저자에게는 여호야긴이 감옥에서 풀려나 나머지 여생을 평안하게 보낸 일이 과거의 일이기 때문이다. 그런데 저자가 이 이야기를 마지막 사건으로 첨부한 일의 신학적인 의미는 무엇일까? 두 가지 이유가 있다. 첫째, 다윗 왕조의 회복에 대한 소망을 제시하기 위해서이다. 하나님이 다윗과 그의 후손이 영원히 이 백성을 다스리게 될 것이라며 언약을 맺으신 이후(cf. 삼하 7장), 이 언약은 몇 차례 위기를 맞았다. 그때마다 하나님이 개입하셔서 이때까지 그 약속을 유지해오셨다. 어느덧 유다는 망하고 다윗의 후손들은 죽거나 바빌론으로 끌려와 흩어졌다. 그러므로 하나님이 과연 어떻게 다윗 언약을 준수하실 것인가는 우리 모두의 관심사이다. 이런 상황에서 열왕기 저자는 다윗의 후손인 여호야긴의 건재함을 강조함으로써 아직도 다윗 왕조의 불씨가 살아 있음을 암시한다. 다시 한 번 다윗 왕조가 지배하는 나라를 꿈꾸게 한다.

둘째, 바빌론으로 끌려가 그곳에서 포로생활을 하고 있는 유다 사람들에게 소망을 제시하기 위함이다. 유다의 최후를 지켜보며 에스겔, 예레미야가 선포한 메시지대로 하나님의 징계가 현실로 드러나 그들이 바빌론으로 끌려오게 되었다. 또한 선지자들이 예언한 것처럼 언젠가는 여호와의 은혜로 다시 본국으로 돌아갈 날이 있을 것이니 소망을 접지 말라는 것이다. 여호야긴이 감옥생활 37년만에 자유를 얻은 것처럼 주의 백성도 하나님을 바라며 기다리면 자유의 날이 그들을 찾아올 것이다.

여호야긴 이야기는 저자가 지금까지 여러 사건을 통해 지속적으로 선포해온 메시지와 맥을 같이 하고 있다. 열왕기 기자는 사람이 가장 처절한 곤경에 빠져있을 때, 즉 가장 절망적인 상황에 처해 있을 때가 하나님의 은혜를 바라기에 가장 좋은 때라는 메시지를 준다. 엘리야가 사르밧 성 밖에서 만난 과부의 이야기, 엘리사가 죽은 선지자의 채무를 갚기 위해서 기적을 베푼 일, 포위된 사마리아에 먹을 것이 없어서 식인 행각이 벌어지고, 문둥병자들이 죽음을 각오하고 시리아군 진영을 찾았던 일, 이스라엘과 유다의 연합군이 모압을 치러 갔다가 곤경에 처해서 선지자를 찾았던 일 등이 모두 같은 메시지를 선포하고 있다. 인간의 가장 절망적인 때가 하나님의 개입을 가장 기대할 수 있는 때라는 것이다. 여호야긴 이야기도 그렇다. 그는 바빌론 감옥에 투옥된 지 37년 만에 풀려날 것을 상상이라도 할 수 있었을까? 그러므로 저자는 삶이 아무리 고달프고 절망적으로 보이더라도 소망의 끈을 놓지 말 것을 말한다. 하나님이 여호야긴에게 전혀 기대하지 못한 때에, 기대하지 못한 방법으로 은혜를 베푸신 것처럼 독자에게도 놀라운 기쁨으로 찾아오실 날이 있을 것이기 때문이다.

이스라엘의 멸망을 선포한 선지자는 동시에 언젠가는 다윗 왕조가 다시 회복될 것이라는 메시지도 함께 선포했다(렘 23:5-6; 30:8-9, 21; 33:14-17). 그리고 이러한 여호와의 원대한 구원 계획과 의지가 여호야긴의 삶에서 한 예로 드러나고 있다. 37년의 감옥생활 후에 그는 상상도 못한 은혜를 입고 있다. 이처럼 여호와를 의지하는 자는 결코 실망하지 않을 것이며, 어려운 삶과 역경을 견뎌내면 언젠가는 그분의 놀라운 구원을 입게 될 것임을 시사한다. 선지자가 예언한 심판이 이미 현실로 드러난 것처럼, 그가 예언한 회복도 때가 되면 현실이 되어 포로민들을 찾아올 것이다.